Redemptus ab hostibus

Salzburger Studien
zum Europäischen Privatrecht

Herausgegeben von Prof. DDr. DDr. h. c. J. Michael Rainer

Band 37

PETER LANG

Andrea Rodeghiero

Redemptus ab hostibus

PETER LANG

Bibliographic Information published by the Deutsche Nationalbibliothek
The Deutsche Nationalbibliothek lists this publication in the Deutsche Nationalbibliografie; detailed bibliographic data is available online at http://dnb.d-nb.de.

ISSN 1435-6090
ISBN 978-3-631-86624-5 (Print)
E-ISBN 978-3-631-87044-0 (E-PDF)
E-ISBN 978-3-631-87049-5 (EPUB)
DOI 10.3726/b19315

Peter Lang – Berlin · Bern · Bruxelles · New York · Oxford · Warszawa · Wien

This publication has been peer reviewed.

www.peterlang.com

A Cristina,
la prima cosa che ti ho detto

Sommario

Abbreviazioni

B.	Basilicorum libri
C.	Codex Iustinianus
Coll.	Mosaicarum et Romanarum legum Collatio
CTh.	Codex Theodosianus
D.	Digesta Iustiniani
Gai	Gai Institutionum Commentarii quattuor
Gai August.	Fragmenta interpretationis Gai Institutionum Augustodunensia
Gai Ep.	Gai Institutionum Epitome
I.	Institutiones Iustiniani
Nov.	Novellae Iustiniani
Paul. Sent.	Sententiarum receptarum libri quinque
Sirm.	Constitutiones Sirmondianae
Tit. Ulp.	Tituli XXVIII ex corpore Ulpiani
Vat.	Fragmenta quae dicuntur Vaticana
ANRW	W. HAASE - H. TEMPORINI (hrsg.), *Aufstieg und Niedergang der Römischen Welt. Geschichte und Kultur Roms im Spiegel der neueren Forschung*, Berlin-New York 1972–1996
AHDE	Anuario de Historia del Derecho Español
Ann. Bari	Annali dell'Università di Bari
Ann. Camerino	Annuario dell'Università degli Studi di Camerino
Ann. Ferrara	Annali dell'Università di Ferrara. Scienze Giuridiche
Ann. Perugia	Annali dell'Università di Perugia
AcP	Archiv für die civilistische Praxis
Atti Costant.	Atti dell'Accademia Romanistica Costantiniana
Atti Veneto	Atti dell'Istituto Veneto di Scienze Lettere e Arti. Classe di scienze morali, lettere e arti

Atti Verona	Atti e Memorie dell'Accademia di Agricoltura, Scienze e Lettere di Verona
AUPA	Annali del Seminario Giuridico dell'Università di Palermo
BIDR	Bullettino dell'Istituto di Diritto Romano «Vittorio Scialoja»
BURGMANN	L. BURGMANN (hrsg.), *Ecloga. Das Gesetzbuch Leons III und Kostatinos' V.*, Frankfurt am Main 1983
Bull. Polonaise	Bulletin de l'Académie Polonaise des Sciences et des Lettres
CIL	*Corpus Inscriptionum Latinarum*, consilio et auctoritate Academiae litterarum regiae Borussicae editum, Berolini 1863–
Dike	Dike. Rivista di Storia del Diritto Greco ed Ellenistico
Droits	Droits. Revue française de théorie juridique
ED	Enciclopedia del diritto
Gnomon	Gnomon. Kritische Zeitschrift für die gesamte klassische Altertumswissenschaft
HEIMBACH	G.E. HEIMBACH – C.G.E. HEIMBACH (ed.), *Basilicorum libri LX*, I-VI, Lipsiae 1833–1870
HUSCHKE	PH.E. HUSCHKE (ed.), *Iurisprudentiae anteiustinianae quae supersunt*, Lipsiae 1867[2]
IC	M. GUARDUCCI (cur.), *Inscriptiones Creticae*, opera et consilio Friderici Halbherr collectae, I-IV, Romae 1935–1950
Index	Index. Quaderni camerti di studi romanistici
Ind. itp.	E. LEVY – E. RABEL (ed.), *Index interpolationum quae in Iustiniani Digestis inesse dicuntur*, I-III, suppl. I, Weimar 1929–1935
IURA	IURA. Rivista internazionale di diritto romano e antico
Labeo	Labeo. Rassegna di diritto romano
Latomus	Latomus. Revue d'études latines
LINDSAY	W.M. LINDSAY (ed.), *Sexti Pompei Festi. De verborum significatu quae supersunt cum Pauli epitome*, Lipsiae 1913
MIGNE, *PG*	J.-P. MIGNE (ed.), *Patrologiae cursus completus. Series Graeca*, I-CLXI, Parisiis 1857–1866
MIGNE, *PL*	J.-P. MIGNE (ed.), *Patrologiae cursus completus. Series Latina*, I-CCXXI, Parisiis 1844–1864

MONFERRATUS	A.G. MONFERRATUS (ed.), *Ecloga Leonis et Constantini cum appendice*, Athenis 1899
Mnemosyne	Mnemosyne. Bibliotheca classica batava
NNDI	Novissimo Digesto Italiano
NRH	Nouvelle revue historique de droit français et étranger
OIR	Orbis Iuris Romani. Journal of Ancient Law Studies
Politica e religione	Politica e religione. Annuario di teologia politica
RE	G. WISSOWA – W. KROLL – K. MITTELHAUS – K. ZIEGLER – H. GÄRTNER (hrsg.), *Paulys Realenzyklopädie der klassischen Altertumswissenschaft. Neue Bearbeitung*, Stuttgart 1893–1980
REA	Revue des Études Anciennes
RhM	Rheinisches Museum für Philologie
RGDR	Revista General de Derecho Romano
RIDA	Revue internationale des droits de l'antiquité
RISG	Rivista italiana per le scienze giuridiche
RDR	Rivista di Diritto Romano
Riv. dir. intern.	Rivista di diritto internazionale
Roma e America	Roma e America. Diritto romano comune. Rivista di diritto dell'integrazione e unificazione del diritto in Europa e in America Latina
SALIS	L.R. DE SALIS (ed.), *Leges Burgundionum*, in *Monumenta Germaniae Historica*, edidit Societas aperiendis fontibus rerum Germanicarum Medii Aevi, *Legum Sectio I, Leges nationum Germanicarum*, II.1, Hannoverae 1892
SCDR	Seminarios Complutenses de Derecho Romano. Revista internacional de derecho romano y tradición romanística
SCHELTEMA	H.J. SCHELTEMA – N. VAN DER WAL – D. HOLWERDA (ed.), *Basilicorum libri LX, Series A (Textus)*, I-VIII; *Series B (Scholia)*, I-IX, Groningen-Djakarta-'s-Gravenhage 1953–1988
SDHI	Studia et Documenta Historiae et Iuris
Studi Cagliari	Studi economico-giuridici dell'Università di Cagliari
Studi Urbinati	Studi Urbinati di scienze giuridiche, politiche ed economiche
ThLZ	Theologische Literaturzeitung

TLL	*Thesaurus Linguae Latinae*, editus auctoritate et consilio Academiarum quinque Germanicarum Berolinensis Gottingensis Lipsiensis Monacensis Vindobonensis, Lipsiae-Berlin-Boston 1900-
TSDP	Teoria e Storia del Diritto Privato
TR	Tijdschrift voor Rechtsgeschiedenis. Revue d'histoire du droit. The Legal History Review
VIR	*Vocabularium Iurisprudentiae Romanae*, iussu Instituti Savigniani compositum, Berolini 1903-
ZACHARIAE	C.E. ZACHARIAE A LINGENTHAL (ed.), *Supplementum editionis Basilicorum Heimbachianae lib. XV-XVIII Basilicorum cum scholiis antiquis integros nec non lib. XIX Basilicorum novis auxiliis restitutum continens*, Leipzig 1846
ZEUMER	K. ZEUMER(ed.), *Leges Visigothorum*, I, in *Monumenta Germaniae Historica*, edidit Societas aperiendis fontibus rerum Germanicarum Medii Aevi, *Legum Sectio I*, *Leges nationum Germanicarum*, I, Hannoverae-Lipsiae 1902
ZSS	Zeitschrift der Savigny-Stiftung für Rechtsgeschichte. Romanistische Abteilung
ZPE	Zeitschrift für Papyrologie und Epigraphik
ZPÖRG	Zeitschrift für das Privat- und Öffentliche Recht der Gegenwart

Capitolo Primo. *Civis redemptus ab hostibus*

SOMMARIO: § 1. Introduzione. – § 2. Stato della dottrina. – § 3. I frammenti di Paolo e Ulpiano. – § 4. Il *ius pignoris* del *redemptor* sul *civis redemptus.* – § 5. Le costituzioni imperiali. – § 6. *La redemptio ab hostibus* nella Repubblica e nella prima età imperiale. – § 7. *Civis redemptus a piratis aut latronibus.* – § 8. Conclusione.

§ 1. Introduzione

Secondo la testimonianza concorde delle fonti giuridiche in materia, rappresentate principalmente da frammenti di giuristi dell'età dei Severi e rescritti della cancelleria di Diocleziano, il cittadino romano riscattato dal nemico (*redemptus ab hostibus*)[1], del quale era caduto prigioniero e diventato schiavo[2], è oggetto di pegno

---

1 A rigore la locuzione prescelta per intitolare il presente capitolo, '*civis redemptus ab hostibus*', non è attestata dalle testimonianze a nostra disposizione (quasi tutte raccolte nel *Corpus Iuris* ai titoli D. 49.15 *De captivis et de postliminio et redemptis ab hostibus* e C. 8.50 *De postliminio et de redemptis ab hostibus*), nelle quali – allorché sia coinvolto un *civis Romanus* – si discorre di '*redemptus ab hostibus*', senz'ulteriore qualificazione, oppure, specie nei rescritti dioclezianei, si tratta della *redemptio* del '*liber captus ab hostibus*'. Seguendo l'esempio di taluni autori, potrebbe anche parlarsi di '*liber redemptus ab hostibus*', locuzione che, tra l'altro, additando alla *summa divisio personarum*, forse marcherebbe meglio la differenza rispetto al caso del '*servus redemptus ab hostibus*', alla trattazione del quale è dedicato il successivo capitolo. Discorrere di '*civis redemptus*' mi è parso comunque preferibile, per la ragione che, in ultima analisi, entrano in considerazione prigionia di guerra, riscatto e postliminio di un cittadino romano, non di un uomo libero genericamente inteso. Ad ogni modo, nel corso dell'esposizione i nomi '*civis*' e '*liber*' (*redemptus*) saranno utilizzati indifferentemente, così come lo saranno, per altro verso, i verbi 'riscattare' e 'redimere' (derivanti, rispettivamente, dal latino volgare '**reexcaptare*' e classico '*redimere*'), unitamente ai sostantivi deverbali 'riscatto'-'riscattante'-'riscattato' e, nell'ordine, 'redenzione'-'redentore'-'redento', pure se connotati, questi ultimi, da un pregnante significato teologico. Sui molteplici significati del verbo '*redimere*' e dei sostantivi '*redemptio*' e '*redemptor*' – tra i quali, in particolare, quello di appaltatore (Fest. s.v. *redemptores*, in LINDSAY, 332) – vd. H.G. HEUMANN – E. SECKEL, *Handlexicon zu den Quellen des römischen Rechts*, Jena 1907[9], s.v. *redimere*, 497; R. LEONHARD, in *RE*, IA.1, München 1914, s.v. *Redemptor*, 447 s.; *VIR*, V, s.vv. *redemptio*, *redemptor*, *redimo*, 42 s., 47 ss.; A. BERGER, *Encyclopedic Dictionary of Roman Law*, Philadelphia 1953, s.vv. *Redemptor litium (causarum)*, *Redemptor operis*, *Redemptor vectigalium*, 670.

2 Com'è noto, la prigionia di guerra (*captivitas*) è causa di schiavitù *iure gentium* (I. 1.3.4; Marci. 1 *inst.* D. 1.5.5.1), talché il *captivus*, ridotto a *servus hostium*, oltre a libertà e cittadinanza, perde ogni altro diritto personale e patrimoniale, salvo essere restituito alla condizione originaria, se torna in patria, in virtù del *postliminium* (Gai 1.129; Gai August. 1.21-22; Paul Sent. 2.25.1; Tit Ulp. 10.4; I. 1.12.5; Pomp. 37

(*ius pignoris, vinculum pignoris*) a favore del concittadino riscattante[3], il quale può materialmente trattenerlo presso di sé[4], finché il prezzo pagato per il riscatto non sia stato rimborsato (eventualmente da parte di un terzo[5]) o rimesso[6]. Rimborsato il prezzo al *redemptor*, anche lo scioglimento del vincolo gravante sulla persona del *redemptus* è significativamente designato con due termini tipici del pegno: '*luere*' e '*luitio*'[7].

---

ad Q. M. D. 49.15.5.1; Ulp. 13 *ad Sab.* D. 49.15.16; Paul. 16 *ad Sab.* D. 49.15.19 pr.). Tra le pubblicazioni più recenti, sulla *captivitas* vd. M.F. CURSI, *'Captivitas' e 'capitis deminutio'. La posizione del 'servus hostium' tra 'ius civile' e 'ius gentium'*, in AA. VV., *Iuris vincula. Studi in onore di Mario Talamanca*, II, Napoli 2001, 295 ss.; L. D'AMATI, *Civis ab hostibus captus. Profili del regime classico*, Milano 2004; G. NICOSIA, *«Servus hostium» e «capitis deminutio»*, in *Index* 39 (2011), 274 ss.; sul *postliminium* (di persone e cose) J.M. RAINER, *Zum ius postliminii an Sachen im Register Innozenz III*, in *ZSS* 103 (1986), 460 ss.; A. MAFFI, *Ricerche sul postliminium*, Milano 1992; M.F. CURSI, *La struttura del 'postliminium' nella repubblica e nel principato*, Napoli 1996.

3 Troviamo '*ius pignoris*' in Ulp. 12 *ad Sab.* D. 49.15.15; Paul. 16 *ad Sab.* D. 49.15.19.9; '*vinculum pignoris*' in Ulp. 21 *ad Sab.* D. 30.43.3; Ulp. 5 *opin.* D. 49.15.21 pr.; Gord. C. 8.50.2 (qui anche '*causa pignoris*'); Diocl.-Max. C. 8.50.8; 11; 13; '*vinculum quoddam*' in Ulp. 1 *ad Sab.* D. 28.1.20.1.

4 Il verbo '*retinere*' compare in Ulp. 1 *ad Sab.* D. 28.1.20.1; Ulp. 71 *ad ed.* D. 43.29.3.3.

5 Cfr. Ulp. 12 *ad Sab.* D. 49.15.15; Gord. C. 8.50.2 pr.; Diocl.-Max. C. 8.50.6.

6 La remissione da parte del *redemptor* può essere manifestata sia espressamente che per fatti concludenti, tra i quali le fonti attestano il matrimonio con la *redempta*: cfr. Ulp. 71 *ad ed.* D. 43.29.3.3; Ulp. 5 *opin.* D. 49.15.21 pr.; Diocl.-Max. C. 8.50.11; 13; 17 (qui '*qualicumque remittatur indicio*'); ancora, il vincolo si estingue, se il riscattante lega al riscattato il *ius pignoris* di cui questi è al contempo oggetto: cfr. Ulp. 21 *ad Sab.* D. 30.43.3.

7 Troviamo '*ante luitionem*' in Ulp. 12 *ad Sab.* D. 38.16.1.4; Ulp. 12 *ad Sab.* D. 49.15.15; '*priusquam se luant*' in Ulp. 8 *disp.* D. 49.16.8. Tra gli altri significati, il verbo '*luere*' (in greco 'λύειν') indica specificamente la liberazione della cosa data in garanzia dal vincolo che la grava (*pignus* o anche *fiducia*) per effetto del pagamento del debito garantito: cfr. H.G. HEUMANN – E. SECKEL, *Handlexikon* cit., s.v. *luere*, n. 2, 323 (incompleto). Con tale significato troviamo '*luere*' riferito a diversi oggetti nei luoghi del Digesto qui di seguito indicati: '*rem creditori fiduciae causa mancipio datam*' in Gai 2.220; '*pignus captum*' in Gai 4.32; '*pignus*' in Paul Sent. 2.5.1; Paul. 23 *ad ed.* D. 10.2.25.14; Ulp. 20 *ad ed.* D. 10.3.7.12; Iul. 34 *dig.* D. 30.86 pr.; Tryph. 7 *disp.* D. 41.1.63.4; '*rem pignori datam*' in Gai. 7 *ad ed. prov.* D. 10.2.28; '*rem obligatam*' in Ulp. 33 *ad Sab.* D. 30.57; '*servum pignori obligatum*' in Pap. 7 *quaest.* D. 10.2.31; '*saltum pignori datum*' in Ulp. 31 *ad ed.* D. 13.7.25; '*praedium obligatum*' in Scaev. 7 *dig.* D. 19.1.52.1; '*fundum obligatum*' in Scaev. 21 *dig.* D. 36.1.80.6; '*ornamentum pignori positum*' in Scaev. 15 *dig.* D. 32.33.2; nelle Istituzioni e nel Codice, con riferimento alla *res legata* (o *fideicommissa*), in I. 2.20.5 e Alex. Sev. C. 6.42.6; infine, in Const.nus Vat. 35.1 l'espressione '*fiscalia luere*' si riferisce al pagamento degli oneri tributari che gravano la cosa compravenduta. Con il significato in parola (e solo con esso) troviamo utilizzato, più sporadicamente, anche il sostantivo '*luitio*' (in greco 'λύσις'): cfr. Paul Sent. 3.6.8; Iul.-Ulp. 21 *ad Sab.* D. 34.3.1.1; Valent.nus-Val.-Grat. CTh. 13.5.14 pr.; Iust.

Tra le altre caratteristiche, peculiare del nostro *ius pignoris* – che non si estende al patrimonio e ai figli in potestà del *redemptus* e, se si tratti di *redempta*, neppure a quelli nati *medio tempore* tra la *redemptio* e la *luitio*[8]– è invece la mancanza di accessorietà a un diritto di credito: vale a dire, stante la nota proiezione processualistica del diritto privato romano, il riscattante-pignoratario non dispone di azione verso il riscattato-oppignorato al fine di ottenere la restituzione del prezzo versato al nemico per liberarlo dalla prigionia[9]. Cionondimeno, il nostro diritto di pegno può circolare autonomamente ed essere validamente trasferito a un terzo, fatto salvo il diritto del riscattato-ceduto di liberarsi dal vincolo, versando al cessionario del diritto una somma di denaro pari al prezzo del riscatto, laddove inferiore al

---

C. 8.33.3 pr.; rubrica del titolo C. 8.30 *De luitione pignoris*; degno di nota è il fatto che il sostantivo '*luitio*' risulta attestato esclusivamente in opere giuridiche: cfr. Æ. FORCELLINI, *Totius Latinitatis Lexicon*, II, Patavii 1805, s.v. *luitio*, 743; *TLL*, VII.2, fasc. 12, s.v. *luitio*, 1805.

8 Cfr. Ulp. 5 *opin.* D. 49.15.21 pr.; Gord. C. 8.50.2.1; Diocl.-Max. C. 8.50.8; 16.

9 Sull'accessorietà del pegno vd. principalmente U. RATTI, *Sulla accessorietà del pegno. Studio di diritto romano*, Macerata 1927 (rist. Napoli 1985, insieme allo studio *Sul 'ius vendendi' del creditore pignoratizio*, già pubblicato in *Studi Urbinati* 1 [1927], 3 ss., e con una nota di lettura di N. Bellocci); E. CARRELLI, *Sull'accessorietà del pegno nel diritto romano*, Roma 1934 (rist. Napoli 1980, con una nota di lettura di W. Wołodkiewicz); H. ANKUM, *Pignus und Novatio im klassischen römischen Recht*, in H. HÜBNER – E. KLINGMÜLLER – A. WACKE (hrsg.), *Festschrift für Erwin Seidl zum 70. Geburtstag*, Köln 1975, 1 ss.; M. KASER, *Studien zum römischen Pfandrecht*, in *TR* 44 (1976), 233 ss.; ID., *Studien zum römischen Pfandrecht II. Actio pigneraticia und Actio fiduciae*, in *TR* 47 (1979), 195 ss., 319 ss.; ID., *Besitzpfand und 'besitzloses' Pfand (Studien zum römischen Pfandrecht III)*, in *SDHI* 45 (1979), 1 ss. (studi ripubblicati, con appendici dell'autore, in ID., *Studien zum römischen Pfandrecht*, Napoli 1982, da cui cito); A. WACKE, *Erzwingt eine Novation den Verlust bestehender Sicherheiten? Für eine Forderungsauswechselung auch beim Mobiliarpfand*, in *OIR* 6 (2000), 215 ss.; J.L. ALONSO, *Sull'accessorietà del pegno*, in C. CASCIONE – C. MASI DORIA (cur.), *Fides, Humanitas, Ius. Studi in onore di Luigi Labruna*, I, Napoli 2007, 77 ss.; D. SCHANBACHER, *Forderung und Pfand – Die Anfänge der Akzessorietät beim römischen Pfandrecht*, in J.D. HARKE (hrsg.), *Drittbeteiligung am Schuldverhältnis. Studien zur Geschichte und Dogmatik des Privatrechts*, Berlin-Heidelberg 2010, 141 ss.; S. MARINO, *Sull'accessorietà del pegno per la giurisprudenza romana*, Napoli 2018. Per trovare riferimenti al *ius pignoris* del *redemptor* sul *redemptus ab hostibus* nell'ambito di trattazioni dedicate al pegno occorre consultare la letteratura ottocentesca: cfr. C.F.F. SINTENIS, *Handbuch des gemeinen Pfandrechts*, Halle 1836, 69; J.J. BACHOFEN, *Das römische Pfandrecht*, I, Basel 1847, 273 ss.; H. DERNBURG, *Das Pfandrecht nach den Grundsätzen des heutigen römischen Rechts*, I, Leipzig 1860, 427 nt. 22; J. KOHLER, *Pfandrechtliche Forschungen*, Jena 1882, 49 ss., 351 s.; nella letteratura del secolo scorso brevi cenni al nostro tema si trovano in A. MANIGK, *Pfandrechtliche Untersuchungen*, I, *Zur Geschichte der römischen Hypothek*, 1, *Die pfandrechtliche Terminologie und Literatur der Römer*, Breslau 1904, 23 s.; U. RATTI, *Sul 'ius vendendi'* cit., 4 nt. 5.

corrispettivo della cessione percepito dal riscattante-cedente[10]. Infine, il '*commercio redemptus*'[11], prima della restituzione al *redemptor* (o della remissione da parte di quest'ultimo) del prezzo del riscatto, è colpito da alcune incapacità e divieti: non può fungere da testimone e arruolarsi nell'esercito, né avere eredi legittimi e – per alcuni autori – non potrebbe egli stesso succedere *iure civili* né essere ammesso, *iure praetorio*, alla *bonorum possessio*[12].

Tale è, per sommi capi, la condizione in cui versa il cittadino romano riscattato dal nemico, quale emerge dalle fonti giuridiche in nostro possesso, nell'interpretazione delle quali si sono cimentati numerosi studiosi, impegnati nella ricerca di una spiegazione plausibile che giustifichi – il dato testuale è univoco – la sussistenza del diritto di pegno non su cosa, ma su persona. La dottrina in materia può essere suddivisa, grossomodo, in due filoni interpretativi, l'uno temporalmente successivo all'altro. Fino alla metà circa del secolo scorso la *communis opinio* era che il *ius pignoris* del riscattante sul riscattato (o, in altri luoghi, il *vinculum pignoris* a carico di quest'ultimo) fossero di schietta matrice giustinianea, pure essendovi grande disparità di vedute tra gli studiosi in ordine alla ricostruzione dell'effettiva condizione giuridica del *civis redemptus ab hostibus* nel diritto classico. Successivamente, con la fine dell'interpolazionismo, gli interpreti si sono giocoforza trovati

---

10 Cfr. Paul. 16 *ad Sab.* D. 49.15.19.9, dove si fa anche salva l'*actio empti* del cessionario del *ius pignoris* verso il riscattante-cedente per ottenere il pagamento della differenza tra i due importi.

11 La locuzione – tipica, unitamente a '*commercio redimere*', dei rescritti dioclezianei (C. 8.50.10; 11; 13; 15; 16; 17 pr.) – indica che il *captivus* è stato liberato grazie al pagamento di una somma di denaro, laddove si considerano '*non commercio redempti*', ad esempio, i prigionieri spontaneamente consegnati dai barbari al *praefectus legionis* (C. 8.50.5) oppure liberati '*virtute militum*' (C. 8.50.12). Con riferimento alla fattispecie in parola taluni autori parlano di 'riscatto a titolo oneroso', locuzione che, ingenerando il dubbio che sussista un 'riscatto a titolo gratuito', mi sembra alquanto equivoca: la parola 'riscatto' designa infatti tanto l'azione del riscattare che il mezzo pecuniario tramite cui essa si realizza, e quindi presuppone, di per sé, l'onerosità della liberazione del prigioniero. Ancora, alla distinzione tra '*commercio redemptus*' e '*non commercio redemptus*' non è sovrapponibile quella tra 'riscattato a titolo oneroso' e 'riscattato a titolo gratuito' neppure se si guardi alla sussistenza o meno di un obbligo di rimborso in capo all'ex prigioniero nei confronti di chi lo abbia liberato: se, infatti, il *non commercio redemptus* sarà sempre da considerare riscattato a titolo gratuito, non sempre il *commercio redemptus* lo sarà a titolo oneroso, dal momento che il *redemptor* potrebbe essergli legato da vincoli di sangue o amicizia, rappresentando allora la *redemptio* un *officium pietatis*, oppure, anche se a lui estraneo ma animato da *animus donandi*, rinunciare a essere rimborsato.

12 Per l'incapacità testimoniale del *redemptus* cfr. Ulp. 1 *ad Sab.* D. 28.1.20.pr.-1; per il divieto di arruolarsi nell'esercito Ulp. 8 *disp.* D. 49.16.8; in materia successoria, in qualità di ereditando, Ulp. 12 *ad Sab.* D. 49.15.15; in qualità di erede, Ulp. 40 *ad ed.* D. 37.6.1.17; Ulp. 12 *ad Sab.* D. 38.16.1.4; Ulp. 13 *ad Sab.* 38.17.2.3; Diocl.-Max. C. 8.50.15.

a essere accomunati dall'accettazione della genuinità dei numerosi testi in cui si fa menzione del *ius* (o del *vinculum*) *pignoris*: e solo da questa, potremmo dire, stante l'accesa controversia esegetica in ordine a natura e contenuto di siffatto diritto (o vincolo).

In effetti, ad oggi, a dispetto della pluralità e dell'autorevolezza delle opinioni espresse al riguardo, il dibattito scientifico può dirsi tutt'altro che sopito: in dottrina non si sono infatti ancora imposte spiegazioni largamente condivise, in grado di acclarare una volta per tutte un utilizzo tanto anomalo della garanzia pignoratizia, che per la letteratura risalente, ma anche per taluni studiosi contemporanei, ripugnerebbe al nitore concettuale della giurisprudenza classica. D'altra parte, nel corso dell'esposizione constateremo come, nella produzione scientifica recenziore, il ricorrente riferimento testuale al diritto di pegno venga sì conservato, ma al prezzo di essere svuotato del suo significato giuridico, affermandosi, più o meno esplicitamente, che nel nostro contesto '*ius pignoris*' e '*vinculum pignoris*' sarebbero espressioni utilizzate dai *prudentes* in modo atecnico, per non dire improprio: sicché, a ben vedere, anche questo secondo indirizzo esegetico – il cui rispetto verso il dato testuale è più imposto da esigenze di ordine metodologico che fondato su solidi argomenti di natura sostanziale – elude il nocciolo della fattispecie.

Ora, se alla più antica corrente dottrinale va riconosciuto il merito di avere formulato interpretazioni internamente coerenti, il biasimo, che può esserle mosso, è di avere conseguito siffatta coerenza riscrivendo, di fatto, le fonti esaminate: con il che vale l'obiezione generalmente contestata agli interpolazionisti, cioè di avere piegato i testi alle proprie tesi, anziché formulare queste sulla base di quelli. Per altro verso, la dottrina più recente, in linea di principio condivisibile per il prudente approccio critico, non ha saputo superare il principale rilievo opposto dai primi contro la genuinità dei testi, riassumibile nella seguente inferenza: se è vero che, nel diritto classico, una persona non può costituire valido oggetto di garanzia, a carico del *redemptus* non può darsi vincolo pignoratizio; condivisa tale premessa, ne deriva che i testi conservati nel *Corpus Iuris* debbono essere stati alterati dai compilatori, se non già in epoca pregiustinianea.

In estrema sintesi, tra gli studiosi che si sono occupati del nostro tema, gli uni hanno sistematicamente espunto dalle fonti i riferimenti al diritto di pegno, gli altri, pur conservandone il nome, lo hanno svuotato di contenuto. L'interpretazione qui proposta rappresenta, per così dire, il tentativo di quadrare il cerchio, ovverosia di individuare, senza alterare il dettato letterale, la *ratio decidendi* strettamente tecnico-giuridica delle *sententiae prudentium* e dei rescritti imperiali in tema di *redemptio ab hostibus* del cittadino romano.

L'ordine dell'esposizione sarà il seguente: riassunto lo stato della dottrina (§ 2), esaminerò le testimonianze d'interesse della giurisprudenza classica, costituite da alcuni frammenti di Paolo e Ulpiano (§ 3), per poi proporre – con l'ausilio di alcuni testi in materia di *emptio venditio* – la mia personale chiave interpretativa del *ius pignoris* del *redemptor* sul *civis redemptus ab hostibus* in termini di 'Pressionspfand', primigenia forma di pegno conservatasi immutata attraverso i secoli – dai tempi più antichi fino alla giurisprudenza classica e anche oltre – a regolare il rapporto tra i due soggetti (§ 4); completerò quindi l'analisi delle rimanenti fonti giuridiche in materia, rappresentate da una decina di rescritti, provenienti quasi esclusivamente dalla cancelleria dioclezianea, e da una costituzione di Onorio del 408, con la quale la condizione del *civis redemptus* viene profondamente modificata (§ 5); di seguito, esaminerò un responso di Servio e, tra le fonti letterarie, un brano di Seneca e uno di Plutarco, testi che a me sembrano smentire la *communis opinio* dottrinale, secondo la quale la *redemptio ab hostibus* – non solo degli schiavi, ma anche dei cittadini romani – sarebbe stata disciplinata *ex novo* dalla (altrimenti ignota) '*constitutio, quae de redemptis lata est*', così citata, senz'altra specificazione, in un frammento di Trifonino e verosimilmente emanata tra la dinastia degli Antonini e quella dei Severi (§ 6); da ultimo, affronterò il problema attinente alla condizione del *civis redemptus a piratis aut latronibus*, che non viene direttamente discusso in fonti giuridiche, ma che a mio avviso riceve immediata soluzione in un testo di Livio, nel quale, oltre ad attestarsi la soggezione al potere del *redemptor*, trova anche conferma l'ipotizzata antichissima risalenza della nostra figura (§ 7); chiude l'esposizione il riepilogo dei risultati raggiunti (§ 8).

§ 2. Stato della dottrina

Il primo studio critico-esegetico sulla *redemptio ab hostibus* del cittadino romano viene pubblicato, agli inizi del Novecento, da Muzio Pampaloni, per il quale i ricorrenti riferimenti al diritto di pegno sarebbero «comparazioni senza valore giuridico: perché una persona (e tale è senza dubbio il *redemptus*) non può, in nessun caso, essere oggetto di un rapporto patrimoniale di questa natura»[13].

Nel diritto classico – questa è la tesi del giurista pratese – il *redemptus* si troverebbe, fino al rimborso del prezzo pagato per il riscatto, *in causa mancipii* del *redemptor*[14]; né, ai fini della sua liberazione, basterebbe il mero ristoro del riscattante,

13 M. PAMPALONI, *Persone in 'causa mancipii' nel diritto romano giustinianeo*, in *BIDR* 17 (1905), 127.

14 In verità, già M. VOIGT, *Römische Rechtsgeschichte*, II, Stuttgart 1899, 465 ss. – espressamente citato da M. PAMPALONI, *Persone* cit., 127 nt. 21 – nonché, prima ancora ma in forma più sfumata, anche H. DERNBURG, *Das Pfandrecht* cit., I, 428 nt. 22, e TH. MOMMSEN, *Bürgerlicher und peregrinischer Freiheitsschutz im römischen Staat*, in AA. VV., *Juristische Abhandlungen. Festgabe für Georg Beseler zum 6. Januar 1885*, Berlin 1885, 253 ss., anche in ID., *Gesammelte Schriften*, III, *Juristische Schriften*, 3, Berlin 1907, 8 s. (da cui cito), avevano sostenuto che la *redemptio* del *liber captus ab hostibus* desse luogo (o, quanto meno sotto certi aspetti, fosse assimilabile) alla *causa mancipii*. Segnatamente, il Voigt aveva ventilato l'ipotesi che, mentre nell'ordinamento repubblicano e nei primi due secoli dell'Impero dalla *redemptio* sarebbe derivato a carico del *redemptus* un mero obbligo morale, fondato sulla *fides*, di rimborsare il *redemptor*, a quest'ultimo si sarebbe successivamente attribuito, ad analogia della *noxae deditio*, un «interimistisches *mancipium*»: ciò in virtù della *constitutio de redemptis* di cui parla Trifonino in D. 49.15.12.8, che il Voigt ascriveva a Caracalla e Geta. Per quanto riguarda quest'ultimo punto, risalendo a ritroso nella letteratura ottocentesca, già

al quale si richiederebbe anche il compimento dell'atto formale di manomissione del riscattato: di qui le (presunte) sistematiche interpolazioni dei giustinianei di *ius* (e *vinculum*) *pignoris* in luogo di *mancipium* e di *luitio* in luogo di *manumissio*. In particolare, secondo il Pampaloni il *mancipium* sarebbe un rapporto di così piena e forte dipendenza personale – a tempo indefinito ed esteso, oltre che al patrimonio, anche alle persone in potestà del redento – che il redentore potrebbe ritrarre dal suo servizio e dai suoi acquisti anche molto di più di quanto egli abbia pagato per redimerlo, fatto salvo l'obbligo di manometterlo una volta ottenuto il *tantundem*[15].

Preceduta da interventi della cancelleria dioclezianea in tema di remissione (anche tacita) del prezzo del riscatto (C. 8.50.11; 13; 17), sarebbe stata una costituzione di Onorio del 408, pervenutaci attraverso più raccolte (oltre a CTh. 5.7.2= C. 8.50.20, anche Sirm. 16), a innovare più decisamente il diritto classico, limitando a cinque anni la durata della soggezione del *redemptus*[16]. Giustiniano, com'è noto, espunse dalla compilazione la figura del *mancipium*, sorta di stato intermedio tra libertà e schiavitù[17]; d'altra parte, l'atto giuridico che, nel caso in questione, dava luogo alla *causa mancipii*, vale a dire il riscatto di prigionieri di guerra, non poteva essere eliminato né, tanto meno, vietato. La riconfigurazione da personale a patrimoniale del rapporto tra il *redemptor* e il *redemptus* sarebbe quindi avvenuta

---

H.E. DIRKSEN, *Die Quellen der römisch-rechtlichen Theorie von der Auslösung der in fremde Gefangenschaft gerathenen Personen*, in *Abhandlungen der Königlichen Akademie der Wissenschaften zu Berlin. Aus dem Jahre 1857*, Berlin 1858, 87 ss., anche in F.D. SANIO (hrsg.), *H.E. Dirksen's hinterlassene Schriften zur Kritik und Auslegung der Quellen römischer Rechtsgeschichte und Altherthumskunde*, II, Leipzig 1871, 268 ss. (da cui cito), e J.C.G. BOOT, *De captis et redemptis ab hostibus*, diss., Lugduni Batavorum 1836, 103, avevano suggerito che la *constitutio de redemptis* – che Trifonino riferisce alla *redemptio* dei *servi* – disciplinasse anche la *redemptio* dei *cives* (come vedremo nel corso dell'esposizione, quest'ultima congettura verrà ripresa e sviluppata dal Levy).

15 M. PAMPALONI, *Persone* cit., 128 e nt. 22, argomenta dal fatto che, nel caso della *causa mancipii* nascente da dazione a nossa, si ammette che il *noxae deditus*, una volta ristorato il danno, possa esigere dal pretore di essere manomesso (Pap. 2 *def.* Coll. 2.3.1; per la *manumissio censu* Gai 1.140). Sul *mancipium* vd., tra le pubblicazioni più recenti, C.F. AMUNÁTEGUI PERELLÓ, *Potestas manus mancipiumque*, in *RIDA* 59 (2012), 57 ss.; S.A. CRISTALDI, *«In mancipio esse». Genesi e assetti di una speciale dipendenza dei liberi in età imperiale*, Napoli 2020.

16 Significativamente, secondo M. PAMPALONI, *Persone* cit., 129, in detta costituzione – il cui anno di emanazione, nella raccolta sirmondiana, è il 408 e l'imperatore emanante è il solo Onorio, mentre nelle codificazioni teodosiana e giustinianea è il 409 e come autore compare anche Teodosio II (sul punto vd. sotto, nt. 285) – non si parla di *ius* (e *vinculum*) *pignoris*: il che proverebbe ulteriormente, a giudizio del Pampaloni, che tale figura sarebbe non classica, bensì giustinianea.

17 Gaio, discorrendo delle persone *in mancipio*, dice che '*servorum loco habentur*' (Gai 1.138), pur rilevandone espressamente la personalità (Gai 1.141; 2.90). Si prescinde qui dalla condizione dei coloni nel Basso Impero, su cui vd. E. HÖBENREICH, *Betrachtungen über Beziehungen zwischen Freien, Kolonen und Sklaven*, in *RIDA* 54 (2007), 275 ss.

così: eliminando sistematicamente dai testi i nomi di *mancipium* (sostituito da *ius* o *vinculum pignoris*) e *manumissio* (rimpiazzata dalla *luitio*), ed escludendo altresì – tramite la puntuale alterazione delle fonti coinvolte – che il rapporto tra i due soggetti si estendesse ai beni e alle persone in potestà del *redemptus*[18].

L'interpretazione del Pampaloni fu immediatamente accreditata – non però senza autorevoli riserve – in letteratura[19]; in ogni caso, anche se, successivamente, la tesi della *causa mancipii* sarebbe stata sottoposta a critiche stringenti, che ne avrebbe mostrato l'insostenibilità, per lungo tempo la matrice compilatoria del vincolo pignoratizio in capo al riscattato non sarebbe stata più revocata in dubbio; anzi, tutt'oggi non mancano studiosi che, nonostante la fine della stagione interpolazionistica, ancora attribuiscono ai giustinianei la paternità del *vinculum pignoris*. Ma proseguiamo con ordine.

---

18 Un indizio dell'intervento dei compilatori per M. PAMPALONI, *Persone* cit., 129, sarebbe «già la circostanza che il paragone del pegno è ripetuto nelle Fonti una diecina di volte; cioè, con un'insistenza, troppo superiore all'intrinseco valore di esso»: non sfugge però che da tale circostanza si può inferire, altrettanto bene, la conclusione esattamente opposta.

19 Cfr. É. CUQ, *Les institutions juridiques des Romains*, II, *Le droit classique et le droit du Bas-Empire*, Paris 1908, 142; G. PACCHIONI, *Corso di diritto romano*, II, *Le istituzioni del diritto privato*, Torino 1910, 40 nt. 2; H. LEWALD, *Zur Personalexekution im Recht der Papyri*, Leipzig 1910, 71 ss.; B. BRUGI, *Istituzioni di diritto privato giustinianeo*, I, *Introduzione – rapporto giuridico – rapporti giuridici sulle cose*, Padova 1910^2, 67 s.; R. TAUBENSCHLAG, *Das römische Recht zur Zeit Diokletians*, in *Bull. Polonaise* (1919-1920, pubbl. 1923), 152, 228 s., 267, 276; P. BONFANTE, *Istituzioni di diritto romano*, Milano 1925^8, 169 nt. 1; ID., *Storia del diritto romano*, I, Milano 1923^3, 153 nt. 1; ID., *Corso di diritto romano*, I, *Diritto di famiglia*, Roma 1925, 139 nt. 4; E. COSTA, *Storia del diritto romano privato dalle origini alle compilazioni giustinianee*, Torino 1925^2, 156 s.; S. PEROZZI, *Istituzioni di diritto romano*, I, Roma 1928^2, 296 ss.; nella letteratura del secondo dopoguerra, ancora A. GUARINO, *Diritto privato romano*, Napoli 2001^{12}, 565, pur se dubitativamente, annovera il *civis redemptus ab hostibus* – accanto ad *addicti*, *nexi* e *auctorati* – tra le «ipotesi anomale (e affievolite) di *personae in causa mancipii*». Nella letteratura della prima metà del Novecento dissentono apertamente dal Pampaloni E. BETTI, *La struttura dell'obbligazione romana e il problema della sua genesi*, in *Ann. Camerino* (1918-1919), 183 s. (=ID., *La struttura* cit., Milano 1955^2, 83 s.), per il quale sussisterebbe una «analogia tra la condizione del *redemptus* e quella dell'antico *obligatus*» (sul punto vd. sotto, § 4), e U. RATTI, *Studi sulla captivitas*, I, *Libertà e cittadinanza*, in *RISG* 1 (1926), 20 s. nt. 29; ID., *Studi* cit., IV, *Successioni*, in *RISG* 2 (1927), 25 nt. 2, poi confluiti in ID., *Studi sulla captivitas*, Roma 1927 (rist. Napoli 1980, insieme allo studio *Alcune repliche in tema di postliminio*, già pubblicato in AA.VV., *Studi in memoria del Prof. Pietro Rossi*, Siena 1932, 285 ss., e con una nota di lettura di L. Amirante); anche V. ARANGIO-RUIZ, *Istituzioni di diritto romano*, Napoli 1927^2, 450 nt. 1 (=ID., *Istituzioni* cit., Napoli 1960^{14}, 491 nt. 1), e R. MONIER, *Manuel élémentaire de droit romain*, I, Paris 1947^6, 225 e nt. 4, che pure ritengono i passi di riferimento non immuni da interpolazioni, prendono le distanze dalla tesi della *causa mancipii*.

Nel 1925 viene dato alle stampe il perspicace contributo di Aldo Albertoni[20], il quale, nel condividere appieno le idee del Pampaloni sulla condizione del *redemptus ab hostibus* in epoca classica, non solo pone un particolare accento sul ruolo innovatore svolto dalla cancelleria dioclezianea, le cui (presunte) riforme preparerebbero il terreno all'affermarsi della dottrina giustinianea del diritto di pegno[21], ma soprattutto mette in relazione quest'ultima dottrina con i diritti greci e, più in generale, col mondo giuridico dell'Oriente mediterraneo, che ben ammette la sussistenza di garanzie reali su persone libere: manifestazione particolare del principio – caratteristico di quel mondo giuridico e comune, del resto, alla maggioranza dei popoli antichi – dell'alienabilità della libertà personale per atto di disposizione privata[22].

---

20 A. ALBERTONI, *Redemptus ab hostibus*, in *Riv. dir. intern.* 17 (1925), 358 ss., 500 ss.

21 In particolare, secondo A. ALBERTONI, *Redemptus ab hostibus* cit., 519 ss., dioclezianea sarebbe l'introduzione di due modi di dissoluzione del *vinculum mancipii* sconosciuti al diritto classico, che viceversa conoscerebbe la sola manomissione: la remissione, comunque manifestata, del prezzo del riscatto (C. 8.50.11; 13) e il rimborso, o anche la sua semplice offerta, al riscattante (C. 8.50.6; 17 pr.): con entrambe le (presunte) innovazioni sarebbero stati poi accordati, forse già in epoca pregiustinanea, altri testi conservati nel *Corpus Iuris* (Ulp. 71 *ad ed.* D. 43.29.3.3; Gord. C. 8.50.2). E dioclezianea, secondo l'autore (*ibid.*, 518 nt. 1), sarebbe anche la dottrina, giudicata estranea alla giurisprudenza classica, della sospensione del *postliminium* fino alla *luitio*, enunciata (presuntivamente per la prima volta) in C. 8.50.5, per poi essere interpolata in Ulp. 12 *ad Sab.* D. 49.15.15 (come vedremo più avanti, la prima congettura dell'Albertoni sarà condivisa dal Faiveley, la seconda verrà ripresa e sviluppata dall'Amirante e dalla Cursi).

22 Viceversa, il principio in base al quale nessuno può disporre della propria come dell'altrui libertà è notoriamente una colonna portante – oltre che un vanto tra le nazioni dell'antichità – del diritto romano: '*conventio privata neque servum quemquam neque libertum alicuius facere potest*' leggiamo in Call. 2 *quaest.* D. 40.12.37 (anche Ulp. 28 *ad Sab.* D. 40.7.9.2; Diocl.-Max. C. 7.16.10; in tema di vendita dei figli Ant. C. 7.16.1; Diocl.-Max. C. 7.16.37; per l'irrilevanza della '*sola temporis longinquitas*' Const.nus-Lic. C. 7.22.3). Il principio in parola è così saldo che, persino di fronte alla *patria potestas*, lo *status libertatis* dei figli rimane intangibile, tanto che in CTh. 4.8.6 (=C. 8.46.10) ancora Costantino afferma '*libertati a maioribus tantum impensum est, ut patribus, quibus ius vitae in liberos necisque potestas olim erat permissa, eripere libertatem non liceret*' (salvo poi ammettere, per vero, la riduzione in schiavitù degli infanti venduti o esposti, su cui vd. M. BIANCHI FOSSATI VANZETTI, *Vendita ed esposizione degli infanti da Costantino a Giustiniano*, in *SDHI* 43 [1983], 213 ss., e, più recentemente, C. LORENZI, *Esposizione e politica costantiniana*, in *RDR* 18 [2018]). Un'ipotesi particolare è data dal caso dell'*homo liber* maggiore di vent'anni che, ad insaputa del compratore e d'accordo col venditore, si lasci vendere *pretii partecipandi causa*: nell'editto pretorio gli viene negata la *vindicatio libertatis* contro il compratore di buona fede (cfr. O. LENEL, *Das Edictum perpetuum. Ein Versuch zu dessen Wiederherstellung*, Leipzig 1927[3], 387); inoltre, a favore di quest'ultimo è prevista un'azione penale *in duplum* contro il venditore e il suo complice (Ulp. 55

Segnatamente, in base al Codice di Gortina (VI.46-55, in *IC*, IV, 72) il riscattato «è in potere del riscattante»[23]: condizione analoga a quella in cui versa – in base al cd. secondo Codice di Gortina (V.1-17 e VI.1-17, in *IC*, IV, 41) – il debitore insolvente che si 'autopignori' a favore del proprio creditore (debitore κατακείμενος)[24]. Di seguito, l'orazione LIII del *Corpus Demosthenicum*, la *contra Nicostratum* (§ 11), ci informa circa la condizione del riscattato nel diritto attico: diversamente dal diritto cretese, qui egli «è pienamente assoggettato al riscattante»[25], il quale ha su di lui gli stessi poteri di cui dispone un padrone su uno schiavo.

La medesima condizione di rigido asservimento del redento, al quale pone termine un atto di affrancazione da parte del redentore, si riscontra poi in alcune iscrizioni rinvenute nell'Attica e nella Focide[26], il che lascia presumere che tale

---

ad ed. D. 40.12.14; 18; Ulp. 2 *de off. proc.* D. 40.13.1; Sat. 1 *de off. proc.* D. 40.14.2); i giuristi tardoclassici, com'è noto, qualificano la fattispecie quale causa di schiavitù *iure civili* (I. 1.3.4; Marci. 1 *inst.* D. 1.5.5.1; Mod. 7 *reg.* D. 1.5.21). In letteratura, sulla vendita *pretii partecipandi causa* vd., per tutti, M. KASER, *Das römische Privatrecht*, I, *Das altrömische, das vorklassische und das klassische Recht*, München 1971², 292; sul binomio schiavitù-libertà personale in diritto romano, tra gli altri, G. CRIFÒ, *Semitae et vestigia libertatis*, in AA. VV., *Studi per Giovanni Nicosia*, III, Milano 2007, 47 ss.; L. PEPPE, *Riflessioni intorno all'esecuzione personale in diritto romano*, in *AUPA* 53 (2009), 115 ss.; sulle cause liberali, da ultimo, S. SCIORTINO, *Studi sulle liti di libertà nel diritto romano*, Torino 2010.

23 L'espressione utilizzata nell'iscrizione è «εἶναι ἐπὶ τῷ ἀλλυσαμένῳ», qui tradotta seguendo A. ALBERTONI, *Redemptus ab hostibus* cit., 367 e nt. 1, il quale esclude altresì che il riscattato versasse nella condizione servile di ϝοικεύς o di δῶλος (*ibid.*, 370 s.). Sul Codice di Gortina vd. la rassegna di opinioni di A. MAFFI, *Studi recenti sul codice di Gortina*, in *Dike* 6 (2003), 161 ss., e, più recentemente, F. GUIZZI, *Gortina (1000-450 a.C.). Una città cretese e il suo codice*, Napoli 2018.

24 A. ALBERTONI, *Redemptus ab hostibus* cit., 376 ss.

25 L'espressione utilizzata nell'orazione è «εἶναι τοῦ λυσαμένου», anch'essa qui tradotta seguendo A. ALBERTONI, *Redemptus ab hostibus* cit., 507; per F. BÜCHELER – E. ZITELMANN, *Das Recht von Gortyn*, in *RhM*, 40 (1885), suppl., 166, il lessico della legge gortinia sarebbe più preciso di quello dell'orazione pseudo-demostenica, sottintendendosi l'identità sostanziale dei diritti cretese e attico: opinione che A. ALBERTONI, *Redemptus ab hostibus* cit., 507 nt. 2, ritiene smentita da alcune iscrizioni della Grecia continentale (subito nel testo), nelle quali la condizione del riscattato sarebbe definita in termini di vera e propria schiavitù nei confronti del riscattante.

26 A. ALBERTONI, *Redemptus ab hostibus* cit., 508 ss. Per casi di riscatto di prigionieri dal nemico su iniziativa dello Stato o di privati cittadini – tra le benemerenze più notevoli nella Grecia classica, enumerate accanto a coreghie ed elargizioni di denaro – vd. le fonti letterarie citate da A. ALBERTONI, *Redemptus ab hostibus* cit., 505 nt. 2; per l'età ellenistica, alla quale appartiene un consistente *corpus* epigrafico, A. BIELMAN, *Retour à la liberté: libération et sauvetage des prisonniers en Grèce ancienne. Recueil d'inscriptions honorant des sauveteurs et analyse critique*, Lausanne 1994; per un confronto tra il mondo greco e quello romano di età repubblicana E. COLLAS-HEDDELAND, *Faut-il libérer les prisonniers de guerre? Pratiques grecques et pratiques romaines*, in M.

condizione fosse comune agli Elleni, benché diversamente configurata presso i vari popoli in cui erano divisi[27]. Infine, la limitazione della libertà personale per atto privato è attestata da alcuni papiri greco-egizi, databili tra gli inizi del I e la fine del VI secolo, nei quali troviamo persone libere che danno in pegno se stesse o loro familiari (non solo i propri figli, ma anche fratelli e sorelle), con l'obbligo, sancito dalla clausola della παραμονή, della persona oppignorata di rimanere presso il creditore pignoratizio fino all'estinzione del debito garantito e di prestargli frattanto i propri servigi in sostituzione del pagamento degli interessi e, talora, anche a scomputo del capitale[28].

In buona sostanza, la (presunta) sistematica sostituzione della *causa mancipii* con il *ius* (e il *vinculum*) *pignoris*, che i compilatori avrebbero operato nei testi della giurisprudenza classica e nei rescritti imperiali raccolti nel *Corpus Iuris*, troverebbe origine nell'influenza esercitata sulla mentalità giuridica bizantina dai diritti greco-ellenistici, che già da secoli conoscevano la figura del pegno su persona libera[29].

Allo studio dell'Albertoni – destinato a trovare più di un fautore anche nella recente dottrina[30]– seguono, negli anni Trenta del secolo scorso, i contributi di

---

COUDRY – M. HUMM (éd.), *Praeda. Butin de guerre et société dans la Rome républicaine / Kriegsbeute und Gesellschaft im republikanischen Rom*, I, Stuttgart 2009, 223 ss.; per la prigionia di guerra nell'antica Grecia P. DUCREY, *Le traitement des prisonniers de guerre dans la Grèce antique des origines à la conquête romaine*, Paris 1968; Y. GARLAN, *Guerre et économie en Grèce ancienne*, Paris 1989.

27 Per vero, prima dell'Albertoni la similitudine tra la condizione del *redemptus ab hostibus* e quella del riscattato nel Codice di Gortina e nel diritto attico era già stata segnalata, in un breve volger di nota, da TH. MOMMSEN, *Bürgerlicher und peregrinischer Freiheitsschutz* cit., 9 nt. 1, per poi tornare in F. BÜCHELER – E. ZITELMANN, *Das Recht* cit., 166 s., e in J.C. NABER, *Observatiunculae de jure Romano*, in *Mnemosyne* 31 (1903), 214 nt. 5. Più indietro ancora, già I. CUIACIUS, *Recitationes solemnes in Lib. VIII. Codicis*, in *Opera*, IX, Mutinae 1781, 1244, riconduceva al diritto attico (e solo a quello: l'iscrizione gortinia è stata infatti scoperta nel 1884 dall'archeologo italiano Federico Halbherr) l'origine della disciplina romana della *redemptio ab hostibus*: «et hoc ius – annotava l'illustre giureconsulto francese – derivari ex Atheniensium fontibus, et redemptis ab hostibus, ut redemptori sint veluti pignori, et serviant, docet Demosthenes in Oratione πρὸς Νικόστρατον».

28 Nelle fonti in questione – citate da A. ALBERTONI, *Redemptus ab hostibus* cit., 503 nt. 1, ed esaminate nel dettaglio da H. LEWALD, *Zur Personalexekution* cit., 19 ss., 136 ss. – il pegno su persona libera ha quindi carattere anticretico, il che – osserva ancora A. ALBERTONI, *Redemptus ab hostibus* cit., 504 s. – non si può invece dire con certezza a proposito del riscattato e del debitore κατακείμενος della legge gortinia.

29 A. ALBERTONI, *Redemptus ab hostibus* cit., 525 ss.

30 Come vedremo nel prosieguo della trattazione, la tesi dell'influenza, in tema di *redemptio ab hostibus*, dei diritti greci sul diritto romano sarà condivisa da numerosi autori (segnatamente, il Romano, il Faiveley, il Levy e il Maffi). Sulla dibattuta questione dei rapporti tra i due diritti, con particolare riferimento al pegno, vd. il bel contributo di C. PELLOSO, *Influenze greche nel regime romano della 'hypotheca'?*, in *TSDP* 1 (2008).

Silvio Romano e Hugo Krüger[31]. Entrambi gli studiosi condividono la natura insiticia del *ius pignoris*; in particolare, il Romano articola una serie di obiezioni di ordine sostanziale contro l'autenticità dei testi di riferimento, che riassumono in modo esemplare sospetti e ragioni della dottrina interpolazionistica. È quindi bene ricapitolarle[32].

In primo luogo, egli osserva come, nel diritto classico, per la valida costituzione del *ius pignoris* sia necessario che la cosa possa essere oppignorata e, adatta a tale scopo, sarebbe solo la cosa alienabile: in altri termini, i divieti di alienazione rappresenterebbero, in pari tempo, anche divieti di costituzione del pegno. *Ergo*, posto che nessuno può disporre della propria libertà, sarebbe altrettanto sicuro che la nostra garanzia non possa validamente costituirsi su un uomo libero[33]. Dalla circostanza, poi, che il redento non è alienabile, in quanto persona libera e quindi *extra commercium*, segue che il redentore, nella sua ipotetica qualità di creditore pignoratizio, non dispone del *ius distrahendi*. Le fonti gli riconoscono sì il potere di cedere a terzi il '*ius pignoris quod in redempto habet*' (Paul. 16 *ad Sab.* D. 49.15.19.9), ma non parlano affatto di vendita del redento in quanto tale, escludendo con ciò stesso una delle più importanti facoltà associate al pegno[34].

---

31 S. ROMANO, *Redemptus ab hostibus*, in *RISG* 5 (1930), 3 ss.; H. KRÜGER, *Captivus redemptus*, in *ZSS* 51 (1931), 203 ss.

32 Su quanto segue vd. S. ROMANO, *Redemptus ab hostibus* cit., 15 s.

33 A questo proposito S. ROMANO, *Redemptus ab hostibus* cit., 15, cita a sostegno due passi di Paolo: Paul Sent. 5.1.1 e Paul. 5 *sent.* D. 20.3.5 (anche, in termini analoghi, Gai. *ad ed. prov.* D. 20.1.9.1; Marci. *l.s. ad form. hypoth.* D. 20.3.1.2). Nel primo leggiamo: *Qui contemplatione extremae necessitatis aut alimentorum gratia filios suos vendiderint, statui ingenuitatis eorum non praeiudicant: homo enim liber nullo pretio aestimatur. Idem nec pignori ab his nec fiduciae dari possunt: ex quo facto sciens creditor deportatur. Operae tamen eorum locari possunt.* Nel secondo: *Creditor, qui sciens filium familias a parente pignori accepit, relegatur.* Da entrambi i passi si ricava che, nel diritto classico, la dazione a pegno della propria o dell'altrui persona è senza effetto. Inoltre, posto che il secondo brano è accolto nel Digesto, dovrebbe dubitarsi che, anche nel diritto giustinianeo, il *ius pignoris* sul redento possa essere inteso in senso tecnico: «si tratterebbe per lo meno – nota il Romano (*ibid.*, 14 s.) – di un pegno così anomalo da far perdere ogni valore alla definizione che lo farebbe rientrare in tale figura»; ancora, il variare delle espressioni utilizzate nelle fonti (*ius pignoris, vinculum pignoris, vinculum quoddam, causa pignoris*: testi citati sopra, nt. 3) tradirebbe la marcata incertezza degli stessi compilatori sulla natura del rapporto in questione (*ibid.*, 17), la cui introduzione nel *Corpus Iuris* sarebbe da ricondurre, sulla scia dell'Albertoni, all'influenza dei diritti greco-ellenistici (*ibid.*, 40).

34 In verità, nella dottrina dell'epoca dominava l'opinione secondo cui solo nel diritto giustinianeo il *ius distrahendi* sarebbe stato definitivamente riconosciuto come facoltà connaturata al diritto del creditore pignoratizio, che viceversa ne sarebbe stato privo per la giurisprudenza classica: cfr. R. DE RUGGIERO, *Il divieto di alienazione del pegno nel diritto greco e romano. Contributo papirologico*, in *Studi Cagliari* 2 (1910), 64 ss. (rist. Napoli 1980, con una nota di lettura di M. Talamanca); F. MESSINA VITRANO, *Per la storia del «ius distrahendi» nel pegno*, Palermo 1910, *passim*; U. RATTI,

Il Romano evidenzia una seconda anomalia rispetto al diritto di pegno: la mancanza del *ius distrahendi* in capo al *redemptor* appare logica, ove si consideri che egli non vanta un vero e proprio diritto di credito verso il *redemptus*, poiché questi, essendo schiavo del nemico nel momento della *redemptio*, non ha la capacità di entrare a far parte di un rapporto obbligatorio[35]. Se, poi, il *vinculum pignoris* sorge solo se si tratti di un *commercio redemptus*, ed è viceversa escluso in tutti quei casi in cui non intervenga un atto a titolo oneroso da parte del *redemptor*[36], si deduce che il vincolo in parola non rispecchia un rapporto di natura patrimoniale tra i due soggetti, bensì trova esclusivo fondamento nella circostanza che la liberazione dal nemico avvenga grazie a un esborso pecuniario. Tale circostanza rappresenterebbe una seconda fondamentale deviazione rispetto al pegno propriamente inteso, che di regola è accessorio a un diritto di credito azionabile in giudizio.

Infine, un'ulteriore caratteristica che, per il diritto classico, ripugnerebbe all'idea di un'effettiva garanzia pignoratizia, ma che invece sarebbe dato riscontrare nel potere del riscattante sul riscattato, sarebbe data dal fatto che essa ha ad oggetto la stessa persona tenuta al pagamento: in altri termini, debitore oppignorante e cosa oppignorata qui sono un tutt'uno.

Esclusa la genuinità – in base ai motivi testé riepilogati – del *ius pignoris* sul *redemptus*, non per questo il Romano aderisce al Pampaloni, la cui tesi della *causa mancipii* viene invece aspramente criticata. Premessa la propria diffidenza nell'ipotizzare *causae mancipii* ulteriori rispetto a quelle, espressamente attestate dalle fonti, dell'adozione, emancipazione e dazione a nossa dei *filii familias* e dell'*uxor in manu*, tramite un'inoppugnabile esegesi dei passi di riferimento il Romano mostra come la sistematica sostituzione di *mancipium* a *ius* (e *vinculum*) *pignoris* e di *manumissio* a *luitio* si riveli essere un rimedio peggiore del male, facendo perdere ai testi qualsiasi consequenzialità logica[37].

Veniamo finalmente alla tesi del nostro autore, a giudizio del quale, per comprendere la peculiare condizione giuridica del *redemptus ab hostibus* nel diritto classico, occorrerebbe assumere che il *postliminium* sia sospeso fino alla restituzione

---

Sul 'ius vendendi' cit., *passim*. Sulla dibattuta questione, che sostanzialmente ruota intorno all'interpretazione di Ulp. 41 *ad Sab.* D. 13.7.4-Pomp. 19 *ad Sab.* D. 13.7.5, restano fondamentali A. BURDESE, *Lex commissoria e ius vendendi nella fiducia e nel pignus*, Torino 1949, 139 ss., e, con atteggiamento più conservativo, M. KASER, *Studien* cit., 21 s., 72 ss.; sul tema, più recentemente, vd. G. KRÄMER, *Das besitzlose Pfandrecht. Entwicklungen in der römischen Republik und im frühen Prinzipat*, Köln-Weimar-Wien 2007, 178 ss.

35 Per vero il punto era già stato sottolineato sia da J.J. BACHOFEN, *Das römische Pfandrecht* cit., I, 275, che da J. KOHLER, *Pfandrechtliche Forschungen* cit., 50.

36 Vi rientrano i casi (già ricordati sopra, nt. 11), dei *captivi* spontaneamente consegnati dai barbari al *praefectus legionis* oppure liberati '*virtute militum*' (Diocl.-Max. C. 8.50.5; 12): cfr. S. ROMANO, *Redemptus ab hostibus* cit., 32 s.

37 S. ROMANO, *Redemptus ab hostibus* cit., 20 ss.

al *redemptor* del prezzo pagato per il riscatto[38]. Prima della *luitio* il *redemptus* si troverebbe in una condizione analoga a quella in cui versava durante la prigionia, «coi diritti di *status* sospesi e tutti i suoi rapporti giuridici ... in istato di pendenza fino alla sua liberazione»[39]. Prima che gli sia rifusa la somma versata al nemico, il redentore potrebbe trattenere presso di sé il redento e giovarsi delle sue *operae*, senza limiti temporali e senza che il beneficio economico eventualmente procurato al primo rilevi in qualche modo ai fini della cessazione dello stato di soggezione del secondo[40]. Inoltre, il redento potrebbe anche essere venduto a un terzo, alla

38 La tesi della sospensione del *postliminium* nei confronti del *civis redemptus* troviamo già lucidamente enunciata da I. CUIACIUS, *Paratitla in Lib. XLIX. Digestorum*, in *Opera*, I, Venetiis 1758, 768; ID., *Paratitla in Lib. VIII. Codicis Justiniani, ibid.*, II, 498 s.; ID., *Recitationes solemnes* cit., 1243 ss., per essere poi ripresa, più o meno esplicitamente, da numerosi interpreti: cfr. S.W. ZIMMERN, *Geschichte des römischen Privatrechts bis Justinian*, I.2, Heidelberg 1826, 721 ss.; J.E. KUNTZE, *Cursus des römischen Rechts. Lehrbuch der Institutionen sowie der äusseren und inneren Rechtsgeschichte*, Leipzig 1879², 561; O. KARLOWA, *Römische Rechtsgeschichte*, II.1, *Privatrecht*, Leipzig 1901, 126 ss., 404 s.; C. SALKOWSKI, *Institutionen. Grundzüge des System und der Geschichte des römischen Privatrechts*, Leipzig 1902⁸, 120; W.W. BUCKLAND, *The Roman Law of Slavery. The Condition of the Slave in Private Law from Augustus to Justinian*, Cambridge 1908, 311 ss.; P. KRETSCHMAR, *Das Nexum und sein Verhältnis zum Mancipium*, in *ZSS* 29 (1908), 254 s.; P. BONFANTE, *Corso* cit., I, 139; S. PEROZZI, *Istituzioni* cit., I, 296, 297 nt. 2, per il quale il *redemptus* «ricupera bensì *iure postliminii* la libertà, ma non gode subito di essa», laddove per l'epoca arcaica si potrebbe supporre che «il *ius postliminii* non esistesse o non fosse applicato ai riscattati, così che questi erano servi presso i propri connazionali»; anche E. RABEL, *Grundzüge des römischen Privatrechts*, München-Leipzig 1914, 421 nt. 5 (=ID., *Grundzüge* cit., Darmstadt 1955², 33 nt. 5), pur senza parlare apertamente di sospensione del *postliminium*, annovera la condizione del *redemptus* tra gli «sklavereiähnliche Zustände». Mettendo a frutto gli spunti presenti nella precedente dottrina, S. ROMANO, *Redemptus ab hostibus* cit., 31 ss., basa la tesi della sospensione del postliminio soprattutto su Diocl.-Max. C. 8.50.11 – ove l'inciso '*ingenuitati quam amiseras restitutus*' indicherebbe il riacquisto dell'ingenuità da parte del *redemptus*, al quale il *redemptor* rimetta la restituzione del prezzo del riscatto – e su Ulp. 12 *ad Sab.* D. 38.16.1.4 – dove si legge, a proposito del *redemptus* morto prima della *luitio*, '*statu recepto decessisse*'. Più in generale, l'autore rimarca l'utilizzo di espressioni quali '*restituere ingenuitati*', '*restituere libertati*', '*reddi pristinae condicioni*' (sul punto vd. sotto, § 5), ricorrenti in numerose costituzioni imperiali (Gord. C. 8.50.2 pr.; Diocl.-Max. C. 8.50.5; 6; 12; 13; 17 pr.; Hon. Sirm. 16=CTh. 5.7.2= C. 8.50.20). Merita segnalare che, prima del Romano, sia M. PAMPALONI, *Persone* cit., 127 nt. 21, che A. ALBERTONI, *Redemptus ab hostibus* cit., 518 nt. 1, avevano espressamente escluso la sospensione del postliminio nei confronti del *redemptus in causa mancipii* (in particolare, per l'Albertoni si tratterebbe di dottrina dioclezianea: vd. sopra, nt. 21).

39 S. ROMANO, *Redemptus ab hostibus* cit., 34 s.

40 Non senza ironia anche W.W. BUCKLAND, *The Roman Law* cit., 313, affronta la questione nei seguenti termini: «we must assume that the *redemptor* is bound to maintain the man, and we have seen that this lien covers only what he has actually paid

stregua di un «quasi schiavo»[41], oltre a subire alcune incapacità e limitazioni – in materia successoria e non solo – tipiche delle persone in condizione servile. Salva *remissio*, il diritto del redentore si estinguerebbe solamente o col rimborso del prezzo del riscatto o con la morte del redento. In caso di rimborso, poi, non vi sarebbe necessità di manomissione, dal momento che il *redemptus* riacquisterebbe lo *status libertatis* e l'*ingenuitas* in forza del diritto di postliminio, del quale – come s'è detto – sarebbe solamente sospesa l'applicazione dal momento del riscatto dal nemico fino alla soddisfazione del *redemptor*[42].

Nel diritto postclassico l'istituto subirebbe modifiche volte a migliorare la condizione del *redemptus*: oltre a tipizzare i casi di remissione tacita del prezzo del riscatto, Diocleziano sancirebbe che la fanciulla, liberata dal nemico al fine di essere fatta prostituire, sia sciolta dal vincolo senza essere tenuta all'obbligo di rimborso (C. 8.50.7), ed ammetterebbe altresì che il *redemptus* possa esercitare eventuali diritti successori, al fine di procurarsi la somma necessaria a rimborsare il prezzo del riscatto (C. 8.50.15); di seguito, Onorio, con la citata costituzione del 408 (Sirm. 16=CTh. 5.7.2=C. 8.50.20), limiterebbe a cinque anni la durata della soggezione del *redemptus* al *redemptor*; da ultimo, Giustiniano toglierebbe definitivamente alla figura la peculiare caratteristica di rapporto di natura personale, sostituendovi la figura del *ius pignoris*, sistematicamente interpolata nei testi conservati nel *Corpus Iuris*. In tal modo, la fattispecie della *redemptio ab hostibus*, che in origine avrebbe dato origine a una modificazione dello *status* personale del *redemptus*, si sarebbe infine tramutata in un vincolo di natura reale: nel diritto giustinianeo egli è sì restituito alle originarie *libertas* e *ingenuitas* fin dal momento del rientro in patria – talché, a differenza del diritto classico, il *postliminium* dispiegherebbe immediatamente i propri effetti –, ma tutto ciò al prezzo, a ben vedere più fittizio che reale, di essere assimilato a un oggetto di pegno[43].

Se si vuole trarre un primo bilancio, al Romano vanno ascritti numerosi meriti: l'aver definitivamente sepolto la tesi del Pampaloni della *causa mancipii*; l'aver posto sul piatto il problema del nesso tra la condizione del *redemptus* e il *postliminium*; l'aver sollevato, senza peraltro prendere esplicita posizione al

---

to the captors. Unless we assume the *redemptor* to be a philanthropist of a most unselfish kind, and therefore the case of redemption kept by the law within very narrow limits, we must suppose that he may employ the man. We shall see that in later law [*scil.* Hon. Sirm. 16=CTh. 5.7.2=C. 8.50.20], the captive may pay off the lien by labour, but this of itself does not prove that he can be made to work».

41 Così ROMANO, *Redemptus ab hostibus* cit., 23, interpreta la fattispecie descritta in Paul. 16 *ad Sab.* D. 49.15.19.9.

42 S. ROMANO, *Redemptus ab hostibus* cit., 37, ma già I. CUIACIUS, *Paratitla in Lib. XLIX. Digestorum* cit., 768, scriveva: «postliminium est pristini status, in quo quis fuit ante captivitatem, recuperatio integra, perinde ac si medio tempore in hostium potestate non fuisset. Id vero habent regressi ad suos, ut dixi, non tamen redempti antequam pretium redemptionis exsolverint, interim enim redemptori pignoris jure tenentur».

43 S. ROMANO, *Redemptus ab hostibus* cit., 40 s.

riguardo, la questione – intorno alla quale ruoterà la tesi del Levy, formulata di lì a poco – attinente alla possibile disciplina della nostra fattispecie da parte della cd. *constitutio de redemptis*, menzionata senz'altra specificazione da Trifonino in D. 49.15.12.8[44].

Per altro verso, se al nostro autore può essere mossa una critica – a prescindere dalla sfilza di interpolazioni che anch'egli congettura, in aggiunta alla sistematica espunzione delle espressioni *ius* (e *vinculum*) *pignoris* – è di avere fermamente sostenuto, ma senza esplicitare sotto quali aspetti, che la condizione in cui si trova il *redemptus* prima della *luitio* debba essere differenziata da quella in cui versava prima della *redemptio*, in qualità di *captivus*, presso il nemico[45]. In altri termini, nella ricostruzione del Romano – per il quale il *redemptus* è un uomo libero, non uno schiavo – difettano elementi in grado di caratterizzare, differenziandole, la condizione servile del riscattato durante la prigionia e, finita questa, la soggezione 'quasi servile' al riscattante: scoglio interpretativo sul quale continuerà ad infrangersi, del resto, buona parte della dottrina successiva.

Da quest'ultimo punto di vista, maggiore coerenza può riconoscersi al Krüger. Al pari dei suoi predecessori, anch'egli ritiene interpolati i testi in cui compaiono le ripetute espressioni *ius* (e *vinculum*) *pignoris*[46]. È poi d'accordo col Romano nel respingere la tesi del Pampaloni della *causa mancipii* e nell'affermare che, una volta rimborsato al redentore il prezzo del riscatto, non sarebbe necessario il compimento

---

44 S. ROMANO, *Redemptus ab hostibus* cit., 34 e nt. 1 (per dei precedenti vd. anche M. PAMPALONI, *Persone* cit., 129 nt. 22; A. ALBERTONI, *Redemptus ab hostibus* cit., 516 nt. 2). Nella dottrina di allora (così come, del resto, in quella odierna: vd. sotto, cap. II, §§ 2 e 5) regnava la più grande incertezza sia in ordine alla natura e alla datazione del provvedimento – che O. KARLOWA, *Römische Rechtsgeschichte* cit., II.1, 404 s., identificava con l'altrettanto oscura *constitutio Rutiliana* citata in Iul.-Paul. 8 *ad Sab.* Vat. 1 (forse un senatoconsulto di età repubblicana, designato col nome del giurista Publio Rutilio Rufo, vissuto a cavallo tra il II e il I secolo a.C.: sulla questione vd. K. BAUER, *Die Rutiliana constitutio des Julian*, in *TR* 54 [1986], 97 ss.), mentre la maggioranza degli interpreti riteneva essere una costituzione imperiale, ascrivibile all'età antonina (H.E. DIRKSEN, *Die Quellen* cit., 275 s.) o severiana (J.E. KUNTZE, *Cursus* cit., 561; M. VOIGT, *Römische Rechtsgeschichte* cit., II, 465; É. CUQ, *Manuel des institutions juridiques des Romains*, Paris 1928², 86) – sia per quanto riguarda il contenuto e l'oggetto della regolamentazione – che per taluni avrebbe riguardato la *redemptio* dei soli schiavi (S.W. ZIMMERN, *Geschichte* cit., 722; O. KARLOWA, *Römische Rechtsgeschichte* cit., II.1, 127 s.; W.W. BUCKLAND, *The Roman Law* cit., 315 ss.), per talaltri anche dei liberi (H.E. DIRKSEN, *Die Quellen* cit., 270; J.E. KUNTZE, *Cursus* cit., 561; M. VOIGT, *Römische Rechtsgeschichte* cit., II, 465 s.; É. CUQ, *Manuel* cit., 86), restando peraltro indefiniti, relativamente a questi ultimi, i contorni della disciplina introdotta in via autoritativa.

45 La critica, che condivido, è di L. AMIRANTE, *Appunti per la storia della «redemptio ab hostibus»*, in *Labeo* 3 (1957), 9.

46 L'interpolazione sarebbe «unbestreitbar»: così H. KRÜGER, *Captivus redemptus* cit., 204.

di un atto di affrancazione del redento[47]. L'autore tedesco prende però le distanze anche dal Romano, nel momento in cui sostiene che il *redemptus* non subirebbe una semplice sospensione del *postliminium*, bensì cadrebbe in piena proprietà del *redemptor*: altrimenti detto, ne sarebbe a tutti gli effetti schiavo[48].

Per quanto riguarda, poi, il (presunto) rimaneggiamento, da parte dei giustinianei, delle *sententiae prudentium* e dei rescritti imperiali nei quali si fa menzione della garanzia pignoratizia, il Krüger si oppone alla tesi dell'Albertoni della derivazione greco-ellenistica della figura, rivendicandone la matrice prettamente romana. Segnatamente, egli congettura – senza peraltro tentare una ricostruzione dei testi coinvolti – che originariamente ivi fosse nominata la *fiducia*. Scomparsa questa dalla compilazione giustinianea, sistematicamente sostituita dal pegno, per Triboniano il passo da proprietà fiduciaria a *ius pignoris* sarebbe stato tanto breve quanto scontato[49].

Un ultimo punto. La seconda parte del contributo del Krüger è dedicata alla figura del *servus redemptus ab hostibus*: le due fattispecie del *civis* e del *servus* riscattati sono quindi trattate unitariamente. L'accostamento si basa sulla circostanza meramente estrinseca che, in entrambi i casi, a seguito del riscatto dal nemico, *civis* e *servus* diverrebbero schiavi del *redemptor*: per il Krüger, infatti, la «geheimnisvolle *constitutio*» menzionata da Trifonino in D. 45.15.12.8 avrebbe disciplinato la *redemptio* dei soli schiavi[50]; diversamente, come subito vedremo, di

47 H. KRÜGER, *Captivus redemptus* cit., 209 ss.

48 Scrive H. KRÜGER, *Captivus redemptus* cit., 204 s.: «mein Beweisthema lautet: der losgekaufte Römer stand während der ganzen vorjustinianischen Zeit im wahren Eigentum des *redemptor*» e, poco più avanti, «die *servilis condicio* ist nicht ein sklavenähnlicher (so Romano), sondern der Sklavenzustand selbst». I testi, sui quali il Krüger insiste con più energia, sono i seguenti: Ulp. 1 *ad Sab.* D. 28.1.20.1; Ulp. 13 *ad Sab.* D. 38.17.2.3; Gord. C. 8.50.2 pr.; Diocl.-Max. C. 8.50.8.

49 H. KRÜGER, *Captivus redemptus* cit., 214.

50 H. KRÜGER, *Captivus redemptus* cit., 215, che, sotto questo particolare aspetto, si pone sulla scia di Zimmern, Karlowa e Buckland (vd. sopra, nt. 44). Per quanto riguarda il problema della datazione, lo studioso tedesco ritiene che la costituzione sarebbe da ascrivere all'età tardo imperiale, muovendo egli dall'assunto che le *Disputationes* di Trifonino sarebbero un'opera postclassica o fortemente rielaborata in tale periodo (esclude la genuinità dell'opera, e riferisce la *constitutio* ai soli schiavi, anche W. FELGENTRAEGER, *Antikes Lösungrecht*, Berlin-Leipzig 1933, 97, cui aderisce, in sede di recensione, M. KASER, in *ZSS* 54 [1934], 438, che però successivamente muterà opinione: vd. sotto, nt. 107). In effetti, la genuinità delle *Disputationes* di Trifonino è questione ampiamente dibattuta in letteratura: cfr., positivamente, O. LENEL, *Wortforschung*, in *ZSS* 50 (1930), 15 (anche in O. BEHRENDS – F. D'IPPOLITO [hrsg.], *Otto Lenel. Gesammelte Schriften*, IV, *1915-1932*, Napoli 1991, 637 ss.), il quale in precedenza aveva peraltro avanzato il dubbio che l'opera – modellata sull'ordine edittale, ma interrotta al titolo *de testamentis* – non fosse stata terminata da Trifonino o pervenuta integra ai tempi di Giustiniano (ID., *Palingenesia iuris civilis*, II, Lipsiae 1899, 351 nt. 1); W. KUNKEL, *Herkunft und soziale Stellung der römischen Juristen*, Graz-Wien-Köln 1967², 232 nt. 464; A. GUARINO, *Le «disputationes» di Trifonino*, in *Labeo* 25 (1979),

lì a breve si sarebbe affermata la *communis opinio* che attribuisce portata generale al nostro provvedimento imperiale: *ius novum* disciplinante la *redemptio* sia dei *servi* che dei *cives*.

Prima di proseguire nella rassegna di opinioni, non è inutile sottolineare che, in sé considerata, la tesi dello studioso tedesco si distingue per linearità. Posto che, caduto prigioniero del nemico, il cittadino romano perde libertà e cittadinanza, chi lo riscatta acquista né più né meno che uno schiavo. Il *civis redemptus* cambierebbe solo padrone, salvo recuperare la *civitas libertasque*, unitamente agli altri diritti personali e patrimoniali di cui godeva prima della cattura, a seguito della restituzione al *redemptor* del prezzo versato per il riscatto. D'altra parte, al pari degli interpreti che l'hanno preceduto, anche il Krüger si trova costretto a congetturare numerose interpolazioni al fine di sostenere le proprie idee. Oltre alla – oramai già tralatizia – sistematica espunzione dei sintagmi *ius* (e *vinculum*) *pignoris* da tutti i brani in cui compaiono, le difficoltà maggiori provengono da due passi di Ulpiano. Nel frammento conservato in D. 28.1.20.1 leggiamo testualmente, a proposito del *redemptus*, '*quamvis placeat hunc servum non esse*': inciso che, insieme a tutta la frase seguente, viene arbitrariamente soppresso[51]. Altrettanto radicale – e arbitrario – è l'intervento compilatorio ipotizzato su un secondo frammento di Ulpiano, conservato in D. 43.29.3.3, nel quale, in sede di commento alle parole '*quem liberum*' dell'interdetto *de homine libero exhibendo*, il giurista severiano menziona anche il

109 ss. (anche in ID., *Pagine di diritto romano*, V, Napoli 1994, 429 ss.); per l'opinione contraria F. SCHULZ, *Fr. 63 D. 43.1 (Zur Lehre vom Schatzerwerb)*, in *ZSS* 35 (1914), 105 nt. 2; ID., *Die Lehre vom Concursus Causarum im klassischen und justinianischen Recht*, in *ZSS* 38 (1917), 163 ss.; ID., *History of Roman Legal Science*, Oxford 1953², 234 (=ID., *Storia della giurisprudenza romana*, trad. di G. Nocera, Firenze 1968, 420); G. BESELER, *Miscellanea*, in *ZSS* 45 (1925), 207, 255 s. nt. 1; ID., *Romanistische Studien*, in *TR* 10 (1930), 190. Più recentemente, la questione è stata affrontata *ex professo* da K. FILDHAUT, *Die libri disputationum des Claudius Tryphoninus. Eine spätklassische Juristenschrift*, Berlin 2004, 198 ss., la quale, pur rintracciando più o meno intensi interventi compilatori (o precompilatori) in una quindicina dei settantasette frammenti conservati nel Digesto (O. LENEL, *Palingenesia* cit., II, 351 ss., che ne accorpa alcuni, si ferma a settantadue), giunge a riconoscere la sostanziale genuinità delle *Disputationes* di Trifonino (vd. già, fondamentalmente negli stessi termini, il breve accenno contenuto nella monografia postuma di F. WIEACKER – J.G. WOLF [hrsg.], *Römische Rechtsgeschichte*, II, *Die Jurisprudenz von frühen Prinzipat bis zum Ausgang der Antike im weströmischen Reich und die oströmische Rechtswissenschaft bis zur justinianischen Gesetzgebung. Ein Fragment*, München 2006, 144, per il quale l'opera rappresenterebbe anzi «eines der anschaulichsten und gedanklich selbständigsten Werke seiner Zeit»); da ultimo, per l'autenticità si pronuncia senza riserve anche S. STEPAN, *Scaevola noster. Schulgut in den ‚libri disputationum' des Claudius Tryphoninus?*, Tübingen 2018, 6 s.

51 H. KRÜGER, *Captivus redemptus* cit., 204, 207 e nt. 2.

redemptus[52]. In definitiva, le contraddizioni presenti tra i testi di riferimento e la tesi del Krüger sono superabili solo assumendo che i primi siano stati ampiamente rimaneggiati, se non scritti di sana pianta, dai commissari di Giustiniano.

Durante il secondo conflitto mondiale appaiono due contributi. Uno è rappresentato dalla tesi dottorale di Guy Faiveley[53], il quale opera una sorta di sintesi tra l'interpretazione del Pampaloni e quella del Romano: il postliminio sarebbe sospeso, senza però che il *redemptus* versi in condizione servile[54]; egli non si troverebbe in *causa mancipii*, ma sarebbe pur sempre necessario un atto solenne di affrancazione, affinché risulti liberato dalla peculiare *potestas* del *redemptor*[55]. Lo studio dell'autore francese non presenta quindi significativi aspetti di originalità rispetto alla letteratura allora in circolazione, tanto che, severamente ma non a torto, gli è stato rimproverato di «aver accolto, fedelmente rispecchiandole, tutte le incertezze e le contraddizioni della dottrina preesistente, professando la tesi della sospensione del *postliminium* e contemporaneamente affermando la qualità di *homo liber* del *captivus redemptus*»[56].

Altro spessore presenta il fondamentale saggio di Ernst Levy, destinato a inaugurare una nuova stagione nello studio della nostra materia[57]. Come è già stato da altri osservato, la sua indagine si distingue dalle precedenti nel metodo, prima ancora che nella sostanza, avendo egli «sottratto per sempre lo studio della condizione giuridica del *redemptus ab hostibus* ai binari obbligati dell'indagine

---

52 H. KRÜGER, *Captivus redemptus* cit., 205 e nt. 4. Fortemente rimaneggiate dai compilatori sarebbero altre due testimoniane ulpianee, conservate in D. 38.16.1.4 e D. 49.15.15 (*ibid.*, 213).

53 G. FAIVELEY, *Redemptus ab hoste. Étude sur le rachat de captifs en droit romain classique*, thèse, Paris 1942, 18 nt. 4, il quale precisa che, per l'intitolazione del suo lavoro, avrebbe preferibilmente utilizzato la locuzione '*civis redemptus*', che però non è attestata dalle fonti. La notazione è senz'altro corretta (vd. sopra, nt. 1), anche se, a rigore, nemmeno l'espressione prescelta dallo studioso francese corrisponde al vocabolario della giurisprudenza romana, nel quale si parla di '*redemptus ab hostibus*' (o anche '*a piratis*' o '*a latronibus*', comunque al plurale), mentre, per altro verso, eccede l'oggetto della dissertazione, dalla quale è esclusa la *redemptio* del *servus*.

54 G. FAIVELEY, *Redemptus ab hoste* cit., 20 ss.; nel recensire la monografia L. WENGER, in *ZSS* 64 (1944), 452, riassume con le parole del Cuiacio il punto di vista dello studioso francese (che, in realtà, era già stato lucidamente espresso anche dal Romano): «redemptus ab hostibus redemptori servit, nec tamen est servus».

55 G. FAIVELEY, *Redemptus ab hoste* cit., 97 ss.; solo con Diocleziano la *manumissio* sarebbe stata rimpiazzata dalla *luitio* (*ibid.*, 42 e nt. 2, 102 ss.), tesi che, come sappiamo, era già stata sostenuta dall'Albertoni (vd. sopra, nt. 21). Infine, anche per l'autore francese il *vinculum pignoris* sarebbe figura giustinianea, probabilmente mutuata – ancora sulla scia dell'Albertoni – dai diritti greco-ellenistici (*ibid.*, 119 ss.).

56 Il giudizio è di L. AMIRANTE, *Appunti* cit., 9 s.

57 E. LEVY, '*Captivus redemptus*', in *Classical Philology* 38 (1943), 159 ss., anche in *BIDR* 55-56 (1951), 70 ss. (da cui cito), e in W. KUNKEL – M. KASER (hrsg.), *Ernst Levy. Gesammelte Schriften*, II, Köln-Graz 1963, 25 ss.

interpolazionistica», per affermare «l'esigenza di agganciare l'elaborazione del dato tecnico-giuridico alle vicende politiche, economiche, culturali e più generalmente sociali del tempo»[58]. In effetti, la ricerca dell'insigne studioso ha ad oggetto non tanto l'astratta condizione del *redemptus ab hostibus*, isolatamente considerata, quanto piuttosto la 'pratica' della *redemptio*, intesa come fenomeno sociale e politico non meno che giuridico, lungo tutta la storia di Roma e anche oltre: le fonti analizzate sono sia giuridiche che letterarie, dalle commedie plautine all'epistolario di Papa Gregorio Magno, dalla legislazione romulea alle Novelle di Giustiniano.

Ebbene, secondo il Levy nell'ordinamento repubblicano la *redemptio* non avrebbe dato luogo ad alcuna particolare conseguenza giuridica per la persona del *redemptus*, né avrebbe impedito il normale verificarsi del *postliminium* al suo rientro in patria. In base alle testimonianze letterarie in nostro possesso – le sole ad informarci per un lungo lasso temporale, che corre dall'età monarchica lungo tutta la Repubblica fino ai primi secoli dell'Impero – la *redemptio ab hostibus* rappresenterebbe un *officium pietatis* di quanti sono legati al prigioniero da vincoli di parentela o amicizia. In altri termini, si tratterebbe di un obbligo morale per il *redemptor*, privo di effetti sul piano giuridico per il *redemptus*, il quale si avvantaggerebbe 'tout court' di un *beneficium*[59].

---

58 Così L. AMIRANTE, *Appunti* cit., 11, il cui giudizio sul contributo del Levy è condiviso anche da A. MAFFI, *Ricerche* cit., 169; peraltro, nel prosieguo dell'esposizione constateremo come l'affermazione sia solo parzialmente esatta: in effetti, sia per il Levy che per lo stesso Amirante la matrice del *ius pignoris* sarebbe giustinianea.

59 E. LEVY, *'Captivus redemptus'* cit., 72 ss., porta a testimonianza brani – per vero quasi tutti già segnalati da A. ALBERTONI, *Redemptus ab hostibus* cit., 513 nt. 2 – tratti da autori di varie epoche, che ci informano dai primordi di Roma fino alla fine dell'ordinamento repubblicano: Dionigi d'Alicarnasso riferisce che già Romolo avrebbe statuito che fosse dovere dei *clientes* redimere dal nemico i *patroni* e i loro figli, oltre a narrare un episodio in cui Coriolano riscatta dal nemico un suo *hospes* (*Ant. Rom.* 2.10.2; 8.30.2); Plauto mette in scena nelle proprie commedie – che pure possono risentire di modelli greci – personaggi legati dal reciproco dovere di riscatto, sussistente tra padrone e schiavo (*Asin.* 104-107) fratelli (*Pers.* 695-696) padre e figlio (*Capt.* 330 ss.; su cui vd., recentemente, M.B. ÁLVAREZ – M.A. SUÁREZ, *En torno a Captivi: captivitas, postliminium y redemptio ab hostibus*, in *RGDR* 12 [2009]); Cicerone menziona la *redemptio*, nell'ambito della contrapposizione tra *liberales* e *prodigi*, come lodevole atto di generosità, che va a beneficio dell'intera *res publica*, oltre che dello stesso *redemptus* (*De off.* 2.16.55-56; 2.18.63). Tra i giuristi, ancora Paolo menziona la condizione '*si ab hostibus patrem suum non redemerit*' quale esempio di clausola testamentaria *contra bonos mores* (Paul. 45 *ad ed.* D. 28.7.9), mentre per Giustiniano il mancato riscatto degli ascendenti da parte dei discendenti, e viceversa, è causa di diseredazione (Nov. 115.3.13; 4.7, su cui vd., da ultimo, S. KURSA, *La diseredazione nel diritto giustinianeo*, Bari 2012, 128 ss., 168 ss.). Come ho già ricordato, che nell'ordinamento repubblicano il rapporto tra *redemptus* e *redemptor* fosse riconducibile a un dovere, fondato sulla *fides*, di natura esclusivamente morale, era già stato sostenuto da M. VOIGT, *Römische Rechtsgeschichte* cit., II, 465 ss. (vd. sopra, nt. 14); successivamente, anche per A. ALBERTONI, *Redemptus ab hostibus* cit., 516

Diversamente, con riguardo ai *milites* caduti in mano del nemico, la liberazione dalla prigionia costituirebbe anzitutto un atto politico, rientrante, in quanto tale, nella competenza del senato. I *patres* possono stabilire che i prigionieri siano riscattati *de publico*, o non siano riscattati affatto, oppure ancora possono vietarne il riscatto privato, o invece facilitarlo, se del caso autorizzando prestiti *ex aerario*, purché adeguatamente garantiti. Osserva esattamente il Levy che quest'ultima opzione – dibattuta dal senato, insieme alle precedenti, in seguito alla disfatta di Canne (216 a.C.)[60]– dimostra che i *captivi*, una volta riscattati da Annibale, si sarebbero immediatamente giovati del *postliminium*, tornando a Roma da uomini liberi. Se, infatti, fossero rientrati in condizione servile, non si spiegherebbero le garanzie (*praedes ac praedia*) richieste ai privati al fine di ottenere i prestiti pubblici necessari a redimerli, potendo gli stessi prigionieri riscattati fungere da idonea garanzia[61].

---

nt. 1, la sussunzione sotto i termini giuridici della *causa mancipii* del rapporto tra *redemptor* e *redemptus* sarebbe avvenuta nel momento in cui, illanguidito il vincolo gentilizio e il senso dell'*officium* ad esso rispondente, si sarebbe avvertito il bisogno di sollecitare con altri espedienti il riscatto dei prigionieri di guerra.

60 Liv. *Ab Urbe cond.* 22.60.3-4: *ibi cum sententiis variaretur et alii redimendos de publico, alii nullam publice inpensam faciendam nec prohibendos ex privato redimi; si quibus argentum in praesentia deesset, dandam ex aerario pecuniam mutuam praedibusque ac praediis cavendum populo censerent.* Dopo la dura orazione di Manlio Torquato, il senato si risolse per il '*triste responsum, non redimi captivos*' (*ibid.*, 22.61.3; vd. anche, per la narrazione della medesima vicenda, App. *Hann.* 5.28). In effetti, il riscatto dei *milites* caduti prigionieri del nemico non era affatto scontato: per il soldato romano valeva l'alternativa '*aut vincere aut emori*' (Cic. *De off.* 3.32.114). Celebre anche l'episodio avvenuto dopo la battaglia del Trasimeno (217 a.C.), allorché Fabio Massimo, stante la titubanza del senato, per non venire meno ai patti intercorsi con Annibale vendette un suo podere e col ricavato pagò di tasca propria il prezzo della liberazione dei soldati caduti prigionieri del cartaginese. L'episodio, citato dal Levy e sul quale tornerò in seguito, è narrato sia da Livio (*Ab Urbe cond.* 22.23.6-8) che da Plutarco (*Fab. Max.* 7.4-5), con una differenza non trascurabile tra i due racconti (vd. sotto, § 6). Del tutto ignorato dalla dottrina, invece, è un importante passaggio del discorso tenuto da Coriolano al senato nel 491 a.C., all'indomani della concessione ai plebei della potestà tribunizia (Liv. *Ab Urbe cond.* 2.34.9-11), del quale pure mi occuperò più avanti (vd. sotto, § 7 *i.f.*).

61 E. LEVY, *'Captivus redemptus'* cit., 74, il quale aggiunge un'ulteriore considerazione tratta dalla narrazione dello storico latino (Liv. *Ab Urbe cond.* 22.59.12; anche Cic. *De off.* 3.32.114; Val. Max. *Mem.* 5.1.1a). Il capo della delegazione dei prigionieri di Canne, Marco Giunio, fece osservare ai senatori che il loro riscatto non costava all'erario più dell'avvenuto inquadramento di ottomila schiavi nelle file dell'esercito, confrontarsi con i quali rappresentava per i soldati un'ingiuria al nome romano (*nam si conferam nos cum illis, iniuriam nomini romano faciam*): l'argomentazione – osserva il Levy – perderebbe gran parte della sua consistenza, se a quell'epoca i *redempti* fossero stati asserviti ai *redemptores*. Sull'episodio vd. E. GABBA, *L'arruolamento degli schiavi dopo Canne (216 a.C.)*, in *REA* 100 (1998), 477 ss.

Il principio dell'immediata operatività del *postliminium* in età monarchica e repubblicana, desunto da questa e altre testimonianze letterarie[62], troverebbe una relativamente più tarda conferma in due testi della piena giurisprudenza classica.

Il primo è tolto dai *libri ad Sabinum* di Pomponio[63], il quale, nell'affermare '*redemptio facultatem redeundi praebet non ius postliminii mutat*' (Pomp. 36 *ad Sab.* D. 49.15.20.2[64]), non lascerebbe spazio a dubbio alcuno circa l'immediato riacquisto di libertà e cittadinanza da parte del *redemptus* rientrato in patria[65].

Il secondo è tratto dalle *Institutiones* di Fiorentino, il quale pone, quale unico requisito per il recupero da parte del *captivus* dello *status* precedente alla cattura, il fatto che egli torni a calpestare il suolo romano con la volontà di non tornare dal nemico: '*nihil interest quomodo captivus reversus est, utrum dimissus an vi vel fallacia potestatem hostium evaserit, ita tamen, si ea mente venerit, ut non illo reverteretur: nec enim satis est corpore domum quem redisse, si mente alienus est*' (Flor. 6

---

62 Per la prima età imperiale E. LEVY, *'Captivus redemptus'* cit., 75 e 86 nt. 4 (ma vd. già A. ALBERTONI, *Redemptus ab hostibus* cit., 513 nt. 2), cita due brani di Seneca (*De ben.* 2.21; 6.13-14) – sul primo dei quali tornerò successivamente (vd. sotto, § 6) – e uno di Quintiliano (*Inst. orat.* 7.1.29), dai quali risulterebbe confermata la natura di *beneficium* della *redemptio.* Il Levy ipotizza peraltro che, all'epoca in cui questi autori fiorirono, il redentore potesse esperire nei confronti del redento, a seconda dei casi, un'*actio certae creditae pecuniae* o *mandati* o *negotiorum gestorum* per recuperare la somma pagata per il riscatto (*ibid.*, 75 e 88 nt. 1).

63 Per la datazione dell'opera sotto il regno di Adriano E. LEVY, *'Captivus redemptus'* cit., 76 e nt. 4, si basa su P. KRÜGER, *Geschichte der Quellen und Literatur des römischen Rechts*, München-Leipzig, 1912², 191 (concordi anche O. LENEL, *Palingenesia iuris civilis* cit., II, 86 nt. 6; F. WIEACKER – J.G. WOLF [hrsg.], *Geschichte* cit., II, 108). Sono invece propensi a posticipare l'ultimazione del commentario *ad Sabinum* agli inizi del regno di Antonino Pio D. LIEBS, *Variae Lectiones (Zwei Juristenschriften)*, in AA. VV., *Studi in onore di Edoardo Volterra*, V, Milano 1971, 26 s. (citato dall'estratto) – ma criticamente D. NÖRR, *Pomponius oder 'Zum Geschichtverständnis der römischen Juristen'*, in *ANRW*, II, 15, Berlin-New York 1976, 497 ss. (=ID., *Pomponio o 'della intelligenza storica dei giuristi romani'*, trad. di M.A. Fino ed E. Stolfi con una nota di lettura di A. Schiavone, in *RDR* 2 [2002], 203, da cui cito) – ed E. STOLFI, *Studi sui libri ad edictum di Pomponio*, I, *Trasmissione e fonti*, Napoli 2002, 254.

64 L'*inscriptio* del frammento reca '*Pomponius libro trigensimo sexto ad Sabinum*', che TH. MOMMSEN, D. *ad h.l.*, ritiene sospetta sulla base dell'*Index Florentinus*, nel quale l'opera è detta constare di trentacinque libri; dubbiosi anche O. LENEL, *Palingenesia* cit., II, 86 e nt. 6, 148 e nt. 5, ed E. LEVY, *'Captivus redemptus'* cit., 76 nt. 3.

65 Nella letteratura precedente, il Pampaloni, il Romano e il Felgentraeger non citano il frammento; A. ALBERTONI, *Redemptus ab hostibus* cit., 517 nt. 1, lo cita nel senso indicato dal Levy, ma, seguendo la tesi del Pampaloni, afferma che il *redemptus*, che pure si gioverebbe immediatamente del *postliminium*, si troverebbe *in causa mancipii* del *redemptor*; H. KRÜGER, *Captivus redemptus* cit., 221 nt. 1, lo definisce «rätselhaft», e non vi spende altro tempo. Sul passo di Pomponio tornerò al termine dell'esposizione (vd. sotto, § 8).

inst. D. 49.15.26). Benché la provenienza del testo lasci presumere che l'esposizione sconti un certo margine di generalizzazione, è ragionevole ritenere che il giurista non avrebbe tralasciato di menzionare la *redemptio* all'interno della prima alternativa (*dimissus*), qualora essa influisse in qualche modo sul *postliminium*[66]. Di seguito, posto che le Istituzioni di Fiorentino sono state scritte dopo la morte di Antonino Pio[67], il Levy conclude che, dagli albori di Roma lungo tutta l'età repubblicana e la prima età imperiale, fino almeno al 161, l'applicazione del diritto di postliminio, lungi dall'essere condizionata alla restituzione al redentore del prezzo pagato per il riscatto, avrebbe comportato l'immediato recupero della *civitas libertasque* da parte del redento.

D'altra parte, il giurista berlinese sostiene che, alla fine del III secolo, sarebbe valsa la regola esattamente opposta, nel senso che la *redemptio* avrebbe influito direttamente sulla condizione personale del *redemptus*, il cui recupero del *pristinus status* sarebbe stato condizionato al rimborso del prezzo del riscatto al *redemptor*. Il nuovo principio sarebbe espresso in forma esemplare in due rescritti di Diocleziano, conservati in C. 8.50.6 e C. 8.50.17 pr.: '*accepto pretio redemptos suae ingenuitati restituant*' leggiamo nel primo, '*redemptus tunc demum cum pretium solverit ... statum pristinum recipit*' nel secondo. Le enunciazioni della cancelleria dioclezianea poco aggiungerebbero, in realtà, a una regola che sarebbe stata saldamente stabilita almeno un secolo prima. Paolo e Ulpiano darebbero infatti per presupposto, anziché esporre, il nuovo principio, dal momento che per entrambi il redentore ha un diritto (cedibile a terzi, in base a Paul. 16 *ad Sab.* D. 49.15.19.9) e una *potestas* (che si manifesta nel *ius retentionis*, in base a Ulp. 1 *ad Sab.* D. 28.1.20.1 e Ulp. 71 *ad ed.* D. 43.29.3.3) sul redento, mentre questi, fino alla *luitio*, patisce alcune limitazioni e incapacità tipiche della *servilis condicio*. Da ciò si dedurrebbe che, nell'intervallo temporale che corre tra gli Antonini e i Severi, sarebbe intervenuto ciò che il Levy chiama «striking change»[68]: cambiamento che, per essere tale da modificare un principio inveterato come il *postliminium*, non potrebbe essere rappresentato che da un provvedimento autoritativo, la ridetta *constitutio de redemptis*, che avrebbe innovato o, meglio, capovolto il *ius vetus*[69].

---

66 E. LEVY, *'Captivus redemptus'* cit., 77 e nt. 2, menziona anche Gai 1.129, ma il passo, che non elenca le cause del ritorno in patria, non viene dall'autore stesso ritenuto probante.

67 In Flor. 6 *inst.* D. 41.1.16 troviamo citato Trebazio e leggiamo '*divus Pius*'. Per la datazione delle *Institutiones* E. LEVY, *'Captivus redemptus'* cit., 77 e nt. 1, richiama ancora P. KRÜGER, *Geschichte* cit., 215 nt. 17 (conforme F. SCHULZ, *History* cit., 158 [= ID., *Storia* cit., 280]).

68 E. LEVY, *'Captivus redemptus'* cit., 79.

69 Per vero la tesi non è nuova (per dei precedenti in letteratura vd. sopra, ntt. 14 e 44). In particolare, già M. VOIGT, *Römische Rechtsgeschichte* cit., II, 466, aveva sostenuto che l'inquadramento giuridico della *redemptio ab hostibus* fosse da ricondurre alla *constitutio de redemptis*. Prima ancora, gli interrogativi sul *quando* e sul *quomodo* della transizione della *redemptio* da mera liberalità a 'fatto giuridico' erano stati

Nel frammento conservato in D. 49.15.12, tratto dalle *Disputationes* di Trifonino[70], la costituzione è riferita alla *redemptio* degli schiavi, ma all'obiezione di ordine letterale vengono opposte due circostanze, le quali suggerirebbero un profondo rimaneggiamento del testo da parte dei compilatori: il modo inusuale con cui il provvedimento è citato, cioè senza il nome dell'imperatore emanante[71], e il fatto che nel § 15 del frammento si parli della *redemptio* di un condannato alla deportazione, pena applicata agli uomini liberi. I commissari di Giustiniano avrebbero cancellato dalla parte iniziale del brano di Trifonino (dal principio al § 6 di D. 49.15.12), dove si tratta delle conseguenze della *captivitas* sulla sorte dei rapporti personali e patrimoniali del *civis*, la discussione relativa alla *redemptio*: parte

limpidamente enunciati da J.C.G. BOOT, *De captis* cit., 103, il cui degno contributo, a mio avviso, a torto è caduto in oblio nella letteratura in materia: «libera re publica – scriveva il classicista olandese – redemptio captivorum utrum mera liberalitas fuerit, an vero tale factum, ex quo jus pretii repetendi ortum sit, vereor ut ad liquidum perduci possit; posterius tamen verius videtur. Quo tempore vero jurisprudentia Romana maxime exculta est, sub Antoninis eosque insequentibus Imperatoribus, omne dubium tollunt diserta JCtorum fragmenta. Ex illis constat, redemptum fuisse in potestate emptoris 'quamvis placeat, hunc servum non esse, sed vinculo quodam retineri, donec pretium solvat' [Ulp. 1 *ad Sab.* D. 28.1.20.1]. Quando et qua ratione illud receptum sit, definire non ausim: fortasse tamen non sine ratione dicetur, id quod aequitate suggerente moribus invaluerat, postea fuisse lege sancitum. Meminit certe Tryphoninus constitutionis, quae de redemptis lata est, quam aliunde ignotam temere nonnulli interpretes ad solos servos redemptos referunt. Id unum certum est, antiquiorem eam esse, quam illae constitutiones, quae in Codice leguntur, quippe quae omnes JCto recentiores sint».

70 La cui genuinità è difesa da E. LEVY, *'Captivus redemptus'* cit., 82 s. (per altri riferimenti vd. sopra, nt. 50). La costituzione è citata come segue in Tryph. 4 *disp.* D. 49.15.12.7-8: *Si quis servum captum ab hostibus redemerit, protinus est redimentis, quamvis scientis alienum fuisse: sed oblato ei pretio quod dedit postliminio redisse aut receptus esse servus credetur. 8. Et si ignorans captivum, existimans vendentis esse redemit, an quasi usucepisse videatur, scilicet ne post legitimum tempus offerendi pretii priori domino facultas sit, videamus. nam occurrit, quod constitutio, quae de redemptis lata est, eum redimentis servum facit, et quod meum iam usucapere me intellegi non potest. rursum cum constitutio non deteriorem causam redimentium, sed si quo meliorem effecerit, peremi ius bonae fidei emptoris vetustissimum et iniquum et contra mentem constitutionis est: ideoque transacto tempore, quanto, nisi constitutio eum proprium fecisset, usucapi potuisset, nihil ex constitutione domino superesse recte dicetur.* Sul frammento vd. sotto, cap. II, § 2.

71 E. LEVY, *'Captivus redemptus'* cit., 80 s., il quale aggiunge come l'espressione *'ferre constitutionem'* rappresenti un ἅπαξ λεγόμενον (cfr. *VIR*, II, s.v. *fero*, 824). L'autore porta ad esempio il rimaneggiamento di un altro brano tolto dalle *Disputationes* di Trifonino, conservato in D. 26.6.4, dove non viene specificato il nome dell'imperatore emanante una costituzione (trattasi di Settimio Severo), che pure viene menzionata ben quattro volte nel contesto del discorso, perché i compilatori presero il testo del provvedimento imperiale da Modestino, citato poco sopra in D. 26.6.2.2.

iniziale nell'ambito della quale si sarebbe per l'appunto indicata per esteso la *constitutio de redemptis*, citata poi in forma abbreviata nella seconda parte del brano (dal § 7 al § 18 di D. 49.15.12), dove si tratta della *redemptio* del *servus*[72].

L'omologia di trattamento tra *servus* e *civis* sarebbe perfetta: prima della costituzione, *iure postliminii* il *servus redemptus* sarebbe tornato in proprietà del precedente *dominus*, il *civis redemptus* libero, in entrambi i casi senza ristoro alcuno per chi avesse riscattato l'uno o l'altro dal nemico. Il Levy giustifica la (presunta) originaria identità di regime con un'acuta osservazione: «it is clearly absurd to assume that the Romans were more eager to protect and restore the ownership than the freedom of a citizen»[73]. Specularmente, dopo la costituzione, entrambi – *servus* e *civis* – sarebbero diventati schiavi del *redemptor*, ma il precedente *dominus* dello schiavo riscattato e il *redemptus* stesso avrebbero potuto recuperare la proprietà e, rispettivamente, la libertà perdute per effetto della *captivitas*, rimborsando al *redemptor* il prezzo pagato per il riscatto.

Relativamente al *servus*, il *ius vetus* (o *vetustissimum*), rispettivamente richiamato da Trifonino nei §§ 9 e 8 di D. 49.15.12, andrebbe identificato con la regola che, con un ragionamento *a contrario*, il Levy desume dalla soluzione del caso descritto in D. 49.15.27[74], nel quale Giavoleno riporta l'opinione, che egli condivide, di Ofilio, Trebazio e Labeone. In base a tale regola, prima dell'emanazione del provvedimento imperiale qualsivoglia obbligo di rimborso a favore del *redemptor* sarebbe stato escluso: il *prior dominus* avrebbe potuto recuperare la disponibilità dello schiavo, che altri avesse riscattato dal nemico, esercitando la *rei vindicatio*, salvo che il riscattante, se di buona fede, lo avesse nel frattempo (*i.e.* un anno) usucapito. In virtù della *constitutio*, invece, lo schiavo riscattato cade immediatamente in proprietà del riscattante, indipendentemente dal fatto che quest'ultimo sapesse o meno, nell'acquistarlo dal nemico, che precedentemente alla cattura quello apparteneva a un concittadino romano: il *prior dominus*, che intenda riappropriarsi dello schiavo tornato in patria, deve ora ristorare il riscattante, sia di buona che di mala fede[75].

---

72 E. LEVY, *'Captivus redemptus'* cit., 80, che vi aggiunge il seguente ulteriore argomento (per vero già utilizzato da H.E. DIRKSEN, *Die Quellen* cit., 270): la locuzione '*de redemptis*', senz'ulteriore specificazione, non escluderebbe i *cives* dal campo di applicazione della *constitutio.*

73 E. LEVY, *'Captivus redemptus'* cit., 86.

74 Il cui testo recita: *Latrones tibi servum eripuerant: postea is servus ad Germanos pervenerat: inde in bello victis Germanis servus venierat. negant posse usucapi eum ab emptore Labeo Ofilius Trebatius, quia verum esset eum subreptum esse, nec quod hostium fuisset aut postliminio redisset, ei rei impedimento esse.* Sul frammento vd. sotto, cap. II, § 2.

75 Prima dell'emanazione della *constitutio* la differenza tra il caso del *servus* e quello del *civis* sarebbe consistita in ciò: chi riscattava un *servus*, se sapeva del *prior dominus*, era soggetto senza limite temporale all'azione di rivendica da parte di quest'ultimo; se lo ignorava, poteva essere convenuto in giudizio entro un anno, ma non dopo, a motivo dell'usucapione nel frattempo intervenuta; usucapione che, invece, non

Allo stesso modo, nel caso della *redemptio* del *civis*, dopo l'emanazione della *constitutio* il *postliminium* non avrebbe più operato automaticamente al suo rientro *intra fines*: fino alla *luitio* il riscattato sarebbe rimasto sotto la *potestas* del riscattante, anche se quest'ultimo fosse stato consapevole, nell'effettuare la *redemptio*, del di lui (precedente) *status* di uomo libero. La soluzione introdotta dalla *constitutio de redemptis* sarebbe degna della miglior giurisprudenza classica: «its device of postponing *postliminium* until reimbursement – scrive il Levy – did what it was expected to do, without affecting the core of such established legal notions as *libertas* and *dominium*. The legislative problem, though imposed by a gloomy political situation, was technically solved in a manner worthy of a classical draftsman»[76].

Quanto alla data di emanazione, i termini *post quem* e *ante quem* vengono fissati, rispettivamente, nel 161 (morte di Antonino Pio) e nel 198 (inizio del principato di Settimio Severo e Caracalla)[77]; più nel dettaglio, dei tre imperatori che regnarono in detto lasso temporale, il Levy è propenso ad attribuirne la paternità a Marco Aurelio – il cui principato, connotato da un'intensa attività legislativa, copre circa la metà di tale periodo – mentre la «cupa situazione politica», di cui egli parla nel brano testé citato, sarebbe quella seguita alle guerre marcomanniche (166-180), in occasione delle quali più di duecentomila soldati romani caddero prigionieri[78]. I trattati di pace stipulati da Marco Aurelio sarebbero stati solo parzialmente rispettati: i Sarmati vendettero molti uomini, prima di restituirne centomila; i Quadi ne restituirono pochi, trattenendo per sé oppure vendendo quelli in buone condizioni fisiche; lo stesso fecero i Marcomanni; insomma, concomitante la cattiva situazione delle finanze pubbliche, per la prima volta nella storia di Roma la liberazione dei *milites captivi* avrebbe rappresentato un serio problema politico[79].

---

veniva in considerazione per il *civis redemptus*, il quale avrebbe potuto reclamare la libertà in qualsiasi momento (E. LEVY, *'Captivus redemptus'* cit., 82 nt. 1).

76 E. LEVY, *'Captivus redemptus'* cit., 83.

77 Il primo termine è ricavato dal riferimento alla morte di Antonino Pio contenuto in Flor. 6 *inst.* D. 41.1.16 (vd. sopra, nt. 67), il secondo da un passaggio di D. 49.15.12.17, nel quale Trifonino afferma '*quod etiam constitutum est ab imperatore nostro et divo Severo*' (E. LEVY, *'Captivus redemptus'* cit., 84 s.): poiché quest'ultimo provvedimento imperiale poco verosimilmente sarebbe stato emanato dagli stessi imperatori autori della *constitutio*, la datazione di quest'ultima dovrebbe essere anteposta al 198, anno in cui Settimio Severo associò alla guida dell'Impero il figlio Caracalla. Che quest'ultima data rappresenti il *terminus ante quem* sarebbe suggerito anche dal fatto che, tra il 193 e 198, Paolo avrebbe composto i *libri ad Sabinum* (così ritiene P. KRÜGER, *Geschichte* cit., 221, 231, citato da E. LEVY, *'Captivus redemptus'* cit., 86, 78 e nt. 1), da cui è tolto il frammento conservato in D. 49.15.19.9, relativo alla cessione a un terzo, da parte del *redemptor*, del *ius pignoris* sul *redemptus*. Sul problema della datazione della *constitutio de redemptis* vd. sotto, cap. II, § 5.

78 E. LEVY, *'Captivus redemptus'* cit., 87, si basa sulle notizie fornite da Dione Cassio (*Hist. Rom.* 71.11.2; 71.13.2-4; 71.16.2; 71.20.1; 72.2.2; 72.3.2).

79 A questo proposito E. LEVY, *'Captivus redemptus'* cit., 88 s., porta ad esempio un ulteriore episodio, narrato da Dione Cassio (*Hist. Rom.* 71.3.3), che vede come

Ora, affidare la liberazione dei prigionieri alla bontà d'animo e alle disponibilità materiali dei loro parenti e amici sarebbe stata soluzione insufficiente e aleatoria; bisognava quindi trovare il modo di incentivare l'iniziativa dei *venaliciarii*, notoriamente *pessimum genus hominum*[80]: in altri termini, si trattava di rendere più attraente il 'business'[81]. Nessuno, infatti, avrebbe riscattato dal nemico un prigioniero che, rientrato in patria, *iure postliminii* sarebbe immediatamente tornato o in proprietà del precedente padrone (il *servus redemptus*) o libero (il *civis redemptus*): in entrambi i casi lasciando a mani vuote il riscattante.

Trifonino ci informa espressamente di questo, che ai riscattanti la costituzione assicurò l'immediata proprietà degli schiavi riscattati. Per gli uomini liberi il problema si presentava diversamente, dal momento che non è pensabile che la *constitutio* potesse assicurare diretti vantaggi economici ai *redemptores* a spese della *libertas* dei cittadini. Tuttavia, se il provvedimento imperiale voleva raggiungere il proprio scopo, non si poteva nemmeno prescindere dal fatto che molto difficilmente un acquirente era in grado di distinguere, fra i prigionieri, i liberi dagli schiavi: '*difficile dinosci potest homo liber a servo*' afferma Paolo in D. 18.1.5, cui fa eco in D. 41.3.44 pr. la constatazione di Papiniano '*frequenter ignorantia liberos emimus*'.

Inoltre, le occorrenze politiche erano quanto mai pressanti, e non decidere, o decidere diversamente, sarebbe stato rimedio peggiore del male, dal momento che, senza l'intervento di un terzo in veste di riscattante, l'originario padrone del *servus captivus* o il *civis captivus* stesso, a seconda dei casi, forse mai avrebbero avuto la possibilità di ripristinare da se stessi l'originaria posizione di *dominus* e, rispettivamente, uomo libero: l'alternativa «either security for the *redemptor* or no

---

protagonista Marco Aurelio: nel rifiutare i donativi che i soldati reclamavano dopo una brillante vittoria militare, l'imperatore giustificò la decisione asserendo che quanto essi avessero ricevuto più del dovuto sarebbe stato pagato col sangue dei loro parenti. In aggiunta, il Levy osserva che la sicurezza di essere riscattati dal nemico a spese del *fiscus* in caso di sconfitta avrebbe rappresentato agli occhi dei soldati un forte disincentivo a combattere valorosamente (motivazione, questa, addotta anche nei dibattiti al senato avvenuti in occasione della seconda guerra punica, secondo quanto riferito in Liv. *Ab Urbe cond.* 22.59.1; 22.60.7; 22.61.1). Sulla prigionia di guerra nei primi secoli dell'Impero vd. J. KOLENDO, *Les Romains prisonniers de guerre des Barbares au I e II siècles*, in *Index* 15 (1987), 227 ss.; ID., *Le rachat des captifs romains tombés entre les mains des barbares. A propos de la redemptio ab hostibus au Ier-IIIe s.*, in M.L. SÁNCHEZ-LEÓN – G. LÓPEZ NADAL (eds.), *Captius i esclaus a l'antiguitat i al món modern. Actes del XIX Col·loqui Internacional del GIREA*, Napoli 1996, 115 ss.

80 Senza appello è il giudizio di Paolo: '*genus hominum ad lucrum potius vel turpiter faciendum pronius*' (Paul. 21 *ad ed. aed. cur.* D. 21.1.44.1). Sui *venaliciarii* vd. F. COARELLI, *Magistri Capitolini e mercanti di schiavi nella Roma repubblicana*, in *Index* 15 (1987), 175 ss., e, più recentemente, R. ORTU, *Schiavi e mercanti di schiavi in Roma antica*, Torino 2012.

81 Cfr. E. LEVY, *'Captivus redemptus'* cit., 88.

redemption at all» sintetizza efficacemente il dilemma[82]. Di qui la necessità ispiratrice del provvedimento imperiale – assicurare al *redemptor* la restituzione della somma sborsata per il riscatto – la cui soluzione si sarebbe per l'appunto trovata sospendendo, fino all'avvenuto rimborso del prezzo del riscatto, la reviviscenza del diritto del *prior dominus* e il postliminio del *civis redemptus.*

La lunga storia della *redemptio ab hostibus* non finisce con la *constitutio de redemptis.* Nel Tardo Impero l'intensificarsi dell'azione pratica e dottrinale della Chiesa si sarebbe riverberata sulla legislazione imperiale, che ne avrebbe progressivamente accolto le istanze umanitarie e solidaristiche[83]: alla ridetta costituzione

---

82 E. LEVY, *'Captivus redemptus'* cit., 90. In verità, il medesimo concetto troviamo pressappoco già espresso (con riferimento alla sola *redemptio* dei *servi*) in A. FABER, *Iurisprudentiae Papinianeae scientia ad ordinem Institutionum Imperialium efformata*, Lugduni 1607, 622: «publiceque interfuit ita ius constitui, ut per redemptionem acquireretur redimenti etiam scienti fuisse alienum [servum], ut invitarentur ditiores ad redimendos captivos, qui alioquin perpetuo fortassis in hostium potestate remansuri erant».

83 E. LEVY, *'Captivus redemptus'* cit., 90 ss., cita alcuni testi di Padri della Chiesa (peraltro già segnalati da A. ALBERTONI, *Redemptus ab hostibus* cit., 513 nt. 2, e G. FAIVELEY, *Redemptus ab hoste* cit., 121 s.), per i quali il riscatto di prigionieri costituisce atto di carità cristiana *par excellence.* Già nel I secolo, ad esempio, Papa Clemente Romano elogia coloro che hanno liberato prigionieri, offrendo se stessi in ostaggio (*Epist. I ad Cor.* 55.2, in MIGNE, *PG*, I, 320), ma è dal IV secolo in poi che le testimonianze si fanno più numerose: San Zeno si compiace per lo zelo mostrato dai fedeli nella *redemptio captivorum*, verosimilmente dopo la disfatta di Adrianopoli del 378 (*Tract.* 1.10.5, in MIGNE, *PL*, XI, 285); Sant'Ambrogio li ammaestra sulla falsariga del *De officiis* ciceroniano (*De off. min.* 2.15.70; 2.28.136-138, in MIGNE, *PL*, XVI, 121, 139 ss.; *Epist.* 18.16, in MIGNE, *PL*, XVI, 977); Sant'Agostino li sprona a redimere senza aspettarsi ricompensa, se non quella divina (*Serm.* 134.3, in MIGNE, *PL*, XXXVIII, 744); Sant'Ilario di Arles vende gli argenti della sua chiesa per riscattare prigionieri (*Vita* 8, in MIGNE, *PL*, L, 1230), così come Papa Gregorio Magno stesso, in più occasioni, acconsente all'uso di beni ecclesiastici per liberare dal nemico clerici privi di mezzi (*Epist.* 3.40; 4.17; 7.13; 9.52, in MIGNE, *PL*, LXXVII, 637, 686 s., 867, 982 ss.; vd. anche *Dialog.* 3.1, in MIGNE, *PL*, LXXVII, 216 s.). Su questi e su altri testi della Patristica – oltre a L. AMIRANTE, *Appunti* cit., 198 ss.; K.-H. ZIEGLER, *Lösegeld-Probleme im römischen Privatrecht*, in H.-P. BENÖHR – K. HACKL – R. KNÜTEL – A. WACKE (hrsg.), *Iuris Professio. Festgabe für Max Kaser zum 80. Geburtstag*, Wien-Köln-Graz 1986, 389 ss.; R. BRATOŽ, *Die Auswanderung der Bevölkerung aus den pannonischen Provinzen während des 5. und 6 Jahrhunderts*, in M. KONRAD – C. WITSCHEL (hrsg.), *Römische Legionslager in den Rhein- und Donauprovinzen – Nuclei spätantik-frühmittelalterlichen Lebens?*, München 2011, 596 s. – vd. anche, per gli aspetti più strettamente teologici, W. ELERT, *Redemptio ab hostibus*, in *ThLZ* 72 (1947), 265 ss., nonché, da ultimo, T. FAITINI, *La redemptio romana e la sua reinterpretazione cristiana. Un contributo alla storia del concetto di redenzione*, in T. FAITINI – M. NICOLETTI (cur.), *Redimere e riscattare. La redemptio tra teologia e politica*, in *Politica e religione* 2017 (pubbl. 2019), 3 ss.; per un confronto tra le religioni monoteiste N. PRIESCHING – H. GRIESER (hrsg.),

di Onorio del 408 – sul rispetto della quale vengono significativamente chiamati a vigilare anche i '*Christianae religionis sacerdotes*' – seguirono dapprima, nel 468, un intervento in materia testamentaria da parte di Leone (C. 1.3.28)[84], successivamente, tra il 529 e il 545, innumerevoli provvedimenti di Giustiniano[85], il quale avrebbe altresì sostituito, nei testi recepiti nella compilazione, l'invisa *servilis condicio* del *redemptus*, inconciliabile con il mutato spirito dei tempi, con l'inedita figura del *vinculum pignoris*: soluzione, questa, che avrebbe consentito ai commissari redattori di avvantaggiarsi dei testi classici riguardanti il *redemptus*, senza, però, etichettarlo come schiavo[86]. Tale «mysterious *vinculum*», d'altra parte, avrebbe rappresentato per gli stessi bizantini una mera *imago sine re*, che non avrebbe comportato per il riscattato il dovere di dimorare presso il riscattante né di lavorare per lui né vincoli di altra natura, bensì il mero obbligo di rimborsargli il prezzo del riscatto. In una costituzione del 542 (Nov. 115.3.13 *i.f.*) si dispone che il *redemptus*, i cui parenti abbiano preso a prestito del denaro per redimirlo, ratifichi il mutuo e ne rimanga obbligato, così come se egli stesso avesse contratto il debito: nulla di diverso, quindi, da un normale rapporto obbligatorio tra debitore e creditore[87].

Gefangenenloskauf im Mittelmeerraum. Ein interreligiöser Vergleich. Akten der Tagung vom 19. bis 21. September an der Universität Paderborn, Hildesheim-Zürich-New York 2015; sulla prigionia di guerra nel Tardo Impero H. HUNTZINGER, *La captivité de guerre en Occident dans l'Antiquité tardive (378-507)*, thèse, Strasbourg 2009; nell'epoca medievale A.J. KOSTO, *Hostages in the Middle Ages*, Oxford 2012; per una breve storia della *redemptio captivorum*, dall'antichità fino all'età moderna, A. ERLER, *Der Loskauf Gefangener. Ein Rechtsproblem seit drei Jahrtausenden*, Berlin 1978.

84 Segnatamente, l'imperatore fa salva la validità di legati e fedecommessi destinati, senz'altra determinazione, alla *redemptio captivorum*; la *facultas exigendi legatum* viene assegnata, in assenza di specifica indicazione del defunto, al vescovo della città del testatore: sul punto vd. P. VOCI, *Il diritto ereditario romano nell'età del tardo impero*, II, *Le costituzioni del V secolo*, in *SDHI* 48 (1982), 1 ss., anche in ID., *Studi di diritto romano*, II, Padova 1985, 206 (da cui cito).

85 E. LEVY, *'Captivus redemptus'* cit., 91 e nt. 4, ne conta nove (in realtà sono otto): C. 1.2.21; C. 1.2.23; C. 1.3.48; C. 1.4.11 (che però è di Onorio e Teodosio II); C. 8.53.36 pr.; Nov. 7.8; Nov. 115.3.13; Nov. 120.9-10; Nov. 131.11. Nelle Istituzioni imperiali (2.1.8) si richiama la disposizione emanata dallo stesso Giustiniano (C. 1.2.21), con la quale, posto il divieto di alienazione delle '*res quae ad divinam religionem necessaria sunt*', si eccettua il caso in cui essa avvenga '*causa redemptionis captivorum*' (su questi due testi vd. G. LUCHETTI, *La legislazione imperiale nelle Istituzioni di Giustiniano*, Milano 1996, 129 ss.).

86 E. LEVY, *'Captivus redemptus'* cit., 92 s.; significativamente, secondo l'autore, le espressioni *ius* (e *vinculum*) *pignoris* non appaiono mai, quando Giustiniano parla a proprio nome, ma, in realtà, a me sembra che tale circostanza deponga più per la genuinità dei testi conservati nel *Corpus Iuris*, che per la loro alterazione.

87 E. LEVY, *'Captivus redemptus'* cit., 94, osserva come anche Papa Gregorio Magno (*Epist.* 7.13, in MIGNE, *PL*, LXXVII, 867) designi i *redemptores* quali meri '*creditores mutuae pecuniae*'. L'autore aggiunge che, relativamente al *servus redemptus*, nel

Il Levy conclude il proprio studio rimarcando come, al termine della parabola storica della *redemptio*, si sarebbe tornati agli albori di Roma: il *civis redemptus* verrebbe immediatamente restituito allo *status* precedente alla cattura da parte del nemico, senza soffrire potere coercitivo alcuno da parte del *redemptor*; tuttavia, la restituzione del prezzo del riscatto, un tempo dovere di natura soltanto morale, rappresenterebbe ora un obbligo di natura giuridica. Con Giustiniano il riscatto dei prigionieri dal nemico tornerebbe a costituire una questione di pubblico interesse, ma l'autorità incaricata di provvedervi non sarebbe più lo Stato, bensì la Chiesa, mentre la «driving force», un tempo rappresentata dall'orgoglio nazionale romano, sarebbe ora alimentata dalla carità cristiana[88].

In estrema sintesi, la *redemptio* del *liber captus ab hostibus*, che per secoli sarebbe rimasta estranea al mondo del diritto, talché, al rientro in patria, il *redemptus* avrebbe

---

diritto giustinianeo non si registra alcun cambiamento rispetto alla disciplina introdotta dalla *constitutio de redemptis*; per quanto riguarda l'Occidente, invece, nella *Lex Visigothorum* (5.4.21, in ZEUMER, 226), dove si attinge all'*Interpretatio* al Codice Teodosiano (5.7.2), la norma introdotta dalla costituzione di Onorio del 408 risulta applicata agli schiavi anziché agli uomini liberi (*ibid.*, 93 nt. 3). Per completezza aggiungo che nella *Lex Burgundionum* (56, in SALIS, 91) troviamo una regola analoga a quella della *constitutio de redemptis*: il riscattante fa proprio lo schiavo altrui riscattato '*in Alamannia*', salvo che l'originario padrone gli rimborsi il prezzo del riscatto (o gli consegni un altro schiavo); se invece il prigioniero è un uomo libero, il riscattante intervenuto dietro sua richiesta ha diritto alla restituzione del prezzo del riscatto. Per il caso dello schiavo riscattato dai Franchi (*Const. extrav.* 21.9, in SALIS, 121) è dettata una disposizione particolare, in base alla quale il riscattante ha diritto alla restituzione del prezzo del riscatto, purché intervengano testi idonei che giurino secondo la seguente formula: '*nobis praesentibus pretium dare vidimus: sed nec ille, qui mancipium conparavit, nullam fraudem aut conludium cum inimicis fecit*'.

88 E. LEVY, '*Captivus redemptus*' cit., 94, anche se, per vero, il ruolo assunto dalla Chiesa con riguardo alla *redemptio captivorum* nel Basso Impero era già stato limpidamente posto in luce, in un breve volger di nota, da A. ALBERTONI, *Redemptus ab hostibus* cit., 516 nt. 1. Il Levy affronta anche il problema delle possibili influenze straniere (financo babilonesi, così come già sostenuto, per il caso del *servus redemptus*, da W. FELGENTRAEGER, *Antikes Lösungrecht* cit., 95, 101, 122: sul punto vd. anche sotto, nt. 138; cap. II, nt. 30) sul diritto romano classico e preclassico, escludendole categoricamente (*ibid.*, 95 ss.): fatta eccezione per la figura giustinianea del *vinculum pignoris*, la cui ascendenza – come aveva già proposto l'Albertoni – sarebbe greco-ellenistica (*ibid.*, 92 e ntt. 8 e 9). Sul riscatto dei prigionieri nei diritti mesopotamici ed ebraico, successivamente alla monografia del Felgentraeger, vd. R. YARON, *Redemption of Persons in the Ancient Near East*, in *RIDA* 6 (1959), 155 ss.; sulla distinzione, che la letteratura rabbinica pone, tra l'obbligo o meno del marito di riscattare la propria moglie a seconda che sia stata catturata da banditi (prescritto) o da nemici (escluso), vd. O. MALKA – Y. PAZ, *Ab hostibus captus et a latronibus captus: The Impact of the Roman Model of Citizenship on Rabbinic Law*, in the *Jewish Quarterly Review* 109/2 (2019), 141 ss.

immediatamente recuperato la *civitas libertasque* in virtù del postliminio, sarebbe stata disciplinata *ex novo* – verosimilmente sotto il principato di Marco Aurelio o poco dopo, comunque prima del regno di Settimio Severo e Caracalla – dalla *constitutio de redemptis*, citata senz'altra specificazione da Trifonino in D. 49.15.12.8 con riferimento alla *redemptio ab hostibus* dei *servi*. Il provvedimento imperiale – questa è l'architrave della ricostruzione in commento – avrebbe disciplinato anche la *redemptio* dei *liberi*, disponendo che il *redemptus* non avrebbe beneficiato del postliminio prima della *luitio*, col risultato che, fino a tale momento, egli sarebbe stato asservito al *redemptor*. In epoca tardo imperiale, su influenza della Patristica e dell'opera della Chiesa, sarebbero intervenuti mutamenti favorevoli al *redemptus*, culminati nella legislazione di Giustiniano, che gli avrebbe immediatamente restituito libertà e cittadinanza al rientro in patria; la figura del *vinculum pignoris*, sconosciuta ai giuristi classici e mutuata dai compilatori dal mondo giuridico greco-ellenistico, esprimerebbe il mero obbligo del redento di rimborsare al redentore il prezzo del riscatto, e nulla di più.

Con tale ipotesi interpretativa – vuoi per l'autorevolezza del Levy, vuoi per l'eleganza dell'esposizione e la persuasività degli argomenti addotti – sarebbe stata chiamata a confrontarsi, per lo più accettandola nelle linee fondamentali, la dottrina successiva.

Il primo autore a condividerla è Luigi Amirante, verso il quale siamo debitori di un contributo, pubblicato nel 1957, altrettanto ricco di testimonianze storiche e letterarie[89]. Alle fonti utilizzate dal Levy lo studioso napoletano aggiunge ulteriori riferimenti, tratti da opere di epoca repubblicana e della prima età imperiale[90], a riprova del fatto che, fino alla fine del II secolo, la *redemptio ab hostibus* avrebbe rappresentato un *officium pietatis* per parenti e amici del *captivus*: «proprio il modo con cui si attuava la *redemptio* – egli scrive – e le persone che di solito erano chiamate a realizzarla, chiariscono perché essa sia rimasta per così lungo tempo 'fuori del diritto', senza alcun effetto sulla condizione giuridica del prigioniero, che, *redemptus*, ritornava *in civitatem iure postliminii*»[91]. La situazione sarebbe mutata a seguito dell'emanazione della *constitutio de redemptis*, che – anche per

---

89 L. AMIRANTE, *Appunti* cit., 7 ss., 171 ss. (=ID., *Prigionia di guerra, riscatto e postliminium. Lezioni*, I, Napoli 1969, 175 ss., II, Napoli 1970, 309 ss.); vd. anche, dello stesso autore, l'agile riassunto delle sue idee contenuto in *NNDI*, XIV, Torino 1967, s.v. *Redemptio ab hostibus*, 1102 ss.

90 L. AMIRANTE, *Appunti* cit., 12 ss., 198 ss., sottopone ad analisi ulteriori testimonianze (peraltro già segnalate da A. ALBERTONI, *Redemptus ab hostibus* cit., 513 nt. 2) rispetto a quelle su cui aveva richiamato l'attenzione il Levy: in particolare, le *Declamationes maiores* (5; 6; 9; 19) *e minores* (257; 342; 343; 373) pseudo-quintilianee, relative alla *redemptio a piratis* (sui cui vd. sotto, § 7), e il seguente passaggio della *Rhetorica ad Herennium* (3.2.2), attestante esplicitamente la competenza del senato in materia di riscatto dei *captivi*: ... *item deliberationes partim ipsae propter se consultandae sunt: ut si deliberet senatus, captivos ab hostibus redimat, an non* ....

91 L. AMIRANTE, *Appunti* cit., 20.

l'Amirante – avrebbe avuto portata generale, applicandosi a ogni prigioniero riscattato, libero o schiavo che egli fosse prima della cattura da parte del nemico[92].

Fino a qui la concordanza tra i due studiosi. L'Amirante prende le distanze dal Levy in due punti.

L'uno, tutto sommato secondario, riguarda la datazione della costituzione, la cui emanazione viene fissata tra il 198 e il 211, sotto il principato di Settimio Severo e Caracalla[93]. Sia per l'atteggiamento di Settimio Severo, particolarmente favorevole ai militari, sia per la già sensibile mancanza di uomini, in quell'epoca la politica romana avrebbe cambiato indirizzo dinanzi al problema, sempre più gravoso, della sorte dei prigionieri catturati dal nemico, e si sarebbe affacciata l'idea di incrementarne i riscatti, trasformando la *redemptio* da *officium pietatis* in attività commerciale. Questo scopo trasparirebbe dalle parole di Trifonino, per il quale la '*constitutio non deteriorem causam redimentium, sed si quo meliorem effecerit*' (D. 49.15.12.8): mentre per la *redemptio* dei *servi* il vantaggio sarebbe stato immediato, nel senso che i riscattanti ne sarebbero immediatamente divenuti proprietari, per la *redemptio* dei *cives* l'unica garanzia, che poteva loro essere data, era di recuperare, quanto meno, la somma versata al nemico.

Il secondo punto, molto più importante, riguarda il (supposto) contenuto della *constitutio de redemptis*. Secondo lo studioso napoletano, infatti, la costituzione non avrebbe sospeso il *postliminium*, né per il *servus* né tanto meno per il *civis redemptus*[94]. In particolare, nei confronti di quest'ultimo il provvedimento imperiale avrebbe introdotto un mero *ius retentionis* a favore del *redemptor*, funzionale all'ottenimento del rimborso del prezzo pagato per il riscatto[95]: e solo il diritto di ritenzione sarebbe stato introdotto, dal momento che – anche per il nostro autore, così come per la dottrina precedente e parte ancora della successiva – il *ius pignoris*, sconosciuto alla giurisprudenza classica, rappresenterebbe un'innovazione dei compilatori[96].

---

92 L. AMIRANTE, *Appunti* cit., 21 ss.

93 L. AMIRANTE, *Appunti* cit., 41. Del resto, prima del Levy, l'opinione più diffusa in dottrina era che la *constitutio* fosse da datare all'età dei Severi (vd. sopra, nt. 44). Sul problema vd. sotto, cap. II, § 5.

94 L. AMIRANTE, *Appunti* cit., 25 ss., 53 ss.

95 L. AMIRANTE, *Appunti* cit., 43. Diversamente, per quanto riguarda il *servus redemptus*, la disposizione della costituzione, in base alla quale esso sarebbe immediatamente appartenuto al *redemptor* (Tryph. 4 *disp.* D. 49.15.12.7), avrebbe costretto la giurisprudenza «a ripensare l'antico concetto del *postliminium*» (*ibid.*, 30), dal momento che, al rientro *intra fines* dello schiavo, non seguiva più l'automatico ripristinarsi della *potestas* del precedente proprietario, di tal che l'uno aspetto del postliminio (ritorno dello schiavo nell'ordinamento romano) sarebbe stato scisso dall'altro (riacquisto dello schiavo da parte del precedente *dominus*): costruzione, questa dell'Amirante, sottoposta al vaglio critico di A. MAFFI, *Ricerche* cit., 193 ss., e M.F. CURSI, *La struttura* cit., 281 ss. Sul *postliminium* del *servus redemptus* vd. sotto, cap. II, § 3.

96 L. AMIRANTE, *Appunti* cit., 218.

Penetranti sono le obiezioni rivolte dall'Amirante al Levy: questi avrebbe un bel dire che la soluzione di sospendere il *postliminium* non avrebbe pregiudicato il nucleo essenziale di nozioni quali *libertas* e *dominium*, quando l'una e l'altra sarebbero state direttamente «calpestate»[97]; inoltre, difficilmente un istituto di natura prettamente pubblicistica come il *postliminium* avrebbe potuto essere tirato in ballo per regolare i rapporti di natura altrettanto schiettamente privatistica che, in base alla *constitutio*, sarebbero sorti fra il *redemptor*, da una parte, e il *redemptus* o il *prior dominus* dello schiavo, dall'altra, nei casi rispettivamente di riscatto di un *civis* o di un *servus*[98].

In breve, lo stato di uomo libero del *civis redemptus* sarebbe stato fuori discussione, e quindi sarebbe rimasto inalterato il funzionamento del *postliminium*, in virtù del quale, al ritorno *in civitatem*, egli sarebbe stato immediatamente reintegrato nella condizione in cui versava precedentemente alla cattura da parte del nemico. D'altra parte, si trattava di soddisfare l'esigenza, non meno importante, di garantire o almeno favorire il rimborso al *redemptor* del prezzo del riscatto, sì da incentivare i riscatti di prigionieri di guerra da parte di privati cittadini. Qui andrebbe rintracciata la ragione della regola – per l'appunto introdotta *ex novo* dalla *constitutio de redemptis* e limpidamente enunciata da Ulpiano in D. 43.29.3.3 in sede di commento all'interdetto *de homine libero exhibendo* – in base alla quale, fino alla *luitio*, il *redemptor* può *retinere* il *redemptus*. A questo riguardo, la giurisprudenza dell'età dei Severi non ragionerebbe in termini di *status* personali, né di mero rapporto patrimoniale; essa prescinderebbe, in realtà, da qualsiasi considerazione di carattere teorico, e sembrerebbe non abbozzarne nemmeno una sia pure embrionale costruzione giuridica, per la quale sarebbero mancate «il tempo e le capacità»[99]. Se, poi, il diritto di ritenzione in discorso implicasse altri diritti, in particolare quello di far lavorare il *redemptus*, le fonti non dicono: l'Amirante, peraltro, risponde affermativamente alla domanda, nel senso che, «se anche la *constitutio* non stabilì nullo di esplicito, pure l'uso fu quello»[100].

Riflessi sulla condizione dei *redempti* si sarebbero verificati a seguito della terribile crisi economica e sociale che si abbatté sull'Impero nel III secolo: lungi dal poter rimborsare con facilità il prezzo del riscatto, essi vennero a trovarsi alla mercé dei *redemptores*, e quel '*retinere*' – che, data la funzione strumentale e interlocutoria,

---

97 L. AMIRANTE, *Appunti* cit., 53, il quale fa osservare che, del resto, è lo stesso Levy ad ammettere – contraddittoriamente rispetto a quanto affermato nel brano succitato (vd. sopra, nt. 76) – che il vantaggio offerto dalla *constitutio* di incentivare la *redemptio ab hostibus* dei prigionieri era comperato a caro prezzo: segnatamente, «the price was invasion of such principles as the inviolability of a citizen's freedom and property on Roman soil» (E. LEVY, *'Captivus redemptus'* cit., 88).

98 L. AMIRANTE, *Appunti* cit., 54.

99 Così ipotizza L. AMIRANTE, *Appunti* cit., 56, 218 nt. 3: che in verità sta parlando – come è già stato correttamente osservato, in senso critico, da A. MAFFI, *Ricerche* cit., 192 – «di personaggi del calibro di Paolo e Ulpiano».

100 L. AMIRANTE, *Appunti* cit., 59.

doveva avere effimera durata nelle intenzioni degli imperatori emananti la *constitutio* – si trasformò invece in un vincolo duro e difficilmente risolubile. L'interesse di quanti riscattavano finì con l'accentrarsi sulle persone stesse dei riscattati: da ciò sarebbero seguiti il loro rigido asservimento e il sempre più intenso sfruttamento, favoriti anche dalla corruzione delle autorità locali e dall'esautoramento del potere centrale[101].

Tale drammatico stato di fatto emergerebbe in tutta la sua intensità dai rescritti della cancelleria dioclezianea, dei quali l'Amirante conduce una raffinata esegesi, volta a porre in luce come, contrariamente a quanto sostenuto dal Levy, il principio del *postliminium* non sarebbe stato minimamente intaccato dalla *constitutio de redemptis*. Semmai, l'imperatore illirico, sollecito delle misere condizioni in cui erano caduti i *redempti*, volle riaffermare qui come altrove l'autorità dello Stato, reprimendo gli arbitrii e i soprusi dei *redemptores*. Il ruolo di Diocleziano non sarebbe quindi stato quello del riformatore – come avevano precedentemente sostenuto il Pampaloni, l'Albertoni e il Romano –, bensì quello di colui che avrebbe tentato di ricondurre alla normalità una situazione degenerata nella sopraffazione e nell'illegalità, al di là e contro le aspettative degli imperatori autori della *constitutio*[102].

La più volte citata costituzione di Onorio del 408 segnerebbe una fondamentale svolta nella storia della *redemptio*. Il provvedimento imperiale vieta, anzitutto, che si trattengano – onde trarne profitto – i profughi scappati dinanzi al '*barbaricae feritatis discursus*': a fronteggiare tale situazione sono rivolti i comandi imperiali '*invitos nemo retineat*' e '*ad propria redire cupientibus ... libera sit facultas*'. All'interno di questo quadro desolante, nel quale cittadini sfruttano le disgrazie di altri cittadini, incontriamo i *redempti ab hostibus*, i quali, a differenza dei profughi delle province e dei reduci dalla prigionia, non possono '*ad propria redire*': Onorio ribadirebbe così la regola – che sia il Levy che l'Amirante, pure se da prospettive parzialmente diverse, vogliono introdotta dalla *constitutio de redemptis* – in base alla quale i *redemptores* sono autorizzati a trattenere presso di sé i *redempti* al fine di riottenere il prezzo versato per il loro riscatto. Tuttavia, accanto al vecchio e confermato principio, l'imperatore d'Occidente ne introduce uno affatto nuovo: i *redempti* possono liberarsi dalla *retentio* dei *redemptores* anche senza restituire il prezzo pagato per il riscatto, bensì '*labore, obsequio vel opere quinquennii*'[103].

La storia della condizione giuridica del *civis redemptus*, iniziata con la *constitutio de redemptis* di Severo e Caracalla e degenerata nella crisi del III secolo, troverebbe compimento nella costituzione di Onorio del 408, primo e anche ultimo intervento a carattere generale in materia, confluito nei Codici sia teodosiano che giustinianeo. La preoccupazione di Onorio illustrerebbe chiaramente l'irrimediabile deterioramento della condizione dei *redempti*, già testimoniato un secolo

---

101 L. AMIRANTE, *Appunti* cit., 171 ss.
102 L. AMIRANTE, *Appunti* cit., 175 s.
103 L. AMIRANTE, *Appunti* cit., 186 ss.

prima dai rescritti della cancelleria dioclezianea, nei quali non troviamo, però, il benché minimo accenno al lavoro da essi prestato e a una sua eventuale efficacia liberatoria. Verosimilmente la situazione generale era a tal punto compromessa, che ad Onorio non rimaneva che prendere atto che la maggior parte dei *redempti* non sarebbero mai riusciti a soddisfare i propri *redemptores*; per questo motivo egli avrebbe stabilito che, con cinque anni di lavoro, essi fossero liberi. Ciò posto, l'Amirante ipotizza che dalla costituzione in parola avrebbe tratto origine la dottrina della sospensione del *postliminium* in danno del *redemptus*, poi trasfusa nella compilazione giustinianea tramite l'interpolazione di alcuni frammenti di Ulpiano e Trifonino[104].

I successivi secoli V e VI sarebbero segnati in modo decisivo dall'opera, pratica e dottrinale, della Chiesa[105]. La legislazione in tema di *redemptio ab hostibus*, dalla citata costituzione di Leone del 468 fino all'ultima disposizione di Giustiniano in materia del 545, sarebbe ispirata dall'obiettivo non tanto di modificare, migliorandola, la condizione giuridica del *civis redemptus* – definitivamente cristallizzata dalla costituzione di Onorio – quanto di renderla, nei limiti del possibile, superflua, favorendo la *redemptio* dei *captivi* come opera di liberalità e beneficienza. D'altra parte, nonostante questa nuova forma di *redemptio pietatis causa* fosse incoraggiata in ogni modo, il riscatto non effettuato a scopo liberale non poteva essere abolito, sicché anche la figura del *commercio redemptus* era destinata a sopravvivere. Anzi, nei compilatori la condizione di quest'ultimo troverebbe un timido tentativo di elaborazione dommatica nella figura del *vinculum pignoris*, che rimarrebbe, però, «concetto impreciso, vago e senza una vera vita»[106].

Ora, la tesi dei due autori – che per brevità chiamerò unitariamente, data l'identità degli assunti di base, 'Levy-Amirante' – ha ricevuto ampio credito in letteratura[107]; nondimeno anch'essa, pur presentando numerosi e innegabili pregi – tra i

---

104 L. AMIRANTE, *Appunti* cit., 193 s.: segnatamente, trattasi di Ulp. 12 *ad Sab.* D. 49.15.15 e Ulp. 5 *opin.* D. 49.15.21 pr., per il *civis redemptus*; Ulp. 61 *ad ed.* D. 29.2.71 pr. e Tryph. 4 *disp.* D. 49.15.12.7, per il *servus redemptus.*

105 L. AMIRANTE, *Appunti* cit., 198 ss., aggiunge numerosi altri riferimenti, sia letterari che conciliari, a quelli già segnalati da E. LEVY, *'Captivus redemptus'* cit., 90 ss., e A. ALBERTONI, *Redemptus ab hostibus* cit., 513 nt. 2.

106 L. AMIRANTE, *Appunti* cit., 11, 218, riproduce, pressoché alla lettera, il giudizio di E. LEVY, *'Captivus redemptus'* cit., 93: «vague and lifeless concept».

107 Cfr. M. KASER, *Das römische Privatrecht* cit., I, 291 e nt. 22; ID., *Das römische Privatrecht*, II, *Die nachklassischen Entwicklungen*, München 1975², 130 e nt. 9 – in entrambi i luoghi, peraltro, l'insigne studioso segnala come la questione rimanga aperta – e, nella manualistica italiana, M. TALAMANCA, *Istituzioni di diritto romano*, Milano 1990, 101; A. BURDESE, *Manuale di diritto privato romano*, Torino 1993⁴, 146; M. MARRONE, *Istituzioni di diritto romano*, Palermo 2006³, 215; tra le trattazioni settoriali vd. H. KRELLER, *Juristenarbeit am postliminium*, in *ZSS* 69 (1952), 208 s., e B. BIONDI, *Il diritto romano cristiano*, II, *La giustizia – Le persone*, Milano 1952, 243 ss., entrambi in adesione al Levy; successivamente alla pubblicazione dello studio dell'Amirante, M. AMELOTTI, *Per l'interpretazione della legislazione privatistica di*

quali, in particolare, l'inquadramento della *redemptio ab hostibus* all'interno dell'evoluzione economica e sociale della società romana –, presta il fianco a due obiezioni, che a mio avviso ne minano alle fondamenta l'attendibilità.

In primo luogo, sia il Levy che l'Amirante utilizzano la *constitutio de redemptis* (e il suo supposto contenuto) in guisa di *deus ex machina*, coll'aiuto del quale risolvere i nodi ermeneutici posti dalle fonti di riferimento, laddove Trifonino – occorre ribadire – riferisce la *constitutio* alla *redemptio* dei soli schiavi.

In secondo luogo, entrambi gli studiosi, nonostante l'acutezza delle loro analisi, non sono riusciti a identificare la natura del *vinculum pignoris* citato così ricorrentemente nella compilazione giustinianea, tant'è che anch'essi – sull'esempio del Pampaloni e della dottrina interpolazionistica – si trovano costretti ad attribuirne la paternità alle mani dei compilatori. Così opinando, però, si passa sotto silenzio la circostanza che non solo al diritto classico, ma anche allo stesso diritto giustinianeo il pegno su persona libera è concetto del tutto estraneo[108]. Vale a dire: se si segue la tesi Levy-Amirante, non si comprende per quale motivo i compilatori avrebbero inserito nei frammenti escerpiti il riferimento alla garanzia pignoratizia, unitamente ai termini – specifici del pegno – '*luere*' e '*luitio*'[109], creando di fatto una dottrina giuridica a loro stessi ignota.

Proseguendo nella rassegna di opinioni, a tornare sul nostro argomento, nel 1985, è Rosa Mentxaka, il cui contributo affronta *ex professo* proprio quest'ultima questione, che continua a essere la più spinosa dal punto di vista della critica

Diocleziano, Milano 1960, 139 ss.; U. ZILLETTI, *In tema di 'servitus poenae' (note di diritto penale tardoclassico)*, in *SDHI* 34 (1968), 104 ss.; B. SANTALUCIA, *I «libri opinionum» di Ulpiano*, Milano 1971, I, 185 s., II, 212 ss.; B. ALBANESE, *Le persone in diritto romano*, Palermo 1979, 399 ss., che però fa salva la classicità del *ius pignoris* sul *redemptus*; L. PEPPE, *Studi sull'esecuzione personale*, I, *Debiti e debitori nei primi due secoli della repubblica romana*, Milano 1981, 150 s.; K.-H. ZIEGLER, *Lösegeld-Probleme* cit., 385 ss.

108 Oltre a Paul Sent. 5.1.1 e Paul. 5 *sent.* D. 20.3.5 (entrambi citati per esteso sopra, nt. 33), esemplare, al riguardo, è Diocl.-Max. Rufo C. 8.16.6: *Qui filios vestros vel liberos homines pro pecunia quam vobis credebat pignoris titulo accepit, dissimulatione iuris se circumvenit, cum sit manifestum obligationem pignoris non consistere nisi in his, quae quis de bonis suis facit obnoxia* (a. 293); vd. anche, negli stessi termini, Diocl.-Max. C. 4.43.1; per il divieto di servirsi del lavoro dei figli dei debitori Diocl.-Max. C. 4.10.12. Lo stesso Giustiniano, con una costituzione del 556, statuisce che il creditore, il quale, tra le altre ipotesi, accetti in pegno il figlio del debitore, perde il credito ed è tenuto egli stesso a pagare al debitore il relativo importo, '*quia personam liberam pro debito praesumpserit retinere aut locare aut pignorare*' (Nov. 134.7). In letteratura vd. M. KASER, *Das römische Privatrecht* cit., II, 205 e nt. 25, 315 e nt. 2, cui *adde*, più recentemente, S. SCHIAVO, *Esecuzione personale dei debitori e carcerazione privata nelle costituzioni imperiali di età postclassica e giustinianea*, in *Ann. Ferrara* 21 (2007), 55 ss.

109 Cfr. i testi citati sopra, nt. 7.

testuale pure dopo il tramonto dell'interpolazionismo: cioè l'esistenza, nel diritto classico, del *ius pignoris* sul *civis redemptus*[110].

In via preliminare l'autrice opera una sorta di sintesi tra alcune delle idee sostenute dalla dottrina precedente: dal Levy si assume che, prima dell'emanazione della *constitutio de redemptis*, la *redemptio* avrebbe rappresentato un *officium pietatis* di familiari e amici del *captivus*, a carico del quale, rientrato in patria, non vi sarebbe stato alcun obbligo di rimborso[111]; dall'Amirante, che il potere del redentore di trattenere presso di sé il redento sarebbe stato introdotto dalla nostra *constitutio*, la cui emanazione sarebbe da collocare al tempo dei Severi[112]; dal Romano, che il *postliminium* sarebbe stato sospeso fino alla *luitio*, senza peraltro che il *redemptus* fosse assimilabile, per lo meno da un punto di vista strettamente giuridico, a uno schiavo del *redemptor*[113].

Fissate tali coordinate, la tesi formulata dalla studiosa basca consiste in ciò, che la figura del *ius pignoris* sul redento sarebbe stata elaborata dai giuristi severiani e, senza soluzione di continuità, dalla cancelleria dioclezianea sulla base della *constitutio de redemptis*, il cui contenuto, relativamente al *civis redemptus*, rimarrebbe affatto impreciso, perché direttamente non attestato dalle fonti. Del nostro *ius pignoris* potrebbero solamente elencarsi le differenze rispetto al pegno 'in senso stretto': la costituzione del diritto, che qui prescinderebbe da qualsivoglia *datio* o accordo (espresso o tacito) tra riscattante e riscattato, e la cui (supposta) fonte diretta andrebbe rintracciata nel nostro provvedimento imperiale; l'oggetto, qui rappresentato dal riscattato, che sarebbe un uomo libero; infine, l'assenza del *ius distrahendi* e dell'accessorietà a una pretesa creditizia azionabile in giudizio[114].

Fino a qui le differenze rispetto al pegno 'in senso stretto'. Le caratteristiche positive del nostro *ius pignoris* sarebbero quelle ricavabili dalle testimonianze di riferimento[115]: i soggetti del rapporto sarebbero redentore e redento, l'oggetto il redento stesso; il contenuto consisterebbe nel consentire al redentore di trattenere presso di sé il redento, anche se nelle fonti – così afferma la Mentxaka, forse cadendo in un equivoco – non sarebbe espressamente menzionato il '*ius*

---

110 R. MENTXAKA, *Sobre la existencia de un ius pignoris del redentor sobre el cautivo redimido en el derecho romano clasico*, in *RIDA* 32 (1985), 273 ss.

111 R. MENTXAKA, *Sobre la existencia* cit., 276, 278, 325 s.

112 R. MENTXAKA, *Sobre la existencia* cit., 277, 325.

113 R. MENTXAKA, *Sobre la existencia* cit., 330, 336 s., individua una sorta di 'schiavitù di fatto' nella soggezione del redento al redentore; viceversa, quale esempio di concessione al redento di una «cierta titularidad jurídica» l'autrice annovera, sulla base di Diocl.-Max. C. 8.50.15, l'esercizio di eventuali diritti successori, al fine di procurarsi il denaro necessario a rimborsare il prezzo del riscatto (*ibid.*, 331 s.).

114 R. MENTXAKA, *Sobre la existencia* cit., 282, 325 ss.

115 R. MENTXAKA, *Sobre la existencia* cit., 329 ss.; l'autrice trae argomenti anche dalla lettura di Tryph. 4 *disp.* D. 49.15.12.12 (*ibid.*, 278 ss.), relativo però alla *redemptio ab hostibus* del *servus* dato a pegno dall'antico padrone prima di essere catturato dal nemico (sul passo vd. sotto, cap. II, § 4).

retentionis'[116]; l'estinzione del rapporto avverrebbe tramite la restituzione (o la remissione) del *pretium redemptionis*, la morte del redento o, infine, il legato a favore di quest'ultimo del *ius pignoris* di cui egli stesso è oggetto.

Insomma, appare chiaro che quell'insieme di circostanze, che il Romano aveva già enumerate e che avevano indotto tutta la dottrina precedente, dal Pampaloni fino al Levy e all'Amirante, a escludere la genuinità del riferimento alla garanzia pignoratizia, vengono ora addotte non già per avallare la congettura di interpolazione, bensì per sostenere la presenza, nel repertorio concettuale della giurisprudenza classica, di una diversa tipologia di pegno o – come si esprime la Mentxaka – di «una institución peculiar che recibe el nombre de *ius pignoris*»[117].

Ora, tale *escamotage* interpretativo non mi sembra convincente, dal momento che, così opinando, il diritto del redentore sul redento – bensì denominato '*ius pignoris*', ma che tale non sarebbe – avrebbe potuto chiamarsi con qualsiasi altro nome. A ben vedere, la lettura dei testi della Mentxaka non è distante da quella del Pampaloni, per il quale il riferimento al pegno sarebbe una «comparazione senza valore giuridico»: l'unica differenza è che quest'ultimo, scrivendo agli inizi del Novecento, risolve il nodo esegetico sostenendo che la nostra figura sarebbe frutto di un'interpolazione, mentre la studiosa basca, mutata nel frattempo la temperie metodologica di riferimento, che si tratterebbe dell'impiego atecnico di un termine (tecnico).

Arrivati a questo punto dell'indagine, l'aporia, in cui si trovano intrappolati gli interpreti, è evidente. Se siamo effettivamente di fronte a un diritto di pegno, e

116 In effetti R. MENTXAKA, *Sobre la existencia* cit., 334, 336, afferma che non v'è passo nel quale si parli espressamente del *ius retentionis* del redentore sul redento: ma '*ius retentionis*' – il cui primo impiego pare debba farsi risalire ai Commentatori (cfr. E. NARDI, *Ritenzione e pegno gordiano*, Milano 1939, 36 nt. 1, 48 s., che suggerisce di impiegare, come male minore, '*ius retinendi*') – non è locuzione propria della giurisprudenza romana, posto che «una terminologia che indichi il nostro istituto [la ritenzione] come diritto è sconosciuta alle fonti»: così E. NARDI, in *NNDI*, XVI, Torino 1968, *s.v. Ritenzione (diritto romano)*, 168, anche in ID., *Scritti minori*, I, rist. Bologna 1991, 385. Invero, i *prudentes* parlano di '*retentio*' (o '*retentiones*') e di '*retinere*', con prevalenza del verbo sul sostantivo, «per la ben nota originaria inclinazione latina al concreto anziché all'astratto»: così, ancora, E. NARDI, in *Enc. dir.*, XL, Milano 1989, s.v. *Ritenzione (diritto romano)*, 1363 (anche in ID., *Scritti minori* cit., I, 743), il quale altrove afferma che, nel diritto romano, «la ritenzione non conosce una terminologia tecnica» (ID., *Testi in origine relativi alla ritenzione?*, in AA. VV., *Scritti in onore di Contardo Ferrini pubblicati in occasione della sua beatificazione*, I, Milano 1947, 354, anche in ID., *Scritti minori* cit., I, 300); pure l'altro specialista della materia, A. BÜRGE, *Retentio im römischem Sachen- und Obligationrecht*, Zürich 1979, 235 s., segnala la difficoltà di individuare un utilizzo specifico dei termini '*retinere*' e '*retentio*' da parte dei *prudentes*, sicché risulterebbe problematico enucleare, nel diritto romano, un diritto di ritenzione in quanto tale.

117 R. MENTXAKA, *Sobre la existencia* cit., 336, che prosegue affermando esplicitamente trattarsi di «empleo no técnico» del termine '*pignus*'.

non a un qualcosa di diverso, che del pegno ha solo il nome, non siamo in grado di spiegare come esso possa avere ad oggetto una persona, anziché una cosa. Se, invece, di diritto di pegno non si tratta, non resta che pensare a una interpolazione. Salvo ricadere – a seguire questa seconda alternativa – in un'ulteriore contraddizione, dal momento che, come testé osservavo, nemmeno per i giustinianei il pegno potrebbe avere ad oggetto un uomo libero.

Negli anni Novanta del secolo scorso, la questione, lungi dall'essere sopita nonostante la messe di studi a essa dedicati, è stata oggetto di rinnovata attenzione da parte di tre studiosi italiani: Maria Virginia Sanna e, nell'ambito di ricerche dedicate al *postliminium*, Alberto Maffi e Maria Floriana Cursi.

La studiosa cagliaritana – che al nostro tema ha dedicato inizialmente due distinti contributi, poi confluiti in una monografia pubblicata nel 1998[118] – conviene con il Levy nel sostenere che la disciplina giuridica della *redemptio* dei *liberi* sarebbe stata introdotta (unitamente a quella dei *servi*) dalla *constitutio de redemptis*[119], ma quest'ultima avrebbe disciplinato i casi, in precedenza non regolati, di chi riscattasse dal nemico prigionieri ai quali non era legato da vincoli di parentela o amicizia, oppure nell'erronea credenza che, precedentemente alla cattura, essi fossero schiavi. La *constitutio* non avrebbe dunque avuto lo scopo di ricondurre nell'ambito del diritto la *redemptio pietatis causa* operata dai familiari del *captivus*, bensì di disciplinare *ex novo* la *redemptio* attuata senza spirito di liberalità. La finalità del provvedimento sarebbe stata quella già evidenziata dal Levy: incentivare i riscatti di prigionieri romani, garantendosi ai *redemptores* – tra cui, *in primis*, i

118 M.V. SANNA, *La constitutio de redemptis*, in *Studi Cagliari* 52 (1987-1988), 537 ss., e ID., *La condizione giuridica del redemptus ab hostibus dall'epoca classica al periodo dioclezianeo, ibid.*, 53 (1989-1990), 309 ss., poi accorpati in ID., *Ricerche in tema di redemptio ab hostibus*, Cagliari 1998, monografia alla quale d'ora in poi farò riferimento. L'autrice ha poi pubblicato un secondo contributo sul tema – *Nuove ricerche in tema di redemptio ab hostibus*, Cagliari 2001, dedicato alla fattispecie del *servus redemptus* – nonché ribadito le proprie posizioni in tema di *redemptio* del *civis captivus* nel contributo *I capti ab hostibus salvati dall'esercito*, in F. BOTTA – L. LOSCHIAVO (cur.), *Civitas, Iura, Arma. Organizzazioni militari, istituzioni giuridiche e strutture sociali all'origine dell'Europa (secc. III-VIII). Atti del Seminario internazionale (Cagliari, 5-6 ottobre 2012)*, Lecce 2015, 281 ss.

119 Provvedimento del quale M.V. SANNA, *Ricerche* cit., 50 ss. (vd. anche ID., *I capti ab hostibus* cit., 282 nt. 4), propone – sulla base di Pomp. 36 *ad Sab.* D. 49.15.20.2 e Pomp. 1 *ex var. lect.* D. 49.15.6 – una terza datazione, diversa da quella sia dell'Amirante (principato di Settimio Severo e Caracalla) che del Levy (principato di Marco Aurelio): precisamente, essa sarebbe stata emanata nell'intervallo di tempo compreso tra la composizione, da parte di Pomponio, dei *libri ad Sabinum* e delle *Variae lectiones*, e quindi, tendenzialmente, tra la fine del regno di Adriano (vd. sopra, nt. 63) e l'inizio di quello di Marco Aurelio (per la datazione delle *Variae lectiones* vd. D. LIEBS, *Variae Lectiones* cit., 27). Sul problema della datazione della *constitutio de redemptis* vd. sotto, cap. II, § 5.

mercanti di schiavi – il diritto di *retinere* i *redempti* sino alla restituzione del prezzo versato per il riscatto[120].

La Sanna conviene poi con l'Amirante nel sostenere che, anche dopo l'emanazione del nostro provvedimento imperiale[121], al rientro in patria il *civis redemptus* avrebbe immediatamente recuperato, *iure postliminii*, libertà e cittadinanza; egli si sarebbe però trovato, fino alla *luitio*, in una situazione di soggezione nei confronti del *redemptor*, «indicata – questo è il nocciolo della tesi in esame – con una terminologia presa in prestito dal pegno (*ius pignoris, vinculum pignoris*) che aveva lo scopo di consentire al *redemptor* di *retinere* il *redemptus* sino al pagamento del prezzo e di sfruttarne le capacità lavorative»[122].

All'evidenza, l'autrice ripercorre la scia interpretativa inaugurata dalla Mentxaka: conservare la classicità delle espressioni *ius* (e *vinculum*) *pignoris*, privandole, al contempo, del contenuto semantico loro proprio. «Se tali espressioni siano classiche o giustinianee – scrive la Sanna –, pare una questione più formale che sostanziale: quel che importa è stabilire se le limitazioni al *redemptus* esistessero già in epoca classica o se i testi siano stati interpolati in questo senso dai giustinianei»[123].

A mio modo di vedere, la questione attinente alla classicità delle espressioni *ius* (e *vinculum*) *pignoris* non è affatto formale, tenuto anche conto del rigore concettuale della giurisprudenza classica; anzi, se si assume che ad esse non possiamo attribuire il significato loro proprio, né per il diritto classico né per il diritto giustinianeo, il problema, lungi dall'essere risolto, risulta complicato, poiché ci troveremmo innanzi non a una, bensì a una duplice incongruenza, dei classici e dei giustinianei.

---

120 M.V. SANNA, *Ricerche* cit., 19 s., 153 (vd. anche ID., *Nuove ricerche* cit., 18 ss.; ID., *I capti ab hostibus* cit., 283), che trova concorde S. BARBATI, *La redemptio ab hostibus e lo status del redemptus*, in *Atti Costant.* 21 (2016), 177 ss., 191 s. Secondo l'autrice, prima dell'emanazione della *constitutio de redemptis* il riscattante privo d'intento liberale non avrebbe avuto diritto a essere rimborsato, mentre il riscattato – tornato libero per effetto del postliminio, ma acquistato pur sempre come schiavo – avrebbe dovuto trovare un *adsertor libertatis* che esperisse la causa liberale in suo favore. Anche dopo l'emanazione della *constitutio de redemptis* la *redemptio pietatis causa* avrebbe invece continuato a vivere 'fuori del diritto'.

121 Sempre che non si trattasse di più provvedimenti imperiali, forse emessi in forma di rescritti: così ipotizza M.V. SANNA, *Ricerche* cit., 19 e nt. 42, 47; ID., *Nuove ricerche* cit., 25 (ma vd. già in tal senso, pur se dubitativamente, B. SANTALUCIA, *I «libri opinionum»* cit., I, 185 s.).

122 M.V. SANNA, *Ricerche* cit., 68, la cui tesi, per vero, non è inedita: cfr., sostanzialmente negli stessi termini e già per l'età repubblicana, H. LÉVY-BRUHL, *Recherches sur les actions de la loi*, Paris 1960, 297 s., nonché, nella letteratura dell'Ottocento, J. KOHLER, *Pfandrechtliche Forschungen* cit., 351 s., il quale accosta il *redemptus* al *liber homo bona fide serviens*, e, prima ancora, J.C.G. BOOT, *De captis* cit., 103 ss.

123 M.V. SANNA, *Ricerche* cit., 70.

Soprattutto, non mi sembra possa concordarsi con la tesi centrale della studiosa cagliaritana, che sostanzialmente rappresenta il *quid novi* rispetto a quanto già sostenuto dalla Mentxaka: che, cioè, il contenuto del *ius pignoris* del *redemptor* consistesse nello «sfruttamento delle capacità lavorative del *redemptus*». Così opinando, occorre allora chiedersi per quale motivo i giuristi classici avrebbero preso a prestito la terminologia propria del diritto di pegno – oltre a '*ius pignoris*' e '*vinculum pignoris*', anche '*luere*' e '*luitio*' –, anziché affermare esplicitamente che, fino al rimborso del prezzo del riscatto, il *redemptus* è tenuto a lavorare per il *redemptor*.

Certamente la precedente dottrina aveva lasciato senza contenuto il nostro *ius pignoris*[124], ma il supposto sfruttamento delle capacità lavorative del *redemptus*, che pure colmerebbe tale vuoto interpretativo, non è attestato da alcun testo classico né rescritto dioclezianeo in materia di *redemptio ab hostibus*[125]; anzi, più esattamente, nelle testimonianze di riferimento sono assenti non solo accenni alla possibilità di liberazione del *redemptus* attraverso il lavoro[126], ma, prima ancora, accenni al lavoro 'tout court'[127]. Ebbene, la Sanna, anziché dedurre dal silenzio delle fonti che il riscattato non lavora né è tenuto a lavorare per il riscattante, vi ricava che il valore delle *operae* prestate non sarebbe scomputato dall'ammontare della somma da rimborsare[128]. Al di là dell'evidente petizione di principio che vizia il ragionamento, potremmo chiederci quale redento – *in thesi* uomo libero, non schiavo – lavorerebbe gratuitamente per il redentore, pur sapendo che il valore delle proprie *operae* non servirebbe a liberarlo dal vincolo[129].

---

124 Si va, infatti, dalla «comparazione senza valore giuridico» del Pampaloni, al «mysterious *vinculum*» del Levy e al «concetto vago e privo di vita» dell'Amirante, fino all'«empleo no técnico» della Mentxaka.

125 Come peraltro riconosce la stessa M.V. SANNA, *Ricerche* cit., 86 s.

126 L. PEPPE, *Studi* cit., I, 150, rileva l'assenza di qualsiasi notizia, per il diritto classico, sull''autoriscatto' del *redemptus* mediante prestazioni lavorative a favore del *redemptor* (opinione ribadita in ID., *Fra corpo e patrimonio. Obligatus, addictus, ductus, persona in causa mancipi*, in A. CORBINO – M. HUMBERT – G. NEGRI [cur.], *Homo, caput, persona. La costruzione giuridica dell'identità nell'esperienza romana. Dall'epoca di Plauto a Ulpiano*, Pavia 2010, 463 s.); in particolare, per l'autore gli unici casi conosciuti di 'Abarbeitung' sarebbero stati introdotti in via legislativa in epoca tardo imperiale: in Valent.nus-Theod.-Arc. CTh. 3.3.1, per i figli venduti per necessità, e nel più volte citato provvedimento di Onorio del 408 (Sirm. 16=CTh. 5.7.2=C. 8.50.20), per il *redemptus ab hostibus*.

127 Rileva la contraddizione A. MAFFI, *Ricerche* cit., 226 (anche ID., *Recensione* a M.V. SANNA, *Ricerche* cit., in *Iura* 49 [1998, pubbl. 2002], 185), per il quale il fatto che la costituzione di Onorio abbia introdotto la possibilità di 'Abarbeitung' non serve a dimostrare che, prima di essa, il *redemptus* avrebbe lavorato gratuitamente: semmai dimostra proprio il contrario, cioè che prima non era affatto tenuto a lavorare.

128 M.V. SANNA, *Ricerche*, cit. 87, 91 s., 93, 95 (seguita da S. BARBATI, *La redemptio ab hostibus* cit., 189 ss.).

129 Esattamente A. MAFFI, *Ricerche* cit., 227, ricorda altresì che, se si assume che il *redemptus* è un uomo libero, egli non può essere costretto a lavorare, «essendo

Qualcuno potrebbe replicare con una sorta di argomento *ab auctoritate*: nonostante il silenzio delle fonti, che il *redemptor* potesse giovarsi delle *operae* del *redemptus* avevano già affermato, prima della studiosa cagliaritana, numerosi autori. Il che è vero, ma sulla base di diversi e – a me sembra – più solidi presupposti concettuali: segnatamente, dal Pampaloni, per il quale il *redemptus* si troverebbe *in causa mancipii* del *redemptor*; dal Romano, per il quale il *postliminium* sarebbe sospeso fino alla *luitio* nonché, *a fortiori*, dal Krüger e dal Levy, per i quali il *redemptus* sarebbe, a tutti gli effetti, asservito al *redemptor*. In breve, tutti questi studiosi sono accomunati dall'assunto che la *redemptio* influisca sullo *status* del riscattato, che si troverebbe in una condizione di soggezione personale, più o meno intensa, rispetto al riscattante: ben può ammettersi, sotto questa comune prospettiva, che l'uno sia tenuto a prestare le proprie *operae* a favore dell'altro.

Di seguito, anche l'Amirante, strenuo sostenitore dell'immediato riacquisto *iure postliminii* del *pristinus status* da parte dei *redempti*, aveva affacciato l'ipotesi che questi lavorassero per i *redemptores*[130], ma non perché vi fossero giuridicamente tenuti, bensì perché così avvenne, di fatto, in conseguenza della gravissima crisi politica ed economico-sociale, ancora testimoniata dai rescritti della cancelleria dioclezianea, che investì l'Impero nel corso del III secolo. Preso atto di una situazione irreversibilmente degenerata nell'arbitrio e nel sopruso, nella più volte citata costituzione del 408 Onorio previde sì che il riscattato potesse rimborsare il riscattante '*labore, obsequio vel opere quinquenni*', ma questo in guisa di 'facoltà solutoria' introdotta in suo favore (non già come obbligo a suo carico), al fine di permettergli di liberarsi dal vincolo anche qualora non avesse a disposizione, o non vi fosse chi versasse per lui, il denaro necessario a ristorate il riscattante; altrimenti, la *retentio* avrebbe rischiato di tramutarsi – e, nei fatti, già si era tramutata – da soggezione temporanea a vincolo perpetuo[131].

Chiudiamo la rassegna di opinioni con i contributi del Maffi e della Cursi, i quali, nell'ambito di ricerche dedicate al *postliminium*, hanno formulato interessanti considerazioni sul nostro tema, *in primis* in ordine al (supposto) contenuto della *constitutio de redemptis*.

La studiosa romana esclude – a buon diritto, a mio modo di vedere – che la *constitutio* disciplinasse anche la *redemptio* dei *liberi*, e ciò per la semplice e altrettanto forte motivazione che, nel lungo brano di Trifonino conservato in D. 49.15.12, si parla della sola *redemptio* dei *servi*. In particolare, a me sembra colga nel segno il rilievo che l'autrice oppone alla dottrina avversata, la quale, argomentando *e*

---

il lavoro indegno, come si sa, di un cittadino sia nel mondo greco che in quello romano».

130 L. AMIRANTE, *Appunti* cit., 59.

131 Così interpretano la costituzione di Onorio, come già visto, sia E. LEVY, *'Captivus redemptus'* cit. 91, che L. AMIRANTE, *Appunti* cit., 189 ss.; conformi anche B. ALBANESE, *Le persone* cit., 401; L. PEPPE, *Studi* cit., I, 150; ID. *Fra corpo e patrimonio* cit., 464.

silentio, è stata «sostenuta più da ragioni di opportunità pratica che dal rispetto del tenore letterale della fonte»[132].

Di seguito, la Cursi osserva esattamente che l'unico argomento di una qualche consistenza, tra quelli portati dal Levy, è rappresentato dall'inclusione, nel § 15 di D. 49.15.12, della *redemptio* del *deportatus in insulam*, pena irrogata agli uomini liberi e dalla quale non consegue la *servitus poenae*. Tuttavia, se si pone mente all'omogeneità con i casi discussi nel seguito del discorso (nel § 16 si tratta del *servus* colpito, anteriormente alla cattura da parte del nemico, da un divieto di manomissione; nel § 17 del *servus poenae*), è verosimile ritenere che quello del *deportatus in insulam* sia stato introdotto da Trifonino senza prestare attenzione al regime della *constitutio de redemptis*: e difatti, mentre nei §§ 16 e 17 il giurista prende in considerazione la posizione del *redemptor*, nel § 15 nulla dice per il *deportatus in insulam*[133].

D'altra parte, l'autrice tiene fermo l'assunto di partenza della tesi Levy-Amirante, rappresentato dalla (ipotizzata) originaria natura gratuita della *redemptio ab hostibus*, ribadendo che, quanto meno fino ai primi secoli dell'Impero, le testimonianze letterarie di cui disponiamo, senza fare menzione alcuna di un *vinculum* che in qualche modo avvinca il *redemptus* al *redemptor*, consentirebbero di ravvisare nella *redemptio ab hostibus* un *officium pietatis* privo di conseguenze sul piano giuridico, che solo in piena età imperiale sarebbe stato attratto nell'orbita dell'ordinamento giuridico[134].

A tale constatazione può però opporsi che le fonti letterarie chiamate in causa contemplano casi di soldati riscattati su impulso del senato, oppure di cittadini liberati per iniziativa di parenti o amici: insomma, tutte ipotesi in cui il problema della restituzione della somma pagata per il riscatto è escluso, *a priori*, dalla natura pubblica dell'iniziativa o dall'intento liberale del riscattante[135]. Inoltre, se non si ipotizza – come viceversa ipotizzano il Levy e l'Amirante – che un provvedimento imperiale (la nota *constitutio de redemptis*) sia intervenuto per disciplinare la nostra fattispecie, non si comprende quando e soprattutto perché, *ex abrupto* e a partire da un non meglio precisato momento della storia romana, il riscattato sarebbe stato tenuto a rimborsare il riscattante e, fino a tale momento, soggetto alla di lui *retentio*.

Diversamente dalla Cursi, il Maffi ha sottoposto a una critica stringente la tesi Levy-Amirante proprio a partire dall'assunto in discussione, che, cioè, fino all'emanazione della *constitutio de redemptis*, la *redemptio ab hostibus* sarebbe vissuta 'fuori del diritto'. I rilievi dell'autore, che mi accingo a sunteggiare, sono di carattere sia logico che storico-esegetico.

---

132 M.F. CURSI, *La struttura* cit., 199 nt. 23; anche A. MAFFI, *Ricerche*, cit. 193, osserva che, «stando alla lettera di D. 49.15.12, la *constitutio* si applicava solo agli schiavi».

133 M.F. CURSI, *La struttura* cit., 200 nt. 23.

134 M.F. CURSI, *La struttura* cit., 199.

135 Sulla questione tornerò sotto, § 6.

In linea di principio – egli osserva – il fatto che, nelle fonti letterarie, le iniziative assunte dal senato o dai familiari del *captivus* caratterizzino in misura predominante il riscatto dei prigionieri di guerra non è argomento sufficiente per escludere che, accanto a queste forme di liberalità, siano stato praticate altre forme di riscatto da parte di soggetti non legati al *captivus* da vincoli di parentela o amicizia, dalle quali sarebbe scaturito, a carico del *redemptus*, un obbligo di rimborso garantito da un vincolo sulla di lui persona. Anzi, le stesse fonti letterarie e giuridiche, che il Levy e l'Amirante pongono a fondamento delle loro argomentazioni, si presterebbero a letture di segno opposto o, quantomeno, 'neutro'[136].

Sin da età risalente – questa è la tesi dello studioso milanese – la *redemptio* senza scopo di liberalità avrebbe creato invece un vincolo giuridicamente rilevante tra il *redemptor* e il *redemptus*, senza soluzione di continuità con le testimonianze della giurisprudenza severiana e i successivi rescritti della cancelleria dioclezianea. Il diritto di ritenzione sul redento sarebbe esistito molto tempo prima della *constitutio de redemptis*, mentre il nucleo originario di tale tutela si sarebbe ricavato direttamente dall'editto pretorio, secondo quanto sarebbe dato evincere da un frammento, conservato in D. 43.29.3.3, tratto dal commentario *ad edictum* di Ulpiano[137].

Del resto, la pratica del riscatto di prigionieri era ben conosciuta nel mondo greco di età classica ed ellenistica: oltre alla legge di Gortina e all'orazione contro Nicostrato – termini di comparazione sui quali aveva insistito con particolare vigore l'Albertoni – verrebbero in considerazione i trattati conclusi nel III secolo a.C. tra Mileto e le città cretesi di Cnosso, Gortina e Festo, volti a facilitare il rientro nelle rispettive città d'origine dei cittadini milesi o cretesi, nonché dei loro schiavi,

---

136 Tra le fonti letterarie, Liv. *Ab Urbe cond.* 22.23.6-8; 22.60.3-4; Cic. *De off.* 2.16.55-56; Sen. *De ben.* 2.21; 6.13-14 (A. MAFFI, *Ricerche* cit., 172 ss., 176 ss.; vd. però le repliche di M.F. CURSI, *La struttura* cit., 193 ss., 196 ss., a difesa della lettura del Levy); tra le fonti giuridiche, Iav. 9 *ex post. Lab.* D. 49.15.27; Pomp. 36 *ad Sab.* D. 49.15.20.2; Flor. 4 *inst.* D. 49.15.26 (A. MAFFI, *Ricerche* cit., 180 ss., 230 ss., che invece trova qui sostanzialmente concorde M.F. CURSI, *La struttura* cit., 219 ss., 297 ss.). Su alcuni di questi passi mi soffermerò nel corso dell'esposizione: su Sen. *De ben.* 2.21 e Pomp. 36 *ad Sab.* D. 49.15.20.2, vd. sotto, §§ 6 e 8; su Iav. 9 *ex post. Lab.* D. 49.15.27, vd. sotto, cap. II, § 2.

137 A. MAFFI, *Ricerche* cit., 175, 220; ID., *Recensione* cit., 179 s. Che il diritto di ritenzione fosse già conosciuto quanto meno nella prima età imperiale il Maffi ricava da una più attenta analisi di uno dei succitati brani di Seneca (*De ben.* 2.21), che analizzerò nel prosieguo dell'esposizione (vd. sotto, § 6). Del resto, lo stesso Levy – osserva esattamente A. MAFFI, *Ricerche* cit., 178 s. – ipotizza l'utilizzo, a seconda dei casi, dell'*actio certae creditae pecuniae* o *mandati* o *negotiorum gestorum* al fine di permettere al *redemptor* di recuperare il prezzo del riscatto (vd. sopra, nt. 62): «osservazione alquanto sorprendente, che sembra contraddire tutto l'impianto dimostrativo basato sull'assenza di conseguenze giuridiche a carico del *redemptus* fino all'emanazione della *constitutio*».

qualora catturati da pirati e messi in vendita sui mercati della città controparte[138]. In particolare, dalle clausole regolanti i rapporti tra Mileto e Cnosso e tra Mileto e Festo risulterebbe che, mentre per il riscatto dei liberi il criterio dirimente era rappresentato dalla buona fede del riscattante o dal conferimento di un mandato da parte del riscattato, diversamente, nel caso del riscatto degli schiavi, il riscattante, senza che si desse rilievo alla sua buona o mala fede, era tenuto a restituire lo schiavo riscattato al suo originario padrone solo a fronte del rimborso del prezzo versato[139].

In breve, alla luce di tutte queste testimonianze non si comprende perché, a Roma, la *redemptio* fosse intesa esclusivamente come un *officium pietatis* per il riscattante (o, specularmente, un *beneficium* per il riscattato), laddove, in Grecia, già da secoli esistevano forme di *redemptio* dalle quali scaturiva un vincolo sulla persona del riscattato a garanzia del ristoro del riscattante. Esprimendosi con un'immagine efficace, il Maffi afferma che, se al posto del sistema solare poniamo la pratica della *redemptio* dei prigionieri nel mondo antico, Roma – a seguire la tesi Levy-Amirante – costituirebbe «un'eccezione tolemaica all'interno di un universo copernicano»[140].

Infine, se lo scopo della *constitutio* era quello di incentivare i riscatti di prigionieri di guerra tramite il coinvolgimento dei *venaliciarii*, l'imporre al *redemptus* di rimborsare al *redemptor* il (solo) prezzo del riscatto – obbligo garantito dalla sospensione del *postliminium* secondo il Levy, dal *ius retentionis* secondo l'Amirante – avrebbe contribuito ben poco a rendere più attraente il 'business'. Bisognerebbe infatti chiedersi quale mercante di schiavi sarebbe stato incentivato a sufficienza da un provvedimento che in suo favore stabiliva, in ultima analisi, «un semplice rimborso spese»[141], tenuto conto che sarebbe un controsenso per i mercanti romani, come del resto per quelli di qualsiasi epoca, comperare una merce senza la possibilità di rivenderla con profitto: «la garanzia di non perderci – conclude l'autore – non ha mai incentivato nessun mercante se non può guadagnarci niente»[142].

---

138 Trattasi di Mileto I, 18-25 (con Cnosso); 3.308; Mileto II, 40-45 (con Gortina); Mileto III, 52-59 (con Festo), pubblicati in H.H. SCHMITT (bearb.), *Die Staatsverträge des Altertums*, III, *Die Verträge der griechisch-römischen Welt von 338 bis 200 v.Chr.*, München 1969, n. 482, 149 ss., oltre che, rispettivamente, in *IC*, I, viii, 6*; IV, 161*; I, xxiii, 1. Ai trattati in questione aveva già accennato, ma senza dedicarvi particolare attenzione, anche A. ALBERTONI, *Redemptus ab hostibus* cit., 364 nt. 1; successivamente, se ne era occupato dettagliatamente W. FELGENTRAEGER, *Antikes Lösungsrecht* cit., 63 ss., il quale, però, non li poneva in connessione al nostro tema, sostenendo invece influssi del diritto babilonese in tema di *redemptio ab hostibus* del *servus* (sul punto vd. anche sopra, nt. 88; sotto, cap. II, nt. 30).

139 A. MAFFI, *Ricerche* cit., 204 ss.; ID., *Recensione* cit., 181.

140 A. MAFFI, *Ricerche* cit., 186.

141 A. MAFFI, *Ricerche* cit., 190.

142 A. MAFFI, *Ricerche* cit., 195. Sul problema dei destinatari della *constitutio de redemptis* vd. sotto, cap. II, § 2.

Vero è, invece, che in D. 49.15.12.8 Trifonino afferma che la *constitutio de redemptis* '*non deteriorem causam redimentium, sed si quo meliorem effecerit*'. Ora – argomenta il Maffi – una cosa, per essere migliorata (o peggiorata), deve già preesistere al miglioramento (o al peggioramento). Vale a dire: la *constitutio* non avrebbe potuto migliorare la *causa redimentium*, se non fosse esistita, già da prima, la *redemptio* senza scopo di liberalità. Verità lapalissiana, del resto, posto che l'acquisto di schiavi sui mercati esteri, come prigionieri di guerra o no, è esistito da sempre. Il provvedimento imperiale avrebbe modificato il regime previgente, introducendo l'obbligo di rimborsare anche il *redemptor* di mala fede (del *servus* come) del *liber*, laddove, precedentemente, il *liber redemptus* sarebbe stato obbligato a rimborsare il *redemptor*, solo se quest'ultimo ignorasse trattarsi di un concittadino o avesse ricevuto l'incarico di riscattarlo[143]. Anzi, a rigore, non v'è nulla che costringa a ritenere che la disciplina della *redemptio ab hostibus*, cristallizzata nei brani di Paolo e Ulpiano che analizzerò nel prosieguo dell'esposizione, debba risalire necessariamente alla *constitutio de redemptis*: «è soltanto un principio di economia storica – conclude l'autore – che ci induce a ritenere che la *constitutio de redemptis* abbia innovato anche in materia di riscatto del libero, istituendo un miglioramento della condizione in cui versa il *redemptor* del libero esattamente corrispondente a quello concesso al *redemptor* dello schiavo»[144].

Riassumendo, fino all'emanazione della *constitutio de redemptis* il rimborso del prezzo del riscatto sarebbe spettato al solo *redemptor* di buona fede vuoi di uno schiavo vuoi di un libero. Il *ius novum* introdotto dalla *constitutio* sarebbe consistito in ciò, che essa avrebbe avvantaggiato anche il *redemptor* di mala fede, attribuendogli la proprietà del *servus redemptus* ovvero, rispettivamente, il diritto di *retinere* il *liber redemptus* fino al rimborso del prezzo del riscatto.

Passiamo infine al rapporto tra *redemptio* del *liber* e *postliminium* nei contributi monografici del Maffi e della Cursi.

Per il primo il *redemptus* patirebbe «una sospensione – potremmo dire parziale – del *postliminium*»[145]. Segnatamente, da un lato, la *redemptio* realizzerebbe un risultato di fatto, cioè il materiale ritorno *in civitatem* del *captivus*, senza che, tuttavia, egli benefici di tutti gli effetti giuridici che di regola si verificherebbero *iure postliminii*, specie in considerazione delle (presunte) limitazioni che egli subirebbe

143 A. MAFFI, *Ricerche* cit., 196, 202 ss., 218 s., 243, il quale osserva come il criterio discriminante, rappresentato dalla distinzione tra buona e mala fede del riscattante, fosse già alla base della regolamentazione di cui ai succitati trattati tra Mileto e le città cretesi.

144 A. MAFFI, *Ricerche* cit., 208; peraltro, successivamente, nel recensire la monografia della Sanna, l'autore giudica «impossibile formulare ipotesi convincenti sul contenuto della *constitutio*» relativamente al (presunto) mutamento di regolamentazione del *liber redemptus*, ribadendo comunque l'opinione secondo cui la *retentio* del *redemptor* sul *redemptus* sarebbe esistita fin dall'età repubblicana (ID., *Recensione* cit., 182).

145 A. MAFFI, *Ricerche* cit., 217 ss., 228, 244.

in campo successorio[146]. Dall'altro lato, qualora il *redemptor* non sia animato da un intento liberale, a carico del *redemptus* non nascerebbe un vero e proprio obbligo di rimborso, bensì s'instaurerebbe un vincolo sulla di lui persona, destinato sì a garantire la restituzione del prezzo del riscatto, ma comunque tale da non pregiudicarne la reintegrazione nel godimento dei diritti civili e politici. In tale più ristretta accezione il *postliminium* sarebbe sospeso fino a che il *redemptus* non ristori il *redemptor*, e questo non soltanto per i giustinianei, ma fin da epoca assai risalente, verosimilmente repubblicana[147].

Il punto di vista della Cursi è invece articolato a seconda delle varie epoche storiche. In consonanza con il Levy e l'Amirante anche la studiosa romana ritiene che, originariamente, la *redemptio* – distinta in pubblica (su impulso del senato) e privata (su iniziativa dei familiari del *captivus*)[148] – rappresentasse un *beneficium* per il *redemptus*, pienamente reintegrato nella comunità dei *cives* al suo rientro in patria. L'immediata operatività del postliminio si sarebbe mantenuta per tutta l'età classica, pure una volta affermatasi la *redemptio* come operazione dal carattere prettamente commerciale: mutamento che, peraltro, come prima obiettavo, la Cursi non chiarisce quando e soprattutto perché si sarebbe verificato, stante la ritenuta (e, a mio parere, condivisibile) limitazione dell'ambito di efficacia della *constitutio de redemptis* alla *redemptio* dei soli schiavi. Ad ogni modo, secondo l'autrice la reintegrazione *in civitatem* del *captivus* avrebbe sì subito delle limitazioni, discendenti dalla necessità di garantire al *redemptor* il rimborso del *pretium redemptionis*, ma queste non avrebbero modificato il nucleo centrale del diritto di postliminio, quale immediato riacquisto degli *status libertatis* e *civitatis*[149].

Nei rescritti dioclezianei comincerebbe a distinguersi tra ritorno per postliminio e *restitutio ingenuitatis*, subordinata al pagamento della *luitio*[150], ma la svolta fondamentale nella storia della *redemptio* sarebbe rappresentata dalla costituzione di Onorio del 408, nella quale non solo si perderebbe la distinzione tra *postliminium* e *restitutio ingenuitatis*, ma anche e soprattutto si subordinerebbe il postliminio stesso, quale riacquisto della *libertas*, alla *luitio*[151]. In particolare, a fronte dell'esigenza di surrogare in qualche modo la sempre più difficile restituzione del prezzo del riscatto, dagli inizi del V secolo in poi il vincolo sui *redempti* si configurerebbe in termini di sfruttamento delle loro capacità lavorative, il che li assoggetterebbe

---

146 Il riferimento è alla (supposta) incapacità di succedere del *redemptus*, quale emergerebbe da Ulp. 12 *ad Sab.* D. 38.16.1.4; Ulp. 40 *ad ed.* D. 37.6.1.17; Diocl.-Max. C. 8.50.15: cfr. A. MAFFI, *Ricerche* cit., 219 s., 223.

147 A. MAFFI, *Ricerche* cit., 244.

148 M.F. CURSI, *La struttura* cit., 193 ss.

149 M.F. CURSI, *La struttura* cit., 199 ss.

150 M.F. CURSI, *La struttura* cit., 207 ss., 218 (ma la tesi era già stata affacciata da A. ALBERTONI, *Redemptus ab hostibus*, cit. 518 nt. 1: vd. sopra, nt. 21).

151 M.F. CURSI, *La struttura* cit., 212 ss., 218 (ma la tesi era già stata affacciata da L. AMIRANTE, *Appunti* cit., 193 s.: vd. sopra, nt. 104).

sempre più intensamente al potere dei *redemptores*[152]. Infine, sotto Giustiniano tale evoluzione troverebbe compimento nella figura del *vinculum pignoris*, che costringerebbe il *redemptus* a garantire il ristoro del *redemptor* con la propria persona e la personale attività lavorativa, tanto che egli ora verserebbe in una condizione di «semi-schiavitù». La commissione guidata da Triboniano avrebbe quindi rimaneggiato alcuni passi di Ulpiano conservati nel Digesto, al fine di riprodurvi la concezione, consolidatasi definitivamente coi maestri bizantini, della sospensione del postliminio del *redemptus* sino alla *luitio*[153].

Forse non sarà sfuggito come tale conclusione rappresenti l'esatto opposto di quella cui era pervenuto il Levy, secondo il quale la *servilis condicio* del *redemptus* sarebbe effetto della *constitutio de redemptis*, laddove le riforme di Giustiniano gli avrebbero restituito il pieno godimento del diritto di postliminio: radicale contrasto di opinioni che dimostra, meglio di ogni altra prova, la complessità del tema d'indagine. Nei lavori sia del Maffi che della Cursi manca, peraltro, un approfondimento del nocciolo della fattispecie, ovverosia la natura e il significato del *vinculum pignoris* a carico del *redemptus*[154]: peraltro, esattamente la Cursi, ripetendo le parole dell'Amirante, ha osservato come, ad oggi, la condizione del *civis redemptus* non possa «essere inquadrata in nessuna categoria già nota»[155].

Passiamo finalmente allo studio dei testi, per poi provare a fornire la chiave esegetica di una fattispecie che, dopo oltre un secolo di studi, rappresenta ancora un vero e proprio indovinello per gli interpreti.

§ 3. I frammenti di Paolo e Ulpiano

Le testimonianze della giurisprudenza classica, che ci informano circa la condizione del cittadino romano riscattato dal nemico, sono dei giuristi severiani Paolo e Ulpiano. Del primo si è conservato il seguente frammento:

---

152 M.F. CURSI, *La struttura* cit., 217.

153 M.F. CURSI, *La struttura* cit., 218, 227; i passi in questione sono Ulp. 13 *ad Sab.* D. 38.16.1.4, Ulp. 12 *ad Sab.* D. 49.15.15; Ulp. 5 *opin.* D. 49.15.21 pr.

154 A. MAFFI, *Recensione* cit., 182 *i.f.*, si pronuncia espressamente per la genuinità della figura (mentre in ID., *Ricerche* cit., erano assenti esplicite prese di posizione); M.F. CURSI, *La struttura* cit., 202 nt. 28, ritiene che il *ius pignoris* abbia il contenuto individuato dalla Sanna, ma propende per la matrice giustinianea; infine, per P. ZAMORANI, *Recensione* a M.V. SANNA, *Ricerche* cit., in *SDHI* 66 (2000), 519 s., si tratterebbe di una dottrina postclassica, originatasi con la crisi del III secolo.

155 M.F. CURSI, *La struttura* cit., 202; in termini analoghi si esprime A. MAFFI, *Ricerche* cit., 222, per il quale le soluzioni prospettate nelle fonti non costituirebbero «corollari di un preciso statuto personale proprio del *redemptus* o a cui il *redemptus* andrebbe ascritto».

Paulus 16 *ad Sabinum* D. 49.15.19.9: *Si is, qui emat ab hostibus, pluris alii ius pignoris quod in redempto habet cesserit, non eam quantitatem, sed priorem redemptus reddere debet, et emptor habet actionem adversus eum qui vendidit ex empto.*

Se il riscattante cede a un terzo il diritto di pegno che ha sul riscattato (*ius pignoris quod in redempto habet*) a un prezzo maggiore di quello versato per il riscatto, il riscattato-ceduto è tenuto a rimborsare al cessionario una somma pari non al prezzo della cessione, ma all'importo del riscatto, fatta salva l'azione *ex empto* da parte del cessionario nei confronti del riscattante-cedente.

Dal frammento paolino, bersagliato dagli attacchi della critica interpolazionistica[156], si ricavano due elementi utili per il corretto inquadramento della nostra fattispecie.

Il primo è che il *redemptor* vanta nei confronti del *redemptus* un diritto di pegno (*ius pignoris*), non anche un credito pecuniario tutelato da un'azione edittale (*nomen*)[157]. Se così fosse, infatti, la cessione avrebbe ad oggetto tale credito, e Paolo discorrerebbe di *venditio nominis*, anziché di *venditio pignoris*; ad ogni modo, che le due fattispecie presentino punti di contatto è innegabile, dal momento che in entrambe si tratta della vendita di un diritto, e non di una cosa[158]. Detto questo, la

---

156 Tra gli altri, M. PAMPALONI, *Persone* cit., 131 (cui aderisce P. BONFANTE, *Corso* cit., I, 139 nt. 4), sul presupposto che il *redemptus* si trovi *in causa mancipii*, sostituisce [*ius pignoris*] con <*ius mancipii*>; S. ROMANO, *Redemptus ab hostibus* cit., 23, assumendo che il *redemptus* versi in condizione «quasi servile» a motivo della (ritenuta) sospensione del postliminio fino alla *luitio*, sostituisce [*ius pignoris quod in redempto habet cesserit*] con <*redemptum vendiderit*> (concordano con tale ricostruzione G. FAIVELEY, *Redemptus ab hoste* cit., 87 ss., per il quale la vendita sarebbe altresì accompagnata da una *lex* del tipo '*ut pretio accepto manummitatur*', e L. AMIRANTE, *Appunti* cit., 51, 58, peraltro contraddittoriamente rispetto alla tesi, da lui difesa, secondo cui il *redemptus* tornerebbe immediatamente libero al rientro in patria: l'incongruenza è segnalata da A. MAFFI, *Ricerche* cit., 224); infine, H. KRÜGER, *Captivus redemptus* cit., 208, ritenendo che il *redemptus* venga venduto come vero e proprio schiavo, sostituisce [*ius pignoris quod in redempto habet cesserit*] con <*redemptum mancipio dederit vel in iure cesserit*>.

157 Questo fino alla nota costituzione di Onorio del 408 (Sirm. 16=CTh. 5.7.2=C. 8.50.2), che, come vedremo più avanti, ammette che il *redemptor* possa agire giudizialmente nei confronti del *redemptus* per recuperare il prezzo del riscatto (vd. sotto, § 5 *i.f.*).

158 Tanto vale, in particolare, con riferimento al contenuto e ai presupposti della nostra azione *ex empto*: quanto al primo, si ipotizza comunemente che il cessionario possa conseguire la differenza tra il prezzo della cessione e l'ammontare del riscatto (*contra* S. BARBATI, *La redemptio ab hostibus* cit., 180 nt. 110); quanto ai secondi, se il riscattante-cedente non può che essere consapevole della differenza tra i due importi, sembra invece plausibile richiedere, ai fini dell'esercizio dell'azione, che il cessionario la ignori; si può inoltre presumere che il riscattante-cedente sia comunque tenuto per l'importo del riscatto eventualmente dichiarato al cessionario, analogamente a quanto vale in tema di *venditio nominis* (Paul. 33 *ad ed.* D. 18.4.5, sul quale mi sia consentito rimandare al mio *Sul sinallagma genetico nell'emptio venditio classica*, Padova 2004, 37 s., oltre che a D. MEDICUS, *Id quod interest. Studien zum*

ragione, in forza della quale il riscattante non vanta un credito nei confronti del riscattato, consiste nel fatto che, al momento della *redemptio*, quest'ultimo versava nella condizione di *servus hostium*, e non aveva quindi la capacità di entrare a far parte di un rapporto obbligatorio. Ora, la cessione del *ius pignoris* non può avvenire – come pure è stato sostenuto in letteratura – tramite la nomina del cessionario a *procurator* (o *cognitor*) *in rem suam*[159], dato che per l'appunto il riscattante non può convenire in giudizio il riscattato *ex edicto*; pertanto, occorre giocoforza ammettere che detta cessione non può che realizzarsi tramite la materiale consegna al cessionario della persona del riscattato-ceduto da parte del riscattante-cedente.

Il secondo elemento di rilievo della decisione paolina è rappresentato dal fatto che il *ius pignoris* sul redento, benché non sia geneticamente accessorio a un credito[160], ciononostante può circolare autonomamente, tanto da essere validamente trasferibile a un terzo[161]. *Ergo,* una volta ammesso che il *ius pignoris* possa essere ceduto, una o più volte e anche per corrispettivi maggiori rispetto al *pretium redemptionis*, la *ratio decidendi* della *sententia* paolina è rappresentata dalla necessità di evitare che la condizione del *redemptus* risulti vieppiù aggravata, come accadrebbe

---

römischen Recht des Schadensersatzes, Köln-Graz 1962, 168; H. HONSELL, *Quod interest im bonae-fidei-iudicium. Studien zum römischen Schadensersatzrecht*, München 1969, 113).

159 Così ritiene invece R. MENTXAKA, *Sobre la existencia* cit., 288, che assimila *in toto* alla *venditio nominis* la cessione onerosa del *ius pignoris* sul *redemptus*. Ora, è noto che, nel diritto classico, un credito può passare direttamente da una persona a un'altra per via di successione universale, non anche con una cessione a titolo particolare. Il risultato, cui mira quest'ultima, viene ottenuto cedendo l'azione che tutela il credito: il cessionario è nominato *procurator* (o *cognitor*) *in rem suam* dal creditore cedente, cosicché il primo contesta la lite e ottiene la condanna a proprio nome, senza l'obbligo di riversarne gli effetti sul secondo. A partire da Antonino Pio (per il caso della vendita di eredità) questo regime è via via superato da costituzioni imperiali, con cui s'attribuiscono azioni utili al cessionario: ma – giova ribadire – nel nostro caso il riscattante-cedente non ha (credito né) azione nei confronti del riscattato-ceduto. Sulla cessione dei crediti in diritto romano vd. W. ROZWADOWSKI, *Studi sul trasferimento dei crediti in diritto romano*, in *BIDR* 76 (1973), 11 ss., cui *adde* M. KASER, *Das römische Privatrecht* cit., I, 652 ss., II, 451 ss.

160 Oggetto di ampio dibattito dottrinale (vd. la letteratura citata sopra, nt. 9) è la sola accessorietà funzionale del pegno: riassume lo stato dell'arte, recentemente, S. MARINO, *Sull'accessorietà* cit., 9 ss.

161 M.V. SANNA, *Ricerche* cit., 85 ss. (seguita da S. BARBATI, *La redemptio ab hostibus* cit., 180 ss.), fa del frammento paolino il perno della tesi che identifica il contenuto del *ius pignoris* nello «sfruttamento delle capacità lavorative del *redemptus*». Tra le altre obiezioni, A. MAFFI *Ricerche* cit., 227, vi oppone anche il seguente rilievo: se è poco plausibile ritenere che i *venaliciarii*, anziché comperare direttamente schiavi, riscattassero *cives captivi* al fine di sfruttarne il lavoro, per lo stesso motivo rimane altrettanto oscuro il motivo per il quale un privato cittadino avrebbe acquistato, in luogo di uno schiavo, il *ius pignoris* su un *civis redemptus*.

se fosse costretto a rimborsare somme di denaro più elevate per sciogliersi dal vincolo pignoratizio. È per evitare tale conseguenza, a mio avviso, che l'ammontare del rimborso dovuto al *redemptor* e ai successivi cessionari del *ius pignoris* viene fissato una volta per tutte nell'importo del riscatto versato al nemico[162].

Prima di passare all'esame dei testi di Ulpiano è bene rammentare che, dagli inizi del Novecento in poi, sul contenuto – oltre che, prima ancora, sulla stessa autenticità – del nostro *ius pignoris* v'è totale discordia tra gli interpreti. Se consultiamo la letteratura ottocentesca, constatiamo invece come Johann Jakob Bachofen – la cui lettura delle fonti era libera, per così dire, dai pregiudizi dommatici di cui sarebbero stati imbevuti, in misura più o meno intensa, i pandettisti e gli autori successivi – classificasse la nostra figura, senza imbarazzo alcuno, quale particolare ipotesi di diritto di pegno: bensì privo del *ius distrahendi* e non accessorio a un credito, ma pur sempre diritto di pegno. Dall'esame delle fonti in materia lo studioso basileese ricavava pianamente che il *redemptor* altro mezzo non ha, per essere rimborsato, che un «factische Gewalt» sul *redemptus*[163].

---

162 Al proposito, giova ricordare la celebre *lex Anastasiana* del 506 (C. 4.35.22, su cui vd., tra gli altri, M. RENNPFERDT, *Lex Anastasiana. Schuldnerschutz im Wandel der Zeiten*, Göttingen 1991, cui *adde* G. SANTUCCI, *In tema di Lex Anastasiana*, in *SDHI* 58 [1992], 326 ss.), con la quale si statuisce che il debitore ceduto sia tenuto a rimborsare al cessionario una somma pari al prezzo della cessione, oltre agli interessi, se inferiore all'importo nominale del credito ceduto. Ebbene, qualora il prezzo della cessione del *ius pignoris* sia inferiore al *pretium redemptionis*, vaghiamo nel campo delle mere ipotesi: peraltro, sia A. MARET, *Du Postliminium et de la loi Cornelia. De l'acquisition ou de la perte de la qualité de citoyen français par suite d'une annexion ou d'un démembrement de territoire*, thèse, Grenoble 1888, 109, che M.V. SANNA, *Nuove ricerche* cit., 101 nt. 180, ritengono che il cessionario avrebbe diritto al (più alto) *pretium redemptionis*.

163 J.J. BACHOFEN, *Das römische Pfandrecht* cit., I, 275, cui aderisce H.E. DIRKSEN, *Die Quellen* cit., 272. L'opinione del Bachofen non troverà seguaci tra gli studiosi che, nell'Ottocento, daranno spazio alla figura del *redemptus ab hostibus* nell'ambito di trattazioni dedicate al pegno: già H. DERNBURG, *Das Pfandrecht* cit., I, 427 nt. 22, escluderà trattarsi di un pegno in senso proprio («als ein eigentliches Pfandrecht kann freilich dies Recht nicht aufgefaßt werden»: affermazione, questa del Dernburg, che R. MENTXAKA, *Sobre la existencia* cit., 274 s., interpreta come una congettura di interpolazione), sulla base della motivazione che gli uomini liberi non possono essere pignorati, nemmeno col loro consenso (la fonte di riferimento è Diocl.-Max. C. 8.16.6, trascritta sopra, nt. 108): secondo l'illustre pandettista la condizione dei *redempti* dovrebbe essere assimilata a quella della *personae in mancipio* (vd. sopra, nt. 14); di lì a poco anche J. KOHLER, *Pfandrechtliche Forschungen* cit., 351, parlerà di «unvollkommenes Pfandrecht», accostando la posizione del *redemptus* a quella del *liber homo bona fides serviens*; nel Novecento, brevi accenni al nostro tema troviamo in A. MANIGK, *Zur Geschichte* cit., I.1, 23 – per il quale deve ritenersi sussistere una «Haftung» del *redemptus*, qualificato come «Träger einer Schuld» (ma non direttamente quale 'Schuldner') – e U. RATTI, *Sul 'ius vendendi'* cit., 4 nt. 5; ID., *Studi* cit., IV, 25 nt. 2 – per il quale «vi è soltanto un'analogia col pegno ... non

Un mero 'potere di fatto', quindi. In effetti, il nostro *ius pignoris* – altrove designato, *e latere redempti*, come *vinculum pignoris* – si sostanzia (e si esaurisce) nella legittima facoltà del redentore di trattenere materialmente presso di sé il redento: diritto di ritenzione, questo, dal carattere prettamente strumentale e interlocutorio, volto a far sì che il *retentus*, privato della libertà di movimento, rimborsi senza indugio il *retentor*.

Il *ius retentionis* in discorso è attestato da due passi di Ulpiano, che passo ora a esaminare.

> Ulpianus 71 *ad edictum* D. 43.29.3.1-3: *Haec verba 'quem liberum' ad omnem liberum pertinent, sive pubes sit sive impubes, sive masculus sive femina, sive unus sive plures, sive sui iuris sit sive alieni: hoc enim tantum spectamus, an liber sit.* 2. *Is tamen, qui in potestate habet, hoc interdicto non tenebitur, quia dolo malo non videtur habere qui suo iure utitur.* 3. *Si quis eum, quem ab hostibus redemit, retineat, in ea causa est, ut interdicto non teneatur: non enim dolo malo facit. plane si offertur pretium, interdictum locum habet. sed et si eum remisit pretio non accepto, dicendum est interdictum loco fore, si, posteaquam semel remisit, velit retinere.*

Il giurista sta discorrendo dell'interdetto *de libero homine exhibendo*, che il pretore concede '*tuendae libertatis causa, videlicet ne homines liberi retineantur a quoquam*' (Ulp. 71 *ad ed.* D. 43.29.1 pr.). Il testo edittale, riportato nel principio del frammento in esame, recita: '*quem liberum dolo malo retines, exhibeas*'[164]. Nel commentare le parole '*quem liberum*' – nelle quali si comprendono indistintamente una o più persone, maschi e femmine, puberi e impuberi, *sui iuris* e *alieni iuris* – Ulpiano puntualizza che l'unica circostanza di rilievo, ai fini dell'applicazione dell'interdetto, è che si tratti di una persona libera (*hoc enim tantum spectamus, an liber sit*).

Tuttavia – prosegue il giurista – non è tenuto dall'editto chi trattenga presso di sé una persona (libera) soggetta a potestà, poiché non è in dolo chi esercita un proprio diritto[165]; per lo stesso motivo non è tenuto chi trattenga presso di sé la

---

un'identità, esclusa dal fatto che manca una obbligazione principale (civile, pretoria o naturale)»; successivamente la nostra figura scomparirà totalmente dal campo d'indagine della letteratura romanistica in materia di pegno (vd. sopra, nt. 9).

164 O. LENEL, *Das Edictum perpetuum* cit., 487. In base alla *lex Fabia de plagiariis*, commette plagio chi trattiene presso di sé, senza *iusta causa*, un uomo libero; alla tutela interdittale si aggiunge pertanto l'*accusatio plagii*, senza vincolo di precedenza tra i due rimedi (Paul Sent. 5.6.14; Ulp. 71 *ad ed.* D. 43.29.3 pr.). Sugli aspetti processuali vd., per tutti, P. VOCI, *Azioni penali in concorso tra loro*, in *SDHI* 65 (1999), 1 ss., anche in R. ASTOLFI (cur.), *Ultimi studi di diritto romano*, Napoli 2007, 274 (da cui cito); sul *crimen plagii* R. LAMBERTINI, '*Plagium*', Milano 1980, cui *adde*, più recentemente, G. KANTOR, *SEG LV 1452, ll. 32–34, and the Crime of plagium in the Late Republic*, in *ZPE* 184 (2013), 219 ss.; P.O. CUNEO, *Sequestro di persona, riduzione in schiavitù e traffico di esseri umani. Studi sul «crimen plagii» dall'età dioclezianea al V secolo d.C.*, Milano 2018.

165 Nel prosieguo del discorso (§§ 4, 6 e 7 di D. 43.29.3) Ulpiano afferma che il dolo è escluso, in via generale, qualora sussista una *iusta causa retinendi*, oppure

persona (libera) riscattata dal nemico[166]. In quest'ultimo caso l'interdetto ha luogo, qualora al riscattante venga offerto il rimborso del prezzo del riscatto; parimenti, esso trova applicazione se il riscattante, dopo avere rimesso il prezzo, ciononostante continui a trattenere presso di sé il riscattato.

Nel passo in esame sono enunciati i due punti chiave per la corretta ricostruzione della condizione del *civis redemptus ab hostibus* nel diritto classico. Il primo è che egli è un uomo libero, dal momento che il riferimento alla nostra figura si inserisce nell'ambito del commento di Ulpiano al sintagma '*quem liberum*' dell'interdetto *de homine libero exhibendo*[167]. Il secondo è che, salva *remissio*, il diritto riconosciuto al *redemptor* – l'unico in base alle fonti in nostro possesso – è di trattenere materialmente presso di sé il *redemptus*, fino a che il prezzo del riscatto non gli venga restituito o (anche solo) offerto in restituzione.

---

fintantoché chi eserciti la *retentio* ignori trattarsi di un uomo libero; se sussistano dubbi sullo stato della persona, è necessario esperire previamente la causa liberale.

166 Secondo A. ALBERTONI, *Redemptus ab hostibus* cit., 521 e nt. 2 (seguito da G. FAIVELEY, *Redemptus ab hoste* cit., 41 s.), il passo sarebbe interpolato da '*plane*' in poi, sulla base dell'assunto che, oltre all'offerta (o alla remissione) del prezzo del riscatto, nel diritto classico per la liberazione del riscattato sarebbe necessario l'atto di manomissione da parte del riscattante: la (semplice) offerta del rimborso del prezzo del riscatto, quale causa di scioglimento del vincolo sul riscattato, sarebbe innovazione dioclezianea (vd. sopra, nt. 21). Per l'interpolazione del frammento da '*plane*' in poi si pronuncia anche H. KRÜGER, *Captivus redemptus* cit., 205 e nt. 4, per il quale il passo in esame, unitamente a quello subito analizzato nel testo (Ulp. 1 *ad Sab.* D. 28.1.20.1), sarebbero illogici, non esplicitandosi su quale diritto si fonderebbe la *retentio*; meno severo G. BESELER, *Beiträge zur Kritik der römischen Rechtsquellen*, V, Tübingen 1931, 78, che espunge (solo) il periodo finale '*sed et ... retinere*'. Tra gli altri autori, citano ma non si soffermano sul passo in commento S. ROMANO, *Redemptus ab hostibus* cit., 37; E. LEVY, *'Captivus redemptus'* cit., 78; R. MENTXAKA, *Sobre la existencia* cit., 334; vi insiste invece A. MAFFI, *Ricerche* cit., 175 (anche ID., *Recensione* cit., 179 s.), per affermare che l'esclusione dalla soggezione all'interdetto *de homine libero exhibendo* rappresenterebbe il nucleo originale, risalente all'epoca repubblicana, della tutela riconosciuta al *redemptor* (*contra* M.V. SANNA, *Ricerche* cit., 22, che trova qui concorde P. ZAMORANI, *Recensione* cit., 514 s.).

167 L. AMIRANTE, *Appunti* cit., 43 (cui aderisce M.F. CURSI, *La struttura* cit., 201); *contra* M.V. SANNA, *Ricerche* cit., 77 nt. 34 (seguita da S. BARBATI, *La redemptio ab hostibus* cit., 161 e nt. 64), per la quale non potrebbe dirsi con certezza che Ulpiano si occupi del *redemptus* nel commentare le parole '*quem liberum*', avendo già parlato del *dolus malus* prima di nominarlo. L'obiezione non mi sembra persuasiva. L'andamento del discorso ulpianeo è chiaro: enunciato il testo dell'interdetto, il giurista osserva che l'unico requisito applicativo è rappresentato dal fatto che si tratti di un uomo libero. Le parole '*quem liberum*' vanno però interpretate restrittivamente: l'interdetto non si dà infatti nei confronti di chi trattenga presso di sé i soggetti a potestà o i *redempti ab hostibus*, e ciò benché – è il sottinteso della precisazione, altrimenti senza senso – gli uni e gli altri siano uomini liberi.

La gravosa limitazione alla libertà di movimento del redento costituisce certamente, per lui e per la sua cerchia di parenti e amici, un potente incentivo a rimborsare quanto prima il redentore. Ad ogni modo, quest'ultimo, in aggiunta a tale legittima facoltà di *retentio*, non dispone di altri mezzi giuridici al fine di riottenere il rimborso della somma di denaro versata al nemico. Le *sententiae prudentium* in nostro possesso non accennano infatti all'*actio certae creditae pecuniae* o *mandati* o *negotiorum gestorum*[168], né tanto meno – come pure è stato sostenuto in dottrina, ma in totale assenza di testi a supporto – al diritto del riscattante di avvalersi della 'forza-lavoro' del riscattato[169].

Come abbiamo appena visto, in D. 43.29.3.1-3 Ulpiano accomuna la condizione dei *redempti*, soggetti alla *retentio* dei *redemptores*, a quella delle persone *alieni iuris*, soggette alla potestà del *pater familias*. Tale accostamento compare anche nel seguente brano ulpianeo, in cui si fa parimenti cenno al diritto di ritenzione:

> Ulpianus 1 *ad Sabinum* D. 28.1.20 pr.-1: *Qui testamento heres instituitur, in eodem testamento testis esse non potest. quod in legatario et in eo qui tutor scriptus est contra habetur: hi enim testes possunt adhiberi, si aliud eos nihil impediat, ut puta si inpubes, si in potestate sit testatoris.* 1. *Potestatis autem verbum non solum ad liberos qui sunt in potestate referendum est, verum etiam ad eum quem redemit ab hostibus, quamvis placeat hunc servum non esse, sed vinculo quodam retineri, donec pretium solvat.*

Nel principio del frammento il giurista tratta della capacità di fungere da testimoni in un testamento. Enunciato il principio, in base al quale chi è istituito erede non può essere adibito a testimone nello stesso testamento, viene introdotta una distinzione per chi sia beneficiato di un legato o nominato tutore: questi possono fungere da testimoni, a meno che non vi si opponga altro genere di impedimento, come la minore età o il trovarsi in potestà del testatore[170].

---

168 Mezzi processuali che E. LEVY, *'Captivus redemptus'* cit., 75, 88 nt. 1, ipotizza fossero esperibili dal riscattante verso il riscattato prima dell'emanazione della *constitutio de redemptis* (vd. sopra, ntt. 62 e 137). Per l'*actio negotiorum gestorum* l'autore cita a sostegno Paul. 5 *ad Ner.* D. 3.5.18.5 e Ulp. 10 *ad ed.* D. 3.5.19: tuttavia, entrambi i testi (successivamente richiamati anche da M.V. SANNA, *Ricerche* cit., 39 s.) poco hanno a che fare con la *redemptio ab hostibus*, ivi trattandosi dell'esperibilità dell'*actio negotiorum gestorum* (*directa* e *contraria*) per affari condotti dal gerente mentre il gerito è prigioniero o dopo la di lui morte *apud hostes*. Più attinente al nostro tema è il caso esposto in Paul. 9 *ad ed.* D. 3.5.20 pr., sul quale tornerò più avanti (vd. sotto, § 6); per la novella di Giustiniano del 542 (Nov. 115.3.13 *i.f.*), con cui si surroga *ex lege* il riscattato nella posizione di mutuatario delle somme prese a prestito dai parenti per riscattarlo, vd. sopra, ntt. 59 e 87.

169 Tesi sostenuta con particolare energia da M.V. SANNA, *Ricerche* cit., *passim* (per altri riferimenti bibliografici vd. sopra, nt. 122).

170 Nel principio Ulpiano avrebbe originariamente fatto riferimento al testamento *per aes et libram*: cfr. O. LENEL, *Palingenesia* cit., II, 1021 nt. 1, per il quale il giurista avrebbe forse scritto che chi è istituito erede non può fungere da *familiae emptor*; ulteriori riferimenti in *Ind. itp.*, II, 178. Secondo la *communis opinio* dottrinale, il

Al § 1 Ulpiano prosegue affermando che il termine '*potestas*' comprende non solo i figli in potestà, ma anche il *redemptus ab hostibus*: benché questi non sia schiavo (*quamvis placeat hunc servum non esse*), egli è trattenuto da un certo vincolo (*vinculo quodam retineri*), fino a che non paghi il prezzo del riscatto[171].

Troviamo qui ribadite le due caratteristiche fondamentali che connotano la condizione del *civis redemptus ab hostibus* nel diritto classico. In primo luogo, il giurista afferma *expressis verbis* che egli non è uno schiavo, ovverosia – posto che *tertium non datur* – è un uomo libero: e tale non può essere che per il diritto di postliminio, del quale il riscattato beneficia immediatamente al rientro in patria, prima e indipendentemente dal rimborso al riscattante del prezzo del riscatto. In secondo luogo, il *redemptus*, benché sia un uomo libero, fino alla *luitio* può essere

---

testo sarebbe stato rimaneggiato per accordarlo col principio espresso in I. 2.10.10, mentre il regime di diritto classico sarebbe quello enunciato in Gai 2.108: torna sulla questione, dettagliatamente, F. TERRANOVA, *Osservazioni su Gai 2.108*, in *AUPA* 52 (2007-2008), 306 ss.; ID., *Ricerche sul 'testamentum per aes et libram'*, I, Torino 2011, 337 nt. 725; ID., *Due brani a confronto in tema di testamenti factio (cum testibus): D. 28.1.20.2 (Ulp. 1 ad Sab.) e I. 2.10.9*, in *AUPA* 61 (2018), 287 ss.

171 Il brano è tormentato dalla critica: M. PAMPALONI, *Persone* cit., 131 (conforme P. BONFANTE, *Corso* cit., I, 139 nt. 4; vd. anche V. ARANGIO-RUIZ, *Istituzioni*[2] cit., 450 nt. 1, che pure non accoglie la tesi della *causa mancipii*), ricostruisce il testo come segue: *Qui testamento heres instituitur, in eodem testamento testis esse non potest. quod in legatario et in eos qui tutor scriptus est contra habetur: hi enim testes possunt adhiberi, si aliud eo nihil impediat, ut puta si impubes, si in potestate <mancipiove> sit testatoris.* 1. *Potestatis autem verbum* [*non*] *solum ad liberos qui sunt in potestate referendum est: <mancipii> verum etiam ad eum quem redemit ab hostibus, quamvis placeat hunc servum non esse* [*sed vinculo quodam retineri, donec pretium solvat*]; S. ROMANO, *Redemptus ab hostibus* cit., 25, vede nel § 1 tutte le caratteristiche di un'aggiunta dei giustinianei ('*redemit*' mancherebbe di soggetto e '*placeat*' sarebbe compilatorio), senza peraltro tentare una ricostruzione del (presunto) testo originario; H. KRÜGER, *Captivus redemptus* cit., 204, 207 s., sull'assunto che il *redemptus* sarebbe schiavo del *redemptor*, espunge da '*quamvis placeat*' fino alla fine (ma, in senso contrario, deve osservarsi, sulla scia di L. AMIRANTE, *Appunti* cit., 45, che Ulpiano prende espressamente in considerazione gli schiavi al successivo § 7 di D. 28.1.20: ... *servum quoque merito ad solemnia adhiberi non potest ...*); curiosamente, peraltro, lo stesso L. AMIRANTE, *Appunti* cit., 45, espunge il periodo finale '*quamvis placeat ... solvat*' (così anche U. RATTI, *Studi* cit., I, 21 nt. 29), ma per il motivo diametralmente opposto a quello che sorregge la congettura del Krüger, nel senso che il fatto che il *redemptus* non sia schiavo sarebbe palese, talché la concessiva '*quamvis placeat hunc servum non esse*' sarebbe superflua; G. FAIVELEY, *Redemptus ab hoste* cit., 76, fa salva la frase '*quamvis placeat ... retineri*', ma sostituisce [*donec pretium solvat*] con <*donec manumittatur*>; infine, anche E. NARDI, *Studi sulla ritenzione in diritto romano*, I, *Fonti e casi*, Milano 1947, 56 ss., giudica il § 1 del nostro frammento come emblema tribonianeo.

legittimamente trattenuto dal *redemptor*, che, da questo punto di vista, esercita una *potestas* sulla sua persona[172].

Anche nel passo in commento, quindi, la condizione del *redemptus*, soggetto alla *retentio* del *redemptor*, viene approssimata a quella del *filius familias*, soggetto alla patria potestà del *pater familias*. L'accostamento non deve stupire. Se è vero, infatti, che la *patria potestas* consiste essenzialmente nell'imposizione, entro i limiti stabiliti dal diritto, della volontà del padre a quella del figlio, è altrettanto vero – come osserva Pasquale Voci – che «le volontà reggono i corpi». Vale a dire: «il padre, materialmente, fa stare presso di sé il figlio, oppure gli ordina o permette di muoversi: il potere del padre inevitabilmente riguarda anche il corpo del figlio»[173].

Ebbene, allo stesso modo il redento, ancorché non sia legato al redentore da vincoli agnatizi, ciononostante è tenuto a vivere nella di lui *domus*, che non può abbandonare senza il suo permesso fino a quando il prezzo del riscatto non sia stato rimborsato (o rimesso). La precisazione di Ulpiano in D. 28.1.20.1, secondo cui il *redemptus* non è uno schiavo, è quindi ben giustificata, dal momento che la soggezione al diritto di ritenzione confligge con la libertà di movimento propria di un uomo libero; parimenti, in D. 43.29.3.3, il riferimento apparentemente stravagante al *redemptor*, escluso dall'applicazione dell'interdetto *de homine libero exhibendo*, è illuminato dal fatto che tale mezzo processuale è per l'appunto concesso '*tuendae libertatis causa*', come lo stesso Ulpiano afferma in D. 43.29.1 pr.[174].

La soggezione del *redemptus* alla *retentio* del *redemptor* comporta che, prima della *luitio*, egli non possa servire nell'esercito. Tale divieto è attestato da

---

172 L. AMIRANTE, *Appunti* cit., 46, evidenzia che «*potestas* è parola di ampii e diversi significati» (come si legge in Paul. *l.s. ad leg. Fufiam Can.* D. 50.16.215), sicché «il *redemptus* è *in potestate redemptoris*, dal momento che questi, esercitando il diritto di *retinere* il *redemptus*, ha indubbiamente '*facultatem et potestatem exhibendi eius*'» (Ulp. 23 *ad ed.* D. 9.4.21.3); peraltro, rimane senza risposta la domanda dell'autore, che si chiede quali mezzi processuali spettino al *redemptor* per riottenere il *redemptus* sfuggitogli di mano (plausibile, ma priva di addentellati testuali, è l'affermazione di S. PEROZZI, *Istituzioni* cit., I, 296, per il quale «il redentore ... può adire l'autorità per ricuperarlo, se gli sfugge [*scil.* il redento]»). Per l'uso di *potestas* nel nostro contesto vd. anche le osservazioni di M.V. SANNA, *Ricerche* cit., 74.

173 P. VOCI, *La patria potestas da Costantino a Giustiniano*, in *SDHI* 51 (1985), 1 ss., anche in ID., *Studi di diritto romano*, II, Padova 1985, 467 (da cui cito), il quale prosegue rilevando come Ulpiano, concorde con Paolo nel negare che il figlio sia oggetto di possesso (Paul. 54 *ad ed.* D. 41.2.1.8), pure ammetta «un qualche cosa di simile alla detenzione» ('*qualiterqualiter a te teneatur*' leggiamo in Ulp. 71 *ad ed.* D. 50.16.63, scritto a commento dell'interdetto *de homine libero exhibendo*).

174 Opportuna, al proposito, è la notazione di G. FAIVELEY, *Redemptus ab hoste* cit., 44, il quale osserva che al *redemptus* '*facultas non datur recedendi*' (Venul. 4 *interd.* D. 43.29.2), dove '*recedere*' è utilizzato col significato di 'allontanarsi' (cfr. H.G. HEUMANN – E. SECKEL, *Handlexicon* cit., s.v. *recedere*, 492 b): coloro i quali subiscono tale limitazione – osserva nello stesso luogo Venuleio – '*nihil ... multum a specie servientium differunt*'.

Ulpianus 8 *disputationum* D. 49.16.8: *Qui status controversiam patiuntur, licet re vera liberi sunt, non debent per id tempus nomen militiae dare, maxime lite ordinata, sive ex libertate in servitutem sive contra petantur. nec hi quidem, qui ingenui bona fide serviunt: sed nec qui ab hostibus redempti sunt, priusquam se luant.*

Ulpiano elenca una serie di soggetti che non possono arruolarsi: coloro i quali siano coinvolti in controversie di *status*, sia che rivendichino la libertà sia, viceversa, che ne subiscano la contestazione; gli uomini liberi che servono in buona fede; infine, i *redempti ab hostibus*, prima che abbiamo rimborsato il prezzo del riscatto.

Per la dottrina meno recente i *redempti* non potrebbero arruolarsi, prima della *luitio*, perché sarebbero, a seconda dei commentatori, *in causa mancipii*, schiavi o 'quasi-schiavi' dei *redemptores*[175]. Tuttavia, assumendosi – come ritengo corretto – che al rientro in patria il *redemptus* riacquisti immediatamente, *iure postliminii*, libertà e cittadinanza, il divieto in parola si spiega altrettanto linearmente, se si considera che la condizione del soldato è di per sé incompatibile con l'esercizio della *retentio* da parte del *redemptor*. Una volta effettuata la *luitio*, il diritto di ritenzione del riscattante viene meno, il vincolo pignoratizio si scioglie e il riscattato

175 Non mancano, anche qui, numerose congetture di interpolazione: M. PAMPALONI, *Persone* cit., 135 e nt. 40 (conforme P. BONFANTE, *Corso* cit., I, 139 nt. 4), sostituisce [*priusquam se luant*] con <*priusquam manummittantur*>; S. ROMANO, *Redemptus ab hostibus* cit., 18, esclude la genuinità del testo, ma senza tentarne la ricostruzione; G. FAIVELEY, *Redemptus ab hoste* cit., 29 s., accoglie la correzione del Pampaloni; E. LEVY, *'Captivus redemptus'* cit., 78 nt. 3, reputa sospetto l'accostamento dei *redempti* a coloro i quali '*status controversiam patiuntur*', dal momento che lo stato del redento non sarebbe controverso; sulla stessa linea anche L. AMIRANTE, *Appunti* cit., 52, per il quale è altrettanto sospetta la menzione degli ingenui '*qui bona fide serviunt*', dal momento che «colui che si ritiene schiavo non può evidentemente pensare di '*nomen militiae dare*', sicché appare puerile la sua specifica menzione». Il sospetto dell'Amirante non mi sembra perdere forza, ma, semmai, risultare rinvigorito dall'obiezione di M.V. SANNA, *Ricerche* cit., 97 s., secondo la quale l'enumerazione di Ulpiano tornerebbe in ordine, accedendo all'opinione secondo cui, nel diritto classico, il *liber homo bona fide serviens* potrebbe anche essere consapevole del proprio *status libertatis* (sul punto vd. R. REGGI, *Liber homo bona fide serviens*, Milano 1958, 54 ss., che peraltro non si sofferma sul passo in esame). In realtà, a me sembra che il frammento non debba destare sospetti, se si considera che vi sono menzionati soggetti accomunati dal fatto di non potere servire nell'esercito, benché siano (oggettivamente) liberi o tali siano considerati nelle more dell'accertamento del loro *status*. Invero, sia Gaio (*ad ed. praet. urb. tit. de lib. causa* D. 40.12.25.2), che Paolo (50 *ad ed.* D. 40.12.24 pr.) ritengono che, fino alla sentenza, coloro i quali '*status controversiam patiuntur*' siano da considerare liberi; anche Arrio Menandro (1 *de re milit.* D. 40.12.29 pr.), giurista attivo sotto i Severi, attesta che '*qui de libertate sua litigans necdum sententia data militiae se dedit, in pari causa ceteris servis habendus est nec exonerat eum, quod pro libero habeatur in quibusdam ...*'. Per gli schiavi il divieto di arruolarsi è riferito da Marci. 2 *reg.* D. 49.16.11: *Ab omni militia servi prohibentur: alioquin capite puniuntur.*

recupera la libertà di movimento: nulla si oppone, a questo punto, a che egli possa '*nomen militiae dare*'[176].

Come ho anticipato nel corso dell'esposizione, la remissione, da parte del riscattante, del prezzo pagato per il riscatto non deve necessariamente essere espressa. Un frammento attribuito a Ulpiano – che passo ora a esaminare – e un rescritto della cancelleria dioclezianea – sul quale tornerò in seguito[177]– contemplano il caso in cui il *redemptor* si unisca in matrimonio alla *redempta*: in entrambi i luoghi l'unione è trattata alla stregua di fattispecie 'tipica' di remissione tacita del vincolo pignoratizio[178].

> Ulpianus 5 *opinionum* D. 49.15.21 pr.: *Si quis ingenuam ab hostibus redemptam eo animo secum habuerit, ut ex ea susciperet liberos, et postea ex se natum sub titulo naturalis filii cum matre manumiserit: ignorantia mariti eiusdemque patris neque statui eorum, quos manumisisse visus est, officere debet, et exinde intellegi oportet remissum matri pignoris vinculum, ex quo de ea suscipere liberos optaverat: ideoque eam, quae postliminio reversa erat libera et ingenua, ingenuum peperisse constat. quod si publice praeda virtute militum reciperata nulli pretium matris pater numeraverit, protinus postliminio reversa non cum domino, sed cum marito fuisse declaratur.*

Sulla scorta della sospetta autenticità dei *libri opinionum*, dai quali il frammento è tolto, l'Amirante ha escluso recisamente che la decisione in commento risalga a Ulpiano, al quale si farebbe dire che «il matrimonio con la *redempta* implica la *remissio* del prezzo sborsato per il di lei riscatto, sicché da quel momento si deve dire che la *redempta* '*postliminio reversa erat libera et ingenua*'»[179].

---

176 Ritengono il passo immune da alterazioni anche M.V. SANNA, *Ricerche* cit., 96 ss., e M.F. CURSI, *La struttura* cit., 203 e nt. 30, senza però chiarire le ragioni del divieto.

177 Trattasi di Diocl.-Max. C. 8.50.13; diversamente, in Gord. C. 8.50.2, il *redemptor* è persona diversa dallo sposo della *redempta* (su entrambe le costituzioni vd. sotto, § 5).

178 Così annotava I. CUIACIUS, *Recitationes solemnes* cit., 1244: «et ideo, si redemptor, quam redemit ab hostibus suo aere, ducat uxorem, justa ei uxor est, qui etiam hoc ipso, quod eam duxit uxorem, videtur remisisse pecuniam redemptionis».

179 L. AMIRANTE, *Appunti* cit., 194, per il quale il passo in parola accoglierebbe la dottrina, sviluppatasi a partire dalla costituzione di Onorio emanata agli inizi del V secolo, della sospensione del postliminio del *redemptus* fino alla *luitio* (aderiscono a tale ricostruzione M. AMELOTTI, *Per l'interpretazione* cit., 144; M.F. CURSI, *La struttura* cit., 206 s.). Precedentemente all'Amirante, avevano sostenuto che la prima parte del passo fosse interpolata anche i seguenti autori: M. PAMPALONI, *Persone* cit., 134 (conforme P. BONFANTE, *Corso* cit., I, 139 nt. 4), che ricostruisce come segue: *Si quis ingenuam ab hostibus redemptam eo animo secum habuerit, ut ex ea susciperet liberos, et postea ex se natum sub titulo* [*naturalis filii*] *<mancipii> cum matre manumiserit:* [*ignorantia mariti eiusdem patris neque statui eorum, quos manumisisse visus est, officere debet, et*] *exinde intellegi oportet remissum matri* [*pignoris*] *<mancipii> vinculum,* [*ex quo de ea suscipere liberos optaverat*]*: ideoque eam, quae postliminio reversa erat libera et ingenua, <liberum et> ingenuum <in causa mancipii> peperisse*

In effetti, se il testo dicesse così, ovverosia stabilisse la sequenza logica matrimonio→remissione→postliminio, la decisione ulpianea (o pseudo-ulpianea) contrasterebbe frontalmente con la tesi – energicamente sostenuta dallo studioso napoletano, e a mio parere totalmente condivisibile – dell'immediato recupero di libertà e cittadinanza *iure postliminii* da parte del *redemptus*. Ma il punto è che, a una più attenta lettura del nostro frammento e a prescindere dalla genuinità dell'opera da cui esso è tolto[180], Ulpiano (o l'autore dei *libri opinionum*) non dice affatto – come vuole l'Amirante – che il verificarsi del *postliminium* sarebbe sospeso fino allo scioglimento del vincolo pignoratizio che lega al *redemptor* la *redempta*; semmai – come è stato autorevolmente già osservato – dice l'esatto opposto[181].

---

constat; S. ROMANO, *Redemptus ab hostibus* cit., 28, 41, che ricostruisce *remissum matri* <*pretium*> anziché [*pignoris vinculum*]; G. FAIVELEY, *Redemptus ab hoste* cit., 23, che, nella stessa proposizione, sostituisce [*mariti*] con <*domini*> ed espunge tutto il periodo finale '*statui eorum ... constat*', anche sulla base dell'appiglio testuale che al primo '*neque*' non segue un secondo; E. LEVY, *'Captivus redemptus'* cit., 78, senza tentativi di ricostruzione. *Contra*, per l'autenticità del brano, R. MENTXAKA, *Sobre la existencia* cit., 301, secondo la quale la remissione del *vinculum pignoris* implicherebbe, contestualmente, il conseguimento della *civitas libertasque*.

180 Esclusa da L. AMIRANTE, *Appunti* cit., 50 nt. 81, sulla scorta di G. ROTONDI, *Notizie di studii inediti: 2. I 'Libri opinionum' di Ulpiano e le 'Sententiae' di Paolo*, in V. ARANGIO-RUIZ – E. ALBERTARIO – P. DE FRANCISCI (cur.), *Giovanni Rotondi. Scritti giuridici*, I, V. ARANGIO-RUIZ (cur.), *Studii sulla storia delle fonti e sul diritto pubblico romano*, Pavia 1922, 453 ss., e F. SCHULZ, *History* cit., 182 (=ID., *Storia* cit., 324 s.); manifesta forti dubbi anche O. LENEL, *Palingenesia* cit., II, 1001 e nt. 2. La questione è affrontata *ex professo* da B. SANTALUCIA, *I «libri opinionum»* cit., *passim*, che sostiene l'autenticità dell'opera, realizzata per essere usata dai governatori provinciali. Sulla *vexata quaestio* – oltre alle recensioni alla monografia del Santalucia di R. BONINI, in *Iura* 22 (1971), 250 ss.; E. VOLTERRA, in *BIDR* 75 (1972) 354 ss. (entrambi concordi); F. WIEACKER, in *Labeo* 19 (1973), 196 ss. (contrario) – vd. anche, criticamente, D. LIEBS, *Ulpiani Opinionum libri VI*, in *TR* 41 (1973), 279 ss., che data l'opera tra il 324 e il 331; M. TALAMANCA, *Gli ordinamenti provinciali nella prospettiva dei giuristi tardoclassici*, in G.G. ARCHI (cur.), *Istituzioni giuridiche e realtà politiche nel tardo Impero romano (III-V sec. d.C.)*, Milano 1976, 221 s. nt. 30; T. HONORÉ, *Emperors and Lawyers with a Palingenesia of Third-Century Imperial Rescripts 193–305 AD.*, Oxford 1994^2, 101; ID., *Ulpian. Pioneer of Human Rights*, Oxford 2002^2, 217 ss.; torna sulla questione M.V. SANNA, *I capti ab hostibus* cit., 287 s., secondo la quale le due fattispecie descritte nel frammento (manomissione della *redempta* nella prima parte, liberazione della *captiva* ad opera dei soldati nella seconda), ricorrenti rispettivamente anche in C. 8.50.13 e C. 8.50.12 (su cui vd. sotto, § 5), suggerirebbero che i *libri opinionum* (o i rimaneggiamenti da essi subiti) sarebbero da datare all'epoca dioclezianea.

181 Qui di seguito aderisco all'esegesi di B. SANTALUCIA, *I «libri opininum»* cit., II, 212 ss., del quale non condivido, oltre alla ritenuta natura compilatoria della figura del *ius pignoris* (*ibid.*, 216 nt. 34), l'affermazione, peraltro espressa in via meramente

Nella prima parte del brano (*Si quis ... constat*) incontriamo un *redemptor* che riscatta dal nemico una donna, al fine di instaurare con lei un rapporto di convivenza e avere dei figli. Nonostante che sussistano i requisiti necessari e sufficienti per dare vita al matrimonio – cioè l'unione tra un uomo e una donna, entrambi liberi e cittadini, allo scopo di costituire una famiglia – il *redemptor* dubita che il rapporto abbia tale natura, verosimilmente perché teme che la donna versi in condizione servile. Al fine di troncare ogni dubbio, egli manomette la *redempta* e il figlio nato dopo la *redemptio*, poiché – s'intuisce – se la prima fosse schiava, anche il figlio, seguendo la condizione della madre, sarebbe nato schiavo. In realtà, senza rendersene conto, il redentore ha commesso un atto giuridicamente aberrante, cioè la manomissione di persone libere, che non deve danneggiare lo *status* di coloro che intenderebbe beneficiare (madre e figlio), riducendoli alla condizione di liberti.

Ebbene, il giurista ritiene che la manomissione sia senza effetto, poiché la *redempta* non solo non è schiava del *redemptor*, ma neppure è materialmente soggetta alla *retentio* che, di regola, vincola il riscattato al riscattante. Il *vinculum pignoris* deve infatti ritenersi tacitamente rimesso, dal momento che il redentore ha riscattato la donna con l'intenzione di vivere con lei e avere dei figli; pertanto, in virtù dello *status libertatis* e dell'*ingenuitas* della redenta, perfettamente reintegrati *iure postliminii* fin dal rientro in patria, non v'è dubbio alcuno che, nel frattempo, ella abbia generato un figlio libero e ingenuo.

La seconda parte del brano (*quod si ... declaratur*) ribadisce il principio enunciato nella prima parte: tanto meno – così è stato esattamente inteso il '*quod*' iniziale[182]– la donna può ritenersi schiava, allorché, anziché essere stata riscattata, sia stata liberata dal nemico grazie all'intervento dei soldati[183]. Anch'ella, infatti,

---

ipotetica, secondo cui il principio espresso nel frammento in esame avrebbe fatto parte della disciplina dettata dalla *constitutio de redemptis* o da un qualche provvedimento imperiale, di poco successivo, diretto a precisarne l'ambito operativo (*ibid.*, 214 nt. 26).

182 B. SANTALUCIA, *I «libri opinionum»* cit., II, 217; *contra*, senza però proporre convincenti letture alternative, M.V. SANNA, *Ricerche* cit., 126.

183 Al fine di spiegare l'affermazione '*non cum domino, sed cum marito fuisse declaratur*', M.V. SANNA, *Ricerche* cit. 127 e nt. 182 (anche ID., *Nuove ricerche* cit., 47 nt. 66), richiama il passaggio finale di Diocl.-Max. Quintianae C. 8.50.12: *Ab hostibus capti et non commercio redempti, sed virtute militum nostrorum liberati ilico statum, quem captivitatis casu amiserant, recipiunt: servi autem dominis suis restituentur: receptos enim eos, non captos iudicare debemus, et militem nostrum defensorem eorum decet esse, non dominum* (a. 293). Nella prima frase Diocleziano ribadisce che i *captivi*, liberati '*virtute militum*', riacquistano immediatamente lo *status libertatis* di cui godevano prima della prigionia, mentre gli schiavi debbono essere restituiti ai rispettivi padroni, poiché si tratta di *servi recepti*, non di *servi capti*; ciò posto, il richiamo della studiosa cagliaritana alla frase '*militem nostrum defensorem eorum decet esse, non dominum*' appare incongruo,

avendo riacquistato immediatamente lo stato anteriore alla prigionia in virtù del postliminio, non s'è trovata neppure transitoriamente assoggettata al potere di alcuno, talché, fin dall'inizio, deve ritenersi aver convissuto non con un padrone, ma con un marito[184].

In ultima analisi, in entrambe le ipotesi prospettate in D. 49.15.21 pr. la donna torna a calpestare il suolo romano da cittadina libera: perché *redempta*, nella prima ipotesi; perché liberata '*virtute militum*', nella seconda. Se questa è la lettura corretta del brano ulpianeo (o pseudo-ulpianeo), la decisione ivi contenuta, lungi dal contrastare con la dottrina dell'immediato recupero della *civitas libertasque* da parte del *redemptus*, ne costituisce, al contrario, una delle «prove più lampanti»[185].

Oltre alla remissione (espressa o tacita) del rimborso del prezzo del riscatto, un'ulteriore fattispecie di estinzione non satisfattiva del vincolo pignoratizio è contemplata da

> Ulpianus 21 *ad Sabinum* D. 30.43.3: *Qui ab hostibus redemptus est legari sibi poterit, et proficiet legatum ad liberationem vinculi pignoris, quod in eo habuit qui redemit.*

---

dal momento che quest'ultima affermazione si riferisce chiaramente ai *servi* (non ai *liberi*), che debbono essere restituiti ai rispettivi *domini*, anziché essere trattenuti dai soldati come *praeda* bellica. Più pertinente mi sembra invece il riferimento dell'autrice cagliaritana ai Basilici, nei quali la donna liberata dal nemico ha sposato lo stesso soldato liberatore: ... εἰ δὲ γυναῖκα εἶναι συμβῇ αἰχμαλωτισθεῖσαν διὰ στρατιώτου ἐκδικηθεῖσαν καὶ αὐτῷ συναφθεῖσαν ... (B. 34.1.17, scolio, in HEIMBACH, III, 537: ... *at si contigerit uxorem esse, quae in hostium potestatem venerit, et a milite recepta sit eique copulata* ...).

184 B. SANTALUCIA, *I «libri opinionum»* cit., II, 217 s., che trova concorde anche A. MAFFI, *Recensione* cit., 183.

185 Così B. SANTALUCIA, *I «libri opinionum»* cit., II, 217, il quale acutamente osserva come S. ROMANO, *Redemptus ab hostibus* cit., 41, resosi conto della reale portata del frammento, significativamente non lo adduca a sostegno della tesi della sospensione del postliminio fino alla *luitio*, bensì, all'opposto, ne congetturi l'interpolazione: «nel diritto giustinianeo – afferma infatti il Romano in sede di commento a Ulp. 5 *opin.* D. 49.15.21 pr. –, a differenza di quello che avveniva nel diritto classico, il *ius postliminii* operava immediatamente». Sul testo vd. anche M.V. SANNA, *Ricerche* cit., 125 e nt. 7 (anche ID., *I capti ab hostibus* cit., 287), secondo la quale Ulpiano scinderebbe *libertas* e *ingenuitas*: «il che consent[irebbe] di ipotizzare che, prima della rimessione, la *redempta* avesse riacquistato la libertà, ma non l'*ingenuitas*, intendendo con quest'ultimo termine il ristabilirsi della completa condizione originaria, e quindi l'assenza di qualsiasi limitazione di capacità». Contro l'autrice può osservarsi che, se è vero che l'*ingenuitas* non addita a limitazione di capacità, bensì indica semplicemente il fatto di essere nati liberi (Gai 1.11; I. 1.4 pr.), non si comprende come sia possibile, *iure postliminii*, tornare liberi senza al contempo recuperare anche l'*ingenuitas* (sul punto vd. sotto, § 5).

Il passo ha ricevuto scarsa attenzione in letteratura, tanto in tema di *redemptio ab hostibus*[186], quanto in materia ereditaria[187]. Al di là dell'andamento un po' sconnesso, il senso del discorso è chiaro: il *redemptus* può essere beneficiato dal *redemptor* di un legato avente ad oggetto la sua stessa persona, che avrà per effetto di liberarlo dal *vinculum pignoris*. In buona sostanza, la disposizione *mortis causa* qui contemplata è assimilabile al legato di liberazione da debito[188], benché di *debitum*, propriamente detto, non si possa parlare.

Chi rigetta la genuinità della decisione ulpianea obietta che il *redemptus* verrebbe considerato, allo stesso tempo, legatario e oggetto del legato, il che sarebbe inammissibile. L'obiezione è vera solo in parte, poiché, propriamente, oggetto del legato non è il *redemptus* in quanto tale, ma il vincolo gravante sulla sua persona. Del resto, mostra di avvertire l'anomalia della fattispecie – ma sotto il diverso profilo dell'efficacia della disposizione – lo stesso Ulpiano, il quale, nel periodo immediatamente precedente, al § 2 di D. 30.43, enuncia il principio in base al quale '*legatum in aliena voluntate poni potest, in heredis non potest*'[189].

Ancora, nemmeno deve stupire il fatto che il *ius pignoris* possa essere oggetto di legato, dal momento che, se esso può essere validamente ceduto a un terzo – questo

186 M. PAMPALONI, *Persone* cit., 136 s., ritiene classiche solo le parole '*qui ab hostibus redemptus est legari*', mentre nel testo originario si sarebbe fatto cenno alla *manumissio testamento* del redento; il frammento sarebbe inutilizzabile, a causa dei (presunti) forti rimaneggiamenti compilatori, anche per S. ROMANO, *Redemptus ab hostibus* cit., 29; H. KRÜGER, *Captivus redemptus* cit., 208; L. AMIRANTE, *Appunti* cit., 51 nt. 81; più recentemente, nutre forte sospetti anche P. ZAMORANI, *Recensione* cit. 521. Viceversa, il passo è genuino per R. MENTXAKA, *Sobre la existencia* cit., 295 s.; M.V. SANNA, *Ricerche* cit., 95; ID., *Nuove ricerche* cit., 100 nt. 177; M.F. CURSI, *La struttura* cit., 226 nt. 85.

187 Tra le principali opere monografiche in materia di legati, l'accenno al frammento in esame di B. SANTALUCIA, *I legati ad effetto liberatorio nel diritto romano*, Napoli 1964, 103 nt. 63, è diretto solo a escluderne l'affidabilità.

188 Esattamente H. KRÜGER, *Die Liberatio legata in geschichtlicher Entwicklung*, in *ZPÖRG* 21 (1894), 304 s., accosta il brano in commento alla decisione giulianea – in tema di legato al debitore, da parte del creditore pignoratizio, della cosa data a pegno – riferita in Iul.-Ulp. 21 *ad Sab.* D. 34.3.1.1: *Iulianus scripsit, si res pignori data legetur debitori a creditore, valere legatum habereque eum actionem, ut pignus recipiat, priusquam pecuniam solvat. sic autem loquitur Iulianus, quasi debitum non debeat lucrari: sed si alia testantis voluntas fuit, et ad hoc pervenietur exemplo luitionis.* Si consideri l'utilizzo, altrimenti affatto sporadico, di *luitio* in quest'ultimo frammento (vd. sopra, nt. 7), nonché la circostanza che, nella ricostruzione di O. LENEL, *Palingenesia* cit., II, 1090, del commentario *ad Sabinum* di Ulpiano, i due passi conservati in D. 30.43.3 e D. 34.3.1 sono successivi l'uno all'altro. Su Iul.-Ulp. 21 *ad Sab.* D. 34.3.1.1 vd., diffusamente, B. SANTALUCIA, *I legati* cit., 98 ss.

189 Al riguardo, P. VOCI, *Diritto ereditario romano*, II, *Parte speciale*, Milano 1963², 881 nt. 13, annota che «l'originale non poteva ... limitarsi alla enunciazione scheletrica che si legge ora», pur osservando come Ulpiano ammetta in ogni caso la validità del legato la cui efficacia sia rimessa alla volontà di un terzo (Ulp. 9 *ad Sab.* D. 31.1 pr.; Mod. 7 *diff.* D. 35.1.52).

è ciò che apprendiamo da quanto Paolo afferma in D. 49.15.19.9 –, ben può ammettersi che il riscattante possa disporre del diritto, oltre che per atto tra vivi, anche per atto di ultima volontà. Anzi, se il diritto pignoratizio può essere oggetto di legato a favore dello stesso riscattato, è ragionevole presumere che il riscattante possa disporne in via testamentaria a favore di chiunque, ed anche che, nella successione legittima, il *ius pignoris* si trasmetta agli eredi del riscattante-ereditando[190].

Le rimanenti testimonianze ulpianee – le più difficili dal punto di vista esegetico o, perlomeno, quelle che hanno dato maggior filo da torcere agli interpreti – attengono alla capacità del *redemptus* di avere eredi legittimi o di essere egli stesso erede (civile o pretorio).

Per quanto riguarda il primo aspetto, il testo di riferimento è costituito da

> Ulpianus 12 *ad Sabinum* D. 49.15.15: *Si patre redempto et ante luitionem defuncto filius post mortem eius redemptionis quantitatem offerat, dicendum est suum ei posse existere. nisi forte quis suptilius dicat hunc dum moritur, quasi iure pignoris finito, nactum postliminium et sine obligatione debiti obisse, ut potuerit suum habere. quod non sine ratione dicetur.*

Un *pater familias*, dopo esser stato riscattato dal nemico, muore prima della *luitio*. Il *filius* può succedergli, in qualità di *heres suus*, se offre al riscattante il rimborso del prezzo del riscatto. Sempre che – prosegue Ulpiano – non si dica sottilmente che nel momento della morte si sia estinto il diritto di pegno, cosicché il *redemptus*, ottenuto il postliminio e morto senza essere più oppignorato (*sine obligatione debiti obisse*), abbia chi gli succeda in qualità di *heres suus*: il che è ragionevole ritenere.

Il giurista prospetta due opposte soluzioni, entrambe giudicate plausibili. La *ratio* sottesa alla prima decisione, secondo la quale il *filius* non può succedere al *pater redemptus* prima di avere rimborsato al *redemptor* il prezzo del riscatto, a me sembra essere la seguente. Il redentore, come ho detto più volte, non vanta una pretesa azionabile in giudizio nei confronti del redento[191]. *Ergo*, se quest'ultimo muore prima della *luitio*, ai suoi eredi non si trasmette alcun debito avente ad oggetto il rimborso del prezzo del riscatto[192]. Al fine di evitare che il redentore rimanga per sempre a mani vuote, non resta quindi che subordinare alla di lui soddisfazione la successione del figlio al padre redento[193].

---

190 Vd. già in questo senso M.V. SANNA, *Ricerche* cit., 118.

191 Tutto ciò, come ho già anticipato, fino alla costituzione di Onorio del 408 (vd. sotto, § 5 *i.f.*).

192 Similmente, se il testatore, consapevole della *causa creditoris*, dispone un legato *per damnationem* della cosa oppignorata, l'erede è tenuto a liberarla dalla garanzia. Ciò leggiamo in Paul Sent. 3.6.8, in cui ricorre nuovamente il termine '*luitio*' (su cui vd. sopra, nt. 7): *Si res obligata creditori, cuius causam testator non ignoravit, per damnationem legata sit, luitio ad heredis sollicitudinem spectat.*

193 Oltre a ciò, mi sembra sia condivisibile l'osservazione di A. MAFFI, *Ricerche* cit., 222, per il quale, «escludendo la possibilità per i suoi figli di succedergli, si esercita indubbiamente una forte pressione psicologica sul *redemptus*, non solo forse a livello giuridico ma anche sociale».

Nella seconda frase del frammento – ove si afferma che il *ius pignoris* si estingue con la morte del redento (*quasi iure pignoris finito*)[194], talché l'erede legittimo eredita senza dover rimborsare il redentore – Ulpiano avanza la soluzione esattamente opposta: il che ha fatto dire all'Amirante che non si potrebbe «pensare che la stessa mano abbia scritto il primo e il secondo periodo»[195].

In effetti, la dottrina si divide tra chi ritiene trattarsi di un'interpolazione bell'e buona, e chi fa salva la seconda decisione ulpianea, ipotizzando, sulla scorta dell'inciso '*nactum postliminium*', che il postliminio del riscattato prenda effetto – o 'pieno effetto', come affermano taluni autori, sottintendendone una sospensione solo parziale – al momento della morte[196]. In altri termini, dall'inciso in commento

---

194 Sull'utilizzo della congiunzione '*quasi*' (che incontreremo anche in Gord. C. 8.50.2.1) vd., tra gli altri, W. KERBER, *Die Quasi-Institute als Methode der römischen Rechtsfindung*, Würzburg 1970; G. WESENER, *Zur Denkform des ‚quasi' in der römischen Jurisprudenz*, in AA. VV., *Studi in memoria di Guido Donatuti*, III, Milano 1973, 1400; R. QUADRATO, *Sulle tracce dell'annullabilità. «Quasi nullus» nella giurisprudenza romana*, Napoli 1983, 25 ss.; K. HACKL, *Vom ‚quasi' im römischen zum ‚als ob' im modernen Recht*, in R. ZIMMERMANN (hrsg.), *Rechtsgeschichte und Privatrechtsdogmatik*, Heidelberg 1999, 117 ss.

195 Così L. AMIRANTE, *Appunti* cit., 47, il quale espunge da '*nisi forte*' in poi; sulla stessa linea anche M.F. CURSI, *La struttura* cit., 226, per la quale la seconda parte del passo sarebbe «frutto dell'intervento compilatorio, espressione della concezione giustinianea della sospensione del postliminio fino alla *luitio*». Prima dell'Amirante, M. PAMPALONI, *Persone* cit., 133, 135 nt. 40, aveva proposto di sostituire [*ante luitionem*] con <*ante manumissionem*> nel primo periodo (così anche per G. FAIVELEY, *Redemptus ab hoste* cit., 35) e di espungere da '*nisi forte*' in poi (conforme P. BONFANTE, *Corso* cit., I, 139 nt. 4); S. ROMANO, *Redemptus ab hostibus* cit., 28 (la cui ricostruzione è giudicata favorevolmente da G. FAIVELEY, *Redemptus ab hoste* cit., 39 nt. 11), aveva ricostruito il secondo periodo come segue: *nisi forte quis suptilius dicat hunc dum moritur,* [*quasi iure pignoris finito,*] *nactum postliminium et* <*statu recepto*> [*sine obligatione debiti*] *obisse, ut potuerit suum habere.* Ulteriori riferimenti in *Ind. itp.*, III, 563, cui *adde* H. KRÜGER, *Captivus redemptus* cit., 213 s., per il quale l'emblema sarebbe sicuro. I Basilici accolgono solo la seconda soluzione ulpianea: καὶ ὅτι ἀποθνήσκοντος τοῦ ἐκ τῶν πολεμίων ἀγορασθέντος λύεται τὸ ἐπ' αὐτῷ ἐνέχυρον (B. 34.1.11, in HEIMBACH, III, 536: *mortuo eo, qui ab hostibus redemtus est, pignus, quod in eo est, solvitur*).

196 Tra questi, in particolare, G. FAIVELEY, *Redemptus ab hoste* cit., 37 s., ipotizza tre fasi successive nella successione del *redemptus* (sviluppo storico che, non a torto, è stato definito «fantasioso» da L. AMIRANTE, *Appunti* cit., 50 nt. 79): in epoca risalente non avrebbe potuto avere eredi *ante luitionem*; successivamente si sarebbe ammesso che il *suus heres* potesse soddisfare il *redemptor* ed ereditare; nel terzo e ultimo stadio si sarebbe fatto ricorso al postliminio, fingendo che questo si verificasse al momento del decesso del *redemptor* (concetto che sarebbe adombrato dalle espressioni '*nanctum postliminium*' nel nostro passo e '*statu recepto*' in Ulp. 12 *ad Sab.* D. 38.16.1.4); più recentemente A. MAFFI, *Ricerche* cit., 221 s., ritiene che dal passo si ricavi la (parziale) sospensione del postliminio, ma non vi vede interventi compilatori; *contra* M.V. SANNA, *Ricerche* cit., 102, per la quale il postliminio non sarebbe sospeso, ma il *redemptus* non potrebbe avere *heredes sui* prima della *luitio* a causa della (supposta) interruzione dei rapporti di agnazione.

si è desunto che la soddisfazione del *redemptor* sarebbe necessaria ai fini del recupero della *civitas libertasque* da parte del *redemptus* rientrato (e morto) in patria. Ulpiano supererebbe il requisito della *luitio* – alla luce del quale andrebbe giustificata la decisione contenuta nella prima parte del frammento – sostenendo che, nel momento della morte, il *pater redemptus* conseguirebbe il postliminio, cosicché il *filius* potrebbe succedergli.

Ora, accantonata la congettura di interpolazione, a mio avviso l'interpretazione che subordina il *postliminium* alla *luitio* non serve a individuare la *ratio* sottesa né alla prima, né tanto meno alla seconda decisione ulpianea. Procediamo con ordine.

Per quanto riguarda la decisione enunciata nella prima frase del frammento, ammettiamo pure che il postliminio, sospeso fino alla *luitio*, non si verifichi (nemmeno) al momento della morte del redento. Questi morirebbe da schiavo, talché della sua (inesistente) eredità non potrebbe nemmeno parlarsi[197]. Altrettanto inverosimile, a me sembra, è l'idea di una sospensione solo 'parziale' del postliminio del *redemptus*, al cui rientro in patria gli *status libertatis* e *civitatis* sarebbero reintegrati, i rapporti di agnazione no[198]. Così opinando, non si comprende come un atto di natura prettamente patrimoniale, qual è la *luitio*, possa servire – oltre che a estinguere il *ius pignoris* del *redemptor* – a ripristinare il vincolo agnatizio.

Tanto meno l'interpretazione in esame vale a individuare il fondamento della seconda decisione ulpianea. Poniamo, infatti, che il *redemptus*, che non abbia ancora rimborsato al *redemptor* il prezzo del riscatto, benefici degli effetti del postliminio in punto di morte. Così opinando, non si comprende perché al recupero (meramente fittizio) di libertà e cittadinanza dovrebbero seguire anche il ristabilimento dei vincoli agnatizi e l'estinzione del *ius pignoris* del *redemptor*. Al riguardo è stata chiamata in causa la *fictio legis Corneliae*, ma il riferimento appare inappropriato, dal momento che essa si applica al cittadino morto *apud hostes*, mentre qui il *redemptus* è morto *intra fines*[199].

---

197 Avverte l'incongruenza H. KRÜGER, *Captivus redemptus* cit., 213 s., il quale, pur sostenendo il totale asservimento *ante luitionem* del *redemptus*, significativamente non chiama in causa il nostro frammento, giudicato interpolato.

198 La tesi è sostenuta specialmente da M.V. SANNA, *Ricerche* cit., 101, per la quale, «se il *redemptus* muore prima della *luitio*, non riacquista pienamente la condizione originaria e dunque non si ristabiliscono i rapporti di *adgnatio*».

199 Il punto è sottolineato, esattamente, da P. ZAMORANI, *Recensione* cit., 522 (peraltro, vd. già nello stesso senso G. FAIVELEY, *Redemptus ab hoste* cit., 35); fuori bersaglio, a me sembra, è la replica di M.V. SANNA, *Matrimonio e altre situazioni matrimoniali nel diritto romano classico. Matrimonium iustum – matrimonium iniustum*, Napoli 2012, 46 nt. 89, per la quale potrebbe trattarsi della «estensione della *fictio* oltre i casi originariamente previsti». Ora, com'è noto, con la *fictio legis Corneliae* – la cui formulazione, secondo la dottrina più recente, suona '*si in hostium potestatem non pervenisset*' (Iul. 42 *dig.* D. 28.1.12; Ulp. 62 *dig.* D. 28.6.28; Iul. 62 *dig.* D. 49.15.22 pr.) – si finge il non accadimento di un fatto (*scil.*, la cattura da parte del nemico), mentre qui il *redemptus*, dopo essere stato catturato, è tornato (e morto) in patria; ancora, pure se si ritenesse – sulla scia di G. BESELER, *Miscellanea* cit., 192 ss. – che

Esclusa la plausibilità delle principali interpretazioni avanzate in dottrina, torniamo alla domanda di partenza: per quale motivo il *ius pignoris* dovrebbe estinguersi alla morte del *redemptus*?

Senza ricorrere ad astruse costruzioni, e rimanendo invece sul terreno del diritto di pegno, la risposta è fornita dalle stesse fonti: la morte del *redemptus* determina l'estinzione del *ius pignoris* del *redemptor*, allo stesso modo in cui il *ius pignoris* del creditore pignoratizio viene meno, se la cosa oppignorata perisce[200]. E, difatti, assente – come ben sappiamo – un obbligo di rimborso propriamente detto in capo al riscattato, la frase '*sine obligatione debiti obisse*' conserva un significato plausibile solo se, leggendosi '*obligatio*' come sinonimo di '*pigneratio*'[201], s'intenda la precisazione nel senso che il riscattato è morto senza più essere oppignorato.

Ciò posto, l'inciso '*nactum postliminium*' non può essere riferito al momento della morte del *redemptus*. In primo luogo, perché un postliminio conseguito al momento della morte – anziché del rientro *intra fines* – sarebbe, di per sé, una contraddizione in termini. In secondo luogo, perché, se il *redemptus* recuperasse la *civitas libertasque* al momento della morte, ciò significherebbe che, fino a quel momento, egli avrebbe vissuto da schiavo: conclusione, questa, che fa a pugni con quanto lo stesso Ulpiano espressamente afferma in D. 28.1.20.1 e con quanto egli dà per presupposto in D. 43.29.3.3 e D. 49.15.21 pr. In definitiva, se non si vuole

---

la *fictio* recitasse '*atque si in civitate decessisset*' (Tit. Ulp. 23.5; Paul. *l.s. ad leg. Falc.* D. 35.2.1.1; Paul. 42 *ad ed.* D. 38.2.4.1; Ulp. 12 *ad Sab.* D. 38.16.1 pr.), la replica della Sanna sarebbe comunque inefficace, dal momento che il *redemptus* è realmente morto *in civitate*. Sulla *fictio* in parola vd. Y. THOMAS, *Fictio legis. L'empire de la fiction romaine et ses limites médiévales*, in *Droits* 21 (1995), 17 ss. (=ID., *Fictio legis. La finzione romana e i suoi limiti medievali*, trad. di M. Spanò con un saggio di M. Spanò e M. Vallerani, Macerata 2011, 28 ss., da cui cito), oltre a E. BIANCHI, *Fictio iuris. Ricerche sulla finzione in diritto romano dal periodo arcaico all'epoca augustea*, Padova 1997, 352 ss.

200 Vd. già in questo senso R. MENTXAKA, *Sobre la existencia* cit., 292, sulla scorta di Marci. *l.s. ad form. hypoth.* D. 20.6.8 pr.: *sicut re corporali extincta, ita et usu fructu exstincto pignus hypothecave perit* (su cui vd., per tutti, M. KASER, *Das römische Privatrecht* cit., I, 469 e nt. 69; se, invece, dalla distruzione residua qualcosa, come l'area su cui sorgeva l'edificio, il pegno si conserva su quest'ultima, secondo quanto apprendiamo da Paul. 5 *resp.* D. 20.1.29.2, su cui vd., da ultimo, M. VINCI, *Ricerche in tema di retentio. Tutela dei miglioramenti sulla res obligata ed equilibrio 'dinamico' tra creditore garantito e terzo possessore: diritto romano, tradizione romanistica, codificazioni moderne*, Torino 2018, 41 ss.).

201 Per l'utilizzazione di '*obligatio*' in tale accezione – per indicare, cioè, il vincolo cui si trova assoggettata la cosa (che, nel nostro caso, è rappresentata dalla persona del *redemptus*) – cfr. H.G. HEUMANN – E. SECKEL, *Handlexikon* cit., s.vv. *obligare, pignerare*, 380 n. 3; 430; M. KASER, *Studien* cit., 129 e nt. 4, 156 s. e nt. 106; con riferimento al testo in esame vd. già nel senso qui sostenuto U. RATTI, *Sull'accessorietà* cit., 11; *contra* R. MENTXAKA, *Sobre la existencia* cit., 292 nt. 63, che, a mio avviso arbitrariamente, espunge '*sine obligatione debiti obisse*'.

espungere l'inciso in parola, che alcuni studiosi ritengono essere una glossa[202], non resta che riferirlo al momento non della morte, bensì – com'è di norma – del rientro in *civitatem* del *pater redemptus*: Ulpiano, nel proporre la seconda più sottile soluzione, direbbe che quest'ultimo – integrato il *postliminium* ed estinto il *ius pignoris* – è morto libero e senz'essere più oppignorato, talché il *filius* può senz'altro ereditare.

Passiamo ora all'esame dei testi dai quali sono stati tratti argomenti per negare la capacità del *redemptus* di essere egli stesso erede *iure civili* e, per taluno, anche *iure praetorio*.

Iniziamo dalla seconda ipotesi. Con riguardo alla *bonorum possessio* viene in considerazione il seguente frammento:

> Ulpianus 40 *ad edictum* D. 37.6.1.17: *Qui ab hostibus captus post mortem patris redit, licet moriente patre nihil habuit, cum apud hostes fuerit, tamen et ad bonorum possessionem admittetur et conferet scilicet ea, quae moriente patre haberet, si ab hostibus captus non fuisset. sed et si redemptus ab hostibus mortis tempore patris inveniatur, aeque collatio erit facienda.*

Al prigioniero, il cui padre era morto mentre si trovava nella condizione di *servus hostium*, nulla spettava – perdurante la prigionia – dell'eredità paterna. Tuttavia, una volta rientrato in patria, egli è ammesso alla *bonorum possessio*, ed è tenuto a conferire ciò che avrebbe, se non fosse caduto prigioniero del nemico. È tenuto all'obbligo della collazione – precisa Ulpiano – anche chi, al momento della morte del padre, si trovava nella condizione di *redemptus*, prima di avere effettuato la *luitio*. Quest'ultima aggiunta, non presente nel testo ulpianeo, è necessaria per dare senso al discorso: se, infatti, il *redemptus* avesse già ristorato il *redemptor*, non si comprende perché dubitare della sua capacità successoria[203].

Per il Levy nel frammento in esame Ulpiano tratterebbe il *redemptus* alla stregua di un *captivus*, dal che deriverebbe che anch'egli, fino alla *luitio*, verserebbe in condizione servile[204]. Tuttavia, a ben vedere, l'equiparazione non è tra *captivus*

---

202 Come pure è stato proposto in letteratura: in particolare, M.F. CURSI, *La struttura* cit., 205 s., 226 s., ritiene trattarsi di un'interpolazione che rifletterebbe la dottrina giustinianea della sospensione del postliminio fino alla *luitio* (e così sarebbe anche, a giudizio della studiosa romana, per Ulp. 5 *opin.* D. 49.15.21 pr., esaminato in precedenza, e per Ulp. 12 *ad Sab.* D. 38.16.1.4, analizzato appresso nel testo).

203 Per questo motivo, qualora accolta, l'esegesi di M.V. SANNA, *Ricerche* cit., 106 s., secondo cui Ulpiano si limiterebbe ad affermare che il *redemptus* si trovava in tale condizione alla morte del padre, talché nulla escluderebbe che il vincolo pignoratizio si sarebbe sciolto successivamente, toglierebbe ogni valore alla *quaestio*.

204 E. LEVY, *'Captivus redemptus'* cit., 78; analogamente A. MAFFI, *Ricerche* cit., 219, che nega al *redemptus* la capacità di succedere, sia civile che pretoria. Il passo in esame non risulta discusso nelle principali opere in tema di collazione (in A. CABALLÉ MARTORELL, *La collatio emancipati*, Madrid 1997, 178, il passo è solo citato senza analisi); al riguardo, non è privo di interesse osservare che, nella copia della monografia di A.

e *redemptus*, bensì tra *captivus* rientrato in patria e *redemptus*, ovverosia tra due persone entrambe libere: il che conferma, ancora una volta, che chi venga riscattato dal nemico beneficia immediatamente del postliminio. Chiarito questo punto, il testo non subordina in alcun modo l'obbligo di collazione al soddisfacimento del *redemptor*, dal che indirettamente si ricava che il *redemptus* è ammesso alla *bonorum possessio* prima e indipendentemente dalla *luitio*[205].

Esaminiamo ora la capacità di succedere *iure civili* del *redemptus*. Le testimonianze di rilievo sono due, entrambe tratte dal commentario *ad Sabinum* di Ulpiano.

> Ulpianus 12 *ad Sabinum* D. 38.16.1.4: *Si filius suus heres esse desiit, in eiusdem partem succedunt omnes nepotes neptesque ex eo nati qui in potestate sunt: quod naturali aequitate contingit. filius autem suus heres esse desinit, si capitis deminutione vel magna vel minore exiit de potestate. quod si filius apud hostes sit, quamdiu vivit nepotes non succedunt. proinde etsi fuerit redemptus, nondum succedunt ante luitionem. sed si interim decesserit, cum placeat eum statu recepto decessisse, nepotibus obstabit.*

Com'è noto, *sui heredes* sono, in primo luogo, i figli e le figlie in potestà dell'ereditando al momento della di lui morte. Se i figli premuoiono al padre oppure escono dalla di lui potestà, perché subiscono una *capitis deminutio* (*maxima*, *media* o anche *minima*[206]), vengono all'eredità i nipoti o ulteriori discendenti *ex filio*, che siano in potestà dell'avo quando questi muore. La regola, ben nota, è qui dichiarata essere conforme alla *naturalis aequitas*[207].

GUARINO, *Collatio bonorum*, Roma 1937, 45, donata dall'autore a Vincenzo Giuffrè e utilizzata per la ristampa apparsa nella collana 'Antiqua' (Napoli 2014), si legge la seguente annotazione autografa del Guarino: «*È tenuto a conferire, logicamente, anche l'emancipato che abbia usufruito del *ius postliminii* (D. h.t. 1.17) – vale la stessa cosa anche per il *redemptus ab hostibus*?».

205 Vd. già in questo senso L. AMIRANTE, *Appunti* cit., 47, e M.F. CURSI, *La struttura* cit., 239 s.; anche per H. KRÜGER, *Captivus redemptus* cit., 212, e G. FAIVELEY, *Redemptus ab hoste* cit., 61 ss., il *redemptus* può senz'altro ereditare (entrambi sulla scorta di Diocl.-Max. C. 8.50.15); si tratterebbe invece di testimonianza 'neutra' in ordine alla capacità di succedere *iure praetorio* del *redemptus* secondo B. ALBANESE, *Le persone* cit., 401, cui aderisce M.V. SANNA, *Ricerche* cit., 108.

206 Per U. COLI, *Saggi critici sulle fonti del diritto romano*, I, *'Capitis deminutio'*, Firenze 1922, 35 (anche in ID., *Scritti di diritto romano*, I, Milano 1973, 181), '*minor*' in luogo di '*minima*' sarebbe un ἅπαξ λεγόμενον, ascrivibile forse a un «balordo errore di amanuense».

207 La regola troviamo espressa anche in Gai 2.156: *Sui autem et necessarii heredes sunt velut filius filiave, nepos neptisve ex filio, et deinceps ceteri qui modo in potestate morientis fuerunt. Sed uti nepos neptisve suus heres sit, non sufficit eum in potestate avi mortis tempore fuisse, sed opus est, ut pater quoque eius vivo patre suo desierit suus heres esse aut morte interceptus aut qualibet ratione liberatus potestate; tum enim nepos neptisve in locum sui patris succedunt.* Nel prosieguo del discorso (§§ 5 e 7 di D. 38.16.1), Ulpiano aggiunge che il requisito della soggezione, *mortis tempore*, alla *patria potestas* dell'avo ha qualche attenuazione. Può infatti accadere che un

D'altra parte – prosegue il giurista – la *captivitas* del figlio non comporta la *successio in locum* da parte dei nipoti (*quod si filius apud hostes sit, quamdiu vivit nepotes non succedunt*)[208]: benché si trovi *apud hostes*, finché il *captivus* è vivo i nipoti non ereditano dall'avo, dal momento che – s'intuisce – permane la possibilità che egli torni in patria e, beneficiando del postliminio, venga reintegrato nei propri diritti, anche ereditari. In altri termini, finché il prigioniero versa nella condizione di *servus hostium*, si verifica uno stato d'incertezza, che impedisce la delazione dell'erede prossimiore, cioè di colui che succederebbe, se i diritti ereditari del prigioniero fossero definitivamente estinti[209]. Fino a qui *nulla quaestio*.

Poi il testo recita: '*proinde etsi fuerit redemptus, nondum succedunt ante luitionem*'. La frase è stata emendata in due diversi modi: Otto Lenel espunge '*ante luitionem*' come glossa[210], ma l'utilizzo di '*luitio*' è tanto raro[211], da rendere inverosimile che un'aggiunta di tal fatta sia avvenuta in epoca postclassica o giustinianea; Theodor Mommsen sostituisce invece '*succedunt*' con '*succedit*', ma il mutamento di soggetto – dai *nepotes* al *redemptus* – appare incongruente rispetto a quanto Ulpiano dice prima e dopo il passaggio incriminato. L'argomento che, nell'*editio maior* del Digesto, l'illustre autore pone a fondamento della congettura – «at hoc certe Ulpianus non posuit perversum et absurdum filios redempti in patris loco

---

discendente succeda senza essere mai stato in potestà dell'ereditando. Ad esempio, il *pater* ha sotto la sua potestà un figlio e un nipote: questi cade prigioniero; durante la prigionia muore prima l'avo e poi il padre. Quest'ultimo non ha mai avuto in potestà il figlio prigioniero, cui vanno tuttavia i suoi beni al ritorno dalla prigionia: «la retroattività degli effetti della *reversio* produce questa situazione» (così P. VOCI, *Diritto ereditario romano* cit., II, 6).

208 È discusso se il '*quod si*' abbia o meno valore avversativo: ragguagli bibliografici in L. D'AMATI, *Civis ab hostibus captus* cit., 84 ss., cui *adde* S. BARBATI *La redemptio ab hostibus* cit., 200 nt. 141.

209 Il principio qui espresso trova altre applicazioni (su cui vd. U. RATTI, *Studi* cit., IV, 26 s. nt. 3): se è prigioniero il consanguineo del *de cuius*, non succede l'agnato (Ulp. 13 *ad Sab.* D. 38.16.2 pr.); se è prigioniero il figlio del *de cuius*, non succede la madre del medesimo (Ulp. 13 *ad Sab.* D. 38.17.2.7); se è prigioniero il patrono del liberto, alla morte di quest'ultimo non succede il figlio del patrono (Paul. 42 *ad ed.* D. 38.2.4.2); se di tre figli uno è prigioniero, la *bonorum possessio contra tabulas* si dà ai due figli *in civitate* per i due terzi, ma a loro non si assegna, a titolo ereditario, l'altro terzo, in attesa del ritorno del *captivus* (Ulp. 39 *ad ed.* D. 37.4.1.4); se, infine, è prigioniero il figlio al quale fu assegnato, prima della prigionia, il liberto, alla morte del patrono non succedono in sua vece, nel diritto di patronato, gli altri figli del patrono (Pomp. 4 *senat. consult.* D. 38.4.13.2).

210 O. LENEL, *Palingenesia* cit., II, 1044 nt. 1, cui aderiscono M. PAMPALONI, *Persone* cit., 11 nt. 36 – il quale ricostruisce: *proinde etsi fuerit redemptus nondum succedunt* [*ante luitionem*] <*ante manumissionem*>*: sed si interim decesserit,* [*cum placeat eum statu recepto decessisse*] *nepotibus* <*non*> *obstabit*' – e G. FAIVELEY, *Redemptus ab hoste* cit., 33; ulteriori riferimenti in *Ind. itp.*, III, 70.

211 Vd. i testi citati sopra, nt. 7.

succedere post luitionem»[212]– è ripetuto dall'Amirante, il quale obietta che, se si dice che i nipoti non succedono *ante luitionem*, implicitamente si dice che essi succedono *post luitionem*: il che sarebbe assurdo, poiché, rimborsato il *redemptor*, il *redemptus* tornerebbe capace (ammesso e non concesso che prima non lo fosse), e i nipoti non potrebbero succedere in suo luogo all'avo. In breve, per lo studioso napoletano la parte finale del brano (*proinde etsi ... obstabit*) sarebbe senz'altro corrotta, e senza che sia possibile ricostruirne il tenore originario[213].

La critica è corretta, ma è pur vero che gli argomenti *a contrario* sono insicuri. A mio avviso, è invece possibile dare una lettura alternativa del testo, che, preservando coerenza al ragionamento di Ulpiano, ne fa salva la genuinità. Ritengo infatti che il giurista intenda qui semplicemente sgombrare il campo dal dubbio che la condizione di *redemptus* in capo al *filius*, al pari di quella di *captivus*, comporti la *successio in locum* dei nipoti in potestà dell'avo ereditando. Ma perché chiamare in causa il *redemptus*? La soggezione alla *potestas* del *redemptor* – che, come abbiamo

212 Così TH. MOMMSEN, *Digesta Iustiniani Augusti*, II, Berolini 1870, 365, che chiama in causa la soluzione enunciata in Ulp. 12 *ad Sab.* D. 49.15.15. I Basilici alimentano il dubbio. Il testo recita: ... εἰ δὲ παρὰ τοῖς πολεμίοις ἐστιν, ἐφ' ὅσον ζῇ, οὐχ υπεισέρχεται· οὔτε μὴν εἰ ἠγοράσθη παρὰ τῶν πολεμίων καὶ μήπω λυθεὶς ἐκ τοῦ ἀγοραστοῦ τελευτήσει· ἐν γὰρ τῷ τελευτᾶν ἀναλαμβάνειν δοκεῖ τὴν οἰκείαν κατάστασιν (B. 45.1.14, in HEIMBACH, IV, 477: *si autem sit apud hostes* [*filius*], *quamdiu vivit, non succedunt* [*nepotes*]*: sed neque si redemtus fuerit ab hostibus, et antequam emtoris iure lueretur, decesserit: tempore enim mortis videtur statum suum recipere*; SCHELTEMA, A.VI, 2074 s.). Lo scolio n. 8 – citato testualmente dal Mommsen – suona: ... ἐὰν δὲ παρὰ τοῖς πολεμìοις εἴη ὁ υἱός, ἕως ὅτε ζῇ, οὐ δύνανται οἱ ἐξ αὐτοῦ ἔγγονοι ὑπεισελθεῖν εἰς τὸ μέρος αὐτοῦ. εἰ δὲ καὶ ἠγόρασέ τις αὐτὸν παρὰ τῶν πολεμίων, οὔπω ὑπεισὲρχονται οἱ ἔγγονοι εἰς τὸν τόπον αὐτοῦ, πρὶν ἀναρρυσθεὶη παρὰ τοῦ ᾗγορακότος αὐτόν. ἐι δὲ καὶ τελευτήσει ἐν τῷ μεταξύ, ἐπειδὴ ἤρεσεν αὐτὸν ἀναλαμβάνειν τὴν οἰκεὶαν κατάστασιν, τελευτῶν ἀντίκειται καὶ οὕτω τοῖς ἐγγόνοις ... (HEIMBACH, *loc. cit.*: *quodsi filius apud hostes sit, quamdiu vivit, nepotes ex eo in eius partem succedere non possunt. Sed et si quis eum redemit ab hostibus, nondum nepotes in eius locum succedunt, priusquam redemtus fuerit ab eo, qui eum emerat. Sed etsi interim decesserit, cum placuerit, eum statum suum recipere, moriens sic quoque obstat nepotibus*; SCHELTEMA, B.VII, 2651). Lo scolio n. 9 prosegue: ἐλευθεροῦται γὰρ τοῦ δικαίου τοῦ ἐνεχύρου, καὶ γὶνεται αὐτῷ υἱὸς σοῦος κληρονόμος, ὡς βιβλ. μθ΄. τιτ. ιε΄. διγ. ιε΄. (HEIMBACH, *loc. cit.*: *liberatur enim iure pignoris, et fit eius suus heres, ut lib. 49. tit. 15. dig. 15.*; SCHELTEMA, *loc. cit.*).

213 L. AMIRANTE *Appunti* cit., 48 s.; nello stesso senso anche M.F. CURSI, *La struttura* cit., 204 ss., che vede rimaneggiamenti anche in Ulp. 12 *ad Sab.* D. 49.15.15 e in Ulp. 5 *opin.* D. 49.15.21 pr., nei quali, secondo l'autrice, sarebbe stata trasfusa la dottrina giustinianea della sospensione del postliminio sino alla *luitio*. Difendono l'autenticità del passo S. ROMANO, *Redemptus ab hostibus* cit. 28, per il quale il *postliminium* sarebbe sospeso sino alla *luitio*; M.V. SANNA, *Ricerche* cit., 104 s., e A. MAFFI, *Ricerche* cit., 220 s., per i quali esso attesterebbe che, prima della *luitio*, il *redemptus* beneficerebbe del postliminio ma non potrebbe ereditare né essere erede.

precedentemente visto, ne rende la condizione simile a quella dei *filii familias* (Ulp. 1 *ad Sab.* D. 28.1.20.1; Ulp. 71 *ad ed.* 43.29.3.3) – potrebbe infatti ingenerare il dubbio che egli abbia subito una *capitis deminutio minima*, sì da uscire dalla potestà dell'avo ereditando; così opinando, risulterebbe integrato il requisito da Ulpiano testé affermato, necessario e sufficiente affinché si abbia la *successio in locum* dei discendenti *ex filio* (*filius autem suus heres esse desinit, si capitis deminutione ... minore exiit de potestate*): ebbene, il giurista esclude tutto ciò.

Semmai, a me sembra che i problemi – o, forse, gli equivoci – maggiori provengano dalla frase finale '*sed si interim decesserit, cum placeat eum statu recepto decessisse, nepotibus obstabit*', che la maggioranza degli autori, tratti in inganno dal precedente '*ante luitionem*', riferiscono alla morte del *redemptus*, di tal che l'inciso '*statu recepto*' alluderebbe al funzionamento del postliminio, che, in assenza di *luitio*, scatterebbe solo al momento della di lui morte: opinione, questa, che abbiamo visto essere stata sostenuta anche in relazione alla seconda soluzione ulpianea enunciata in D. 49.15.15.

In tale prospettiva, la delazione dei nipoti all'eredità dell'avo sarebbe quindi esclusa, qualora il figlio muoia dopo essere stato riscattato dal nemico ma prima della *luitio*, recuperando al momento della morte, contestualmente alla *civitas libertasque*, anche la capacità ereditaria. Nuovamente s'è fatto riferimento alla *fictio legis Corneliae*, che, a mio parere, non può venire in considerazione: sia perché, come ho sopra ricordato, essa entra in gioco nel caso di morte del cittadino *apud hostes*, mentre il *redemptus* per definizione muore *intra fines*, sia perché qui non si tratta – come in D. 49.15.15 – dell'eredità del *redemptus*, ma dell'eredità devoluta al *redemptus*: lì si discute della capacità del *redemptus* di avere *sui heredes*, qui della capacità di essere lui stesso *heres suus*. Ancora, logica vuole che, se la frase in esame viene riferita al *redemptus*, in quella che precede (*proinde etsi fuerit redemptus, nondum succedunt ante luitionem*) il verbo '*succedunt*' (riferito ai *nepotes*) debba essere sostituito con '*succedit*' (riferito al *redemptus*), così come coerentemente proposto dal Mommsen, con il che torniamo al punto in precedenza discusso.

A mio parere, la lettura corretta del testo è un'altra. Alla fine del periodo '*proinde etsi fuerit redemptus, nondum succedunt ante luitionem*' ho posto un punto fermo, in luogo dei due punti presenti nell'edizione mommseniana del Digesto[214], per rendere chiaro che il soggetto inespresso della frase '*sed si interim decesserit, cum eum statu recepto decessisse, nepotibus obstabit*' va identificato col *captivus* morto in prigionia[215], non col *redemptus* morto prima della *luitio*. Se si legge la frase in tal modo, il senso del discorso è chiaro è consequenziale. Ulpiano osserva come la *captivitas* del *filius* impedisca la *successio in locum* dei discendenti in potestà dell'avo ereditando; a questo punto egli apre una parentesi, al fine di precisare che

214 Sulle difficoltà talvolta presentate dalla punteggiatura dei testi vd., ad esempio, B. KUPISCH, *Zur Interpunktion in Ulpian D. 18.1.11 pr. (28 ad Sab.)*, in *Index* 28 (2000), 341 ss.

215 Vd. già in questo senso P. VOCI, *Diritto ereditario romano* cit., II, 5 e nt. 9.

la successione dei nipoti *ex filio* è esclusa sia qualora il *filius* torni in patria, perché *redemptus*, sia qualora il *filius* non torni in patria, bensì muoia *apud hostes*, poiché, in quest'ultimo caso, egli morirebbe *statu recepto*, talché, non tenendosi conto della sua riduzione in schiavitù, sarebbe immediatamente erede.

Se, in ultima analisi, in D. 38.16.1.4 Ulpiano non si esprime chiaramente in ordine alla capacità di succedere *iure civili* del *redemptus*, passiamo ora alla seconda testimonianza di rilievo, rappresentata da

> Ulpianus 13 *ad Sabinum* D. 38.17.2.3: *Sed si in servitute concepit filium et manumissa ediderit, ad legitimam eius hereditatem admittetur: idemque et si serva poenae concepit et restituta edidit: hoc idem et si libera concepit, edidit serva poenae, mox restituta est: sed et si libera concepit et in servitutem redacta edidit, mox manumissa est, ad legitimam hereditatem eius admittetur. item si adhuc praegnas manumissa est, dicendum erit prodesse. et in servitute editi filii ad legitimam hereditatem mater admittetur, ut puta si post moram factam in fideicommissa libertate peperit, vel apud hostes et cum eo rediit, vel si redempta edidit.*

Ulpiano sta trattando della capacità di succedere della madre rispetto al figlio, spettante, in base al senatoconsulto Tertulliano, alla donna munita di *ius liberorum*. Il giurista enumera una serie di ipotesi, nelle quali la donna, schiava al momento del concepimento o anche del parto, conserva cionondimeno la capacità di essere ammessa all'eredità del figlio. Il nostro interesse è attirato dall'inciso finale '*vel si redempta edidit*': la situazione della *redempta*, che partorisca *ante luitionem*, viene equiparata a quella della schiava beneficiata della libertà fidecommisaria, che partorisca *post moram factam*, e a quella della *captiva*, che rientri in patria col figlio nato *apud hostes*[216].

Il Levy – per il quale, come ben sappiamo, dopo la *constitutio de redemptis* il postliminio sarebbe sospeso fino alla *luitio* – ha sostenuto che qui, come nel passo di Ulpiano tràdito in D. 37.6.1.17, la condizione della *redempta* sarebbe equiparata a quella della *captiva*, ovverosia sarebbe considerata schiava[217]. In realtà, in entrambi

216 Per M. MEINHART, *Die Senatusconsulta Tertullianum und Orfitianum in ihrer Bedeutung für das klassische römische Erbrecht*, Graz 1967, 64 s., l'inciso finale '*vel si redempta edidit*' rappresenterebbe un glossema postclassico o giustinianeo (vd. già, per la seconda opzione e sulla base del confronto con Iust. C. 6.57.6, G. LA PIRA, *La successione ereditaria intestata e contro il testamento in diritto romano*, Firenze 1930, 279, 306, con cui concorda L. AMIRANTE, *Appunti* cit., 51 nt. 81; non espunge l'inciso finale, bensì vi aggiunge <*et mox cum eo manumissa est*> M. PAMPALONI, *Persone* cit., 136 nt. 41); anche M.V. SANNA, *Ricerche* cit., 111 s., ne sostiene la natura insiticia, sulla base della (presunta) innovazione di cui a Diocl.-Max. C. 8.50.15, con cui si sarebbe conferita capacità successoria ai *redempti*. La petizione di principio è evidente: semmai è vero il contrario, ossia che in quest'ultima, come in altre decisioni, Diocleziano ribadisce regole di diritto classico (sul punto vd. sotto, § 5).

217 E. LEVY, *'Captivus redemptus'* cit., 78; vd. anche, nello stesso ordine di idee, H. KRÜGER, *Captivus redemptus* cit., 204; G. FAIVELEY, *Redemptus ab hoste* cit., 75.

i luoghi l'equiparazione non corre tra *captiva* e *redempta*, bensì tra *captiva* rientrata in patria e *redempta*, vale a dire tra due donne entrambe libere[218].

Tornando quindi al *thema disputandum*, anche il frammento in commento, che pure sembra implicitamente confermare lo *status libertatis* dei *redempti ab hostibus*, sostanzialmente tace in ordine alla loro capacità di succedere *iure civili*, sempre che dal laconico inciso '*vel si redempta edidit*' non si voglia argomentare *e silentio*, ed escludere che a tal fine sia necessaria l'avvenuta *luitio*.

Conclusivamente, in assenza di testimonianze univoche, a me sembra possano farsi due considerazioni in ordine alla capacità del *redemptus* di ereditare *iure civili*.

In primo luogo, se è vero che – come si ricava da Ulp. 71 *ad ed.* D. 37.6.1.17 – egli è ammesso alla *bonorum possessio*, non si rintracciano motivi tali da giustificarne l'esclusione, *ante luitionem*, dalla successione civile. Semmai, il buon senso suggerisce che proprio dall'*hereditas* egli potrebbe ricavare i mezzi necessari a rimborsare il *redemptor*[219], considerato anche che, nel frattempo, l'esercizio della *retentio* da parte di quest'ultimo resterebbe impregiudicata. Del resto, come vedremo più avanti, in C. 8.50.15 Diocleziano ammette espressamente che il *redemptus* possa rivendicare gli *iura successionis*: lungi dall'innovare un punto così delicato della materia, è più plausibile pensare che, qui come altrove, l'imperatore illirico ribadisca regole e principi del diritto classico.

In secondo luogo, occorre considerare che la successione legittima si basa, di regola, sui vincoli di agnazione. Al riguardo, come prima osservavo, appare incongruo ritenere che un atto prettamente patrimoniale, qual è la *luitio*, possa determinare, oltre allo scioglimento del *vinculum pignoris*, anche il ristabilimento di legami di tipo eminentemente familiare, quali sono i vincoli in parola; così come altrettanto incongruo è l'ipotizzare, ancor prima, il 'dimezzamento' del *postliminium*, efficace per il recupero della *civitas libertasque* da parte del *redemptus*, ma inefficace (prima della *luitio*) ai fini del ristabilimento di potestà e rapporti familiari. In breve, così ritenendo, sembra plausibile ritenere che il *redemptus* conservi intatta la capacità successoria.

Terminato lo studio dei frammenti della giurisprudenza classica in tema di *redemptio ab hostibus* del cittadino romano, proviamo ora a comprendere meglio

---

218 Vd. già in questo senso M. MEINHART, *Die Senatusconsulta Tertullianum und Orfitianum* cit., 64 nt. 39, sulla base dell'osservazione che, altrimenti, il figlio seguirebbe la condizione della madre e nascerebbe schiavo. Nei Basilici al caso della *redempta* segue quello della ἄτιμος μήτηρ (*mater famosa*), che è certamente libera (B. 45.1.28, in HEIMBACH, IV, 488; SCHELTEMA, A.VI, 2079; valorizza il dettato delle fonti bizantine per la soluzione del problema in discussione M.V. SANNA, *Ricerche* cit., 113).

219 Ciò osserva – peraltro contraddittoriamente alla tesi sostenuta, secondo cui il *redemptus* non potrebbe ereditare prima della *luitio* – anche A. MAFFI, *Ricerche* cit., 223, per il quale «vien fatto di pensare che il *redemptus* che non rimborsi il *redemptor* non lo faccia perché non può e non perché non vuole: la sua unica possibilità di procurarsi del denaro (a parte il prestito) sembrerebbe perciò la successione ereditaria».

l'essenza del nostro *ius pignoris*, il cui contenuto ho ritenuto di identificare ed esaurire, sulla base delle fonti testé analizzate, nella *retentio* del *redemptor* sulla persona del *redemptus*.

§ 4. Il *ius pignoris* del *redemptor* sul *civis redemptus*

Elementi utili ai fini della comprensione delle decisioni appena esaminate, che inquadrano la soggezione del riscattato alla *retentio* del riscattante entro la cornice giuridica del pegno, sono offerti dall'analisi di alcune *sententiae prudentium* in tema di *emptio venditio*. Da tali testimonianze si evince che la posizione del *venditor*, al quale il compratore non abbia ancora pagato il prezzo della cosa, è sovrapponibile a quella del *redemptor*: anch'egli, infatti, fino al pagamento del prezzo, gode del diritto di ritenzione sulla *res vendita*, e tale potere è dai giuristi classici paragonato a quello che il creditore pignoratizio vanta sulla *res pignori data*. Il testo più celebre in materia è costituito da

> Ulpianus 32 *ad edictum* D. 19.1.13.8: *Offerri pretium ab emptore debet, cum ex empto agitur, et ideo etsi pretii partem offerat, nondum est ex empto actio: venditor enim quasi pignus retinere potest eam rem quam vendidit.*

Il compratore, allorché agisca *ex empto*, è tenuto ad offrire al venditore il pagamento dell'intero prezzo della vendita; se offre soltanto una parte del prezzo, non v'è ancora azione: infatti il venditore può trattenere la cosa venduta alla stregua di un pegno (*quasi pignus*).

Dal punto di vista della 'Dogmengeschichte' il frammento in parola rappresenta, per così dire, la pietra angolare per l'elaborazione della dottrina del sinallagma funzionale nei contratti bilaterali[220]. Quel che preme qui osservare è che in questo, così come nei passi successivamente esaminati, la tutela accordata al *venditor* nei confronti dell'*emptor*, che non abbia ancora versato il prezzo della cosa, consiste nello stesso potere (*i.e.* il diritto di ritenzione) riconosciuto al *redemptor* nei confronti del *redemptus*, che non abbia ancora rimborsato il prezzo del riscatto; inoltre, al pari del redentore, che trattenga presso di sé il redento, anche il venditore, che trattenga presso di sé la *res vendita*, viene equiparato al creditore pignoratizio in possesso della *res obligata*.

---

220 Sulla problematica vd., tra i contributi più recenti, W. ERNST, *Die Vorgeschichte der exceptio non adimpleti contractus im römischen Recht bis Justinian*, in H.H. JAKOBS – E. PICKER – J. WILHELM (hrsg.), *Festgabe für Werner Flume zum 90. Geburtstag*, Berlin-Heidelberg-New York 1998, 1 ss. (da cui cito), poi ripubblicato, accresciuto e in veste monografica, in ID., *Die Einrede des nichterfüllten Vertrages. Zur historischen Entwicklung des synallagmatischen Vertragsvollzugs im Zivilprozeß*, Berlin 2000, 15 ss.; A. RODEGHIERO, *In tema di sinallagma funzionale nella compravendita romana classica*, in *BIDR* 101-102 (1998-1999, pubbl. 2005) 551 ss.; S. VIARO, *Corrispettività e adempimento nel sistema contrattuale romano*, Padova 2011.

Il riferimento al pegno per descrivere la situazione del venditore insoddisfatto non è del solo Ulpiano, né tanto meno risale all'epoca dei Severi: come subito vedremo, lo utilizzano già Cervidio Scevola e Marcello, e più indietro ancora, discutendo della legittimazione all'*actio furti* nell'*emptio venditio*, anche Giuliano. Una peculiarità della decisione ulpianea, rispetto a quelle analizzate nel prosieguo dell'esposizione, è rappresentata dal fatto che al compratore, che intenda agire *ex empto* nei confronti del venditore, è sufficiente offrire il prezzo della cosa, anziché provvedere al suo effettivo pagamento[221].

Ebbene, similmente abbiamo visto Ulpiano affermare che la semplice offerta del rimborso del prezzo del riscatto – anziché, per l'appunto, il suo effettivo pagamento – è sufficiente ad esporre il riscattante all'esercizio dell'interdetto *de homine libero exhibendo*, ovverosia a porre fine alla sua legittima *retentio* sulla persona del riscattato (Ulp. 71 *ad ed.* D. 43.29.3.3), nonché a permettere al *filius familias* di succedere al *pater redemptus*, deceduto *ante luitionem* (Ulp. 12 *ad Sab.* D. 49.15.15). In altri termini, come il compratore può conseguire la consegna della cosa, se offre al venditore il pagamento del corrispettivo, allo stesso modo il riscattato può liberarsi dalla soggezione al riscattante, se gli offre il rimborso del prezzo del riscatto.

Riscontriamo qui una prima analogia col diritto di pegno, che ne giustifica il continuo richiamo in tema tanto di *redemptio* quanto di *emptio venditio*. Invero, anche nel giudizio instaurato a seguito dell'esercizio dell'*actio pigneraticia in rem*, l'offerta del pagamento del debito, compiuta dal debitore oppignorante al creditore pignoratizio, ha come effetto di liberare la *res obligata* dalla garanzia reale costituita sulla stessa[222].

Di seguito, in D. 19.1.13.8 Ulpiano ha cura di precisare che l'offerta di pagamento del prezzo della *res vendita* deve essere integrale; mancano invece testimonianze

---

221 Su tale aspetto e, più in generale, su esegesi (e critica testuale) del passo ulpianeo vd., per tutti, S. VIARO, *Corrispettività* cit., 99 ss.

222 Cfr. Ulp. 28 *ad ed.* D. 13.7.9.5: *Qui ante solutionem egit pigneraticia, licet non recte agit, tamen, si offerat in iudicio pecuniam, debet rem pigneratam et quod sua interest consequi*; sulla stessa linea anche Ulp. 73 *ad ed.* D. 20.6.6.1: *Qui paratus est solvere, merito pignus videtur liberasse* .... L'analogia con la disciplina dell'*emptio venditio* è evidenziata da S. VIARO, *Corrispettività* cit., 256, sulla scia di R. CASSIN, *De l'exception tirée de l'inexécution dans les rapports synallagmatiques (exception 'non adimpleti contractus') et de ses relations avec le droit de rétention, la compensation et la résolution*, thèse, Paris 1914, 8, per il quale «l'action en restitution est donc née avant le paiement, seulement elle n'est pas efficace, et la meilleure preuve qu'elle existe avant le paiement, c'est que le débiteur peut la rendre efficace en offrant *in judicio* ce qu'il doit». Sul principio in parola vd. P. APATHY, *Mora creditoris und pignus*, in H.-P. BENÖHR – K. HACKL – R. KNÜTEL – A. WACKE (hrsg.), *Iuris professio* cit., 9 ss.; F. WUBBE, *Ergo et Publicianam habebit. Fragen zur Aktivlegitimation*, in R. FEENSTRA – A.S. HARTKAMP – J. E. SPRUIT – P. J. SIJPESTEIJN – L.C. WINKEL (éd.), *Collatio Iuris Romani. Études dédiées à Hans Ankum à l'occasion de son 65e anniversaire*, II, Amsterdam 1995, 649 ss.

al riguardo in materia di *redemptio*, anche se si può legittimamente presumere che, anche qui, l'offerta di rimborso debba avere ad oggetto l'intero *pretium redemptionis*, permanendo altrimenti il *redemptus* soggetto alla *retentio* del *redemptor*.

Nella necessità dell'interezza del pagamento (o della sua offerta) riscontriamo una seconda analogia con la disciplina del pegno, rappresentata dall'indivisibilità del diritto del creditore pignoratizio sulla *res pignori data*. Se, infatti, il credito garantito viene soddisfatto solo in parte, il pegno rimane per intero sulla cosa oppure, se più cose sono pignorate o se la cosa pignorata viene divisa in più cose, tutte continuano a rispondere interamente per il residuo del credito. È lo stesso Ulpiano, sempre in sede di commento all'*actio pigneraticia in rem*, ad affermare che il debitore è tenuto a saldare interamente la somma per cui è obbligato verso il creditore, prima di poter agire per ottenere la restituzione del bene dato in garanzia[223].

Il principio in discorso, comunemente espresso con la nota formula papinianea '*pignoris causa indivisa est*'[224], è tanto forte da prevalere sull'altrettanto noto principio, risalente addirittura alle XII Tavole, della divisibilità dei (crediti e dei) debiti ereditari; prevalenza, questa, che si manifesta sia nel caso in cui si apra la successione del debitore oppignorante[225], sia nel caso in cui al compratore succeda una pluralità di eredi, secondo quanto si ricava dal seguente passo, nel quale Ulpiano riporta, aderendovi, l'opinione di Marcello:

---

223 Cfr. Ulp. 28 *ad ed.* D. 13.7.9.3: *Omnis pecunia exsoluta esse debet aut eo nomine satisfactum esse, ut nascatur pigneraticia actio* .... L'analogia è ancora segnalata da S. VIARO, *Corrispettività* cit. 253 ss., sulla scia di U. GRECO, in F. GLÜCK, *Commentario alle Pandette*, trad. con note di U. Greco, XIX, Milano 1891, 22 nt. a), per il quale «questo diritto di ritenzione della cosa venduta, che è accordato al venditore fino al totale pagamento del prezzo, lo vediamo chiamato *quasi pignus*. Sta infatti sotto questo riguardo perfetta l'analogia con quanto avviene nel contratto di pegno, anche nel quale il debitore non ha diritto alla restituzione del pegno, se non ha pagato tutto il debito, e ciò eziandio nel caso, che già avesse pagato qualche acconto e chiedesse solo la restituzione parziale in proporzione agli acconti pagati».

224 Cfr. Pap. 8 *quaest.* D. 21.2.65, su cui vd. A. WACKE, *Ungeteilte Pfandhaftung*, in *Index* 3 (1972), 472; H. ANKUM, *Pignoris causa indivisa est*, in J.E. SPRUIT – M. VAN DE VRUGT (eds.), *Brocardica in honorem G.C.J.J. van den Bergh. 22 studies over oude rechtsspreuken*, Deventer 1987, 1 ss.; ID., *Pap. D. 21.2.65: The legal Position of two Heirs who sold a Thing mortgaged by the Deceased*, in M.J. PELÁEZ (ed.), *Historia del derecho privado. Trabajos en homenaje a Ferran Valls i Taberner*, IX, Barcelona 1989, 2785 ss. (anche in ID., *Extravagantes. Scritti sparsi sul diritto romano*, con una nota introduttiva di J.E. Spruit, Napoli 2007, 113 ss.).

225 Cfr. Scaev. 5 *resp.* D. 20.4.19 (sulla stessa linea anche Sev.-Ant. C. 8.30.1), su cui vd. E. RICART MARTÍ, *Nomina hereditaria ipso iure divisa sunt indivisa pignoris causa. Confluencia de dos regulae iuris en D. 20.4.19*, in *RIDA* 48 (2001), 237 ss., e, per il caso opposto in cui più eredi succedano all'unico creditore pignoratizio, M. VANZETTI, *Il pegno su parte indivisa e le azioni divisorie*, in *BIDR* 73 (1970), 312 ss.

Ulpianus 1 *ad edictum aedilium curulium* D. 21.1.31.7-8: *Marcellus quoque scribit, si servus communis servum emerit et sit in causa redhibitionis, unum ex dominis pro parte sua redhibere servum non posse: non magis, inquit, quam cum emptori plures heredes exstiterunt nec omnes ad redhibendum consentiunt.* 8. *Idem Marcellus ait non posse alterum ex dominis consequi actione ex empto, ut sibi pro parte venditor tradat, si pro portione pretium dabit: et hoc in* [*emptoribus*] <*emptoris heredibus*> *servari oportere ait: nam venditor pignoris loco quod vendidit retinet, quoad emptor satisfaciat.*

Il testo contenuto nei due paragrafi ha una struttura speculare: dal caso dell'-acquisto di uno schiavo compiuto tramite un *servus communis*, Marcello passa a considerare quello della successione al compratore di una pluralità di eredi, trattando poi parallelamente le due ipotesi sotto il profilo delle azioni esperibili *e latere emptoris*[226].

Così, nel valutare le condizioni per l'esercizio dell'*actio redhibitoria* (§ 7), il giurista afferma che al giudizio redibitorio debbono partecipare necessariamente tutti i condomini e, rispettivamente, tutti i coeredi[227]; del pari, vagliando le condizioni per l'esercizio dell'*actio empti* (§ 8), egli afferma che il singolo condomino del *servus communis* compratore non può pretendere, tramite l'esperimento dell'*actio ex empto*, che il venditore gli consegni (o, forse, mancipi[228]) *pro parte* lo schiavo comperato, pagandone *pro parte* il prezzo[229]: dal che si ricava che ciascun condomino è tenuto per l'intero. Quindi il testo prosegue: '*et hoc in emptoribus servari*

---

226 Per la palingenesi del testo vd. O. LENEL, *Palingenesia iuris civilis*, I, Lipsiae 1899, 600 s.

227 Soluzione, questa, già sostenuta da Pomponio, secondo quanto riferito in Ulp. 1 *ad ed. aed. cur.* D. 21.1.31.5, su cui vd., recentemente, P. CAPONE, *'De consortibus eiusdem litis'. Storia di un titolo del Codice di Giustiniano*, Napoli 2012, 165 ss.

228 Sostituiscono <*mancipio servum det*> a [*tradat*] E. NARDI, *Studi* cit., I, 263 ss., che, senza plausibile giustificazione, espunge da '*et hoc*' fino alla fine; H.-P. BENÖHR, *Das sogenannte Synallagma in den Konsensualkontrakten des klassischen römischen Rechts*, Hamburg 1965, 29 nt. 16; W. ERNST, *Die Vorgeschichte* cit., 17 nt. 70. In effetti, che nel brano in esame si trattasse originariamente della compravendita di uno schiavo è reso verosimile da due circostanze: la provenienza dal commento di Ulpiano all'editto *de mancipis vendundis* (cfr. O. LENEL, *Palingenesia* cit., II, 894) e il *thema disputandum* – la compravendita di uno schiavo – del precedente § 7. Detto ciò, pregiudiziale alla sostituzione di <*mancipio servum det*> a [*tradat*] è la risposta al problema se, in caso di vendita di *res mancipi*, il venditore sia tenuto a effettuare la *mancipatio* o basti la semplice *traditio*: tra gli altri, per la risposta affermativa, si pronuncia G. PUGLIESE, *Compravendita e trasferimento della proprietà in diritto romano*, in L. VACCA (cur.), *Vendita e trasferimento della proprietà nella prospettiva storico-comparatistica*, I, Milano 1991, 34 ss.; per quella negativa, M. TALAMANCA, in *Enc. dir.*, XLVI, Milano 1993, s.v. *Vendita in generale (diritto romano)*, 382 ss.

229 La divisibilità dell'obbligazione di *servum dare* troviamo affermata in Iul. 22 *dig.* D. 45.1.54 pr., su cui vd. però le precisazioni di S. VIARO, *Corrispettività* cit., 76 nt. 58.

oportere ait', frase comunemente sostituita da '*et hoc in emptoris heredibus servari oportere ait*'[230], sì da conservare coerenza e simmetria all'esposizione di Marcello[231].

Lasciando da parte i non pochi nodi ricostruttivi posti dal frammento in commento[232], la nostra attenzione si concentra sul passaggio finale: '*nam venditor pignoris loco quod vendidit retinet, quoad emptor satisfaciat*'. Anche per Marcello, quindi, il venditore può trattenere la cosa venduta a mo' di pegno (*pignoris loco*), fino a che il compratore non gliene versi per intero il corrispettivo.

Come ho anticipato, il riferimento al diritto di pegno compare in un brano di un altro giurista di epoca antoniniana, Cervidio Scevola.

> Scaevola 2 *responsorum* D. 18.4.22: *Hereditatis venditae pretium pro parte accepit: reliquum emptore non solvente quaesitum est, an corpora hereditaria pignoris nomine teneantur. respondi nihil proponi, cur non teneantur.*

Il compratore ha pagato solo una parte del prezzo della vendita di un'eredità. Alla *quaestio*, se fino al saldo integrale il venditore possa legittimamente trattenere a

---

230 In effetti, che originariamente Marcello facesse riferimento a una pluralità di compratori, così come recita il testo a noi conservato, è da escludere, non foss'altro perché, trattandosi già nella prima parte del brano di una pluralità di possibili attori *ex empto* (*i.e.* i condomini del *servus communis* compratore), non sarebbe stato necessario trattarne anche nella seconda (così, tra gli altri, H.-P. BENÖHR, *Das sogennante Synallagma* cit., 29). La congettura più probabile, che trova riscontro non solo nel *thema disputandum* attorno al quale ruota la discussione iniziata da Ulpiano al § 5 e che poi prosegue al § 9 (ove si discute dei riflessi sull'esercizio dell'*actio redhibitoria* del danneggiamento dello schiavo causato da uno dei coeredi del compratore), ma anche e soprattutto nell'evidenziato parallelismo con il precedente § 7, è che il giurista considerasse l'ipotesi della successione al compratore di una pluralità di eredi: da questo punto di vista, sostituiscono [*emptoribus*] con <*emptoris heredibus*> P. KRÜGER, D., *ad h.l.*; G. BESELER, *Romanistische Studien. Die Gefahrtragung beim Kaufe im klassischen römischen Rechte*, in *TR* 8 (1928), 303, che sostituisce anche [*et hoc*] con <*idem*>; H.-P. BENÖHR, *Das sogennante Synallagma* cit., 29; A. WACKE, *Ungeteilte Pfandhaftung* cit., 471 (che, per vero, propone di leggere *emptor<is hered>ibus*); W. ERNST, *Die Vorgeschichte* cit., 18 e nt. 71; A. RODEGHIERO, *In tema di sinallagma funzionale* cit., 561 s.; S. VIARO, *Corrispettività* cit., 75 ss.

231 Un'altra celebre decisione in tema di successione al compratore di una pluralità di eredi, i quali singolarmente sono tenuti a pagare l'intero prezzo della cosa, è rappresentata da Lab. 4 *post. a Iav. epit.* D. 18.1.78.2: *Qui fundum ea lege emerat, ut soluta pecunia traderetur ei possessio, duobus heredibus relictis decessit. si unus omnem pecuniam solverit, partem familiae herciscundae iudicio servabit: nec, si partem solvat, ex empto cum venditore aget, quoniam ita contractum aes alienum dividi non potuit.* Per A. BÜRGE, *Retentio* cit., 187, il fondamento della soluzione labeoniana (su cui vd., ampiamente, S. VIARO, *Corrispettività* cit., 50 ss.) andrebbe rintracciato nella necessità di conservare l'indivisibilità del pegno, che, almeno in senso figurato, sarebbe da intravvedere nel diritto che il venditore ha sulla *res vendita*.

232 Per i quali si rimanda a S. VIARO, *Corrispettività* cit., 75 ss.

titolo di pegno (*pignoris nomine*) i singoli beni facenti parti del compendio ereditario[233], Scevola risponde che nulla vi si oppone[234].

Il quesito posto al giurista merita grande attenzione. Il compratore dell'eredità ha pagato solo parte del prezzo. Come sappiamo, la consegna della cosa è subordinata al pagamento integrale del corrispettivo; fino a tale momento il venditore è tutelato dal diritto di ritenzione. Tuttavia, la vendita di eredità ha caratteristiche affatto peculiari[235], il che complica la cosa tanto da richiedere il responso di un giurista di prim'ordine. Ai tempi di Scevola è infatti consolidata la concezione dell'*hereditas* come *ius*, classificata tra le '*res incorporales, quae tangi non possunt*'[236], laddove il diritto di ritenzione, per definizione, può esercitarsi solo su cose, non su diritti. A rigore, quindi, nell'ipotesi prospettata mancherebbe l'oggetto materiale (il *corpus*) che il venditore possa materialmente *ritenere*, sì da indurre il compratore ad

233 Diversamente ritiene H.-P. BENÖHR, *Das sogennante Synallagma*, cit., 28, il quale afferma che «*teneri* wird hier 'haften' und nicht 'zurückbehalten werden' bedeuten». Nel senso qui preferito, tra gli altri, E. NARDI, *Studi* cit., I, 257 e nt. 1; S. VIARO, *Corrispettività* cit., 89 nt. 90.

234 Secondo taluni studiosi i compilatori avrebbero invertito l'esito del responso di Scevola inserendo '*non*': cfr. P. KRÜGER, D. *ad h.l.*; E. NARDI, *Studi* cit., I, 256 ss.; per O. LENEL, *Palingenesia* cit., II, 293 nt. 2, forse è caduto qualcosa nella *quaestio* (in quest'ultimo senso, e con più convinzione, anche W. ERNST, *Die Vorgeschichte* cit., 25); non interviene sul testo S. VIARO, *Corrispettività* cit., 88 ss.

235 «Oggetto del contratto è il *ius heredis* o, meglio, attesa l'intrasmissibilità del medesimo (*semel heres, semper heres*), il suo contenuto economico»: così M. TALAMANCA, s.v. *Vendita* cit., 348 nt. 442. Per un'analisi delle numerose problematiche presentate dalla vendita di eredità, che si pone a un crocevia tra diritto ereditario e diritto delle obbligazioni, vd. F. VASSALLI, *Miscellanea critica di diritto romano*, III, *La vendita di eredità e la dottrina dell''emptio spei'*, in *Ann. Perugia* 3 (1913), 87 ss. (anche in ID., *Studi giuridici*, III.1, *Studi di diritto romano*, Milano 1960, 366 ss.); S. CUGIA, *Spunti storici e dommatici sull'alienazione dell'eredità*, in AA. VV., *Studi di storia e di diritto in onore di Enrico Besta per il XL anno del suo insegnamento*, I, Milano 1939, 513 ss.; D. DAUBE, *Sale of Inheritance and Merger of Rights*, in *ZSS* 74 (1957), 234 ss. (anche in D. COHEN – D. SIMON [eds.], *David Daube. Collected Studies in Roman Law*, I, Frankfurt am Main 1991, 649 ss.); A. TORRENT, *'Venditio hereditatis'. La venta de herencia en derecho romano*, Salamanca 1966; M. KASER, *Erbschaftskauf und Hoffnungskauf*, in *BIDR* 74 (1971), 45 ss.; Y. GONZÁLEZ ROLDÁN, *Propuesta sobre la venta de herencia en el derecho romano clasico*, México D.F. 1997; E. MARELLI, *La compravendita dell'eredità in diritto romano*, Torino 2020; sulla vendita di eredità inesistente mi sia permesso rimandare al mio *Sul sinallagma genetico* cit., 43 ss.

236 Gai 2.14, su cui vd., tra gli altri, P. VOCI, *Diritto ereditario romano*, I, *Introduzione. Parte generale*, Milano 1960, 147 ss., 151 ss.; U. ROBBE, *La 'successio' e la distinzione fra 'successio in ius' e 'successio in locum'*, I, Milano 1965, 28 ss.; M. KASER, *Das römische Privatrecht* cit., I, 674 e nt. 13; l'*hereditas* può anche consistere di soli *iura* senza *corpora*: cfr. Pap. 6 *quaest.* D. 5.3.50 pr.; Ulp. 39 *ad ed.* D. 37.1.3.1; sull'*hereditas* come *universitas*, recentemente, R. SIRACUSA, *La nozione di 'universitas' in diritto romano*, Milano 2016, 35 ss., 47 ss., 56 ss., 78 ss.

adempiere integralmente la propria obbligazione. La via per superare l'‘impasse’ è individuata trasferendo l'oggetto della *retentio* dall'*hereditas* ai *corpora hereditaria*, vale a dire alle singole cose facenti parte del compendio ereditario, queste sì passibili di *retentio* ‘*pignoris nomine*’.

Infine, risalendo più indietro ancora, già Giuliano equipara la *res vendita* in mano al venditore, che per consegnarla al compratore attende di ricevere il pagamento del prezzo, alla *res pignori data* in mano al creditore, che per restituirla al debitore attende di ricevere il pagamento del debito garantito.

L'opinione del giurista adrianeo è riferita da Ulpiano nel seguente brano:

> Ulpianus 29 *ad Sabinum* D. 47.2.14.1: *Adeo autem emptor ante traditionem furti non habet actionem, ut sit quaesitum, an ipse subripiendo rem emptor furti teneatur. et Iulianus libro vicensimo tertio digestorum scribit: si emptor rem, cuius custodiam venditorem praestare oportebat, soluto pretio subripuerit, furti actione non tenetur. plane si, antequam pecuniam solveret, rem subtraxerit, furti actione teneri, perinde ac si pignus subtraxisset.*

La *quaestio* in discussione è se il compratore, che prima di ricevere la *res vendita* non dispone dell'*actio furti*, possa rendersi egli stesso responsabile del delitto di furto, se sottrae la cosa al venditore. Giuliano distingue: il compratore non risponde di furto se sottrae la cosa, della cui conservazione il venditore risponde a titolo di *custodia*, dopo averne pagato il prezzo; se, invece, il compratore sottrae la cosa al venditore prima di averne versato il corrispettivo, può essere convenuto con l'*actio furti*, come se avesse sottratto una cosa oppignorata (*perinde ac si pignus subtraxisset*), vale a dire è equiparato al debitore oppignorante che si riappropri della *res pignori data* prima di aver onorato l'obbligazione garantita[237].

Prima di svolgere alcune considerazioni su tale ricorrente riferimento al diritto di pegno deve essere rimarcato un ulteriore aspetto. La *retentio* spettante al venditore sulla *res vendita* non è esclusa dalla circostanza che il venditore non disponga dell'*actio venditi* per ottenere il pagamento del prezzo: ciò in perfetta analogia alla posizione del *redemptor*, il quale può materialmente *ritenere* il *redemptus*, benché non disponga di azione nei confronti di quest'ultimo per ottenere il rimborso del *pretium redemptionis*.

Si consideri, a questo riguardo, il seguente passaggio di un brano di Paolo:

> Paulus 5 *quaestionum* D. 18.5.7.1: ... *idem potest quaeri, si sine tutoris auctoritate pactus fuerit, ut discedatur ab emptione: an proinde sit, atque si ab initio sine tutoris auctoritate emisset, ut scilicet ipse non teneatur, sed agente eo retentiones competant rell.*

---

237 Sul frammento di Ulpiano vd., recentemente, S. VIARO, *Corrispettività* cit., 254; sul problema della legittimazione attiva del venditore all'*actio furti* M. KASER, *Die ‘actio furti’ des Verkäufers*, in *ZSS* 96 (1979), 89 ss.

Il giurista pone il problema se il pupillo possa pattuire *sine tutoris auctoritate* la risoluzione della compravendita già efficacemente conclusa *tutore auctore*[238]. In caso di risposta affermativa, il pupillo verrebbe a trovarsi nella medesima situazione in cui si troverebbe se, *ab initio*, avesse comperato *sine tutoris auctoritate*[239]: egli, cioè, continuerebbe a disporre dell'*actio empti* anche dopo il patto di risoluzione, che invece toglierebbe di mezzo l'*actio venditi* già spettante alla controparte[240].

Lasciando da parte, anche qui, la problematica attinente all'operatività del sinallagma funzionale nell'*emptio venditio*[241], a venire in rilievo, dal nostro punto di vista, è la situazione descritta nel brano in parola. Riconosciuta efficacia al patto '*ut ab emptione discedatur*', il venditore, convenuto in giudizio dal pupillo con l'*actio empti*, potrebbe far valere le *retentiones* che gli sarebbero spettate, se avesse concluso la compravendita con il pupillo privo dell'assistenza del tutore[242].

---

238 Espungono, senza a mio avviso convincere, '*idem potest quaeri*', e sostituiscono [*an proinde sit*] con <*proinde est*> (o con <*perinde est*>): G. BESELER, *Beiträge zur Kritik der römischen Rechtsquellen*, IV, Tübingen 1920, 59; H. STOLL, *Die formlose Vereinbarung des Aufhebung eines Vertragsverhältnisses im römischen Recht*, in *ZSS* 44 (1924), 65 nt. 2; G. BESELER, *Romanistische Studien*, in *ZSS* 50 (1930), 20; E. NARDI, *Studi* cit., I, 247 s.; L. LABRUNA, *'Rescriptum divi Pii'. Gli atti del pupillo sine tutoris auctoritate*, Napoli 1962, 145. Viceversa, non nutrono dubbi sull'autenticità del periodo iniziale: G. GROSSO, *Il sistema romano dei contratti*, Torino 1963³, 208 nt. 1; H.-P. BENÖHR, *Das sogenannte Synallagma* cit., 64 nt. 13; W. KNÜTEL, *Contrarius consensus. Studien zur Vertragsaufhebung im römischen Recht*, Köln 1968, 121; W. ERNST, *Die Vorgeschichte* cit., 15; M. TALAMANCA, *La 'bona fides' nei giuristi romani: 'Leerformel' e valori dell'ordinamento*, in L. GAROFALO (cur.), *Il ruolo della buona fede nell'esperienza giuridica storica e contemporanea. Atti del Convegno internazionale di studi in onore di Alberto Burdese (Padova-Venezia-Treviso, 14-15-16 giugno 2001)*, 4, Padova 2003, 219 nt. 612; A. RODEGHIERO, *Sul sinallagma genetico* cit., 145 ss.; S. VIARO, *Corrispettività* cit., 115 ss.

239 Ricorre qui la figura del cd. *negotium claudicans*: il pupillo, che abbia concluso una compravendita (o un altro contratto bilaterale) senza l'assistenza del tutore, obbliga a sé la controparte, ma non anche se stesso a quella ('*ex uno latere constat contractus*' afferma Ulpiano in 32 *ad ed.* D. 19.1.13.29; vd. anche I. 1.21 pr.; Ulp. 40 *ad Sab.* D. 26.8.5.1; Diocl.-Max. C. 7.26.9). Su tutti questi passi vd. principalmente L. LABRUNA, *'Rescriptum divi Pii'* cit., 133 ss., peraltro fortemente critico nei confronti di quella che, rapportata alla realtà giuridica romana, egli definisce la «pseudocategoria dommatica dei cdd. '*negotia claudicantia*'» (*ibid.*, 141).

240 Vd. già in questo senso H. STOLL, *Die formlose Vereinbarung* cit., 63; G. GROSSO, *Il sistema* cit., 208 nt. 1; H.-P. BENÖHR, *Das sogennante Synallagma* cit., 64 s.; rimarca invece le differenze tra le due fattispecie (che, dunque, non sarebbero accostabili) L. LABRUNA, *'Rescriptum divi Pii'* cit., 147 nt. 61.

241 Sulla quale vd., con opinioni su questo specifico punto convergenti, A. RODEGHIERO, *Sul sinallagma genetico* cit., 145 ss., e S. VIARO, *Corrispettività* cit., 116 ss.

242 Quale fosse l'opinione di Paolo al riguardo non è dato dire con sicurezza, data la probabile interpolazione della parte finale del frammento, che così recita: *sed nec illud sine ratione dicetur, quoniam initio recte emptio sit contracta, vix bonae*

Secondo Paolo, quindi, il venditore, benché non disponga dell'*actio venditi* nei confronti del pupillo, ciononostante può esercitare la *retentio* sulla cosa, sì da subordinarne la consegna all'avvenuto pagamento del prezzo. Il riscattante si trova nella medesima situazione concreta, dal momento che anch'egli, pur non disponendo di azione alcuna al fine di essere rimborsato, tuttavia può trattenere presso di sé il riscattato, finché questi (o altri) non gli restituisca la somma di denaro versata al nemico.

In sintesi, giuristi tra i più autorevoli dei secoli II e III attestano espressamente che, fino al pagamento del prezzo da parte del compratore, il venditore può trattenere presso di sé la *res vendita*; inoltre, tale diritto viene ricorrentemente paragonato a quello vantato dal creditore sulla *res pignori data*. Al proposito non può essere sottaciuto che l'autenticità delle espressioni impiegate nelle fonti esaminate – *quasi pignus* (Marcell.-Ulp. 32 *ad ed.* D. 19.1.13.8), *pignoris loco* (Ulp. 1 *ad ed aed. cur.* D. 21.1.31.8), *pignoris nomine* (Scaev. 2 *resp.* D. 18.4.22)[243] – è stata revocata in dubbio da parte dello studioso che ha indagato più approfonditamente il diritto di ritenzione nel diritto romano, Enzo Nardi, il quale vi ha scorto tracce di una (presunta) «pegnomania» dei compilatori; segnatamente, si tratterebbe di «un'ulteriore manifestazione di quella spiccata tendenza propria di Giustiniano, per cui egli è indotto ... ad attirar verso l'ambito del pegno, in quanto tipica garanzia reale, una serie di istituti, almeno in origine ben distinti e lontano da esso»[244]: ebbene, nella «serie di istituti» di cui parla il Nardi potrebbe annoverarsi a pieno titolo anche il *vinculum pignoris* gravante sul *redemptus ab hostibus*, la cui natura insiticia, fino a un recente passato, nessuno studioso avrebbe osato porre in dubbio.

---

fidei convenire eo pacto stari, quod alteri captiosum sit, et maxime, si iusto errore sit deceptus. Comunemente si ritiene che tale brano rimpiazzi malamente una controversia tra giuristi parallela a quella di cui dà conto Pomp. 15 *ad Sab.* D. 18.5.1 con riguardo al patto di risoluzione, intercorso tra il compratore e il solo *pater familias*, della compravendita di *res peculiaris* del *filius familias*: cfr., oltre a *Ind. itp.*, I, 328, L. LABRUNA, *'Rescriptum divi Pii'* cit., 147; H.-P. BENÖHR, *Das sogennante Synallagma* cit., 64; di diverso avviso è M. TALAMANCA, *La 'bona fides'* cit., 218 ss., il quale salva *in toto* la genuinità del periodo finale.

243 Anche in Paul. 5 *ad Sab.* D. 47.2.15.2, scritto in tema di comodato, ricorre l'espressione '*quasi pignoris loco*', che S. VIARO, *Corrispettività* cit., 262 nt. 47, correttamente giudica genuina contro l'opposta opinione, manifestata prima da E. NARDI, *s.v. Ritenzione* cit., 167 (anche in ID., *Scritti minori* cit., I, 384), e ribadita, più recentemente, da L. GUTIÉRREZ-MASSON, *Elementos estructurales y diferenciadores del 'ius retentionis'*, in C. CASCIONE – C. MASI DORIA (cur.), *Fides* cit., IV, 2423; per la genuinità del riferimento al pegno vd. anche M. VINCI, *Riflessioni storico-comparative in tema di ritenzione: diritto romano, diritto italiano, diritto cinese*, in *Roma e America* 31-32 (2011), 103 s.

244 Le citazioni sono tratte rispettivamente da E. NARDI, *Sulla ritenzione in diritto romano*, Modena 1940, 65, (anche in ID., *Scritti minori* cit., I, 229), e ID., *Studi* cit., I, 258.

Ora, la dottrina più avveduta in tema di *emptio venditio* non solo ha respinto i sospetti di interpolazione, ma ha anche valorizzato i ricorrenti riferimenti alla posizione del creditore pignoratizio[245]. Sgombrando il campo da ogni equivoco, è innegabile che il venditore non possa vantare un vero e proprio diritto di garanzia sul bene oggetto del contratto. A prescindere dall'assenza di un accordo tra le parti contraenti, volto ad attribuire al venditore la facoltà di rifiutare al compratore la consegna della *res vendita* fino al completo pagamento del prezzo pattuito, decisiva è la considerazione che il pegno non può costituirsi su una cosa appartenente al creditore[246], mentre per l'appunto la *res vendita* appartiene – quanto meno fino al compimento dell'atto traslativo del possesso e prescindendo, per semplicità, dall'ipotesi di vendita di *res aliena* – al venditore[247].

D'altro canto – e questo è il punto fondamentale – il rinvio al diritto di pegno rende evidenti, *per relationem*, talune peculiarità del diritto che il venditore vanta

245 Vd. principalmente, per l'integrità dei testi ove compare l'accostamento in parola, G. GROSSO, *Il sistema romano* cit., 242; H.-P. BENÖHR, *Das sogenannte Synallagma* cit., 39 ss.; M. TALAMANCA, s.v. *Vendita* cit., 735; A. RODEGHIERO, *In tema* cit., *passim*; S. VIARO, *Corrispettività* cit., 245 ss.

246 Cfr. Iul. 44 *dig.* D. 16.3.33.5: ... *quia non intelligitur quis suae rei pignus contrahere*; sulla stessa linea anche Paul. 14 *quaest.* D. 44.2.30.1; Ulp. 30 *ad ed.* D. 50.17.45 pr. Su tutti questi passi vd. S. VIARO, *Corrispettività* cit., 247 ss.; sul pegno di cosa propria del creditore – ammesso in casi eccezionali – constano, nella letteratura ottocentesca, J.N. V. WENING-INGENHEIM, *Das Pfandrecht an eigener Sache*, in *AcP* 6 (1823), 134 ss.; A. WIESZNER, *Das Pfandrecht an der eigenen Sache nach römischen Recht*, diss., Breslau 1893; successivamente, riferimenti più o meno estesi si trovano in U. RATTI, *Sull'accessorietà* cit., 51 ss.; A. CARCATERRA, *I negozi giuridici sulla cosa propria*, in *Ann. Bari*, 18 (1940), 1 ss.; B. ALBANESE, *Conductio suae rei*, in *BIDR* 62 (1959), 121 ss.; G. LONGO, *Negozi giuridici collegati e negozi su cosa propria*, in *SDHI* 45 (1979), 93 ss.; C. RUSSO RUGGERI, *'Suae rei emptio consistere non potest'*, in V. GIUFFRÈ (cur.), *Sodalitas. Scritti in onore di Antonio Guarino*, VI, Napoli 1984, 2813 ss.; A. RODEGHIERO, *Sul sinallagma genetico* cit. 91, ss.; P. APATHY, *Emptio suae rei – § 878 ABGB*, in M.J. SCHERMAIER – J.M. RAINER – L.C. WINKEL (hrsg.), *Iurisprudentia universalis. Festschrift für Theo Mayer-Maly zum 70. Geburtstag*, Köln-Weimar-Wien 2002, 12 ss.; M. ZIMMERMANN, *Der Rechtserwerb hinsichtlich eigener Sache. Rei suae sive de re sua contractum consistere non potest*, Berlin 2001.

247 Ciò rileva S. VIARO, *Corrispettività* cit., 247, sulla scia di R.J. POTHIER, *Le Pandette di Giustiniano disposte in nuovo ordine*, trad. di A. Bazzarini, II, Venezia 1838, 738 nt. 5 (=ID., *Pandectae Justinianeae in novum ordinem digestae*, VII, Parisiis 1821, 96 nt. 5), per il quale, «a parlar propriamente, la cosa venduta non resta a titolo di pegno al venditore, poiché è ancora sua: e la cosa propria non può da veruno essere posseduta a titolo di pegno ... Ma egli la ritiene come a titolo di pegno, perché, siccome il creditore ha il diritto di trattenere il pegno finché non ha conseguito l'intiero suo prezzo; così il venditore può trattenere la cosa che ha venduta finché gli viene pagato per intiero il prezzo».

sulla *res vendita* prima di ricevere il corrispettivo pattuito[248]: peculiarità, precedentemente elencate, che caratterizzano, a mo' di modello di riferimento, il diritto che il creditore pignoratizio vanta sulla *res obligata* prima di ricevere il pagamento dovuto.

Se torniamo al nostro tema d'indagine, riscontriamo come l'analogia sussistente tra la condizione del *redemptus ab hostibus* e la *res obligata* sia molto più forte di quella intercorrente tra quest'ultima e la *res vendita*. Anzi, è così forte che, a mio avviso, parlare di analogia è persino riduttivo, nel senso che il potere del *redemptor* sul *redemptus* sarebbe stato effettivamente qualificato in termini di *ius pignoris* in epoca assai risalente, tanto da rappresentare, forse davanti agli occhi degli stessi Paolo e Ulpiano, una sorta di 'reperto archeologico' appartenente alla preistoria della nostra garanzia reale. Ma diamo ordine al ragionamento.

Certamente il *ius pignoris* – perlomeno per come esso è configurato all'epoca dei Severi – non può propriamente gravare una persona che, tornata in patria, viene reintegrata *iure postliminii* nello stato e nei diritti di cui godeva precedentemente alla cattura da parte del nemico. La difficoltà d'inquadramento della nostra figura all'interno della cornice del diritto di pegno nasce dal fatto che, se al momento del riscatto il *redemptus* versa nella condizione di *servus hostium*, ovverosia viene comperato dal nemico come cosa oggetto di diritti, rientrato *intra fines* egli 'si tramuta' in persona soggetto di diritti. Il potere del riscattante si trova quindi a essere sfornito di quelle caratteristiche, prime fa tutte l'accessorietà a un diritto di credito e il *ius distrahendi*, che all'epoca di Paolo e Ulpiano appartengono saldamente al patrimonio concettuale elaborato dalla giurisprudenza classica in materia di *ius pignoris*[249].

Del resto, la terminologia impiegata nelle fonti tradisce una certa titubanza da parte della stessa giurisprudenza tardoclassica, dal momento che il potere sulla persona del riscattato a volte è definito '*ius pignoris*', altre volte '*vinculum pignoris*', in un caso '*vinculum quoddam*', in un altro caso ancora – e si tratta di un rescritto di Gordiano III, affrontato nel prosieguo dell'esposizione – '*veluti naturalis pignoris vinculum*'. Non incontriamo mai, però, le espressioni, molto più sfumate, '*pignoris nomine*', '*pignoris loco*', '*quasi pignus*', che i *prudentes* impiegano per descrivere la

---

248 Ciò rileva, ancora, S. VIARO, *Corrispettività* cit., 251 s., sulla scia di F.W. HEERWART, *Über die 'exceptio non adimpleti contractus' und 'non rite adimpleti contractus'*, in *AcP* 7 (1824), 346, il quale osserva come l'espressione '*quasi pignus*' esprima «nur eine Aehnlichkeit, aber keine vollkommene Gleichstellung»; similmente, anche A. MANIGK, *Pfandrechtliche Untersuchungen* cit., I.1, 22, ritiene che, nei casi in discussione, il termine '*pignus*' sia usato «nur analogieweise oder bildlich»; identifica invece le nostre espressioni con il diritto di ritenzione 'tout court' U. RATTI, *Sull'accessorietà* cit., 81, 84 e nt. 1, per il quale «*pignus* può riferirsi tanto a un vero *ius pignoris* quanto a un semplice *ius retentionis*». Per l'utilizzo della particella '*quasi*' vd. la letteratura citata sopra, nt. 194.

249 Vd., per tutti, M. KASER, *Das römische Privatrecht* cit., 1, 465, 470 s.; ID., *Studien* cit., 21, 110 nt. 279, 221, 228 ss.

prerogativa spettante al venditore insoddisfatto di trattenere presso di sé la *res vendita*, evitando così di assimilarlo completamente al creditore pignoratizio. Inoltre, il rimborso al riscattante del prezzo del riscatto è qualificato come vera e propria *luitio* del riscattato, termine che, come sappiamo, indica specificamente la liberazione della *res pignori data* dal vincolo reale che la grava[250].

Ora, è proprio sulla base della terminologia di riferimento che si fonda l'unico sforzo dottrinale di individuare le ragioni della riconduzione al pegno della condizione del *redemptus ab hostibus*, compiuto da Emilio Betti in un frangente storico nel quale la *communis opinio* dottrinale s'identificava, pressoché all'unisono, nella congettura di interpolazione formulata agli inizi del Novecento dal Pampaloni. Studiando la figura dell'antico *obligatus*, il grande giurista camerte osservava come la medesima espressione '*obligari*' valga a designare tanto l'*obligatio* che la garanzia reale (*fiducia* e *pignus*) che l'assiste: «la ragione della designazione comune va ricercata ... in una identità giuridica più profonda, che v'è tra la condizione della persona fisica tenuta in prigionia e la condizione della cosa tenuta in pegno». Il sussistere di tale «identità giuridica più profonda» è spiegato come segue: «v'è di comune il concetto del tenere in proprio potere al fine di garanzia la persona o la cosa altrui: il concetto del vincolo reale che grava sulla persona o sulla cosa sottraendola all'altrui disponibilità. Nell'un caso la persona, nell'altro la cosa, sono in via provvisoria sottratte alla libera disponibilità di colui cui appartengono e che ha tuttavia la facoltà di riscattarle dal vincolo. Persona e cosa sono entrambe assoggettate, a scopo di garanzia – e quindi con la possibilità di una risoluzione – al potere effettivo di un altro, al quale esse non appartengono ... Persona e cosa infine possono essere liberate dal potere fisico a cui sono soggette mediante pagamento di un prezzo di riscatto. L'analogia tra la *redemptio ab hostibus* e la *luitio pignoris* è confermata indirettamente anche dalla circostanza che quella fa acquistare al *redemptor* sul redento un diritto di garanzia analogo al pegno»[251].

Il Betti, quindi, parla di diritto di garanzia (solamente) analogo al pegno, forse perché anch'egli prende a riferimento il modello di garanzia reale consegnatoci dalla Pandettistica, al quale sono coessenziali l'accessorietà a un diritto di credito e l'idoneità a soddisfare, previa conversione in un valore pecuniario, l'interesse del creditore[252].

---

250 Vd. i testi citati sopra, nt. 7.

251 E. BETTI, *La struttura* cit., 84 s., il quale conclude: «tenuto presente tutto ciò la romana *obligatio* di persona, considerata nella sua natura originaria, si può definire: una prigionia redimibile con funzione di garanzia di una persona libera estranea presso un'altra [spaziato dell'a.]». La tesi dell'insigne studioso è nota: l'obbligazione romana, nella sua struttura originaria, deriverebbe da un istituto dell'antico diritto internazionale, per l'appunto la prigionia redimibile, nella duplice forma di: a) prigionia di guerra, risolubile mediante riscatto (*redemptio ab hostibus*), e b) prigionia di pace, o prigionia convenzionale, creata mediante la consegna di ostaggi.

252 Paradigmatico quanto afferma B. WINDSCHEID – TH. KIPP (bearb.), *Lehrbuch des Pandektenrechts*, I, Leipzig 1906^{9}, 1129: «das Pfandrecht setzt seinem Begriffe nach

A mio modo di vedere, è invece possibile spingersi oltre, non solo per le ragioni di ordine semantico prima ricordate, ma anche per motivi di natura più strettamente logico-giuridica. Il punto è che, nel nostro caso, è presente la funzione essenziale e – secondo molti autori – anche primigenia del pegno, che è sostanzialmente quella di togliere la disponibilità materiale della cosa al costituente, il quale, se vuole riappropriarsene, è tenuto previamente a soddisfare la pretesa del pignoratario, al quale nel frattempo essa è stata consegnata. Se si guarda esclusivamente a questa funzione (che potremmo chiamare negativa o, guardando agli effetti, meramente psicologica), il pegno finisce con l'identificarsi ed esaurirsi in una pura responsabilità della cosa: 'eine reine Sachhaftung', come la chiamano gli autori di lingua tedesca che hanno indagato le origini del nostro diritto di garanzia. Si tratta – spogliato di ogni altro attributo e ridotto a mero 'scheletro giuridico', sul quale, nel corso del tempo, si sarebbero innestati altri poteri – del cd. 'Pressionspfand' (o anche 'Bewahrungspfand'), in virtù del quale il pignoratario ha un mero diritto di ritenzione sulla *res obligata*, non anche la facoltà di servirsene o impadronirsene, né tanto meno di alienarla e fare proprio il prezzo ricavato, nel caso in cui la pretesa garantita resti insoddisfatta. Parallelamente, l'oppignorante non ha un vero e proprio obbligo di pagamento ('Zahlungspflicht') verso il pignoratario, bensì un diritto a riappropriarsi della cosa a fronte della soddisfazione della pretesa garantita (cd. 'Auslösungsrecht'). In questa 'Vorstufe' al *pignus* mancherebbe quindi un'altra caratteristica, che gli sarebbe invece coessenziale al termine del processo storico di formazione: l'accessorietà a un diritto di credito[253].

---

eine Forderung voraus. Ohne Forderung kann es weder entstehen, noch fortbestehen», e più avanti (*ibid.*, 1199): «dasjenige Recht, welches dem Gläubiger auf dem geradesten und sichersten Wege zu seiner Befriedigung verhilft, und welches daher den hauptsächlichsten Inhalt des Pfandrechts bildet, ist das Verkaufsrecht» (= ID., *Diritto delle Pandette*, I.2, trad. con note di C. Fadda e P.E. Bensa, Torino 1925, 330, 383); vd. anche, tuttavia, contrario al requisito dell'accessorietà, A. BRINZ, *Lehrbuch der Pandekten*, II.2, Erlangen 1882², 839 ss.; sulla vigenza del principio nel diritto romano, da ultimo, S. MARINO, *Sull'accessorietà del pegno* cit., *passim.*

253 Sul cd. 'Pressionspfand' vd. specialmente E. RABEL, *Die Verfügungsbeschränkungen des Verpfänders, besonders in den Papyri*, Leipzig 1909, 92 nt. 1, anche in H.J. WOLFF (hrsg.), *Ernst Rabel. Gesammelte Aufsätze*, IV, *Arbeiten zur altgriechischen, hellenistischen und römischen Rechtsgeschichte (1905-1949)*, Tübingen 1971, 231 nt. 163; W. ERBE, *Die Fiduzia im römischen Recht*, Weimar 1940, 37 ss., anche sulla base della comparazione condotta con gli altri diritti antichi (vd. la ricca bibliografia citata *ibid.*, 37 nt. 2); U. V. LÜBTOW, *Catos leges venditioni et locationi dictae*, in AA. VV., *Symbolae Raphaeli Taubenschlag dedicatae*, III, Vratislaviae-Varsaviae 1957 (=*Eos* 48 [1956], fasc. 3), 311 ss. (da cui cito), anche in ID., *Gesammelte Schriften*, I.3, Berlin 1989, 85 ss.; M. KASER, *Das römische Privatrecht* cit., I, 144; ID., *Studien* cit., 21 s., 72 nt. 79, 110 nt. 279; G. SCHLICHTING, *Die Verfügungsbeschränkung des Verpfänders im klassischen römischen Recht*, Karlsruhe 1973, 95 ss; A. WACKE, *Ein Verfügungsverbot des römischen Verpfänders? (Zur dinglichen Wirkung der Verwertungsermächtigung)*, in *Iura* 24 (1973), 189; J. DE CHURRUCA, *Pignus*, in J. PARICIO SERRANO (cur.), *Derecho*

Ebbene, è di palmare evidenza che il *redemptor* rappresenta un perfetto esempio di pignoratario 'puro'. Nel nostro caso, inoltre, la 'Pressionwirkung', di norma consistente nel fatto che il costituente non può utilizzare la cosa, né in altro modo avvantaggiarsene o trarne profitto, è tanto più efficace, in quanto il vincolo ha ad oggetto la persona stessa del *redemptus*, che al contempo è (sia pure in senso improprio) debitore e *retentus*. La limitazione alla sua libertà di movimento determina indubbiamente una potente pressione psicologica, tale da spingere lui (o, in sua vece, i suoi parenti e amici) a eseguire senza indugio il pagamento. A ciò non vale obiettare che qui la *res obligata* non è cosa ma persona, perché il *redemptus* tale diventa (*recte*, torna a essere) al rientro *intra fines*, né che la creazione del vincolo prescinde dal consenso del costituente, poiché al momento della *redemptio* egli versa nella condizione di *servus hostium*, e non è quindi in grado di entrare a far parte di un rapporto obbligatorio[254].

---

romano de obligaciones. Homenaje al Profesor José Luis Murga Gener, Madrid 1994, 333 ss.; P. FUENTESECA, *Líneas generales de la fiducia cum creditore, ibid.*, 409 ss., 433 s.; da ultimo A. WACKE, *Max Kasers Lehren zum Ursprung und Wesen des römischen Pfandrechts*, in *ZSS* 115 (1998) 169 ss., 180 ss., riassume efficacemente lo *status quaestionis*. La tesi del 'Pressionspfand' è la più diffusa nella manualistica italiana tradizionale: cfr. M. TALAMANCA, *Istituzioni* cit., 479; A. BURDESE, *Manuale* cit., 378; M. MARRONE, *Istituzioni*, cit., 393. Sulla dibattuta questione delle origini del pegno, le cui attestazioni più antiche sono rappresentate dalle commedie plautine e dai formulari catoniani, alla letteratura testé citata *adde* H. DERNBURG, *Das Pfandrecht* cit., I, 44 ss.; M. VOIGT, *Das 'pignus' der Römer bis zu seiner Umwandlung zum Rechtsinstitute*, in *Berichte über die Verhandlungen der Königlich-Sächsischen Gesellschaft der Wissenschaften zu Leipzig. Philologisch-Historische Classe*, XL, Leipzig 1889, 235 ss.; J.C. NABER, *Observatiunculae* cit., 211 ss.; F. EBRARD, *Die Digestenfragmente ad formulam hypothecariam und die Hypothekarezeption*, Leipzig 1917, 12; R. SOHM – L. MITTEIS – L. WENGER, *Institutionen. Geschichte und System des römischen Privatrechts*, München-Leipzig 1923[17], 347 s.; A. MANIGK, in *RE*, XX.1, Stuttgart-Weimar 1941, s.v. *Pignus*, 1248 ss.; M. KASER, *Zum römischen Fremdbesitz*, in *ZSS* 64 (1944), 392; ID., *Altrömische Ius. Studien zur Rechtsvorstellung und Rechtsgeschichte der Römer*, Göttingen 1949, 313 s.; A. BURDESE, *Lex commissoria* cit., 96 ss.; E. RABEL, *Grundzüge* cit., 154; A. GOURON, *Gage confirmatoire et gage pénitentiel en droit romain*, in *RHD* 39 (1961), 7 ss.; P. FREZZA, *Le garanzie delle obbligazioni*, II, *Le garanzie reali*, Padova 1963, 82 ss., 337 ss., 341 s.; A. BISCARDI, *Appunti sulle garanzie reali in diritto romano*, Milano 1976, 137 ss.; B. NOORDRAVEN, *Pomp. D. 13.7.6 pr.: un caso di pignus*, in *BIDR* 83 (1980), 247 ss.; F. LA ROSA, *Ricerche sulle origini del pegno*, in AA. VV., *Scritti in onore di Giuseppe Auletta*, III, Milano 1988, 59 ss.; D. SCHANBACHER, *Zu Ursprung und Entwicklung des römischen Pfandrechts*, in *ZSS* 123 (2006), 49 ss.; G. KRÄMER, *Das besitzlose Pfandrecht* cit., 172 ss.; D. SCHANBACHER, *Forderung und Pfand* cit., 143 s.; F. DE IULIIS, *Studi sul pignus conventum. Le origini. L'interdictum Salvianum*, Torino 2017, 77 ss.; sulla discussa etimologia della parola '*pignus*' vd., recentemente, C. PELLOSO, *Influenze greche* cit., 14 ss.

254 Del resto, secondo la dottrina più accreditata in tutte le forme più antiche di rapporto obbligatorio troviamo persone (*nexi, addicti, vades, praedes*) che rispondono

In ultima analisi, per quanto detto sinora mi sembra sia da escludere che il potere del *redemptus* sul *redemptor* sia stato configurato in termini di pegno tramite un provvedimento autoritativo (la nota *constitutio de redemptis*)[255], oppure da parte della giurisprudenza severiana (o, men che meno, dei maestri bizantini), nel repertorio concettuale della quale il *ius pignoris* aveva già saldamente assunto entrambe le caratteristiche – sulla cui base la Pandettistica avrebbe edificato il concetto di pegno a noi familiare – di garanzia accessoria a un diritto di credito e di mezzo di soddisfazione della pretesa garantita per il caso di inadempimento del debitore. Occorre invece considerare che, dalla fondazione fino alle soglie dell'era cristiana, Roma ha vissuto in una condizione pressoché ininterrotta di belligeranza. Terminata la sanguinosa guerra civile, da Augusto in poi, durante la cd. *Pax Romana*, il rischio per un cittadino romano di essere catturato e fatto prigioniero del nemico rappresentava un'eventualità remota, che sarebbe tornata concreta solo verso la fine del II secolo, con le sempre più frequenti incursioni barbariche al di qua del *limes* danubiano. Si può dunque supporre che il tema della *redemptio* fosse trattato nelle opere giuridiche precedenti al I secolo a.C., delle quali conserviamo poco o nulla, per poi tornare di 'attualità' in quelle della giurisprudenza tardoclassica[256]. Se, quindi, la *redemptio ab hostibus* è pratica tanto antica quanto la *civitas*, è plausibile pensare che la condizione del *redemptus* sia stata configurata *ab origine* nei termini a noi noti solo grazie alle (più tarde) testimonianze di Paolo e Ulpiano. In definitiva, il potere del *redemptor* sul *redemptus ab hostibus* rappresenterebbe una delle prime fattispecie a essere inquadrate all'interno del campo semantico del termine *pignus*, una sorta di 'pegno primigenio': ed in effetti, come vedremo al

---

fisicamente, con la loro stessa persona, per un debito proprio o altrui (cfr. M. KASER, *Das römische Privatrecht* cit., I, 146 ss.); invero, nella società romana arcaica, «a parte qualche istituto di limitatissima applicazione ... tutte le forme a noi note del credito hanno a base le idee del pegno e dell'ostaggio»: così L. LABRUNA, *Il diritto mercantile dei romani e l'espansionismo*, in R. FEENSTRA – A.S. HARTKAMP – J. E. SPRUIT – P. J. SIJPESTEIJN – L.C. WINKEL (éd.), *Collatio Iuris Romani* cit., I, 223 ss. (in versione tedesca col titolo *Römisches Marktrecht und Expansionspolitik*), anche in ID., *Tradere ed altri studii*, con un saggio di O. Behrends, Napoli 1998, 89 (da cui cito).

255 Vd già in questo senso A. MAFFI, *Recensione* cit., 179, secondo il quale sarebbe da escludere «che un istituto dai tratti così arcaici sia stato creato artificiosamente dal legislatore imperiale nell'epoca della massima fioritura della giurisprudenza».

256 Così ritiene A. MAFFI, *Recensione* cit., 178, in opposizione a E. LEVY, *'Captivus redemptus'* cit., 75, per il quale le trattazioni dei giuristi della prima età del principato in tema di *redemptio ab hostibus* non sarebbero state utilizzabili dai compilatori giustinianei, perché espressione della concezione della *redemptio* come *beneficium* per il *redemptus*, ininfluente sul funzionamento del *ius postliminii*. Ma, all'evidenza, il silenzio delle fonti si spiega più linearmente con l'assenza di testimonianze (o con la risalenza delle stesse all'età repubblicana), che con il mancato utilizzo delle stesse da parte dei compilatori.

termine della presente indagine[257], un testo di Livio, passato inosservato, conferma l'ipotesi dell'antichissima risalenza della nostra figura[258].

La ricostruzione qui proposta a me sembra permetta anche di comprendere non solo la nascita, ma anche i successivi svolgimenti del nostro istituto. Con il consueto acume Max Kaser pone la domanda: cosa accade alla cosa oppignorata in termini di 'Pressionspfand', se il pignoratario non riceve il pagamento? La risposta dell'insigne studioso è che, al fine di porre termine all'incertezza sull'appartenenza della *res*, verosimilmente sarebbero soccorse le regole decemvirali concernenti l'*usus* e l'*auctoritas*, prima che per l'*usucapio* fossero introdotti i requisiti della *bona fides* e della *iusta causa*[259]. In breve, il pignoratario sarebbe divenuto proprietario della cosa oppignorata con il semplice trascorrere del tempo. Diversamente, nel caso che ci occupa il *redemptus* è un uomo libero, e schiavi in territorio romano non si diventa, tanto meno per usucapione. Il fatto è che la *retentio*, in quanto potere meramente strumentale e interlocutorio, ha senso se e nella misura in cui essa trovi un termine 'naturale' con la *luitio*. Se il *redemptus* non è in grado di rimborsare il prezzo del riscatto, tornato in patria libero di diritto, di fatto finisce col diventare schiavo del *redemptor*: ciò che si sarebbe verificato, a partire dal III secolo in poi, vuoi per l'inesorabile crisi economica e sociale dell'Impero, che avrebbe gettato nella povertà migliaia di abitanti, vuoi per l'intensificarsi delle incursioni barbariche e delle sconfitte militari, che avrebbero moltiplicato la fila dei prigionieri. Nella maggioranza dei casi la *retentio* si sarebbe trasformata in un vincolo senza uscita, che avrebbe finito con l'esporre il *retentus* a ogni genere di vessazione e sopruso da parte del *retentor*: tale asservimento, come subito vedremo, è testimoniato dai rescritti di Diocleziano, le cui decisioni, in punto di diritto, sono purtuttavia saldamente ancorate alla tradizione della giurisprudenza classica. Agli inizi del V secolo, su una situazione oramai divenuta irreversibile, se non ulteriormente aggravatasi con l'inarrestabile declino della *pars Occidentis*, interverrà Onorio, il quale, al fine di porre un termine sicuro alla *retentio*, concederà al *redemptus*, in alternativa al rimborso del prezzo del riscatto, la facoltà di prestare per un quinquennio le proprie *operae* a favore del *redemptor*. Oramai il *ius pignoris* sul *redemptus* è una sorta

257 Vd. sotto, § 7 *i.f.*

258 Del resto, tale è l'opinione sostenuta da TH. MOMMSEN, *Bürgerlicher und peregrinischer Freiheitsschutz* cit., 9 («exceptionelle Bestimmung aus ältester Zeit herrührt»); vd. poi P. KRETSCHMAR, *Das Nexum* cit., 254, il quale aveva ipotizzato che, come il *nexum*, anche il *vinculum pignoris* sul *redemptus* risalisse a epoca antichissima («älteste Zeit»); J.C. NABER, *Observatiunculae* cit., 213 («juris vetustissimi pars est pignus in ab hostibus redempto»); H. LEWALD, *Zur Personalexekution* cit., 71 («Rechtsinstitut, das ... dem ältesten Zeit angehört»); U. RATTI, *Sul 'ius vendendi'* cit., 4 nt. 5 («*pignus*, nel suo significato più esteso e forse originario»).

259 M. KASER, *Studien* cit., 208 nt. 79, propugnatore dell'originarietà del cd. 'Verfallpfand', sottolinea trattarsi di una situazione insoddisfacente: constatazione alla quale A. WACKE, *Max Kasers Lehren* cit., 189, ha efficacemente replicato osservando che «Unvollkommenheiten sind ... für frühe Rechtszustände charakteristisch».

di 'reliquia giuridica' priva di significati concreti e, difatti, né Onorio né, successivamente, Giustiniano (quando parla a proprio nome) vi accennano più.

§ 5. Le costituzioni imperiali

Determinata la natura del *ius pignoris* sul *redemptus*, esaminiamo ora, in ordine cronologico, le rimanenti fonti giuridiche in materia, rappresentate da una decina di costituzioni imperiali conservate nel titolo C. 8.50 *De postliminio et de redemptis ab hostibus* del Codice giustinianeo.

La testimonianza più antica è rappresentata dal seguente rescritto di Gordiano III:

> Imp. Gordianus A. Publiciano C. 8.50.2: *Ab hostibus redempti, quoad exsolvatur pretium, in causam pignoris constituti quam in servilem condicionem videntur esse detrusi: et ideo si nummi eo nomine expensi donatio intercedat, pristinae condicioni eos reddi manifestum est.* 1. *Proinde si ab hostibus redemptam post dissolutum veluti naturalis pignoris vinculum in matrimonio habere coepisti, nihil est, quod de statu eius seu liberorum communium debeas pertimescere* (a. 241).

Il destinatario del provvedimento, un certo Publiciano, s'è unito in matrimonio a una *redempta* e con lei ha avuto dei figli; temendo che né la prima né i secondi godano dello *status libertatis*, si rivolge alla cancelleria imperiale. La risposta è perentoria: finché il prezzo del riscatto non sia stato rimborsato, i *redempti ab hostibus* si trovano soggetti al diritto di pegno (*in causam pignoris constituti*), ma non versano in condizione servile. Nel caso, poi, in cui il prezzo del riscatto sia stato pagato a titolo di liberalità da parte di un terzo[260], i *redempti* tornano immediatamente alla loro precedente condizione (*pristina condicio*): vale a dire, per quanto dirò in seguito, recuperano (anche) la libertà di fatto, non essendo più soggetti alla *retentio* dei rispettivi *redemptores*. Pertanto – prosegue l'imperatore al § 1 –, essendosi sciolto il vincolo pignoratizio gravante sulla *redempta*, Publiciano non deve temere alcunché[261], né in ordine alla natura dell'unione (che è matrimoniale e non contubernale) né allo *status* dei figli (che sono *liberi* e non *servi*).

---

260 Così interpretano la frase '*si nummi eo nomine exspensi donatio intercedat*' L. AMIRANTE, *Appunti* cit., 176; M.F. CURSI, *La struttura* cit., 214; M.V. SANNA, *Ricerche* cit., 120 s.; duplica – a me pare inutilmente – il passaggio di denaro S. BARBATI, *La redemptio ab hostibus* cit., 204 nt. 143, che legge nel verbo '*intercedere*' un doppio trasferimento dei *nummi*, dal donante alla *redempta* e da questa al riscattante; interpreta '*donatio*' nel senso di remissione del prezzo del riscatto R. MENTXAKA, *Sobre la existencia* cit., 306, 308, 311, la quale ipotizza altresì la conclusione di un *pactum de non petendo* tra riscattante e riscattato (benché, come correttamente annota la stessa autrice, «en sentido estricto, no existía una auténtica deuda»).

261 Qui s'è assunto che Publiciano, destinatario del rescritto, sia un terzo che abbia sposato la donna da altri riscattata: vd. già in questo senso I. CUIACIUS, *Recitationes solemnes* cit., 1244, nonché, prima ancora, il testo dei Basilici: ... ἀδεως τις ἄγεται αὐτήν ... (B. 34.2.1, in HEIMBACH, III, 538: *sine periculo quis eam ducit*; SCHELTEMA,

Sul rescritto possono farsi due considerazioni.

Innanzitutto, nel principio si afferma che, prima del rimborso del prezzo del riscatto, i *redempti ab hostibus* sono '*in causam pignoris constituti*', non già '*in servilem condicionem detrusi*'[262]. Benché l'epoca aurea della giurisprudenza romana sia definitivamente alle spalle, e Roma si appresti a essere funestata da una serie concomitante di fattori (rivolte, carestie e invasioni), che avrebbero messo a repentaglio la stessa sopravvivenza dell'Impero, la cancelleria di Gordiano III ribadisce a chiare lettere che i *redempti* sono uomini liberi, prima e indipendentemente dalla *luitio*, e riconduce il vincolo materiale che li avvince ai *redemptores* alla figura del pegno. Per quanto riguarda, quindi, le due caratteristiche fondamentali connotanti la condizione del *civis redemtpus ab hostibus*, possiamo dire che tra diritto arcaico, preclassico (secondo quanto dirò più avanti), classico e postclassico non v'è soluzione di continuità.

In secondo luogo, suscita particolare interesse la prerogativa di 'naturalità' che connoterebbe il nostro vincolo pignoratizio. Alla singolare espressione '*veluti quasi naturalis pignoris vinculum*', che non compare altrove[263], gli interpreti moderni non

---

A.IV, 1557); nello stesso senso, tra gli autori moderni, L. AMIRANTE, *Appunti* cit., 176; M. AMELOTTI, *Per l'interpretazione* cit., 144 nt. 70. Diversamente ipotizza R. MENTXAKA, *Sobre la existencia* cit., 304 ss., per la quale il *redemptor* avrebbe dapprima rimesso il prezzo del riscatto alla *redempta* (vd. nt. precedente), che successivamente avrebbe sposato. La prima interpretazione mi sembra senz'altro preferibile, dal momento che, se donante e riscattante coincidessero, le affermazioni della cancelleria imperiale contenute nel principio sarebbero superflue; inoltre, da Ulp. 5 *opin.* D. 49.15.21 pr. apprendiamo che il matrimonio è di per sé considerato una forma di remissione.

262 La frase è considerata interpolata dagli autori che assimilano, più o meno intensamente, la condizione dei *redempti* a quella degli schiavi: cfr. S. ROMANO, *Redemptus ab hostibus* cit., 20 s., il quale espunge '*in causam pignoris constituti quam*' (nello stesso senso anche H. KRÜGER, *'Captivus redemptus'* cit., 204 s.; G. FAIVELEY, *'Redemptus ab hoste'* cit., 76), ma L. AMIRANTE, *Appunti* cit., 176, replica osservando, a difesa della genuinità del testo, come l'ellissi di '*potius*' in connessione con '*quam*' sia adoperata anche dai giuristi classici; successivamente, M.V. SANNA, *Ricerche* cit., 119 e nt. 163, aggiunge che '*causa pignoris*' ricorre anche in Gord. C. 8.23.1 pr. Per la critica testuale vd. anche M. PAMPALONI, *Persone* cit., 130, che sostituisce <*quoad manumittantur*> a [*quoad exsolvatur pretium*], <*in causam mancipii*> a [*in causam pignoris*] e <*post dissolutum mancipii vinculum*> a [*post dissolutum veluti naturalis pignoris vinculum*]; A. ALBERTONI, *Redemptus ab hostibus* cit., 43 s., che, inoltre, espunge dal principio tutta la frase '*et ideo ... est*', perché l'estinzione del vincolo per cause diverse dal pagamento sarebbe dottrina dioclezianea (vd. sopra, nt. 24). Non interviene sul testo E. LEVY, *'Captivus redemptus'* cit., 90 nt. 1, per il quale il rescritto testimonierebbe la progressiva mitigazione della condizione dei *redempti* in epoca tardo imperiale.

263 Il sintagma '*naturalis pignus*' è un ἅπαξ λεγόμενον: cfr. H.G. HEUMANN – E. SECKEL, *Handlexikon* cit., s.v. *naturalis*, 361 c).

si sono arrischiati ad attribuire particolari significati. Solo la Mentxaka ha azzardato l'ipotesi che l'aggettivo '*naturalis*' rimandi a due nozioni ben note: alla *naturalis obligatio* – perché il credito pecuniario del riscattante, come sappiamo, non è azionabile in giudizio – e alla *naturalis ratio* connotante il *ius gentium* – perché prigionia di guerra e riscatto dei prigionieri sono istituti comuni ai popoli dell'antichità[264].

A parer mio le proposte esegetiche della studiosa basca non sono persuasive: se alla prima alternativa può opporsi che la nozione di *obligatio naturalis* si riferisce a un ambito ristretto e ben definito di rapporti obbligatori, nei quali vengono in considerazione determinate qualità soggettive di coloro che ne fanno parte (schiavi e *filii familias*), contro la seconda può obiettarsi che, se estendiamo la nozione di *ius gentium* in tal modo, essa potrebbe riferirsi praticamente a ogni istituto del diritto privato romano.

A me sembra piuttosto che un'interpretazione plausibile dell'espressione impiegata dalla cancelleria gordiana possa essere individuata non già cercando di inquadrarla entro nozioni giuridiche note, bensì guardando alla situazione concreta, per così dire alla 'materialità' del rapporto che s'instaura tra il *retentor* (il riscattante) e il *retentus* (il riscattato). Quest'ultimo – come già annotava il Cuiacio nel commentare il nostro rescritto – è un uomo libero, sul quale, in quanto tale, non può validamente costituirsi un pegno 'civile'[265], vale a dire una garanzia avente le note caratteristiche di accessorietà a un diritto di credito e di (indiretto) mezzo di soddisfazione del creditore per il caso di inadempimento. Nondimeno, se guardiamo alla realtà fattuale o, se si preferisce, alla 'natura delle cose', constatiamo che il riscattante tiene in proprio potere il riscattato, così come il creditore pignoratizio tiene nelle proprie mani la cosa pignorata. In tal senso, l'espressione '*naturalis pignus*', additante alla mera ritenzione del *redemptus* da parte del *redemptor*, mi sembra confermare la qui proposta interpretazione della nostra figura in termini di 'Pressionspfand'.

Ora, la fattispecie descritta e le espressioni utilizzate dalla cancelleria gordiana anticipano la casistica e il frasario caratteristici delle costituzioni dioclezianee analizzate appresso. Il dubbio di Publiciano circa lo *status* dei figli e della moglie *redempta* – dubbio che, in verità, troviamo anche nel caso esposto da Ulpiano (o dall'autore dei *libri opinionum*) in D. 49.15.21 pr. – riflette la penosa condizione

264 R. MENTXAKA, *Sobre la existencia* cit., 309 s. (seguita da S. BARBATI, *La 'redemptio ab hostibus'* cit., 212 nt. 158).

265 I. CUIACIUS, *Recitationes solemnes* cit., 1243, rimarcava, a questo proposito, l'utilizzo della particella '*quasi*': «cur pign. naturalis? quia revera liberi sunt, qui sunt redempti ab hostib. Et emptio servi non facit servum eum hominem emptoris, et iure civili liberi homines pignori esse non possunt. Est igitur non civile, sed naturale pignus, immo nec naturale, sed quasi naturale pignus, et tenentur quasi vinculo pign. ii tantum, qui redempti sunt ab hostib. non etiam filii suscepti ex eis post redemptionem, quia pro eis redemptor nil praestitit hostib.».

in cui vengono a trovarsi i *redempti* nel corso del III secolo. Del pari, l'espressione '*reddere pristinae condicioni*', che compare nel rescritto appena commentato, rispecchia la terminologia tipica dei provvedimenti dioclezianei conservati nel Codice giustinianeo, nei quali si parla ricorrentemente di '*restituere*' (o '*reddere*') '*ingenuitatem*', '*natales pristinos*', '*statum pristinum*'. A tali espressioni non può però essere attribuito – come pure è stato fatto in dottrina – un preciso significato tecnico, né si deve pensare che ad esse corrisponda una determinata costruzione dommatica: invero, mentre la libertà (di fatto e di diritto) può essere persa e poi ripresa, la condizione di ingenui spetta dalla nascita e, se caduti in schiavitù, si recupera unitamente a quella di uomini liberi. Ciò è tanto vero che, allorché si tratti di liberti beneficiati del *ius anuli aurei*, Papiniano parla di mera '*imago ingenuitatis*' (Vat. 226).

A mio parere, quindi, tali espressioni segnalano, su un piano meramente fattuale, la restituzione del *redemptus*, una volta sciolto il vincolo pignoratizio che lo costringe a vivere presso la *domus* del *redemptor*, alla condizione di 'piena libertà', intesa precipuamente come libertà di movimento caratteristica di un uomo libero. Prova ne è che in due rescritti della cancelleria dioclezianea, estranei alla fattispecie della *redemptio ab hostibus*, si parla di '*redditio ingenuitatis*', nonostante che un'ipotetica sospensione del postliminio sia da escludere *a priori* nelle vicende ivi descritte: in uno la cattura (e la successiva vendita) di un uomo libero è avvenuta nel corso di una rivolta civile, circostanza dalla quale non consegue la perdita dello *status libertatis* da parte dell'ostaggio[266]; nell'altro il *captivus* non è stato riscattato,

266 Cfr. Diocl.-Max. Agrippae C. 7.14.4: *Cum cognatum tuum ingenuum, factum Palmyrenae factionis dominatione velut captivum, distractum esse dicas, praeses provinciae ingenuitati suae reddi eum efficiet* (a. 293). Per vero, in dottrina non manca chi sostiene che il 'quasi prigioniero' (*velut captivum*) dei palmirensi avrebbe perso lo *status libertatis* (cfr. U. RATTI, *Studi* cit., I, 13 s. nt. 22; M.F. CURSI, *La struttura* cit., 151 nt. 74; S. BARBATI, *La redemptio ab hostibus* cit., 138 s. nt. 13, 223), ma, per l'appunto, l'utilizzo di '*velut*', per affermare che non si tratta di un vero e proprio prigioniero, e il fatto che la cattura sia avvenuta in tempo di pace, verosimilmente durante una sommossa popolare, escludono che vi sia stata la riduzione in schiavitù. Invero, in Ulp. 5 *opin.* D. 49.15.21.1 (su cui vd. B. SANTALUCIA, *I libri opinionum* cit., II, 218 s., contro la congettura di interpolazione di U. RATTI, *Studi* cit., IV, 31 nt. 1) si afferma chiaramente che lo *status* di chi cada prigioniero durante rivolte civili (così come quello di chi cada prigioniero di pirati o di predoni: vd. sotto, § 7) permane immutato: *In civilibus dissensionibus, quamvis saepe per eas res publica laedatur, non tamen in exitium rei publicae contenditur: qui in alterutras partes discedent, vice hostium non sunt eorum, inter quos iura captivitatium aut postliminiorum fuerint. et ideo captos et venumdatos posteaque manumissos placuit supervacuo repetere e principe ingenuitatem, quam nulla captivitate amiserant.* Non è possibile parlare di '*iura captivitatium aut postliminiorum*' – afferma Ulpiano – quando taluno sia caduto prigioniero della fazione avversa nel corso di lotte civili; poiché queste, pur recando danno allo stato, non sono dirette al suo annientamento, talché i cittadini militanti nell'uno o nell'altro schieramento non sono considerati alla stregua di nemici (*vice hostium*).

bensì spontaneamente restituito dai barbari al *praefectus legionis*, da cui consegue l'altrettanto sicuro e immediato riacquisto della *civitas libertasque*[267].

Posta questa premessa, passiamo finalmente all'esame dei rescritti dell'imperatore illirico.

> Impp. Diocletianus et Maximianus AA. Iusto C. 8.50.6: *Cum et postliminii ius et communis utilitatis ratio exigat, ut, si qui captos ab hostibus redemerint, accepto pretio redemptos suae ingenuitati restituant, proponasque redemptorem noluisse oblatum pretium a te vel ab alio recipere, praeses provinciae efficaci instantia compellet eum legibus obtemperare et recepto eo quod pretii nomine dependitur status securitatem non inquietare* (a. 291).

È importante puntualizzare che nella locuzione '*nulla captivate*' l'aggettivo '*nulla*' significa (prigionia) 'inesistente', e non già 'nulla'. Nel linguaggio giuridico romano, infatti, «l'aggettivo *nullus* non è un aggettivo qualificativo, come – ai tempi nostri – l'italiano 'nullo', e come gli equivalenti aggettivi delle lingue europee occidentali, bensì sempre e soltanto aggettivo indefinito che dà alla frase significato negativo rispetto al sostantivo cui si concorda»: così M. TALAMANCA, *Inesistenza, nullità ed inefficacia dei negozi giuridici nell'esperienza romana*, in *BIDR* 101-102 (1998-99, pubbl. 2005), 16; sul tema vd. anche L. MITTEIS, *Römisches Privatrecht bis auf die Zeit Diokletians*, I, Leipzig 1908, 249 ss.; E. BETTI, *Diritto romano*, I, *Parte generale*, Padova 1935, 327 ss.; S. DI PAOLA, *Contributi ad una teoria della invalidità e della inefficacia in diritto romano*, Milano, 1966, 69 ss. (=ID., *Ricerche esegetiche in tema di inesistenza e nullità*, in AA. VV., *Studi in onore di Gaetano Zingali*, III, *Diritto privato e storia del diritto*, Milano, 1965, 639 ss.); S. TONDO, in *NNDI*, VIII, Torino 1968, s.v. *Invalidità e inefficacia del negozio giuridico*, 994 ss.; M. BRUTTI, in *Enc. dir.*, XXII, Milano 1972, s.v. *Invalidità (storia)*, 559 ss.; in tema di *emptio venditio*, mi sia permesso rinviare al mio *Sul sinallagma genetico* cit., 8 s.

267 Cfr. Diocl.-Max. Ursae C. 8.50.5: *Cum non redemptum ab hostibus filium tuum, sed sine ullo contractu traditum a barbaris praefecto legionis dicas, postliminii ius locum habuit et ilico ingenuitati suae reddi eum praeses provinciae iubebit* (a. 290). Del resto, nel lessico delle cancellerie del Basso Impero il '*liber*' è spesso designato come '*ingenuus*': ciò osserva, sulla scorta di una serie di costituzioni (segnatamente, Const. nus CTh. 4.8.5; 5.8.1; Valent.nus-Val. CTh. 7.1.10; Arc.-Hon.-Theod. CTh. 7.13.16; 17), P. VOCI, *Polemiche legislative nel tardo impero romano*, in AA. VV., *Estudios de derecho romano en honor de Álvaro d'Ors*, II, Pamplona 1987, 1087 ss., ripubblicato, con qualche modificazione, col titolo *Polemiche legislative in tema di matrimonio e di figli naturali*, in P. VOCI, *Nuovi studi sulla legislazione romana del tardo impero*, Padova 1989, 237 (da cui cito). Il prigioniero di guerra liberato riguadagna la libertà nella quale è nato; diversamente, come è detto sopra nel testo, la libertà del liberto non è originaria, né è considerata tale dai giuristi anche a fronte della concessione imperiale dei *ius anuli aurei*: sul punto vd. Y. THOMAS, *Imago naturae. Nota sull'istituzionalità della natura a Roma* (=Id., *Imago naturae, Note sur l'institutionnalité de la nature à Rome*, in *Théologie et droit dans la science politique de l'État moderne. Actes de la table ronde de Rome 12-14 november 1987*, Roma 1991, 201 ss.), in Y. THOMAS – J. CHIFFOLEAU, *L'istituzione della natura*, Macerata, 2020, 37 s.

Il *redemptor*, al quale è stato offerto il rimborso del prezzo del riscatto – non importa se dal *redemptus* o da altri (*a te vel ab alio*) – rifiuta di accettare la somma messagli a disposizione e non permette al *redemptus* – un certo Giusto, al quale il rescritto è indirizzato – di andarsene via libero: ebbene, se il *redemptor* non si adegua spontaneamente a ciò che esigono il *ius postliminii* e la *communis utilitatis ratio*, spetterà al preside della provincia costringerlo con provvedimenti urgenti a rispettare le leggi e, ricevuto il prezzo del riscatto, a non turbare la *securitas* dello *status* del *redemptus*.

Diocleziano conferma quindi la vigenza del principio in base al quale, una volta offerto il rimborso del prezzo del riscatto, il *redemptor* non ha più titolo per *retinere* il *redemptus*, il quale riacquista la sua condizione originaria (qui '*ingenuitas*')[268]. La decisione è allineata alla *sententia* ulpianea conservata in D. 43.29.3.3, nella quale si afferma che, offerto il rimborso del prezzo del riscatto (*si offertur pretium*), l'interdetto *de homine libero exhibendo* trova applicazione contro il riscattante, il quale non può più trattenere legittimamente il riscattato; e tutto ciò in perfetta analogia, come abbiamo prima visto, alla situazione del venditore, che non può rifiutare la consegna della cosa, una volta offertogli l'integrale pagamento del prezzo, come afferma sempre Ulpiano in D. 19.1.13.8.

Esemplare dei soprusi cui sono esposte le *redemptae* è la vicenda descritta in

> Impp. Diocletianus et Maximianus AA. Claudio C. 8.50.7: *Foedissimae mulieris nequitia permovemur. cum igitur filiam tuam captam ac prostitutam ab ea quae eam redemerat ob retinendae pudicitiae cultum ac servandam natalium honestatem ad te confugisse proponas, praeses provinciae, si filiae tuae supra dictam iniuriam ab ea, quae sciebat ingenuam esse, inflictam cognoverit, cum huiusmodi persona indigna sit pretium recipere propter odium detestabilis quaestus, etiamsi pretium compensatum non est ex necessitate miserabili, custodita ingenuitate natae tuae adversus flagitiosae mulieris turpitudinem tutam eam defensamque praestabit* (a. 291).

La figlia di un certo Claudio, destinatario del rescritto, è stata riscattata da una donna, che l'ha poi costretta a prostituirsi. La fanciulla è scappata dalla *domus* della donna e s'è rifugiata presso il padre, il quale – verosimilmente consapevole

---

268 Diversamente dalla tesi qui difesa, S. ROMANO, *Redemptus ab hostibus* cit., 31 ss., cita il rescritto come prova della sospensione del *postliminium*; E. LEVY, *'Captivus redemptus'* cit., 77 s., lo considera – insieme a Diocl.-Max. C. 8.50.17 – una delle versioni più concise della regolamentazione introdotta dalla *constitutio de redemptis* (*contra* L. AMIRANTE, *Appunti* cit., 229, il quale dubita che «il *ius postliminii*, che esige la restituzione della piena libertà ai *redempti* che hanno rimborsato il *redemptor*, sia proprio il *postliminium*, normalmente verificatosi al momento in cui i *redempti* sono ritornati in territorio romano»); M.V. SANNA, *Ricerche* cit., 144 s., ritiene che il *redemptus*, pur avendo riacquistato la libertà per il dispiegarsi del postliminio nel suo effetto principale (riacquisto di libertà e cittadinanza), non potrebbe essere restituito all'ingenuità, sino alla restituzione al *redemptor* del prezzo del riscatto (sulla stessa linea anche M.F. CURSI, *La struttura* cit., 208).

del diritto dei *redemptores* di *retinere* i *redempti*, ma non in grado di rimborsare il prezzo del riscatto – non può accettare che la figlia torni nelle mani della *foedissima mulier*[269]. La cancelleria di Diocleziano gli rende giustizia: la donna è indegna di ricevere il rimborso del prezzo del riscatto, poiché ha fatto prostituire la *redempta*, pur conoscendone la (originaria) condizione di *ingenua*; pertanto, benché lo stato di indigenza non compensi di per sé il prezzo dovuto, il preside della provincia, accertati i fatti, terrà lontana la fanciulla dall'abietta sfruttatrice. L'abuso è tanto grave, che questo è l'unico caso attestato di estinzione del *ius pignoris* senza pagamento o remissione (espressa o tacita) del prezzo del riscatto da parte del *redemptor*[270].

Un altro genere di prevaricazione ai danni delle *redemptae* è riferito in due successive costituzioni del 291 e del 293.

> Impp. Diocletianus et Maximianus AA. Matronae C. 8.50.8: *Prases provinciae, ne ulterius in servitutis iugo detinearis, curae habebit: qui pro sollertia tua parum ignorat magis filiorum tuorum statum tueri, quos, posteaquam redempta es, enixam te esse significas, cum eos, qui post redemptionem nascuntur, ne pignoris quidem vinculo ob pretium, quod pro his datum non est, teneri nullis auctoribus visum est* (a. 291).

> Impp. Diocletianus et Maximianus AA. et CC. Basilinae C. 8.50.16: *Commercio redemptae filios, licet ex servo medio susceptos tempore, origini ingenuitatis matris iuxta ea quae benigne placuerunt reddi convenit* (a. 293).

Nel primo rescritto la *redempta* (una certa Matrona) ha partorito mentre era soggetta alla *retentio* del *redemptor*. Il prezzo del riscatto è stato restituito, ma il riscattante rifiuta di lasciare andare via libera la donna insieme ai figli, verosimilmente

---

269 Dal rescritto A. MAFFI, *Ricerche* cit., 208, ricava che l'obbligo di rimborso a carico del *redemptus* sussisterebbe, successivamente alla *constitutio de redemptis*, anche nei confronti di un *redemptor* perfettamente consapevole di riscattare un concittadino romano, e quindi – secondo l'autore – in mala fede. In realtà, a me sembra che la distinzione tra buona e mala fede del *redemptor* si attagli solo alla *redemptio* degli schiavi, dove l'*ignorantia* (o la *scientia*) ha per oggetto la precedente appartenenza del *servus* (sul punto vd. sotto, cap. II, § 2), che tale rimane anche dopo la *redemptio*. Nel caso della *redemptio* dei *liberi*, invece, non si comprende come la consapevolezza o meno del *redemptor* di riscattare un concittadino romano possa influire sulla sussistenza o meno dell'obbligo di rimborso a carico del *redemptus*, che dalla condizione di *servus hostium* torna a quella di uomo libero. Sul rescritto vd. anche, recentemente, R. HASSAN, *Note intorno a C. 8.50.7. Il caso di una donna ingenua redempta prostituita e l'odium imperiale*, in *Iura & Legal Systems* 6 (2019), 89 ss.

270 A questo proposito M. AMELOTTI, *Per l'interpretazione* cit., 144, esprime riserve sulla soluzione prescelta dall'imperatore illirico, dal momento che, con il negare la restituzione del riscatto, si stabilirebbe l'estinzione di un credito giuridicamente valido per un fatto di ordine schiettamente morale, laddove ci si sarebbe attesi l'imposizione del rilascio della *redempta* o una punizione di carattere penale per il *redemptor*.

perché pretende che venga pagato un prezzo anche per loro. La risposta della cancelleria imperiale è categorica: il *vinculum pignoris* garantisce il rimborso della somma pagata per il riscatto della donna, talché a nessun vincolo possono essere sottoposti i figli nati *post redemptionem*, per la liberazione dei quali al nemico non è stato pagato alcun prezzo. Il principio è antico e consolidato, se nel testo si afferma '*nullis auctoribus visum est*': anche qui, dunque, Diocleziano ribadisce regole ereditate dal diritto classico[271].

Nel secondo rescritto si ripete il caso appena descritto, con l'unica differenza – ininfluente sotto il profilo decisorio – che i figli nati '*medio tempore*', vale a dire durante la *retentio* della *redempta* (una certa Basilina) sono stati concepiti con uno schiavo: essi seguono la condizione della madre, e quindi sono nati liberi.

Dalle costituzioni in commento risulta indirettamente confermato ciò che altrove è affermato esplicitamente: che, cioè, le *redemptae* tornano in patria immediatamente libere, prima e indipendentemente dal rimborso ai rispettivi *redemptores* del *pretium redemptionis*, altrimenti i figli partoriti durante la *retentio* sarebbero nati schiavi[272]. L'espressione '*in servitutis iugo*', che compare nel primo dei due rescritti, non deve trarre in inganno: utilizzata perché verosimilmente presente nella stessa petizione della postulante, essa va correttamente intesa nel senso di 'schiavitù di fatto'[273]. Semmai, essa mostra come la condizione dei *redempti* tendesse vieppiù a essere assimilata a quella degli schiavi; messe le mani su questi sventurati privi di mezzi, i *redemptores* approfittavano della legittima facoltà di *retentio* per avanzare pretese esorbitanti, prive di giustificazione in base al diritto e, di conseguenza, puntualmente censurate dalla cancelleria imperiale.

L'asservimento di fatto dei *redempti* emerge anche da

> Impp. Diocletianus et Maximianus AA. et CC. Eutychio C. 8.50.11: *Si liberum captum te ab hostibus commercio redemit Sabinus et eum vinculum pignoris superstitem*

271 Per M. PAMPALONI, *Persone* cit., 132, la *causa mancipii* investirebbe sia il riscattato che le persone in sua potestà, talché, nella sua ricostruzione, il testo del rescritto esce completamente stravolto: *Prases provinciae, ne ulterius in servitute iugo detinearis, curae habebit: qui pro sollertia tua parum ignorat magis filiorum tuorum statum tueri, quos [posteaquam] <antequam> redempta es, enixam te esse significas, cum eos, qui [ante] <post> redemptionem nascuntur, [ne pignoris] <mancipii> quidem vinculo ob pretium, quod pro his datum non est, teneri nullis auctoribus visum est.* Per altre congetture di interpolazione vd. anche A. ALBERTONI, *Redemptus ab hostibus* cit., 44 nt. 1; S. ROMANO, *Redemptus ab hostibus* cit., 25; G. FAIVELEY, *Redemptus ab hoste* cit., 54 ss.

272 Vd. già in questo senso L. AMIRANTE, *Appunti* cit., 178; M.V. SANNA, *Ricerche* cit., 143.

273 Vd. già in questo senso R. MENTXAKA, *Sobre la existencia* cit., 313; M.F. CURSI, *La struttura* cit., 215 nt. 56; M.V. SANNA, *Ricerche* cit., 143. Non è questo l'unico luogo in cui compare la figura del giogo per denotare la condizione del *redemptus*, come constateremo in sede di analisi di Liv. *Ab Urbe cond.* 2.34.9-11 (vd. sotto § 7, *i.f.*).

remisisse tibi probetur, non libertus effectus, sed ingenuitati quam amiseras restitutus nullum filiis eius obsequium debes (a. 293).

Un certo Sabino (il riscattante) ha rimesso il prezzo del riscatto a un certo Eutichio (il riscattato, nonché destinatario del rescritto). Dopo la morte di Sabino, i figli di quest'ultimo pretendono la prestazione dell'*obsequium* da parte di Eutichio, come se si trattasse di un liberto. La cancelleria ribadisce la nota regola: il *redemptus*, una volta sciolto con la *remissio* il vincolo pignoratizio, è restituito alla condizione originaria (qui '*ingenuitas*'), e pertanto non è soggetto ad alcun dovere nei confronti del *redemptor* e dei suoi figli[274]. Anche qui il passaggio '*non libertus effectus, sed ingenuitati quam amiseras restitutus*' è imputabile, probabilmente, alla domanda dello stesso Eutichio, considerato alla stregua di uno schiavo manomesso da parte dei figli del riscattante (preteso manomissore): ed è verosimilmente questa la ragione per la quale la cancelleria imperiale insiste sulla restituzione della *ingenuitas*[275].

La fattispecie del matrimonio tra il *redemptor* e la *redempta* è trattata in

Impp. Diocletianus et Maximianus AA. et CC. C. 8.50.13: *Si is, qui te ab hostibus ingenuam captam commercio redemit, sibi matrimonio coniunxit, dignitate nuptiarum et voto futurae iustae subolis vinculo pignoris tibi remisso redditos natales pristinos rationis est* (a. 294).

Il *redemptor* s'è unito in matrimonio con la *redempta* (la destinataria del rescritto, della quale non s'è conservato il nome). La dignità delle nozze e la speranza di avere dei figli legittimi fanno sì che il *vinculum pignoris* debba considerarsi rimesso, talché la *redempta* ha immediatamente recuperato la sua condizione originaria (qui '*natales pristinos*').

Come si ricorderà, il caso del matrimonio tra riscattante e riscattata, quale ipotesi di remissione tacita del prezzo del riscatto, abbiamo già incontrato in Ulp. 5 *opin.* D. 49.15.21 pr.: Diocleziano altro non fa, quindi, che riaffermare nuovamente un principio del diritto classico. È pertanto priva di fondamento – o quanto meno sconta una palese petizione di principio – l'opinione, manifestata da taluni studiosi, secondo cui il matrimonio tra il *redemptor* e la *redempta*, come causa di scioglimento del vincolo pignoratizio, sarebbe innovazione dioclezianea (o, per altri, financo giustinianea)[276].

---

274 M. PAMPALONI, *Persone* cit., 130, sostituisce [*vinculum pignoris*] con <*vinculum mancipii*> ed elimina '*quam amiseras*' (concorde A. ALBERTONI, *Redemptus ab hostibus* cit., 519 nt. 2); S. ROMANO, *Redemptus ab hostibus* cit., 21, 31, espunge [*vinculum pignoris*] e lo sostituisce con <*pretium*> (concorde G. FAIVELEY, *Redemptus ab hoste* cit., 103).

275 Vd. già in questo senso M.V. SANNA, *Ricerche* cit., 148; M.F. CURSI, *La struttura* cit., 216.

276 Così ritengono, in particolare, M. PAMPALONI, *Persone* cit., 130; A. ALBERTONI, *Redemptus ab hostibus* cit., 519 nt. 1; S. ROMANO, *Redemptus ab hostibus* cit., 22; G. FAIVELEY, *Redemptus ab hoste* cit., 52 ss.; diversamente, per L. AMIRANTE, *Appunti* cit., 182 (sostanzialmente seguìto da M. AMELOTTI, *Per l'interpretazione* cit., 144 s.),

Allineata al diritto classico è anche la decisione conservata in

Impp. Diocletianus et Maximianus AA. et CC. Mucatraulo C. 8.50.15: *Is, qui liber constitutus captus ab hostibus commercio redimitur, et antequam restituatur pro eo data pecunia, successionis iura sibi vindicare favore ingenuitatis potest, et ex ea possit pretium pro se datum exsolvere* (a. 294).

Il *commercio redemptus* – che qui non è chiaro se sia Mucatraulo, destinatario del rescritto, o un terzo – può rivendicare i diritti successori al fine di procurarsi il denaro necessario a rimborsare il *redemptor*. Di nuovo la cancelleria dioclezianea, ben lontana dall'innovare la disciplina del nostro istituto in un punto così delicato[277], conferma quanto Ulpiano afferma in D. 37.6.1.17 a proposito della capacità del *redemptus* di essere ammesso alla *bonorum possessio*[278].

---

la regola potrebbe essere classica, ma mancherebbero attestazioni anteriori a Diocleziano, poiché Ulp. 5 *opin.* D. 49.15.21 pr. è tolto dai *libri opinionum*, ritenuti opera postclassica (vd. sopra, nt. 276), mentre in Gord. C. 8.50.2 il rimborso del prezzo del riscatto ad opera di un terzo precede le successive nozze della *redempta*; altra opinione esprime M.F. CURSI *La struttura* cit., 213, la quale distingue tra postliminio e *restitutio ingenuitatis* (qui *natalium*), «subordinata alla *remissio* del *vinculum pignoris*»; dubbiosa M.V. SANNA, *Ricerche* cit., 130 ss.; anche per R. MENTXAKA, *Sobre la existencia* cit., 323, infine, Diocleziano ribadirebbe la regola espressa nella decisione, ritenuta autenticamente ulpianea, di cui a Ulp. 5 *opin.* D. 49.15.21 pr. Esattamente nei Basilici si parla, a proposito del matrimonio tra il *redemptor* e la *redempta*, di una presunzione di remissione del prezzo del riscatto: ... ὡς προλήψει δοκῶν αὐτῇ συγχωρεῖν τὸ τίμημα ... (B. 34.2.11, in HEIMBACH, III, 539: *cum ex praesumtione videatur ei pretium remittere*; SCHELTEMA, A.IV, 1558); ... δοκεῖ συγχωρεῖσθαι αὐτὴν [γυναῖκαν] τὴν δουλείαν τῆς ὡρισμένης πενταετίας ... (B. 34.1.17, scolio, in HEIMBACH, III, 537: *ipsa [uxor] servitus definiti quinquennii remitti videtur*).

277 Come viceversa ritengono i seguenti autori: S. ROMANO, *Redemptus ab hostibus* cit., 39, per il quale la decisione conterrebbe una delle principali innovazioni subite dal nostro istituto in età postclassica; E. LEVY, *'Captivus redemptus'* cit., 89 nt. 5, il quale cita il rescritto tra quelli che avrebbero mitigato l'asservimento del *redemptus*; M.V. SANNA, *Ricerche* cit., 109 s., per la quale il *redemptus*, prima della *luitio*, pur riacquistando *iure postliminii* la *civitas libertasque*, non avrebbe però «recuperato i vincoli di agnazione con la famiglia ai fini successori, a causa del *vinculum pignoris* che grava su di lui»; M.F. CURSI, *La struttura* cit., 226, secondo la quale la facoltà di esercitare i diritti successori sarebbe qui consentita «in via eccezionale»; S. BARBATI, *La redemptio ab hostibus* cit., 217, per quale il rescritto proverebbe come «il *redemptus*, nelle more del vincolo, non riprendesse il proprio patrimonio» (tuttavia, se così fosse, non si capisce con quale denaro egli potrebbe rimborsare al *redemptor* il prezzo del riscatto).

278 Vd. già in questo senso L. AMIRANTE, *Appunti* cit., 180, con cui concorda anche M. AMELOTTI, *Per l'interpretazione* cit., 142 nt. 66, il quale limpidamente scrive: «ancora l'erroneo presupposto (che il *redemptus* fosse *in causa mancipii* o addirittura in proprietà del *redemptor*) portava a vedere una riforma, dioclezianea o compilatoria, nella possibilità data al *redemptus* – precisamente in C. 8.50.15 – di rivendicare

L'ultimo rescritto in materia è rappresentato da

Impp. Diocletianus et Maximianus AA. et CC. Diogeniae C. 8.50.17: *Liber captus ab hostibus et commercio redemptus tunc demum cum pretium solverit vel hoc ei qualicumque remittatur indicio, statum pristinum recipit.* 1. *Quo genere matre filium redimente, cum huiusmodi contractus non de mercede, sed de tristitia repudianda cogitatur, voti recipiendi filium cogitatio cum optabili condicione filium ilico matri restituit, ita ut et civilium obsequio munerum propter casum praeteritum non excusetur.* 2. *Pro pietatis itaque ratione ab hostibus redempto filio facti te paenitere ac de pretio quicquam tractare non convenit: dotem tamen ab eo debitam iure concesso reddi postulas* (a. 294).

La particolarità del caso è data dal fatto che qui la destinataria del rescritto (una certa Diogenia) è una madre che ha riscattato dal nemico il proprio figlio. Nel principio la cancelleria imperiale ribadisce il noto principio in base al quale, una volta pagato oppure rimesso in qualunque modo (*qualicumque ... indicio*) il prezzo del riscatto, il *redemptus* è restituito pienamente alla sua condizione originaria (qui '*statum pristinum*')[279]. Posta questa premessa, nel caso in questione Diocleziano rigetta la richiesta della madre riscattante, la quale non può esigere di essere rimborsata dal suo stesso figlio: tale richiesta, all'evidenza, ripugna alla pietà e all'affetto materno. Alla postulante viene invece concessa la restituzione della dote, che le è presumibilmente dovuta dal figlio in quanto erede del marito premorto[280].

L'esame dei rescritti dioclezianei è concluso. Essi mostrano abusi e sopraffazioni in danno dei *redempti*: la soggezione alla *retentio* s'è trasformata, dopo quella *apud hostes*, in una seconda prigionia, nella quale sono i *redemptores* a vestire i panni degli aguzzini. Invero, ricapitolando brevemente le fattispecie incontrate nel corso dell'esposizione, in C. 8.50.6 il riscattante, benché abbia ricevuto l'offerta del rimborso del prezzo del riscatto, si rifiuta di lasciare andare via libero il riscattato; in C. 8.50.7 la fanciulla riscattata viene costretta a prostituirsi dalla riscattante; in C. 8.50.8 e C. 8.50.16 il riscattante pretende che la donna riscattata non solo

---

un'eredità, '*ut ex ea possit pretium pro se datum exsolvere*'. Ma la vera condizione del *redemptus* non contrastava a tale possibilità, il cui carattere non innovativo si rafforza considerando come in D. 37.6.1.17 Ulpiano ammettesse il *redemptus* alla *bonorum possessio*». La contraddizione è avvertita da A. MAFFI, *Ricerche* cit., 223, che la risolve ipotizzando che la successione, alla quale il *redemptus* è qui ammesso, riguardi persone diverse dai suoi ascendenti: rimedio che mi sembra peggiore del male, perché si verrebbe a dire che la successione è esclusa proprio nei confronti dei più stretti congiunti del *redemptus*.

279 La costituzione in esame proverebbe la sospensione del postliminio fino alla *luitio* secondo S. ROMANO, *Redemptus ab hostibus* cit., 32; H. KRÜGER, *Captivus redemptus* cit., 212; G. FAIVELEY, *Redemptus ab hoste* cit., 102; E. LEVY, *'Captivus redemptus'* cit., 77; *contra* L. AMIRANTE, *Appunti* cit., 181; M.V. SANNA, *Ricerche* cit., 152; M.F. CURSI, *La struttura* cit., 210.

280 Vd. già in questo senso L. AMIRANTE, *Appunti* cit., 181 e nt. 30a, che ipotizza anche un originario <*iure successionis*> in luogo dell'attuale anodino [*iure concesso*].

restituisca il prezzo del riscatto, ma paghi anche un somma di denaro per i figli nati durante la *retentio*, per la libertà dei quali nulla è stato versato al nemico; in C. 8.50.11 i figli del riscattante pretendono che, morto il padre che aveva rimesso il prezzo del riscatto al riscattato, questi sia tenuto nei loro confronti, alla stregua di un liberto, ai doveri imposti dall'*obsequium*; in C. 8.50.17 la madre riscattante pretende di essere rimborsata da parte del suo stesso figlio.

Per ogni caso deciso, chissà quanti non sono mai arrivati all'attenzione della cancelleria imperiale; per ogni rescritto conservato, chissà quanti sono andati perduti. Tra le opposte opinioni dottrinali – tra chi ritiene, cioè, che Diocleziano sia un innovatore del regime del nostro istituto[281], e chi invece lo giudica un conservatore[282]– la seconda opinione mi sembra senz'altro preferibile, anche se con la precisazione, non secondaria, che l'imperatore illirico preserva l'applicazione non già della *constitutio de redemptis* (che a mio parere si applica solo ai *servi*), bensì dei princìpi elaborati in tema di *redemptio* dei *liberi* dalla giurisprudenza classica, della quale riproduce la terminologia e, soprattutto, rispetta e conserva i contenuti. Nelle decisioni esaminate risulta infatti costantemente ribadito che i *redempti* tornano immediatamente liberi al rientro in patria, prima e indipendentemente dalla *luitio*, così come il legame che li avvince ai *redemptores* viene ricondotto, altrettanto fedelmente alla tradizione, alla figura del pegno; del pari, anche le altre regole via via affermate dalla cancelleria imperiale – quali, ad esempio, la sufficienza dell'offerta del rimborso del *pretium redemptionis* ai fini dell'estinzione del vincolo pignoratizio, oppure la qualificazione del matrimonio tra il riscattante e la riscattata in termini di remissione tacita dello stesso – troviamo già enunciati nelle *sententiae* ulpianee precedentemente esaminate.

Se alla fine del III secolo la condizione dei *redempti* è segnata da povertà e sopraffazione, nel secolo successivo è persino peggiorata. Ne prende atto e cerca di porvi rimedio Onorio con la più volte citata costituzione del 408, della quale trascrivo, qui di seguito, la parte di nostro interesse secondo il testo tràdito nella silloge sirmondiana (16)[283]:

> Imp. Honorius ad Theodorum II praefectum praetorii: *Punitis auctoribus mali publici laesorum quidem dolori dedimus ultionem, sed provincialibus nostris libertatis restituendae festinatione sentimus uno eodemque tempore armis et legibus consulendum. Hinc denique bellorum curis mixta ratio et salubris constitutio admonuit faciendum, ut diversarum homines provinciarum cuiuslibet sexus condicionis aetatis, quos barbaricae feritatis discursus captiva necessitate transduxerat, invitos nemo retineat, sed ad propria redire*

281 Così ritengono il Pampaloni, l'Albertoni, il Romano e la Cursi.
282 Così ritengono l'Amirante e l'Amelotti.
283 La scelta rispecchia la maggiore affidabilità dei testi conservati in tale silloge rispetto a quelli presenti nelle raccolte ufficiali: sul punto vd. TH. MOMMSEN, *Prolegomena in constitutiones Sirmondianas*, in TH. MOMMSEN – P.M. MEYER (ed.), *Theodosiani Libri XVI cum constitutionibus Sirmondianis et Leges Novellae ad Theodosianum pertinentes*, I.1, Berolini 1905, 378.

cupientibus libera sit facultas. Quibus si quicquam in usum recuperandarum virium vestium vel alimoniae dicatur inpensum, humanitati sit praestitum, nec maculet boni facti gloriam avara victualis sumptus repetitio, cum forsitan alimoniae istius mercedes operarum reddiderit conpensatio. Quod in examen venire non patimur, ne ad propria redire cupientes indecoris contentionibus retardentur: exceptis his, quos quis barbaris vendentibus emisse docebitur, a quibus status sui pretium propter utilitatem publicam emptoribus aequum est redhiberi: ne ingentis damni consideratio in tali necessitate positis negari faciat emptionem, et inveniamur, quorum libertati consuli voluimus, saluti potius obfuisse. Hos decet aut datum pro se pretium emptoribus restituere, aut labore, obsequio vel opere quinquennii vicem referre beneficii, habituros incolumem, si in ea nati sunt, libertatem. Nec honestas emptoribus quinquennii tempus ad conpensationem maioris forsitan pretii datum ingemiscat exiguum, quia humanae vitae fragilitas forte intra metas potest temporis constituti deficere nec ad legis beneficium pervenire. Credant saltim perditum casibus, quod humanitate detulerint, licet humana misericordia Deo iudice quod alteri tribuit, sibi praestet. Quapropter servata definitione legis, cuius moderationem placere non dubium est, reddantur sedibus propriis, quibus iure postliminii et veterum responsis prudentium incolumia cuncta servata sunt rell.[284].

La costituzione, abbreviata senza modifiche sostanziali nelle raccolte teodosiana e giustinianea[285], ridisegna il rapporto tra il *redemptor* e il *redemptus* sotto due profili. Ma procediamo con ordine.

---

284 Nella restante parte del provvedimento – che trascrivo qui di seguito – si comminano pesanti pene ai trasgressori (*damnatio ad metalla, deportatio* o confisca dei beni, a seconda dei casi), nonché una multa di dieci libbre d'oro ai *rectores* (e ai relativi *apparitores*), qualora trascurino di applicarlo: *Quam sanctionem adeo volumus custodiri, ut, si quisquam temeritate sacrilega praeceptis fuerit conatus obsistere, actor et conductor procuratorque, qui ad tuendam absentis domini possessionem esse detegitur, dari se metallo aut poenam deportationis non ambigat subiturum. Si vero possessionis dominus contra mansuetudinis nostrae salubre constitutum venire temptaverit, rem suam fisco noverit vindicandam seque per rectoris provinciae sententiam deportandum. Et ut facilis exsecutio proveniat imperatis, Christianae sacerdotes, vicinorum et proximorum locorum ecclesias retinentes, quorum moribus congruit effectus talium praeceptorum, curiales quoque proximarum civitatum placuit admoneri, ut emergentibus talium necessitatum causis adeant iudices legis nostrae auxilium petituri. Et ne quis contumaciae suae culpam praecepti ignoratione tueatur, Theodore parens carissime adque amantissime, inlustris magnificentia tua legis tenorem litteris suis edictisque propositis ad omnium iudicum et provincialium notitiam faciet pervenire, ita ut noverint rectores universi decem libras auri a se et tantundem ponderis a suis apparitoribus exigendum, si quod praeceptum est, in gratiam cuiuspiam neglectum esse doceatur: cum saluberrimae sanctionis exsecutionem deferri ab omnibus quidem, sed iudicum maxime et officiorum cura obsequioque iubemus. Data III non. Decemb. Ravennae Basso et Filippo vv. cc. conss. accepta XVI kal. Ianuarias.*

285 Per completezza trascrivo qui di seguito anche il testo presente nella raccolta teodosiana (CTh. 5.7.2, con l'*Interpretatio*) e, tra virgolette caporali, le modifiche presenti in quella giustinianea (C. 8.50.20): *Impp. Honorius et Theodosius AA. Theodoro*

Nella prima parte del provvedimento (*Punitis auctoribus ... retardentur*), premessa la volontà di restituire la libertà ai cittadini dell'Impero '*armis et legibus*', si fa riferimento agli individui delle varie province, senza distinzione di sesso,

---

praefecto praetorio: Diversarum homines provinciarum cuiuslibet sexus condicionis aetatis, quos barbarica feritas captiva necessitate transduxerat «transvexerat», invitos nemo retineat, sed ad propria redire cupientibus libera sit facultas. Quibus si quicquam in usum vestium vel alimoniae inpensum est, humanitati sit praestitum, nec maneat victualis sumptus repetitio: exceptis his, quos barbaris vendentibus emptos esse docebitur, a quibus status sui pretium propter utilitatem publicam emptoribus aequum est redhiberi. Ne quando enim damni consideratio in tali necessitate positis negari faciat emptionem, decet redemptos aut datum pro se pretium emptoribus restituere aut labore «laboris» obsequio vel opere quinquennii vicem referre beneficii, habituros incolumem, si in ea nati sunt, libertatem. Reddantur igitur sedibus «aedibus» propriis sub moderatione qua iussimus, quibus iure postliminii etiam veterum responsis incolumia cuncta servata «servanda» sunt. Si quis itaque huic praecepto fuerit conatus obsistere actor conductor procuratorque, dari se metallis cum poena deportationis non ambigat «ambiget»; si vero possessionis dominus, rem suam fisco noverit vindicandam seque deportandum. Et ut facilis exsecutio proveniat «perveniat», Christianos proximorum locorum volumus huius rei sollicitudinem gerere. Curiales quoque proximarum civitatum placuit admoneri, ut emergentibus talibus causis sciant legis nostrae auxilium deferendum; ita ut noverint rectores universi decem librarum auri a se et tantumdem a suis adparitoribus exigendum, si praeceptum neglexerint. Dat. IIII «III» id. Dec. Ravennae Honorio VIII et Theodosio III AA. conss. Il testo dell'*Interpretatio* al Codice Teodosiano recita: *II, qui ab hostibus tempore captivitatis ducti sunt, si ab aliquibus vel ad victum vel ad vestitum aliquid acceperunt, cum redire ad propria voluerint, minime aliquid pro eorum requiratur expensis. Tamen si pretium pro captivo suo praedator acceperit, quod dedisse se emptor probaverit, sine dubitatione recipiat. Quod si pretium non habuerit, quinquennio serviat captivus emptori et post quinquennium sine pretio ingenuitati reddatur, qui, cum ad propria redierit, omnia sua integra et salva recipiat. Si quis itaque huic tam iustae praeceptioni resistere temptaverit, noverit se in exilio deportandum: si vero possessor fuerit, facultatem suam fisci viribus addicendam. Sane Christianos, qui redemptioni studere debent, pro captivis volumus esse sollicitos. Ad curiales etiam ista sollicitudo pertineat, ita ut omnes iudices sciant decem libras auri fisco se daturos, qui huius legis praecepta neglexerint.* In entrambi i Codici, accanto a Onorio v'è anche Teodosio II come imperatore emanante; inoltre, la data di emanazione che si ricava dalla *subscriptio*, nella quale i due imperatori sono consoli eponimi, è il 409; diversamente, nella silloge sirmondiana l'imperatore emanante è il solo Onorio, mentre la data indicata dalla *subscriptio*, sotto il consolato di Basso e Filippo, è il 408. Che l'anno corretto sia quest'ultimo è provato dal fatto che le costituzioni indirizzate al prefetto del pretorio Teodoro portano tutte quella data, come osservano gli editori antichi e moderni: cfr. I. GOTHOFREDUS (ed.), *Codex Theodosianus cum perpetuis commentariis*, I, Lipsiae 1736, 484 nt. d); TH. MOMMSEN, in TH. MOMMSEN – P.M. MEYER, (ed.), *Theodosiani Libri XVI* cit., I.2, 223. Per un confronto tra il testo di Sirm. 16 e quello di CTh. 7.5.2 vd. J.F. MATTHEWS, *Laying down the Law. A Study of the Theodosian Code*, London 2000, 134 ss.

condizione o età, che le feroci scorrerie barbare (*barbaricae feritatis discursus*) già avevano ridotto in prigionia o costretti ad abbandonare i loro possedimenti. Onorio ordina che nessuno trattenga reduci e profughi contro la loro volontà (*invitos nemo retineat*), ma sia libera la facoltà, per chi lo desideri, di tornare alla propria dimora (*ad propria redire cupientibus libera sit facultas*)[286]. Le spese in vesti e alimenti, sopportate da chi li abbia ospitati, così permettendo loro di recuperare le forze, si considerino fatte per umanità, talché la gretta richiesta di ripetizione (*avara victualis sumptus repetitio*) non macchi la gloria della benemerenza, anche perché, forse, le

286 La dottrina si divide tra chi ritiene che, in questa prima parte del provvedimento, Onorio si riferirebbe ai profughi scappati dalle province invase dai barbari (L. AMIRANTE, *Appunti* cit., 190 s.) e chi ai reduci dalla prigionia (S. BARBATI, *Sui presupposti di applicazione e la natura giuridica degli effetti del postliminium*, in *Atti Costant.* 20 [2014], 755 ss.); a me sembra preferibile ritenere che si tratti degli uni e degli altri (come peraltro già suggerito da I. GOTHOFREDUS [ed.], *Codex Theodosianus* cit., 484, nt. i). La frase '*quos* [*diversarum homines provinciarum*] *barbaricae feritatis discursus captiva necessitate transduxerat*' ha infatti significato ambiguo, potendo alludere sia alla pregressa riduzione in prigionia sia alla fuga davanti all'avanzata del nemico; del resto, sotto il profilo sostanziale, il fine di questa prima parte del provvedimento è di garantire alle vittime delle incursioni barbariche la riammissione nei possedimenti abbandonati. Meno plausibile, a me sembra, è invece un'ulteriore proposta esegetica, avanzata da S. BARBATI, *La redemptio ab hostibus* cit., 183 nt. 113, secondo il quale il provvedimento in esame si riannoderebbe a un'altra costituzione – conservata in CTh. 5.6.2 ed emanata da Onorio e Teodosio II nel marzo del 409 –, nella quale si vieta al '*noster provincialis*' di trattenere, nel bottino di guerra, uomini liberi e schiavi altrui. Tale interpretazione appare poco verosimile alla luce dell'irripetibilità delle spese per vesti e alimenti (subito nel testo), che di per sé porta a pensare, più che a prigionieri liberati '*virtute militum*' (secondo la dizione di Diocl.-Max. C. 8.50.12), a vere e proprie ondate di profughi e rifugiati. Invero, secondo W.W. BUCKLAND, *The Roman Law* cit., 314 nt. 7 (seguito da G. FAIVELEY, *Redemptus ab hoste* cit., 110), l'evento, al quale andrebbe collegata l'emanazione del nostro provvedimento, sarebbe la discesa in Italia di Alarico, mentre per E. COSTA, *Storia* cit., 157 (che cita a sostegno Sant'Ambrogio, *De off. min.* 2.15.70, in MIGNE, *PL*, XVI, 121), alle incursioni di Sciti e Goti nell'Illirico (sulle quali vd. R. BRATOŽ, *Die Auswanderung* cit., 499 ss.). Del resto, anche la costituzione di Valentiano, Valente e Graziano del 366, che precede la nostra sia nella raccolta teodosiana che in quella giustinianea (CTh. 5.7.1=C. 8.50.19, su cui vd., da ultimo, S. BARBATI, *Sui presupposti* cit., 679 ss.), si occupa del fenomeno, che andava vieppiù accentuandosi sul finire del IV secolo, dello spopolamento delle province per effetto delle invasioni barbariche. Anche lì si statuisce che profughi e reduci dalla prigionia tornino immediatamente alle loro terre (*ad proprias terras festinare debere*), garantendosi loro l'immediata riammissione *iure postliminii* nel possesso dei beni mobili e immobili, già abbandonati '*hostilis inruptionis necessitate*' e nel frattempo caduti in proprietà del fisco o assegnati a privati. Altrettanto significativa è una costituzione di Arcadio e Onorio del 405 (CTh. 10.10.25, su cui vd., da ultimo, S. BARBATI, *Sui presupposti* cit., 753 ss.), nella quale si combatte il fenomeno, tipico delle province, dello sfruttamento di profughi e reduci dalla prigionia.

operae nel frattempo prestate da costoro rappresentano già di per se stesse un adeguato corrispettivo[287]. L'imperatore chiude questa prima parte del provvedimento vietando che quanto ha statuito giunga all'esame dei tribunali, affinché chi desideri tornare alla propria dimora non sia ritardato da contese prive di decoro (*quod in examen venire non patimur, ne ad propria redire cupientes indecoris contentionibus retardentur*).

Veniamo ora alla seconda parte del provvedimento (*exceptis his ... sunt*). Le innovazioni rispetto al previgente regime della *redemptio ab hostibus* – che abbiamo visto conservatosi immutato, nelle sue linee essenziali, anche sotto Diocleziano – sono due, e non una, come comunemente si pensa.

La prima – curiosamente non segnalata dai numerosi autori che si sono occupati del nostro tema – è la seguente: dal divieto di adire i tribunali sono esclusi coloro che provino d'aver direttamente riscattato prigionieri dai venditori barbari. Il testo infatti recita: '*exceptis his, quos quis barbaris vendentibus emisse docebitur*'[288]. È equo e risponde alla *publica utilitas* – il testo prosegue – che i *redempti* restituiscano ai compratori il prezzo pagato per il recupero della loro originaria condizione (*a quibus status sui pretium propter utilitatem publicam emptoribus aequum est redhiberi*), di modo che i riscatti di prigionieri non siano scoraggiati dalla prospettazione di un grave danno ai *redemptores* (consistente nel mancato recupero del *pretium redemptionis*), col risultato di nuocere proprio alla salvezza di coloro per la libertà dei quali

287 Il contesto economico-sociale, all'interno del quale si colloca la nostra costituzione, è ben descritto da L. AMIRANTE, *Appunti* cit., 190 s.: «la '*necessitas penuriae hominium*', il conseguente spopolamento delle campagne e la inevitabile crisi agricola suggerivano questi sequestri, magari di intere famiglie, per procurarsi in un modo o nell'altro braccia che lavorassero i campi abbandonati. Quando nella costituzione di Onorio noi leggiamo che nel rimandar liberi questi fuggitivi alle proprie case non si deve assolutamente richieder loro quel che per loro si è speso in vesti ed alimenti, '*cum forsitan alimoniae istius mercedes operarum reddiderit compensatio*', ci si fa chiaro l'interesse dal quale erano spinti, quanti, invogliati dalla crisi dell'autorità, trattenevano, contravvenendo ad ogni legge, questi infelici fuggenti: li si vestiva e si dava loro da mangiare, perché lavorassero la terra. Contro questo indecoroso sfruttamento è diretta la prima parte della costituzione di Onorio». Particolarmente eloquente è anche la descrizione della sorte riservata, intorno alla metà del V secolo, ai profughi della Gallia meridionale, che ci consegna un osservatore contemporaneo, Salviano di Marsiglia (*De gub. Dei* 5.9, in MIGNE, *PL*, LIII, 104): «... et exemplo quodam illius maleficae praepotentis quae transferre homines in bestias dicebatur, ita et isti omnes qui intra fundos divitum recipiuntur, quasi Circei poculi transfiguratione mutantur. Nam quos suscipiunt ut extraneos et alienos, incipiunt habere quasi proprios; quos esse constat ingenuos, vertuntur in servos. Et miramur si nos barbari capiunt, cum fratres nostros nos faciamus esse captivos?».

288 Inesatto L. AMIRANTE, *Appunti* cit., 191, per il quale l'imperatore contemplerebbe i *redempti* «come eccezione al principio stabilito in via generale '*ad propria redire cupientibus ... libera sit facultas*'», invece che come eccezione al divieto di agire in giudizio per la restituzione del *pretium redemptionis*.

ci si è voluti preoccupare (*ne ingentis damni consideratio in tali necessitate positis negari faciat emptionem, et inveniamur, quorum libertati consuli voluimus, saluti potius obfuisse*)[289]. Onorio, quindi, statuisce che i riscattanti possano far valere in giudizio la pretesa (fino ad allora non azionabile) volta al rimborso del prezzo del riscatto: tale disposizione rappresenta la prima fondamentale innovazione rispetto al previgente regime della *redemptio ab hostibus*.

La seconda innovazione – viceversa ben nota in letteratura – è rappresentata dal fatto che i riscattati possono (*aut ... aut*) restituire ai riscattanti il prezzo pagato per il loro riscatto oppure ripagarli con servigi quinquennali[290], così da avere preservato lo stato di uomini liberi, se nati in tale condizione (*hos decet aut datum pro se pretium emptoribus restituere, aut labore, obsequio vel opere quinquennii vicem referre beneficii, habituros incolumem, si in ea nati sunt, libertatem*). Pertanto, in alternativa al rimborso del prezzo del riscatto, l'imperatore introduce una nuova forma di estinzione di quello che, da adesso in poi, sarà un vero e proprio debito restitutorio del *redemptus*: la prestazione quinquennale di *operae* a favore del *redemptor*. Non v'è invece più traccia del *ius pignoris*, il quale esce – per non tornarvi più – dal frasario e, soprattutto, dal repertorio concettuale delle cancellerie tardo imperiali[291].

---

289 Dissento sul punto da M. NAVARRA, '*Utilitas publica-utilitas singulorum' tra IV e V sec. d.C. Alcune osservazioni*, in *SDHI* 63 (1997), 287, secondo la quale il richiamo alla *utilitas publica* avrebbe «funzione evidente di propaganda». In realtà, Onorio riconosce, a favore dei *redemptores*, l'azionabilità giudiziale verso i *redempti* della pretesa al rimborso del prezzo del riscatto: e ciò per l'appunto al fine – certamente di carattere pubblico – di incentivare la liberazione di prigionieri dal nemico. Così ritiene già J. GAUDEMET, *Utilitas publica*, in *TR* 29 (1961), 483, 489, per il quale, nella costituzione in esame, l'espressione '*utilitas publica*' designa propriamente «l'intérêt général de l'Etat».

290 L'*'aut ... aut*' disgiuntivo separa la restituzione del prezzo del riscatto dalla prestazione quinquennale dell'attività lavorativa; mentre, all'evidenza, il '*vel*', che lega tra loro '*labore, obsequio vel operae quinquennii*', ha valore copulativo; diversamente opinando, vale a dire attribuendo al '*vel*' valore disgiuntivo, l'*obsequium*, isolatamente considerato, rimarrebbe senza senso, non potendo di per sé fungere da corrispettivo (diversamente ritiene S. BARBATI, *Sui presupposti* cit., 683; ID., *La redemptio ab hostibus* cit., 187, il quale traduce «con il lavoro, l'*obsequium* o servigi per un quinquennio»). Sulle *operae* come surrogato di prestazioni pecuniarie ai fini della liberazione dello schiavo vd. W. WALDSTEIN, *Operae libertorum. Untersuchungen zur Dienstpflicht freigelasessener Sklaven*, Stuttgart 1986, 126 ss.

291 Di *ius* e (*vinculum*) *pignoris* non v'è più traccia nemmeno nell'*Interpretatio* al Codice Teodosiano e nel testo dei Basilici. Semmai è degno di nota osservare come, nella prima e nei secondi, la locuzione '*labore, obsequio vel opere quinquennii*' venga resa, rispettivamente, coi verbi '*servire*' e 'δουλεύω' (o col sostantivo 'δουλεία'): ... *quinquennio serviat captivus emptori* ... (*Interpretatio* CTh. 5.7.2); ... ὁ ἀγορασθεὶς αἰχμάλωτος ὀφείλει ... πέντε ἔτη μόνον δουλεῦσαι (B. 34.2.18, in HEIMBACH, III, 540: *captivus redemtus ... debet ... quinquennium tantum servire*; B. 34.2.19 SCHELTEMA, A.IV, 1558); ... δοκεῖ συγχωρεῖσθαι αὐτὴν [γυναῖκαν] τὴν δουλείαν τῆς ὡρισμένης

Il prosieguo della costituzione assume toni moraleggianti: forse temendo che i *redemptores* possano trovare esiguo, a fronte del prezzo versato per il riscatto, il periodo di cinque anni, Onorio ricorda loro che la vita umana è tanto fragile che, in un simile lasso temporale, i *redempti* potrebbero morire senza conseguire il beneficio introdotto dalla legge. In una simile evenienza, i *redemptores* considerino perso, per caso fortuito, quanto è stato dato per umanità, tenuto conto che, nel giudizio divino, quello che si dà agli altri in realtà va a proprio vantaggio (*nec honestas emptoribus quinquennii tempus ad conpensationem maioris forsitan pretii datum ingemiscat exiguum, quia humanae vitae fragilitas forte intra metas potest temporis constituti deficere nec ad legis beneficium pervenire. Credant saltim perditum casibus, quod humanitate detulerint, licet humana misericordia Deo iudice quod alteri tribuit, sibi praestet*). Quest'ultimo passaggio del provvedimento, più che dimostrare che, anche prima di Onorio, il *redemptus* sarebbe stato costretto a lavorare per il *redemptor*, e per di più senza limiti temporali e senza che il controvalore delle *operae* andasse a scomputo del rimborso dovuto[292], suggerisce, semmai, che la morte del *redemptus* rappresenta ora una causa di estinzione del debito restitutorio del *pretium redemptionis* (non già del *vinculum pignoris*, del quale non si fa più parola), così come nella decisione di Ulpiano conservata in D. 49.15.15 (seconda frase).

Chiuso il riferimento ai *redempti* (introdotto da '*exceptis his*'), e prima di comminare gravi sanzioni ai trasgressori della legge, l'imperatore ordina che i reduci e i profughi indebitamente trattenuti facciano ritorno alle loro dimore, nelle quali tutte le cose sono state preservate intatte in forza del diritto di postliminio e dei responsi degli antichi giuristi (*quapropter servata definitione legis, cuius moderationem placere non dubium est, reddantur sedibus propriis, quibus iure postliminii et veterum responsis prudentium incolumia cuncta servata sunt*)[293].

La costituzione appena esaminata è il primo e ultimo provvedimento imperiale ad avere per oggetto, in termini generali, la condizione del *civis redemptus ab hostibus*. Assente ogni riferimento al *ius pignoris*, Onorio riscrive in due punti il rapporto tra il *redemptor* e il *redemptus*, sino ad allora conservatosi perfettamente

---

πενταετίας (cfr. anche, in relazione a Ulp. 5 *opin.* D. 49.15.21 pr., B. 34.1.17, scolio, in HEIMBACH, III, 537: *ipsa* [*uxor*] *servitus definiti quinquennii remitti videtur*).

292 Così ritiene M.V. SANNA, *I capti ab hostibus* cit., 290 s. (seguita da S. BARBATI, *La redemptio ab hostibus* cit., 190 nt. 117); la tesi, in verità, era già stata sostenuta, e negli stessi termini, da J.C.G. BOOT, *De captis et redemptis ab hostibus* cit., 109, che così scriveva: «in promptu est colligere, eos [*scil.* redemptos] ante hanc constitutionem aut pretium aut operas perpetuas redemptori debuisse». Il punto, a mio avviso, è un altro. Come ho detto più volte, Onorio intende porre fine ai soprusi dei *redemptores* in danno dei *redempti*, offrendo a questi ultimi, se indigenti, un'alternativa praticabile – le *operae* quinquennali – al rimborso del prezzo del riscatto, sì da porre termine alla *retentio*.

293 Tra i '*veterum responsa prudentium*', cui rimanda Onorio, conserviamo Pomp. 36 *ad Sab.* D. 49.15.20.1 e Paul. 1 *ad. Ner.* D. 7.4.26 (sui quali vd., da ultimo, S. BARBATI, *Sui presupposti* cit., 785 ss.).

immutato attraverso i secoli: da un lato, introduce l'azionabilità giudiziale della pretesa del *redemptor*; dall'altro, statuisce che il *redemptus* possa liberarsi dal vincolo anche tramite prestazioni lavorative quinquennali[294]. Ora, se facciamo un passo indietro, si ricorderà come i rescritti di Diocleziano documentino le angherie e i soprusi compiuti dai *redemptores* in danno dei *redempti* sul finire del III secolo; in essi non troviamo però nulla, in punto di diritto, che si distanzi da una rigorosa applicazione di regole e principi propri della giurisprudenza classica. In particolare, nelle decisioni dell'imperatore illirico sono assenti riferimenti sia all'azionabilità giudiziale della pretesa restitutoria dei *redemptores*, sia al lavoro prestato dai *redempti* (e tanto meno a una sua eventuale efficacia liberatoria). A distanza di poco più di un secolo ogni illusione è venuta meno: Onorio sa bene che la maggior parte dei *redempti* non riuscirà mai a rimborsare i *redemptores*, la cui condizione rischia di trasformarsi, o nella coscienza sociale si è già trasformata, in una forma di schiavitù, non riconosciuta, né tollerabile, dal diritto ufficiale. Entro tale cornice bene si spiega la concessione ai *redempti* della possibilità di tornare liberi di fatto – perché liberi di diritto già sono in virtù del postliminio[295]– tramite prestazioni lavorative quinquennali, termine significativamente accompagnato dal timore che esso sia

---

294 Sulla mancata quantificazione del valore delle *operae* del *redemptus* (già rilevata da M. PAMPALONI, *Le persone* cit., 128 s. nt. 22), interverranno successivamente Leone e Costantino nell'*Ecloga* (8.6, in MONFERRATUS, 25; 8.2, in BURGMANN, 202), statuendo che esso sia accertato annualmente da parte di giudici: ὁ ἐκ τῶν ἐχθρῶν ἐλεύθερον ἀγοράζων αἰχμάλωτον καὶ ἐν τῷ ἰδίῳ οἶκῳ ἀποκαθιστῶν αὐτὸν, εἰ μὲν εὐπορεῖ τὰς στοιχηθείσας μεταξὺ αὐτῶν πληρῶσαι τιμὰς, ἀπολυέσθω ἐλεύθερος· ἐι δὲ ἀπορεῖ, ἐχέτω αὐτὸν ὁ ἀγοράσας μίσθιον μέχρις ἂν πληρωθῇ, ἅπερ ἐστοίχησεν, ὁριζομένου δηλονότι ὑπὸ ἀκροατῶν τοῦ ὀφείλοντος ἑκάστῳ ἔτει ὑπὲρ μισθῶν τῷ ἀγορασθέντι λογίζεσθαι.

295 Ho detto 'liberi di fatto', e non 'liberi di diritto', perché L. AMIRANTE, *Appunti* cit., 193, forse ispirato dalla frase '*hos decet ... habituros incolumem, si in ea nati sunt, libertatem*', ritiene che dalla costituzione di Onorio avrebbe tratto fonte la dottrina della sospensione del postliminio, asseritamente interpolata in alcuni passi conservati nel titolo D. 49.15 del Digesto e in taluni rescritti dioclezianei accolti nel titolo 8.50 del Codice giustinianeo (vd. sopra, nt. 104). Analogamente ritiene M.F. CURSI, *La struttura* cit., 212, secondo la quale «il rescritto [*scil.* la costituzione di Onorio] ... innova oltre che nella configurazione del *vinculum pignoris* funzionale allo sfruttamento della capacità lavorativa del *redemptus*, anche nella concezione del *ius postliminii*. La costituzione testimonia infatti il passaggio dalla concezione classica del rapporto *redemptio-postliminium*, a quella che sarà poi giustinianea. La cancelleria di Onorio non distingue più, come quella dioclezianea, tra *postliminium* e *restitutio ingenuitatis*, ma subordina il postliminio, quale riacquisto della *libertas*, alla *luitio*». Ora, se si conviene che di tale dottrina giustinianea non v'è traccia nei testi sospettati, le costruzioni dell'Amirante e della Cursi mi sembrano perdere consistenza. A mio avviso, la succitata frase va più correttamente riferita alla riacquistata libertà di fatto dei *redempti*, una volta venuta meno, con il rimborso pecuniario o la prestazione di *operae* quinquennali, la soggezione alla *retentio* dei *redemptores*.

giudicato troppo breve dai *redemptores*, oramai abituati ad usufruire *sine die*, e gratuitamente, delle *operae* di questi malcapitati. I successivi provvedimenti imperiali in materia – dalla costituzione di Leone del 468 fino alle ripetute statuizioni di Giustiniano[296]– sono volti a incentivare il riscatto di prigionieri; invece, della condizione del *civis redemptus ab hostibus* in quanto tale, non si fa più parola. È bensì vero che quando Giustiniano parla a proprio nome le espressioni *ius* (e *vinculum*) *pignoris* non compaiono mai, ma tale circostanza, lungi dal significare che esse siano frutto d'interpolazioni, prova semmai l'autenticità delle *sententiae prudentium* e delle costituzioni imperiali conservate nel *Corpus Iuris* nelle quali sono richiamate.

§ 6. La *redemptio ab hostibus* nella Repubblica e nella prima età imperiale

Terminato l'esame delle fonti giuridiche relative alla *redemptio ab hostibus*, le quali datano dalla giurisprudenza severiana in poi, analizziamo ora il responso di Servio riferito in Paul. 9 *ad ed.* D. 3.5.20 pr. e, tra le numerose fonti letterarie più o meno strettamente legate al nostro tema d'indagine[297], due soli brani: uno di Seneca (*De ben.* 2.21), l'altro di Plutarco (*Fab. Max.* 7.4-5). L'interesse per questi tre testi nasce dal fatto che – secondo la maggioranza degli studiosi – per tutta l'età repubblicana e i primi due secoli dell'Impero informazioni sulla condizione del *civis redemptus ab hostibus* sarebbero desumibili esclusivamente dalle opere di storici e retori, le cui testimonianze – gli stessi studiosi aggiungono – avrebbero significato univoco. Segnatamente, esse proverebbero che, prescindendo dalle iniziative di carattere politico assunte dal senato per la liberazione dei soldati caduti prigionieri del nemico, durante il lungo arco temporale in parola l'unica forma conosciuta di riscatto sarebbe stata la *redemptio pietatis causa* da parte di parenti e amici del *captivus*, dalla quale non sarebbe scaturito un obbligo di rimborso a carico del *redemptus*, né un diritto di ritenzione a favore del *redemptor*. Solo con la nota *constitutio de redemptis* – presumibilmente emanata tra la fine del II e gli inizi del III secolo al fine di incrementare i riscatti dei *captivi*, altrimenti insostenibili per le casse pubbliche, da parte dei *venaliciarii* – si sarebbe portato, per così dire, dentro al diritto ciò che fino a quel momento era stato fuori. Per la *redemptio* dei *servi* si dispose che i *redemptores* ne divenissero proprietari, anche se consapevoli della precedente appartenenza a un concittadino romano; per la *redemptio* dei *liberi* – secondo gli stessi autori – si sarebbe statuito che, fino al rimborso del prezzo del riscatto, i *redemptores* avrebbero potuto trattenere presso di sé i *redempti*, i quali – aggiungono altri – al rientro in patria non si sarebbero immediatamente avvantaggiati del *postliminium*.

296 Vd. sopra, ntt. 84 e 85.
297 Vd. sopra, ntt. 59, 60, 61, 62, 90.

Ora, in più punti dell'esposizione ho sostenuto che la *constitutio de redemptis* avrebbe disciplinato la *redemptio ab hostibus* dei soli schiavi, alla quale è testualmente riferita da Trifonino nel brano conservato in D. 49.15.12.8. Del resto, la tesi qui avversata – che ho chiamato 'Levy-Amirante' in omaggio ai suoi due principali propugnatori – poggia su un unico, quanto mai labile, argomento *e silentio*. Invero, il fatto che le fonti giuridiche e letterarie di cui disponiamo non ci informino espressamente, per l'età repubblicana e i primi due secoli dell'Impero, circa riscatti operati da privati non legati al *captivus* da vincoli di sangue o amicizia, di per sé non esclude non tanto che riscatti effettuati senza scopo liberale si siano concretamente verificati – il che è lapalissiano – quanto e soprattutto che, in tali casi, anche per l'epoca in discussione il *redemptor* godesse della stessa tutela (*i.e.* la *retentio* sul *redemptus*) che Paolo e Ulpiano e le successive costituzioni imperiali di Gordiano III e Diocleziano attestano essergli riconosciuta dalla fine del II secolo in poi.

Ma v'è di più. A me sembra che la *communis opinio* dottrinale sia contraddetta dai tre testi che mi appresto ad analizzare.

In primo luogo, un ragguaglio circa il regime della *redemptio ab hostibus*, contenuto in opere giuridiche e per di più risalente all'età repubblicana, in realtà esiste. Benché la fattispecie oggetto di decisione non sia perfettamente sovrapponibile ad alcuna tra quelle precedentemente incontrate, utili argomenti fornisce un celebre responso di Servio, raccolto dall'allievo Alfeno Varo e riferito da Paolo in

> Paulus 9 *ad edictum* D. 3.5.20 pr.: *Nam et Servius respondit, ut est relatum apud Alfenum libro trigensimo nono digestorum: cum a Lusitanis tres capti essent et unus ea condicione missus, uti pecuniam pro tribus adferret, et nisi redisset, ut duo pro eo quoque pecuniam darent, isque reverti noluisset et ob hanc causam illi pro tertio quoque pecuniam solvissent: Servius respondit aequum esse praetorem in eum reddere iudicium.*

A uno di tre cittadini romani, caduti prigionieri dei Lusitani, viene permesso di tornare in patria per procurare il denaro necessario a riscattare tutt'e tre; se non fosse tornato, gli altri due, per essere liberati, avrebbero dovuto pagare, oltre al proprio, anche il prezzo del suo riscatto. Il primo, rientrato in patria, non fa più ritorno; gli altri due, tornati a Roma dopo aver versato anche la terza parte del riscatto, chiedono giustizia. Servio giudica equo che il pretore conceda loro un'azione (*reddere iudicium*) nei confronti dello sleale compagno di prigionia.

Il responso serviano – che la quasi totalità degli interpreti ritiene pronunciato su un episodio effettivamente verificatosi[298]– è oggetto di ampia discussione, a partire dalla stessa condizione giuridica in cui versano i *tres capti a Lusitanis*.

---

298 Si tratterebbe invece di un caso di scuola secondo C. FERRINI, *Intorno ai Digesti di Alfeno Varo*, in *BIDR* 4 (1891), 4 (anche in ID., *Opere*, II, Milano 1929, 172), e, più recentemente, M. MIGLIETTA, «*Servius respondit?*». *Studi intorno a metodo e interpretazione nella scuola giuridica serviana – Prolegomena I –*, Trento 2010, 259 s. nt. 195, per il quale il brano presenterebbe altresì «margini di illogicità».

Limitandosi alla letteratura del secondo dopoguerra, Hans Hermann Seiler ritiene trattarsi di *capti ab hostibus*, poiché solo sul finire del I secolo a.C., e quindi prima di Servio (105-43 a.C.), la Lusitania sarebbe stata giuridicamente sottomessa e ridotta a provincia romana[299]: si tratterebbe, insomma, di *servi hostium*, che, al rientro in patria, avrebbero recuperato *iure postliminii* la *civitas libertasque*.

Di diverso avviso è Álvaro d'Ors, il quale ritiene che, ai tempi di Servio, contro i Lusitani non fosse possibile dichiarare un *bellum iustum*, dal momento che fin dal II secolo a.C. la *Lusitania* faceva parte della *Provincia Ulterior*, che sotto Augusto sarebbe stata solamente costituita come provincia autonoma. Saremmo di fronte a una vicenda verificatasi durante la guerra civile sertoriana (82-72 a.C.)[300]: i nostri prigionieri, catturati '*in civilibus dissensionibus*', avrebbero quindi conservato immutato il loro *status*[301].

Infine, che la condizione giuridica dei *capti a Lusitanis* non sia cambiata per effetto della prigionia sostiene anche Aldo Cenderelli, ma non perché catturati durante una rivolta, bensì perché rapiti da una banda di briganti (*latrones*). Il nostro episodio, che si ambienterebbe meglio in un contesto nel quale non sono più in corso operazioni belliche, si sarebbe verificato all'incirca tra il 75 e il 70 a.C., comunque successivamente al trionfo di Pompeo (79 a.C.)[302]; i protagonisti sarebbero *capti a latronibus*, con il che il ventaglio delle possibili opzioni interpretative è completo.

Intorno a questo primo punto di discussione mi sembra interessante osservare che, nelle fonti giuridiche, troviamo utilizzate le locuzioni, tra loro omogenee, '*ab hostibus captus*' e '*a latronibus captus*' (o anche '*a piratis captus*')[303], mentre i termini (*captivitas* e) *captivus* indicano, restrittivamente, (la situazione di) chi cada prigioniero dei soli *hostes*[304]. Al riguardo, particolarmente significativa è la

---

299 H.H. SEILER, *Der Tatbestand der Negotiorum gestio in römischen Recht*, Köln-Graz 1968, 82 nt. 10; successivamente, A. GUARINO, *Servio e i prigionieri dei Lusitani*, in *Labeo* 15 (1969), 236 s., anche in ID., *Pagine* cit., 423 ss. (da cui cito); K.-H. ZIEGLER, *Lösegeld-Probleme* cit., 383; M.V. SANNA, *Ricerche* cit., 39 s.

300 Á. D'ORS, *Un episodio juridico de la guerra sertoriana*, in *AHDE* 48 (1978), 270 e nt. 1, sulla scorta di L. MITTEIS, *Römisches Privatrecht* cit., I, 128 nt. 10; concorde M.F. CURSI, *La struttura* cit., 196.

301 Secondo quanto riferisce Ulpiano in D. 49.15.21.1 (vd. sopra, nt. 266).

302 A. CENDERELLI, *La negotiorum gestio. Corso esegetico di diritto romano*, I, *Struttura, origini, azioni*, Torino 1997, 167; ID., *In tema di origini e sviluppo delle actiones negotiorum gestorum*, in AA. VV., *Studi in memoria di Giambattista Impallomeni*, Milano 1999, 95 e nt. 14; vd. già nello stesso senso G. PACCHIONI, *Contributo critico alla dottrina delle azioni negotiorum gestorum*, in *BIDR* 9 (1896), 56 s. Per l'immutato *status* dei *capti a piratis aut latronibus* vd. sotto, nt. 326.

303 Cfr., ad esempio, Ulp. 1 *inst.* D. 49.15.24: ... *qui a latronibus captus est ... ab hostibus autem captus ...*; Paul. 16 *ad Sab.* D. 49.15.19.2: *A piratis aut latronibus capti ....*

304 Cfr. Marcell. 22 *dig.* D. 49.15.1; Pomp. 37 *ad Q.M.* D. 49.15.5.3; Pap. 29 *quaest.* D. 49.15.10.1; Tryph. 4 *disp.* D. 49.15.12.1-3-4-5-9-12; Pomp. 36 *ad Sab.* D. 49.15.20 pr.; Ulp. 5 *opin.* D. 49.15.21.1; Iul. 62 *dig.* D. 49.15.22.1-2; Flor. 6 *inst.* D. 49.15.26 pr.;

distinzione terminologica che Ulpiano ha cura di operare, ai fini del mantenimento o meno della capacità di testare, tra chi sia prigioniero di *hostes* (che la perde) e chi sia tenuto in ostaggio da *latrunculi* (che invece la conserva): '*Si incertus quis sit, captivus sit an a latrunculis obsessus ...*' leggiamo in Ulp. 1 *fideic.* D. 32.1 pr.; altrettanta acribia nella scelta dei vocaboli il giurista severiano pone nel distinguere tra i due soggetti – che, per conservare rigore anche al nostro modo di esprimerci, potremmo definire l'uno vero e proprio 'prigioniero', l'altro semplice 'ostaggio' – ai fini dell'integrazione o meno del requisito dell'*absentia*: '*Abesse non videtur, qui ab hostibus captus est, sed qui a latronibus detinetur*' leggiamo in Ulp. 8 *de omn. trib.* D. 50.16.199.1[305]. Il medesimo discorso vale anche per chi, durante una guerra civile, sia catturato dai rivoltosi dell'opposta fazione, relativamente al quale non può propriamente parlarsi, secondo quanto apprendiamo da Ulp. 5 *opin.* D. 49.15.21.1, né di *iura captivitatium* né, prima ancora, di *captivitas*[306].

Lab. 4 *a Paul. epith.* D. 49.15.28; sinonimo di *captivus* è '*hostium potitus*': cfr. Ulp. 12 *ad ed.* D. 4.6.15 pr.; Ulp. 11 *ad Sab.* D. 29.1.10; Pap. 31 *quaest.* D. 49.15.11 pr.; Tryph. 4 *disp.* D. 49.15.12.6; Iul. 62 *dig.* D. 49.15.22.1: sul punto vd. *VIR*, I, s.vv. *captivitas, captivus*, 623; H.G. HEUMANN – E. SECKEL, *Handlexicon* cit., s.vv. *captivitas, potiri*, 55 s., 444 n. 1.

305 Considerati i molteplici risvolti applicativi dell'*absentia*, la distinzione in parola è molto importante. Basti pensare alla tutela: il *captus ab hostibus* non può essere nominato tutore (I. 1.20.2; Ulp. 38 *ad Sab.* D. 26.1.6.4; Ulp. 37 *ad Sab.* D. 26.1.14.2; Ulp. 38 *ad Sab.* D. 26.1.15; Ulp. 38 *ad Sab.* D. 26.4.3.5) e, se nominato, cessa dall'ufficio, salvo esservi reintegrato *iure postliminii* (Ulp. 35 *ad ed.* D. 27.3.7-Pap. 28 *quaest.* D. 27.3.8); nominato tutore può invece essere il *captus a latronibus*, il quale può anche dare tutori (Gai. 12 *ad ed. prov.* D. 26.5.5). Diversamente, la *restitutio in integrum* dei maggiori di venticinque anni d'età (Ulp. 12 *ad ed.* D. 4.6.1.1; O. LENEL, *Das Edictum perpetuum* cit., 96) si applica, oltre che all'assente *rei publicae causa*, anche a chi si sia trovato '*in vinculis servitute hostiumque potesate*', ivi compreso '*qui a latronibus aut praedonibus vel potentiore vi oppressus vinculis coercebatur*' (Call. 2 *ad ed. monit.* D. 4.6.9, a commento del lemma edittale '*in vinculis*'). Sull'*absentia* vd., tra le pubblicazioni più recenti, B. PERIÑAN GÓMEZ, *Un estudio sobre la ausencia en Derecho romano: absentia y postliminium*, Granada 2008; L. D'AMATI, *L'inattività del convenuto nel processo formulare: 'indefensio', 'absentia' e 'latitatio'*, Napoli 2016.

306 Vd. sopra, nt. 266; altrettanto istruttivo è il fatto che in Diocl.-Max. C.7.14.4 (citato nella stessa nota) l'ostaggio dell'opposta fazione è detto non '*captivus*', bensì '*velut captivus*'. Meno rigoroso sembra essere l'utilizzo di '*captivus*' nelle fonti letterarie (ma il punto necessiterebbe un maggior approfondimento, che fuoriesce dal perimetro della presente indagine). Ad esempio, pur narrando un episodio verificatosi nel contesto del conflitto tra Vitellio e Vespasiano, Tacito parla di '*captivi*' e di '*emptio mancipiorum*' a proposito dei cittadini di Cremona fatti prigionieri dalle milizie di Antonio Primo (generale di Vespasiano), dopo la resa e l'incendio della città nell'anno 69. Viene emesso un editto, con cui si vieta di tenerli prigionieri; nell'Italia intera non c'è una sola persona disposta a comperarli come schiavi (*Antonius ... edixit, ne quis Cremonensem captivum detineret inritamque praedam militibus effecerat consensus Italiae, emptionem talium mancipiorum aspernantis*); i soldati,

Ebbene, quanto precede è per dire che, nel passo in esame, la locuzione '*cum a Lusitanis tres capti essent*' non consente, isolatamente considerata, di dare la preferenza all'una piuttosto che all'altra tra le varie alternative esegetiche sul tappeto. Più efficaci, al fine di dirimere la questione, sono gli argomenti di ordine palingenetico portati da Giovanni Finazzi. L'autore osserva che nel libro IX del commentario di Paolo *ad edictum*, dal quale è tolto, il nostro frammento seguiva al brano ora conservato in D. 3.5.17, relativo a un caso di *negotiorum gestio* iniziata mentre il gerente si trovava in stato di schiavitù; inoltre, la contiguità con Ulp. 10 *ad ed.* D. 3.5.19, relativo all'esperibilità dell'*actio negotiorum gestorum directa* (e *contraria*) da parte (e nei confronti) dell'erede del gerito morto *apud hostes*, mostra come anche i compilatori considerassero il nostro episodio alla stregua di un caso di prigionia di guerra; infine, nel XXIX libro dei Digesti di Alfeno Varo, nel quale Paolo leggeva il responso di Servio, si trattava di *leges* e *senatusconsulta*, e tra le prime, verosimilmente, della *lex Cornelia de captivis*. Insomma, tutte queste circostanze portano a pensare che i protagonisti della vicenda fossero prigionieri di guerra, ridotti, in quanto tali, alla condizione di *servi hostium*[307].

---

non potendo vendere la '*inrita praeda*', iniziano a massacrare i prigionieri; saputo ciò, amici e parenti si precipitano a riscattarli di nascosto. Qui di seguito trascrivo il racconto del sacco di Cremona (Tac. *Hist.* 3.33-34), in omaggio alla maestria insuperabile con cui lo storico latino restituisce ritmo e vividezza al tragico precipitare degli eventi: *Quadraginta armatorum milia inrupere, calonum lixarumque amplior numerus et in libidinem ac saevitiam corruptior. Non dignitas, non aetas protegebat quo minus stupra caedibus, caedes stupris miscerentur. Grandaevos senes, exacta aetate feminas, vilis ad praedam, in ludibrium trahebant; ubi adulta virgo aut quis forma conspicuus incidisset, vi manibusque rapientium divulsus ipsos postremo direptores in mutuam perniciem agebat. Dum pecuniam vel gravia auro templorum dona sibi quisque trahunt, maiore aliorum vi truncabantur. Quidam obvia aspernati verberibus tormentisque dominorum abdita scrutari, defossa eruere: faces in manibus, quas, ubi praedam egesserant, in vacuas domos et inania templa per lasciviam iaculabantur; utque exercitu vario linguis, moribus, cui cives, socii, externi interessent, diversae cupidines et aliud cuique fas nec quicquam inlicitum. Per quadriduum Cremona suffecit. Cum omnia sacra profanaque in igne considerent, solum Mefitis templum stetit ante moenia, loco seu numine defensum. Hic exitus Cremonae anno ducentesimo octogesimo sexto a primordio sui. condita erat Ti. Sempronio P. Cornelio consulibus, ingruente in Italiam Annibale, propugnaculum adversus Gallos trans Padum agentis et si qua alia vis per Alpis rueret. Igitur numero colonorum, opportunitate fluminum, ubere agri, adnexu conubiisque gentium adolevit floruitque, bellis externis intacta, civilibus infelix. Antonius pudore flagitii, crebrescente invidia, edixit ne quis Cremonensem captivum detineret. Inritamque praedam militibus effecerat consensus Italiae, emptionem talium mancipiorum aspernantis; occidi coepere; quod ubi enotuit, a propinquis adfinibusque occulte redemptabantur. Mox rediit Cremonam reliquus populus: reposita fora templaque magnificentia municipum; et Vespasianus hortabatur.*

307 G. FINAZZI, *Ricerche in tema di 'negotiorum gestio'*, I, *Azione civile e azione pretoria*, Napoli 1999, 82 ss.; II.1, *Requisiti delle azioni negotiorum gestorum*, Cassino 2003, 122; per la palingenesi del testo paolino vd. O. LENEL, *Palingenesia* cit., I, 981.

Altrettanto oscuro, nel silenzio del testo, è il mezzo processuale concretamente esperibile dai due prigionieri tornati a Roma per ottenere giustizia nei confronti dello sleale compagno di prigionia[308]. Le opzioni astrattamente disponibili sono *actio mandati*, *actio negotiorum gestorum* (entrambe nella forma *directa* o *contraria*, anche in via utile) o, infine, un'azione decretale *in factum concepta*.

Lo Seiler non prende esplicita posizione al riguardo o, meglio, esclude tutte le opzioni disponibili. Anzitutto, egli scarta le azioni (diretta e contraria) nascenti dal mandato, sia perché il contratto, concluso mentre i prigionieri erano *servi hostium*, e quindi privi della necessaria capacità giuridica, sarebbe stato invalido[309], sia perché, comunque, le condizioni dell'incarico sarebbero state imposte dai Lusitani, e non concordate tra i due 'mandanti' rimasti prigionieri e il 'mandatario' inadempiente, rientrato a Roma per poi non tornare a riscattare gli altri due compagni. Di seguito, a causa dell'assenza dell'*utilitas*, dovrebbe escludersi la concessione, sia pure in via utile, dell'azione gestoria (vuoi diretta vuoi contraria): il prigioniero sleale, una volta rientrato *intra fines*, non aveva alcun interesse al pagamento del proprio riscatto da parte degli altri due rimasti presso i Lusitani; questi ultimi, d'altro canto, non potevano sostenere di aver agito nell'interesse altrui, dal momento che il pagamento del riscatto era avvenuto, se non esclusivamente, quantomeno prevalentemente nel loro interesse. Infine, lo studioso tedesco non si pronuncia espressamente nemmeno a favore di un'azione decretale, ultima alternativa rimasta sul campo[310].

Di seguito, l'interpretazione del d'Ors si segnala per originalità. Escluso il mandato, ma per ragioni diverse da quelle evidenziate dallo Seiler[311], egli ritiene che il

---

308 Nemmeno le fonti bizantine sono d'aiuto, dal momento che in B. 17.1.20 (in ZACHARIAE, 142 s.), si discutono solo i successivi paragrafi di Paul. 9 *ad ed.* D. 3.5.20.

309 Vd. già in questo senso A. BECHMANN, *Das ius postliminii und die lex Cornelia. Ein Beitrag zur Dogmatik des römischen Rechts*, Erlangen 1872, 71 s., che pure astrattamente ritiene sussistere tra i tre prigionieri un accordo i cui contorni corrispondono allo schema del mandato.

310 H.H. SEILER, *Der Tatbestand* cit., 80 ss., con ampia rassegna della precedente letteratura, dalla Glossa in poi; anche A. GUARINO, *Servio* cit., 424, che pure critica l'approccio esegetico dello Seiler, ritenuto qui eccessivamente conservativo nei confronti del dato testuale, procede per esclusione. Scartato il *mandatum* ed esclusa la *negotiorum gestio*, il Maestro napoletano conclude ipotizzando che qualcosa nel testo sia caduto, e che Servio proponesse – come già sostenuto da J. PARTSCH, *Studien zur Negotiorum Gestio*, I, Heidelberg 1913, 41 s. – la concessione in via utile dell'*actio negotiorum gestorum* (*contraria*).

311 Á. D'ORS, *Un episodio juridico* cit., 277 s., ritiene infatti superabili le obiezioni opposte all'*actio mandati*: trattandosi – *in thesi* – di guerra civile, i prigionieri non hanno perso la capacità giuridica, e possono quindi validamente obbligarsi; inoltre, nel momento in cui fanno proprio l'ordine dei Lusitani, essi danno e si assumono reciprocamente un incarico, gli uni come mandanti l'altro come mandatario. L'argomento decisivo sarebbe un altro: alla conclusione del mandato osterebbe la natura consensuale e di buona fede del contratto, che non potrebbe essere concluso da

contesto sia compilatorio che palingenetico conducano univocamente a pensare che Paolo trattasse dell'*actio negotiorum gestorum*. Ma, a questo punto, il Maestro spagnolo si chiede: chi è realmente il *gestor* e chi il *dominus negotii*? Contrariamente a ciò che appare naturale pensare, il *gestor* sarebbe il prigioniero sleale, *domini negotii* gli altri due. Questi ultimi non potrebbero considerarsi *gestores* del primo, dal momento che non v'era alcun bisogno di pagare il prezzo del riscatto di un concittadino già tornato in patria, né tra questo e i Lusitani sussisteva alcuna obbligazione che, giuridicamente parlando, necessitasse di essere estinta. D'altra parte, il primo prigioniero, pur non potendo essere considerato un mandatario, potrebbe essere ritenuto un *negotiorum gestor*. Il ragionamento è il seguente: assunta la gestione come non-mandatario, una volta rientrato in patria egli non era più sottoposto alla coazione esercitata da parte dei Lusitani. Si sarebbe quindi 'tramutato' in un *gestor* che, dolosamente, non avrebbe portato a termine la gestione iniziata. Di qui la concessione, nei suoi confronti, dell'*actio negotiorum gestorum* (*directa*)[312], successivamente espunta – ma non è chiaro per quali motivi – dal testo paolino.

Non concorda con tale conclusione il Cenderelli: benché Paolo tratti il caso nell'ambito del commento all'editto *de negotiis gestis*, egli non fa cenno ad alcuna azione edittale; Servio si sarebbe quindi pronunciato per una tutela pretorile di

---

soggetti tenuti ostaggi, e quindi psicologicamente coartati. Ad ogni modo, sull'esclusione del mandato sono tutti d'accordo: vd. anche M. TALAMANCA, *La tipicità dei contratti romani fra 'conventio' e 'stipulatio' fino a Labeone*, in F. MILAZZO (cur.), *Contractus e pactum. Tipicità e libertà negoziale nell'esperienza tardo-repubblicana. Atti del convegno di diritto romano e della presentazione della nuova riproduzione della littera Florentina (Copanello, 1-4 giugno 1988)*, Napoli 1990, 79 s., e A. CENDERELLI, *La negotiorum gestio* cit., 163 ss., il quale aggiunge due ulteriori argomenti. Il primo è che, se anche il prigioniero sleale fosse considerato mandatario, l'incarico avrebbe rilievo giuridico solo con riferimento alle due quote di riscatto dei prigionieri rimasti presso i Lusitani, non anche alla sua, che sarebbe irripetibile: di qui l'inesperibilità dell'*actio mandati* (*directa*). Il secondo è che non potrebbe astrattamente ritenersi esistente nemmeno un secondo mandato, subordinato all'inadempimento – puntualmente verificatosi – dell'incarico assunto dal *missus* rientrato in patria, il quale avrebbe successivamente assunto il ruolo di mandante rispetto ai due prigionieri (mandatari) rimasti presso i Lusitani. Costoro, infatti, non avrebbero potuto validamente impegnarsi in previsione che il primo non volesse tornare a riscattarli (*reverti noluisset*), violando così le regole di lealtà e correttezza che stanno alla base del mandato: di qui l'inesperibilità (anche) dell'*actio mandati* (*contraria*).

312 Á. D'ORS, *Un episodio juridico* cit., 275 s. L'*actio doli* sarebbe invece esclusa dal fatto che non si tratterebbe di dolo *causam dans*; inoltre, all'epoca del responso di Servio – che lo studioso spagnolo colloca tra il 78 a.C., anno d'inizio dell'attività del giurista, e il 73 a.C., anno della morte di Sertorio (*ibid.*, 271) – tale rimedio pretorile non esisteva ancora, essendo stato introdotto nell'editto nel 66 a.C. (*ibid.*, 276 nt. 16; per vero la datazione dell'azione di dolo è notoriamente controversa: sul punto vd. F. D'IPPOLITO, *Sulla data dell'«actio de dolo»*, in *Labeo* 41 [1995], 247 ss., anche in AA. VV., *'Fraterna munera'. Studi in onore di Luigi Amirante*, Salerno 1998, 161 ss.).

carattere decretale. Se, infatti, all'epoca in cui egli rendeva il responso, fosse esistito l'editto *de negotiis gestis*, in base al quale, per il solo fatto materiale dell'intervento gestorio in affari altrui, al *gestor* era consentito di recuperare le spese utilmente sostenute, i due prigionieri non avrebbero avuto problema alcuno ad esercitare l'*actio negotiorum gestorum* (*contraria*): «essi – scrive l'autore – non si sarebbero, verosimilmente, trovati nella necessità di consultare in argomento il più grande giureconsulto dell'epoca, e soprattutto Servio non avrebbe certo suggerito che il pretore facesse luogo alla concessione di un'*actio decretalis* sulla base dell'equità, quando già disponeva di un rimedio processuale generale applicabile alla fattispecie. Non si può nemmeno escludere che, a rivolgersi per consiglio al giurista Servio, fossero stati non gli interessati, ma direttamente il pretore cui essi si erano rivolti, e che (appunto per l'inesistenza di una previsione generale di azione) non sapeva che pesci pigliare»[313].

Chiudo questa breve rassegna di opinioni con il Finazzi. Diversamente dal Cenderelli, egli ritiene che all'epoca di Servio esistesse già l'editto *de negotiis gestis*, ma che fosse ancora circoscritto ai rapporti tra il *dominus litis* e il *defensor*. La conclusione è, però, la medesima: esclusa la concessione (sia pure in via utile) delle azioni nascenti dal mandato e dalla gestione di affare altrui, trattandosi qui di gestione extraprocessuale, il pretore avrebbe accordato ai due prigionieri un'*actio in factum* decretale[314].

Se pure questa sembra essere la soluzione più plausibile, ad ogni modo, al di là dell'azione concretamente accordata ai due ex prigionieri, quel che preme qui osservare è che Servio riconosce giuridicamente degna di tutela la loro pretesa restitutoria; da questo punto di vista, ad essere «completamente oscuro» – come osservava esattamente Josef Partsch[315]– è lo stesso fondamento sostanziale del responso. Ebbene, a mio parere la difficoltà del caso è che qui si tratta, per così dire,

---

313 A. CENDERELLI, *La 'negotiorum gestio'* cit., 165 s. (posizione ribadita in ID., *In tema di origini e sviluppo* cit., 97).

314 G. FINAZZI, *Ricerche* cit., I, 82 ss. Tra gli studiosi della *redemptio ab hostibus*, sostiene invece l'esperibilità dell'*actio negotiorum gestorum* (*contraria*) edittale M.V. SANNA, *Ricerche* cit., 40, per la quale «non deve stupire che le fonti severiane non menzionino la possibilità di un'*actio negotiorum gestorum*, perché il problema non appariva più attuale, essendo stato risolto dalla *constitutio de redemptis* con la concessione del *ius retentionis* a favore del *redemptor*». Ora, a prescindere dalla questione concernente l'ambito applicativo della *constitutio de redemptis* – che ritengo limitata alla *redemptio* dei *servi* – la *retentio*, nel caso in questione, era chiaramente inapplicabile, trovandosi il *redemptus* già in patria nel momento in cui gli altri due versavano al nemico (anche) il prezzo del suo riscatto; inoltre, se Paolo avesse espressamente menzionato l'azione edittale, non si comprende quale motivo avrebbe spinto i compilatori ad eliminarla. Sul responso serviano vd. anche, da ultimo, G. DEPPENKEMPER, *Negotiorum gestio – Geschäftsführung ohne Auftrag. Zu Entstehung, Kontinuität und Wandel eines Gemeineuropäischen Rechtsinstituts*, Osnabrück 2014, 227 s. nt. 1162.

315 J. PARTSCH, *Studien* cit., 42.

di una '*redemptio ex post*': i due riscattanti pagano (anche) il prezzo del riscatto di un concittadino che, in realtà, è già rientrato in patria. L'unico mezzo volto a tutelare la pretesa del *redemptor*, vale a dire la *retentio* sul *redemptus*, è quindi inapplicabile, dal momento che, per l'appunto, il *redemptus* non si trova più *apud hostes*, bensì è già rientrato *intra fines*. Esclusa la *retentio*, assenti azioni edittali applicabili alla fattispecie, la sensibilità giuridica di Servio non poteva tollerare che il prigioniero sleale la facesse franca, talché non restava che addossargli l'obbligo di rimborso direttamente sulla base dell'*aequitas*.

Veniamo ora alle fonti letterarie. Sul brano di Seneca, trascritto qui di seguito, ha già insistito, a mio avviso con buone ragioni, il Maffi.

> Seneca *De beneficiis* 2.21: *Illud magis venire in aliquam disputationem potest, quid faciendum sit captivo, cui redemptionis pretium homo prostituti corporis et infamis ore promittit. Patiar me ab impuro servari? Servatus deinde quam illi gratiam referam? Vivam cum obsceno? Non vivam cum redemptore? Quid ergo placeat, dicam: etiam a tali accipiam pecuniam, quam pro capite dependam, accipiam autem tamquam creditum non tamquam beneficium; solvam illi pecuniam et, si occasio fuerit servandi periclitatem, servabo; in amicitiam, quae similes iungit, non descendam, nec servatoris illum loco numerabo sed feneratoris, cui sciam reddendum, quod accepi.*

Un uomo di pessima reputazione si dichiara disponibile a pagare il prezzo del riscatto di un prigioniero[316]. Questi è attanagliato dal dilemma: accettare o meno l'offerta di soccorso? Il prigioniero si decide ad accettare, tuttavia come se si trattasse di un mutuo, non di una donazione (*tamquam creditum non tamquam beneficium*).

Tra le altre domande, il prigioniero di Seneca si chiede: '*Vivam cum obsceno? Non vivam cum redemptore?*'. Il Maffi acutamente osserva che «queste parole fanno chiaramente pensare che la sorte abituale del *redemptus* fosse appunto quella di essere portato nella casa del *redemptor* ed ivi trattenuto anche contro la sua volontà ... E questa residenza forzata, che si prospetta come inevitabile anche in caso di riscatto a titolo oneroso, non può avere altro scopo che quello di esercitare su di lui una coazione psicologica tale da indurlo a rimborsare il pezzo del riscatto. Io ritengo quindi che sia attestata qui per la prima volta quella *retentio* che poi emergerà nelle fonti giuridiche posteriori come elemento caratterizzante della condizione del *redemptus* libero (e che non abbiamo alcun motivo per non far risalire ben prima dell'età di Seneca)»[317].

---

316 Seneca non specifica di chi sia caduto prigioniero il suo personaggio immaginario: se, cioè, di *hostes*, *piratae* o *latrones*. Inoltre, alla luce di quanto detto prima (vd. sopra, nt. 306), non trattandosi di un testo giuridico l'utilizzo del termine '*captivus*' qui non è d'aiuto. Sul punto è quindi bene sospendere il giudizio.

317 A. MAFFI, *Ricerche* cit. 178 (il cui «abile utilizzo» del testo senechiano è rimarcato anche nella recensione di K.-H. ZIEGLER, in *Gnomon* 67 [1995], 728); lo studioso milanese ha successivamente ribadito le proprie convinzioni, a fronte delle critiche della Sanna, in ID., *Recensione* cit., 179. Un secondo brano di Seneca (*De ben.* 6.13-14),

In senso contrario c'è chi sostiene, a difesa della tesi Levy-Amirante, che la domanda del *redemptus* sull'opportunità di una convivenza con il *redemptor* sarebbe «collegata al problema di dimostrargli la sua riconoscenza»[318], ma l'obiezione, a mio avviso, non scalfisce l'argomentazione contro cui è diretta. Se è vero oggi, anche ai tempi di Seneca non si può certo dire che l'andare a vivere nella casa del proprio benefattore (ammesso e non concesso di esservi accolti!) rappresentasse un'usuale manifestazione di riconoscenza. In breve, se ci chiediamo perché il prigioniero di Seneca sia attanagliato dal dilemma se vivere o meno nella casa dell'*obscenus*, mettendo così a repentaglio il proprio onore, dobbiamo per l'appunto concludere che il *redemptus*, di norma, dovesse soggiornare presso la *domus* del *redemptor*, essendo assoggettato alla di lui *retentio*.

Esaminiamo ora un secondo testo letterario, al quale la dottrina ha dedicato scarsa attenzione, e che invece può fornire elementi utili al fine di verificare la verosimiglianza dell'ipotesi della risalenza all'età repubblicana del potere del *redemptor* sul *redemptus*. Si tratta di un brano di Plutarco, nel quale si narra un episodio verificatosi all'indomani della battaglia del Trasimeno (217 a.C.): dando esecuzione a un patto siglato con Annibale, Fabio Massimo riscatta di tasca propria i commilitoni caduti in mano nemica. La vicenda è riferita anche da Livio; qui di seguito trascrivo entrambe le versioni dell'episodio, per poi riportare una recente traduzione del testo plutarcheo.

Plutarchus *Fabius Maximus* 7.4-5: ὡμολογήκεισαν γὰρ αὐτοῖς ἄνδρα μὲν ἀνδρὶ λύεσθαι τῶν ἁλισκομένων, εἰ δὲ πλείους οἱ ἕτεροι γένοιντο, διδόναι δραχμὰς ὑπὲρ ἑκάστου τὸν κομιζόμενον πεντήκοντα καὶ διακοσίας. ὡς οὖν γενομένης τῆς κατ' ἄνδρα διαμείψεως εὑρέθησαν ὑπόλοιποι Ῥωμαίων παρ' Ἀννίβᾳ τεσσαράκοντα καὶ διακόσιοι, τούτων ἡ σύγκλητος ἔγνω τὰ λύτρα μὴ πέμπειν, καὶ προσητιᾶτο τὸν

---

che trascrivo qui di seguito, non offre invece utili spunti di riflessione, dal momento che, nel caso ivi ipotizzato, il riscatto dei prigionieri è posto come condizione per il conseguimento di una carica magistratuale da parte del riscattante: *'puta' inquit 'aliter fieri non posse me magistratum, quam si decem captos cives ex magno captivorum numero redemero: nihil debebis mihi, cum servitute ac vinculis liberavero? Atqui mea id causam faciam' Adversus hoc respondeo: 'Aliquid istic tua causa facis, aliquid mea: tua, quod redimis, mea, quod me redimis: tibie nim ad utilitatem tuam satis est quoslibet redemisse. Itaque debeo, non quod redimis me, sed quod eligis; poteras enim et alterius redemptione idem consequi, quod mea. Utilitatem rei partiris mecum et in me beneficium recipis duobus profuturum. Praefers me aliis; hoc totum mea causa facis. Itaque, si praetorem te factura esset decem captivorum redemptio, decem autem soli captivi essemus, nemo quicquam tibi deberet ex nobis, quia nihil haberes, quod cuiquam imputares, a tua utilitate seductum'*. Su quest'ultimo testo vd. A. MAFFI, *Ricerche* cit. 177, e le repliche di M.F. CURSI, *Ricerche* cit., 197 e nt 21.

318 Così M.V. SANNA, *Ricerche* cit., 25, sulla scia di M.F. CURSI, *Ricerche* cit., 197 nt. 21, per la quale, ugualmente, «la domanda che si pone il riscattato sull'opportunità di una convivenza con il *redemptor* ha il senso di una eventuale soluzione al problema di dimostrare in modo tangibile la sua riconoscenza».

Φάβιον ὡς οὐ πρεπόντως οὐδὲ λυσιτελῶς ἄνδρας ὑπὸ δειλίας πολεμίων ἄγραν γενομένους ἀνακομιζόμενον. ταῦτ' ἀκούσας ὁ Φάβιος τὴν μὲν ὀργὴν ἔφερε πρᾴως τῶν πολιτῶν, χρήματα δ' οὐκ ἔχων, διαψεύσασθαι δὲ τὸν Ἀννίβαν καὶ προέσθαι τοὺς πολίτας οὐχ ὑπομένων, ἔπεμψε τὸν υἱὸν εἰς Ῥώμην κελεύσας ἀποδόσθαι τοὺς ἀγροὺς καὶ τὸ ἀργύριον εὐθὺς ὡς αὐτὸν ἐπὶ τὸ στρατόπεδον κομίζειν. ἀποδομένου δὲ τοῦ νεανίσκου τὰ χωρία καὶ ταχέως ἐπανελθόντος ἀπέπεμψε τὰ λύτρα τῷ Ἀννίβᾳ καὶ τοὺς αἰχμαλώτους ἀπέλαβε· καὶ πολλῶν ἀποδιδόντων ὕστερον παρ' οὐδενὸς ἔλαβεν, ἀλλ' ἀφῆκε πᾶσι.

Livius *Ab Urbe condita* 22.23.6-8: *In permutandis captivis, quod sic primo Punico bello factum erat, convenerat inter duces Romanum Poenumque ut, quae pars plus reciperet quam daret, argenti pondo bina et selibras in militem praestaret. Ducentis quadraginta septem cum plures Romanus quam Poenus recepisset argentumque pro eis debitum, saepe iactata in senatu re, quoniam non consuluisset patres, tardius erogaretur, inviolatum ab hoste agrum misso Romam Quinto filio vendidit, fidemque publicam impendio privato exsolvit.*

«I due generali [*scil.* Fabio e Annibale] avevano convenuto di scambiarsi i prigionieri uomo contro uomo e che se una delle due parti ne aveva più dell'altra, quella che doveva ricevere gli uomini avrebbe pagato un riscatto di duecentocinquanta dracme per ciascuno. Avvenuto lo scambio, risultò che in mano di Annibale rimanevano ancora duecentoquaranta Romani; per costoro il senato decise di non mandare il riscatto e accusò Fabio di voler recuperare senza decoro né vantaggio uomini che erano finiti prigionieri del nemico per la loro viltà. Saputo ciò Fabio sopportò serenamente il risentimento dei cittadini e poiché non aveva denaro né voleva acconciarsi a mancare di parola ad Annibale e ad abbandonare i concittadini, mandò a Roma il proprio figlio con l'ordine di vendere le loro tenute e di portargli subito al campo il ricavato. Il giovane, vendute le terre, tornò rapidamente; Fabio allora mandò il riscatto ad Annibale e recuperò i prigionieri. Più tardi molti di questi avrebbero voluto rimborsarlo del denaro speso, ma egli non l'accettò e condonò a tutti il loro debito»[319].

Tranne che per alcune trascurabili differenze, il più breve racconto di Livio grossomodo coincide con quello di Plutarco[320]. Ma mentre la narrazione dello storico latino si conclude con un elogio della magnanimità di Fabio, il quale, a proprie spese, conservò intatto il buon nome romano (*fidemque publicam impendio privato exsolvit*), lo storico greco aggiunge un ulteriore dettaglio, pressoché ignorato in letteratura, e che a me sembra invece essere molto importante: «più tardi molti di questi [i soldati riscattati] avrebbero voluto rimborsarlo del denaro speso, ma egli

319 La traduzione è di A. SANTONI, in PLUTARCO, *Pericle e Fabio Massimo. Vite parallele*, Milano 2017^7, 343.

320 Nel racconto di Livio i prigionieri riscattati sono duecentoquarantasette; inoltre, il senato non avrebbe deciso di non mandare il riscatto, bensì avrebbe indugiato perché non espressamente consultato da Fabio.

[Fabio] non lo accetto e condonò a tutti il loro debito» (καὶ πολλῶν ἀποδιδόντων ὕστερον παρ' οὐδενὸς ἔλαβεν, ἀλλ' ἀφῆκε πᾶσι)[321].

Il Levy si sofferma su entrambi i testi, il liviano e il plutarcheo, per poi concludere così: «the legal relation, if any, of Fabius and the ex-prisoners is evidently one between citizens and distinctly opposed to that of master and slaves»[322]. L'osservazione è senz'altro corretta, benché, nel discorso dell'insigne studioso, essa miri a dimostrare la tesi qui avversata: che, cioè, fino alla *constitutio de redemptis*, la *redemptio* avrebbe rappresentato un *beneficium* per il *redemptus*[323].

A mio avviso, il punto è un altro. A una più attenta lettura, la frase finale dello storico greco suscita un'altra domanda. Se, come affermano i sostenitori della tesi Levy-Amirante, fino alla *constitutio de redemptis* la *redemptio* sarebbe stata totalmente priva di conseguenze giuridiche, che senso ha il gesto di Fabio, il quale non solo non accetta il rimborso offertogli da molti tra i soldati riscattati, ma rimette a tutti il debito? In altri termini, perché condonare a tutti ciò che nessuno – *in thesi* – sarebbe tenuto a pagare?

L'unica risposta plausibile, a me sembra, è che i soldati riscattati sono giuridicamente (e non solo moralmente) tenuti a rimborsare a Fabio il *pretium redemptionis*. Occorre infatti considerare che, mentre negli altri testi letterari comunemente addotti, nei quali il riscatto dei prigionieri avviene in conseguenza di iniziative di carattere pubblico e con somme dell'erario, oppure grazie all'intervento di parenti o amici del *captivus*, nel racconto di Plutarco – così come in quello di Seneca, dove però la vicenda narrata è immaginaria, mentre qui è reale – il riscattante è un privato cittadino, il quale, senza adempiere un *officium pietatis*, paga di tasca propria il prezzo della libertà di concittadini prigionieri del nemico: di qui l'obbligo (giuridico) di rimborsargli il prezzo del riscatto, che molti tra i soldati riscattati rispettano, offrendolo in restituzione a Fabio; di qui l'atto (giuridico) della *remissio*, distinto e ulteriore rispetto alla mancata accettazione dell'offerta, che Fabio compie nei confronti di tutti.

---

321 Per l'utilizzo del verbo 'ἀφίημι' con lo specifico significato giuridico di 'rimettere un debito' vd. H.G. LIDDELL – R. SCOTT – H.S. JONES, *Greek-English Lexicon*, Oxford 1940⁹, s.v. ἀφίημι, 290 n. II.2.c); F. PASSOW, *Handwörterbuch der griechischen Sprache*, I.1, Darmstadt 1970, s.v. ἀφίημι, 463 n. 2.a.bb).

322 E. LEVY, *'Captivus redemptus'* cit., 74.

323 Anche A. MAFFI, *Ricerche* cit., 174 nt. 5, oppone al Levy che «i riscattati si sentono poi in dovere di offrire il rimborso; dettaglio quest'ultimo da cui si ricava che socialmente non veniva considerato un atto di liberalità», salvo poi concludere – contraddittoriamente – che, se la relazione tra Fabio e i riscattati si presenta «come una relazione fra cittadini pienamente liberi, e non implichi una soggezione personale verso Fabio, è dovuto esclusivamente al fatto che Fabio ha inteso compiere un atto di liberalità»: con il che M.F. CURSI, *La struttura* cit., 193 s. nt. 6, ha gioco facile nell'obiettare che, a seguire quanto dice il Maffi, il gesto di Fabio «è atto di liberalità, ma allo stesso tempo non lo è».

In ultima analisi, se quanto sono venuto dicendo è corretto, dal responso di Servio e dai racconti di Seneca e Plutarco concludiamo che i *redempti* erano giuridicamente tenuti a rimborsare il prezzo del riscatto, e a tal fine soggetti alla *retentio* dei rispettivi *redemptores*, anche in epoca anteriore al principato dei Severi, a partire dal quale datano le testimonianze di Paolo e Ulpiano comprovanti espressamente tale obbligo e il correlativo diritto di ritenzione. Se si considera poi che Servio fiorisce nella prima metà del I secolo a.C., Seneca compone il *De beneficiis* intorno all'anno 60, mentre Plutarco narra una vicenda risalente alla fine del III secolo a.C., l'ipotesi della risalenza all'età repubblicana del regime della *redemptio ab hostibus* – a noi noto, nella compilazione giustinianea, attraverso i testi della giurisprudenza tardoclassica e i rescritti della cancelleria dioclezianea – risulterebbe pienamente confermata. Anzi, come vedremo al termine del prossimo paragrafo, un fondamentale testo di Livio, relativo a una vicenda risalente addirittura al principio del V secolo a.C., depone per l'antichissimo conio della nostra figura.

§ 7. *Civis redemptus a piratis aut latronibus*

Se, come abbiamo visto nel corso dell'esposizione, la compilazione giustinianea offre una ricca casistica in materia di *redemptio ab hostibus*, né lì né altrove rintracciamo invece testi di giuristi che chiariscano esplicitamente se le regole valevoli per il *redemptus ab hostibus* si applichino anche al *redemptus a piratis aut latronibus*[324]: silenzio alquanto singolare, se si tiene conto dell'abitudine, specie da

324 Di *latrones* (e *praedones*) – che qui s'è scelto di tradurre con 'malfattori' o 'briganti' – i giuristi romani non danno una definizione positiva, bensì li contrappongono agli *hostes* (cfr., ad esempio, Ulp. 1 *inst.* D. 49.15.24: *Hostes sunt, quibus bellum publice populus Romanus decrevit vel ipse populo romano: ceteri latrunculi vel praedones appellantur*; negli stessi termini, anche Pomp. 2 *ad Q. M.* D. 50.16.118). Per quanto riguarda il *pirata*, occorre rimarcare che la parola stessa, modellata sul greco 'πειρατής', entra nel lessico latino solo verso la fine dell'età repubblicana, mentre prima la figura del pirata era ricompresa all'interno del termine '*praedo*': sul punto vd. E. PIANEZZOLA, *Le parole dei pirati, schede lessicali*, in L. BRACCESI (cur.), *La pirateria nell'Adriatico antico*, Roma 2004, 11 ss.; si attiene alla distinzione tra '*pirata*' e '*praedo*' anche M. FIORENTINI, *Reale e immaginario piratesco nel diritto romano. Storici, giuristi, legislatori*, in I.G. MASTROROSA (cur.), *Latrocinium maris. Fenomenologia e repressione della pirateria nell'esperienza romana e oltre*, Roma 2018, 200; *contra* R. ORTU, *«Captus a piratis»: schiavitù di fatto?*, in *RDR* 10 (2010), 3, la quale afferma che il termine '*latro*' starebbe a designare «sia il predone di terra che il 'quasi nemico'», mentre '*praedo*' «la figura del pirata, ovvero il *praedo maritimus*»; sul termine '*latro*' vd. G. STEINMAYR, *Sviluppi semantici della base 'latro' in Grecia e a Roma*, in *Atti Verona*, 82 (1957), 151 ss.; sul termine '*hostis*', che originariamente indicava 'lo straniero' (*peregrinus*), laddove 'il nemico' era designato col termine '*perduellis*'; P. JAL, *Hostis (publicus) dans la littérature latine de la fin de la république*, in *REA* 65 (1963), 54 ss.; É. BENVENISTE, *Le vocabulaire des institutions indo-européennes*, I, *Economie, parenté, société*, Paris 1969, 92 ss.; (=ID., *Il vocabolario delle istituzioni*

parte dei pirati, di fare prigionieri per lucrare il prezzo del loro riscatto[325]. Ciò che sappiamo, sulla base delle testimonianze della giurisprudenza classica in nostro possesso, è che se il cittadino romano cade in mano di pirati o di predoni, il suo

indoeuropee, I, *Economia, parentela, società*, trad. di M. Liborio, Torino 1976, 64 ss.); M. BETTINI – A. BORGHINI, *La guerra e lo scambio: hostis, perduellis, inimicus*, in AA. VV., *Linguistica e antropologia. Atti del XIV Congresso Internazionale di Studi (Lecce, 23-25 maggio 1980)*, Roma 1983, 303 ss.; M. MORANI, *Il 'nemico' nelle lingue indeuropee*, in G. MIGLIO – M. MORANI – P.P. PORTINARO – A. VITALE, *Amicus (inimicus) hostis: le radici concettuali della conflittualità 'privata' e della conflittualità 'politica'*, Milano 1992, 9 ss.; per l'utilizzo di '*hostis*' nel periodo tardoantico, J.L. CAÑIZAR PALACIOS, *El uso propagandístico del «hostis publicus» en el «Codex Theodosianus»*, in *Latomus* 65 (2006), 130 ss.

325 Cfr., ad esempio, Strab. *Geogr.* 14.5.2; App. *Mithr.* 9.63; 14.92; celebre l'episodio che ha come protagonista Giulio Cesare: catturato a Farmacusa da pirati cilici, spavaldamente alza il prezzo del proprio riscatto, ritenuto troppo esiguo, da venti a cinquanta talenti; una volta liberato, arma una flotta, cattura i suoi rapitori e li mette a morte, così come aveva loro predetto (Plut. *Caes.* 1.4-2.4; Suet. *Caes.* 4; Vell. Pat. *Hist. Rom.* 2.42; Val. Max. *Mem.* 6.9.15). Sulla pirateria vd. K.-H. ZIEGLER, *Pirata communis hostis omnium*, in M. HARDER – G. THIELMANN (hrsg.), *De iustitia et iure. Festgabe für Ulrich von Lübtow zum 80. Geburtstag*, Berlin 1980, 93 ss.; C.A. MOSCHETTI, in *Enc. dir.*, XXXII, Milano 1983, s.v. *Pirateria (storia)*, 873 ss.; L. MONACO, *Persecutio piratarum*, I, *Battaglie ambigue e svolte costituzionali nella Roma repubblicana*, Napoli 1996; PH. DE SOUZA, *Piracy in the Graeco-Roman World*, Cambridge 1999; A. TARWACKA, *Romans and Pirates. Legal Perspective*, Warszawa 2009; D. HELLER-ROAZEN, *The Enemy of All. Piracy and the Law of Nations*, New York 2009 (=ID., *Il nemico di tutti. Il pirata contro le nazioni*, trad. di G. Lucchesini, Macerata 2010); N. JASPERT – S. KOLDITZ (hrsg.), *Seeraub im Mittelmeerraum. Piraterie, Korsarentum und maritime Gewalt von der Antike bis zur Neuzeit*, Paderborn 2013; I.G. MASTROROSA (cur.), *Latrocinium maris* cit.; su banditismo e predoneria V. GIUFFRÈ, *'Latrones desertoresque'*, in *Labeo* 27 (1981), 214 ss.; S. MORGESE, *Taglio di alberi e 'latrocinium': D. 47.7.2*, in *SDHI* 49 (1983), 147 ss.; A. MILAN, *Ricerche sul 'latrocinium' in Livio, I. 'Latro' nelle fonti preaugustee*, in *Atti Veneto*, 138 (1979-1980), Venezia 1980, 171 ss.; ID., *Ricerche sul 'latrocinium' in Livio, II. Il 'latrocinium' di Perseo*, in V. GIUFFRÈ (cur.), *Sodalitas. Scritti in onore di Antonio Guarino* cit., III, 1037 ss.; B.D. SHAW, *Bandits in the Roman Empire*, in *Past and Present* 105 (1984), 3 ss.; ID., *Der Bandit*, in A. GIARDINA (hrsg.), *Der Mensch in der römischen Antike*, New York-Paris 1991, 337 ss.; A.D. MANFREDINI, *Municipi e città nella lotta ai 'latrones'*, in J. GONZÁLEZ (cur.), *Roma y las provincias*, Madrid 1994, 156 ss.; TH. GRÜNEWALD, *Räuber, Rebellen, Rivalen, Rächer: Studien zu Latrones im Römischen Reich*, Stuttgart 1999 (=ID., *Bandits in the Roman Empire. Mith and Reality*, trans. by J. Drinkwater, London-New York 2004); L. LOSCHIAVO, *Autodifesa, vendetta, repressione poliziesca. La lotta al brigantaggio nel passaggio dalle province tardo-imperiali ai regni romano-barbarici*, in F. BOTTA (cur.), *Il diritto giustinianeo fra tradizione classica e innovazione. Atti del Convegno (Cagliari, 13-14 ottobre 2000)*, Torino 2003, 105 ss.

status rimane immutato, sicché, al rientro in patria, non si applica – perché non v'è necessità – il postliminio[326].

D'altra parte, il *captus a piratis aut latronibus*, benché non abbia mai perso la libertà di diritto, con la *redemptio* ha pur sempre recuperato la libertà di fatto: di qui la domanda, alla quale sono state fornite risposte diametralmente opposte, se egli sia o meno soggetto alla *retentio* del riscattante[327]. La risposta – anticipo fin da subito – è fornita da un brano di Livio, singolarmente sfuggito all'attenzione degli autori che si sono occupati del problema in discussione; prima di esaminare tale brano, però, è bene vagliare le opinioni ad oggi circolanti in dottrina.

L'inapplicabilità alla *redemptio a piratis aut latronibus* delle regole valevoli per la *redemptio ab hostibus* è stata sostenuta sulla base di due diversi testi, dei quali è uno letterario, l'altro giuridico.

Il primo è rappresentato dal seguente brano di Cicerone, ove si esclude la vincolatività del '*pactum pro capite*', persino se garantito da giuramento, concluso con un pirata, definito '*communis hostis omnium*':

> Cicero *De officiis* 3.2.107: *Est autem ius etiam bellicum fidesque iuris, iurandi saepe cum hoste servanda. Quod enim ita iuratum est, ut mens conciperet fieri oportere, id servandum est; quod aliter, id si non fecerit, nullum est periurium. Ut, si praedonibus pactum pro capite pretium non attuleris, nulla fraus est, ne si iuratus quidem id non feceris. Nam pirata non est ex perduellium numero definitus, sed communis hostis omnium; cum hoc nec fides debet nec ius iurandum esse commune.*

---

326 Cfr., ad esempio, Paul. 16 *ad Sab.* D. 49.15.19.2: *A piratis aut latronibus capti liberi permanent* (anche Ulp. 1 *inst.* D. 49.15.24; per l'immutata capacità di testare dei *capti a latronibus* Marci. 4 *inst.* D. 28.1.13 pr.; Ulp. 1 *fideic.* D. 32.1 pr.); com'è noto, presupposto necessario per l'applicazione del postliminio è che il cittadino sia stato catturato da un popolo con il quale Roma è in stato di guerra o, in alternativa, al quale non è legata da vincoli di alleanza o amicizia (Ulp. 1 *inst.* D. 49.15.24; Pomp. 37 *ad Q.M.* D. 49.15.5.pr.-2; Tryph. 4 *disp.* D. 49.15.12 pr.; sul cd. *postliminium in pace* vd., con opinioni divergenti, A. MAFFI, *Ricerche* cit., 123 ss., e M.F. CURSI, *La struttura* cit., 85 ss., 121 ss.). Nelle opere non giuridiche la distinzione tra la condizione di chi venga catturato da pirati e chi sia prigioniero di nemici è meno nitida; nelle pseudo-quintilianee *Declamationes minores* (311), ad esempio, schiavitù di fatto e schiavitù di diritto si confondono: *nam servire merito dicimus et eos qui in piratas inciderint, et eos qui ab hostibus sunt capti* (sul punto vd. anche sopra, nt. 306).

327 Circa il riscatto di *res* rapinate da pirati siamo invece informati da Paul. 34 *ad ed.* D. 14.2.2.3: *Si navis a piratis redempta sit, Servius Ofilius Labeo omnes conferre debere aiunt: quod vero praedones abstulerint, eum perdere cuius fuerint, nec conferendum ei, qui suas merces redemerit.* Già secondo i *veteres* al riscatto della nave sottratta da pirati contribuiscono tutti i *vectores*; il riscatto delle singole merci fa invece esclusivamente capo ai rispettivi proprietari. Sul passo vd., da ultimo, E. STOLFI, *Quaestiones iuris. Casistica e insegnamento giuridico in romanisti e civilisti napoletani di fine Ottocento*, in *TSDP* 1 (2008), 14 ss. (da cui cito), anche in A. PALMA (cur.), *Scritti in onore di Generoso Melillo*, III, Napoli 2009, 1239 ss.

In realtà, a me sembra che, ai fini del punto in discussione, il testo ciceroniano sia alquanto anodino, dal momento che, ad essere priva di rilievo sul piano non solo giuridico, ma anche morale, sarebbe la (sola) promessa del riscattante verso il pirata, non anche il rapporto che, data esecuzione alla promessa, verrebbe a instaurarsi tra il riscattante e il riscattato, intorno al quale l'Arpinate nulla dice[328].

Il secondo testo è rappresentato dal frammento di Pomponio trascritto qui di seguito, relativo alla *redemptio a latrunculis* di una donna condannata a lavorare nelle saline. Gli argomenti, che da esso sono stati tratti, si fondano su due assunti fortemente opinabili: che il testo sia interpolato e che si tratti sicuramente di una schiava, *sub specie* di *serva poenae.*

> Pomponius 1 *ex variis lectionibus* D. 49.15.6: *Mulier in opus salinarum ob maleficium data et deinde a latrunculis exterae gentis capta et iure commercii vendita ac redempta in causam suam reccidit. Cocceio autem Firmo centurioni pretium ex fisco reddendum est.*

Sulla scia dell'Amirante, il Maffi ritiene che, a essere interpolata, sarebbe non solo la frase finale del frammento – asseritamente introdotta per allineare la decisione in commento al provvedimento di Severo e Caracalla citato in Tryph. 4 *disp.* D. 49.15.12.17, del quale mi occuperò successivamente – ma anche l'espressione '*iure commercii vendita ac redempta*'. Si tratterebbe di una (presunta) glossa, modellata sulla locuzione, tipica dei rescritti dioclezianei, '*commercio redemptus*': «la vendita, infatti, è per definizione *iure commercii*, sicché non ha senso lasciare immaginare l'esistenza di una vendita non *iure commercii*»[329].

Bisognerebbe allora chiedersi il perché della (presunta) duplice interpolazione. La risposta, che il Maffi propone, è che la donna non verrebbe *redempta* direttamente dai *latrunculi*, bensì da un successivo venditore, che precedentemente l'aveva acquistata dai primi[330]: ebbene, sarebbe grazie a questa (perduta) cessione

---

328 Diversamente pensa C.M. MOSCHETTI, s.v. *Pirateria* cit., 880, per il quale «devesi ritenere esclusa ogni applicabilità alla specie dell'istituto della *redemptio ab hostibus*, dalla quale quella *a piratis* ... appare concettualmente divergere». Il brano di Cicerone (sul quale vd., diffusamente, D. HELLER-ROAZEN, *Il nemico di tutti* cit., 16 ss.), che per il Moschetti dà risposta all'interrogativo in discussione, ne rappresenta invece – più correttamente – l'origine secondo J.C.G. BOOT, *De captis et redemptis ab hostibus* cit., 102: «ex his verbis [Ciceronis] oritur quaestio, quo loco ii sint, qui a latronibus pretio oblato redempti sint? habeatne in eos redemptor aliquod jus, sicut in redemptos ab hostibus, an vero meram exercuerit liberalitatem?».

329 A. AMIRANTE, *Appunti* cit., 19 e nt. 35, il quale osserva anche come l'espressione in parola rappresenti un ἅπαξ λεγόμενον (cfr. *VIR*, I, s.v. *commercium*, 815; H.G. HEUMANN – E. SECKEL, *Handlexikon* cit., s.v. *commercium*, 80); sull'espressione '*commercio redemptus*' vd. sopra, nt. 11; su Tryph. 4 *disp.* D. 49.15.12.17 vd. sotto, cap. II, § 4.

330 A. MAFFI, *Ricerche* cit., 233. Tale è la lettura che al frammento dà anche A. WACKE, *Pomponius Dig. 49.15.6: Ein Kriminalfall um Menschenraub und Lösegeldzahlung aus dem nördlichen Britannien. Mit Beobachtungen zu seinen variae lectiones, zur Salinenstrafe und zur Laufbahn des centurio M. Cocceius Firmus*, in A. PALMA (cur.),

intermedia, che avrebbe 'pulito' l'oggetto della compravendita, che l'acquirente avrebbe diritto al rimborso del prezzo della schiava. Per comprendere la *ratio* sottesa alla (presunta) modifica del testo di nuovo aiuterebbe il paragone coi diritti greci. Nel succitato trattato tra Mileto e Gortina[331], il criterio, in base al quale è ritenuto legittimo l'acquisto di uno schiavo da parte di un cittadino della città controparte, è che esso avvenga da un venditore 'presentabile' (πράτωρ ἀξιόχρεος), allo scopo – ipotizza il Maffi – di ostacolare atti di pirateria, rendendo più difficoltoso il successivo commercio dei rapiti.

Una regola analoga – conclude l'autore – sarebbe valsa anche a Roma: la *redemptio* di un *servus captus a latronibus* non avrebbe comportato l'acquisto della proprietà da parte del *redemptor*, a motivo, per l'appunto, della 'cattiva qualità' della controparte venditrice. Si tratterebbe di un'eccezione al principio dell'acquisto della proprietà dello schiavo da parte del *redemptor*, stabilito dalla *constitutio de redemptis*; del resto, benché lo stesso studioso milanese riconosca la debolezza degli argomenti *e silentio*, in D. 49.15.12.7 Trifonino afferma '*si quis servus captum ab hostibus* [non anche *a latronibus*] *redemerit, protinus est redimentis*'. Ora, tornando alla *redemptio* del libero, dovremmo concludere che anche il *redemptor a latronibus* non avrebbe diritto al rimborso del prezzo del riscatto, né disporrebbe, a tal fine, della *retentio* sul *redemptus*[332].

Il ragionamento del Maffi, senz'altro brillante anche se alquanto tortuoso, si basa su una serie di assunti tutt'altro che scontati: che la frase finale del testo di Pomponio '*Cocceio autem Firmo centurioni pretium ex fisco reddendum est*' sia un'aggiunta compilatoria; che il testo sia stato raccorciato, laddove, originariamente, si sarebbe fatta menzione di due successive alienazioni, dai *latrunculi* a un primo compratore e da questo a un secondo; che, infine, la '*mulier in opus salinarum ob maleficium data*' sia una *serva poenae*.

Premesso che, a mio avviso, il testo non è stato rimaneggiato, né dai compilatori né in epoca pregiustinianea, della questione concernente l'interpolazione della frase finale tornerò ad occuparmi trattando del problema della datazione della *constitutio de redemptis*. Voglio invece qui osservare che l'inciso '*iure commercii vendita ac redempta*' non mi sembra sottintendere una duplice alienazione della

---

Scritti in onore di Generoso Melillo cit., III, 22 s. (citato dall'estratto), il quale ritiene, però, a differenza del Maffi, che il frammento sarebbe stato solamente raccorciato, mentre l'espressione '*iure commercii vendita ac redempta*' e la frase finale '*Cocceio autem Firmo centurioni pretium ex fisco reddendum est*' sarebbero genuine. Escludono interventi dei compilatori M.F. CURSI, *La struttura* cit., 222 nt. 70; M.V. SANNA, *Nuove ricerche* cit., 99.

331 Vd. sopra, nt. 138.

332 A. MAFFI, *Ricerche* cit., 235, per il quale, peraltro, si tratterebbe di «una conclusione coerente in linea di principio, ma anche in contraddizione con le linee di politica del diritto sottostanti la *constitutio*, in quanto non incoraggerebbe il riscatto dai *latrones*, che nel corso del tempo divenne probabilmente un problema più grave del riscatto *ab hostibus*».

donna, anche perché, così ritenendo, rimarrebbe oscuro il motivo che avrebbe imposto il presunto taglio dei compilatori[333]. Più semplicemente, esso riproduce la nota endiadi *emptio venditio*, con l'unica differenza che, in considerazione delle particolarità del caso, al posto di '*empta*' troviamo '*redempta*'; ancora, se è vero che la vendita è per definizione *iure commercii*, l'espressione '*iure commercii vendita ac redempta*' – da leggersi unitariamente – sarebbe tanto poco giustificata, quanto lo sarebbe l'espressione '*commercio redemptus*' della cancelleria dioclezianea, laddove entrambe trovano la propria ragion d'essere nel fatto che la *redemptio* può avvenire in forme negoziali e non.

Infine, la circostanza, comunemente data per scontata in letteratura, che la nostra donna condannata alle saline sia una schiava, in realtà scontata non è affatto, come emerge da

> Ulpianus 9 *de officio proconsulis* D. 48.19.8.8: *In ministerium metallicorum feminae in perpetuum vel ad tempus damnari solent. simili modo et in salinas. et si quidem in perpetuum fuerint damnatae, quasi servi poenae constituuntur: si vero ad tempus damnantur, retinent civitatem.*

Ulpiano riferisce che le donne sogliono essere condannate a servire nelle miniere (*ministerium metallicorum*) o a lavorare nelle saline, distinguendo a seconda che la condanna sia perpetua (*in perpetuum*) o a tempo determinato (*ad tempus*): solo nel primo caso la condannata diventa schiava (*serva poenae*), nel secondo no, conservando ella (libertà e) cittadinanza[334].

---

333 Privo di riscontro mi sembra quanto afferma A. WACKE, *Pomponius Dig. 49.15.6* cit., 23, secondo il quale il centurione non avrebbe potuto comperare la donna direttamente dai *latrunculi*, perché, così facendo, avrebbe violato i suoi doveri, che gli avrebbero imposto di arrestarli; tanto meno plausibile mi sembra la proposta dell'autore di porre un punto fermo in luogo della congiunzione '*ac*'.

334 La condanna alle miniere era la pena più severa dopo quella capitale; essendo di norma perpetua, comportava la perdita della libertà (cfr. Call. 1 *de cogn.* D. 48.19.28 pr.); la (relativamente) meno pesante condanna alle saline era equiparata alla prima (cfr. TH. MOMMSEN, *Römisches Strafrecht*, 1899, 950 nt. 1) e si attagliava meglio alle donne; ad ogni modo, raramente le fonti offrono testimonianze di donne condannate ai lavori forzati (cfr. O. ROBINSON, *Women and the Criminal Law*, in B. CARPINO [cur.], *Raccolta di scritti in memoria di Raffaele Moschella*, Perugia 1985, 546 s.). Sul tema vd. TH. MOMMSEN, *Römisches Strafrecht* cit., 949 ss.; U. BRASIELLO, *La repressione penale in diritto romano*, Napoli 1937, 360 ss.; U. ZILLETTI, *In tema di 'servitus poenae'* cit., 32 ss.; B. SANTALUCIA, in *ED*, XXXII, Milano 1982, s.v. *Pena criminale (diritto romano)*, 737 ss., anche in ID., *Studi di diritto penale romano*, Roma 1994, 233 ss.; ID., *Diritto e processo penale nell'antica Roma*, Milano 1998^2, 114 ss.; H. WIELING, *Die Begründung des Sklavenstatus*, in M.J. RAINER (hrsg.), *Corpus der römischen Rechtsquellen zur antiken Sklaverei*, I, Stuttgart 1999, 19; F. SALERNO, *«Ad metalla». Aspetti giuridici del lavoro in miniera*, Napoli 2003; A. NOGRADY, *Römisches Strafrecht nach Ulpian. Buch 7 bis 9 De officio proconsulis*, Berlin 2006; A. MCCLINTOCK, *Servi della pena. Condannati a morte nella Roma imperiale*, Napoli 2010; A. CHERCHI, *Riflessioni sulla condizione*

Pertanto, se nel caso esposto da Pomponio la condanna *in opus salinarum* fosse *ad tempus* (e non *in perpetuum*: nel testo non è specificato), si tratterebbe di una *redemptio a latronibus* di una donna libera[335]. Questa, rientrata in patria, tornerebbe a scontare la pena (*in causam suam reccidit*). Nella frase finale – che altra parte della dottrina ritiene essere, a mio avviso giustamente, genuina – si afferma che il riscattante (un centurione di nome Cocceio Fermo) ha diritto al rimborso del prezzo del riscatto da parte del fisco. C'è da chiedersi il perché del quesito, ed il perché dell'obbligo di rimborso a carico del fisco. Ebbene, forse il quesito nasce dal fatto che, restituita la donna ai lavori forzati, il *redemptor* non dispone della *retentio* funzionale al rimborso del prezzo del riscatto[336]. Di qui la soluzione: posto che la donna è restituita alla pubblica pena, è sull'erario che grava l'obbligo di rimborsare il riscattante.

All'opposto, l'applicabilità alla *redemptio a piratis aut latronibus* delle regole valevoli per la *redemptio ab hostibus* è stata sostenuta da Karl-Heinz Ziegler sulla base dei testi che passo ora ad analizzare, nei quali troviamo un immediato accostamento tra chi sia caduto prigioniero di *hostes* e chi di *latrones*[337].

> Ulpianus 11 *ad edictum* D. 4.2.9.1: *Animadvertendum autem, quod praetor hoc edicto generaliter et in rem loquitur nec adicit a quo gestum: et ideo sive singularis sit persona, quae metum intulit, vel populus vel curia vel collegium vel corpus, huic edicto locus erit. sed licet vim factam a quocumque praetor complectatur, eleganter tamen Pomponius ait, si quo magis te de vi hostium vel latronum vel populi tuerer vel liberarem, aliquid a te accepero vel te obligavero, non debere me hoc edicto teneri, nisi ipse hanc tibi vim summisi: ceterum si alienus sum a vi, teneri me non debere, ego enim operae potius meae mercedem accepisse videor.*

Ulpiano, commentando l'editto *quod metus causa*, osserva che il pretore si esprime in termini generali e con riferimento al fatto in sé, senza aggiungere l'indicazione di

giuridica delle metallariae nel tardo impero. A proposito di C. 11.7(6).7, in *AUPA* 59 (2016), 211 ss.; T. BEGGIO, *Note in tema di condanna ad tempus nelle damnationes ad metalla*, in *AUPA* 60 (2017), 19 ss.

335 Il secondo corno dell'alternativa – la condanna è *in perpetuum* e, quindi, la donna è una *serva poenae* – è esposto sotto, cap. II, § 5.

336 Per A. WACKE, *Pomponius Dig. 49.15.6*, 16, nel passo di Pomponio la condanna alle saline sarebbe perpetua: se fosse *ad tempus*, potrebbero la donna stessa, se *sui iuris*, o il suo avente potestà, in caso contrario, restituire il prezzo del riscatto; il punto è che la donna, restituita alla pena e, pertanto, non soggetta alla *retentio* del riscattante, non ha nessun (obbligo né) interesse a rimborsarlo; né l'avente potestà, per quanto abbiamo visto nel corso dell'esposizione, è tenuto in vece della *redempta*.

337 Equipara induttivamente le due forme di *redemptio* – sulla base di alcuni brani tratti dalle *Declamationes maiores* e *minores* pseudo-quintilianee (testi citati sopra, nt. 90) – limitatamente ai riscatti operati *pietatis causa* dai familiari del *captivus* anche L. AMIRANTE, *Appunti* cit., 15 nt. 9 (cui aderisce – ma generalizzandone indebitamente il pensiero – A. TARWACKA, *Romans and Pirates* cit., 100 e nt. 388).

chi lo abbia prodotto: pertanto l'editto si applica se il timore venga indotto vuoi da un singolo individuo, vuoi da una collettività di persone (popolo, consiglio municipale, collegio o corporazione). Benché, quindi, il pretore comprenda la violenza da chiunque fatta, il giurista severiano riferisce l'elegante opinione di Pomponio[338], secondo il quale non è tenuto, in base all'editto, chi abbia ricevuto un pagamento (o la promessa di una prestazione) al fine di proteggere o liberare chi abbia pagato (o effettuato la promessa) dalla minaccia proveniente da nemici o banditi oppure dal popolo: in effetti, l'accipiente o il promissario, se sono estranei alla minaccia, non debbono essere tenuti in base all'editto, poiché risultano, piuttosto, aver ricevuto una mercede per l'attività prestata.

Secondo lo Ziegler, la minaccia stornata – che non rientra sotto le previsioni edittali – avrebbe ad oggetto la vita o l'incolumità di un prigioniero di *hostes* od ostaggio di *latrones*, talché il pagamento o la prestazione promessa si riferirebbero al suo riscatto: da ciò potrebbe desumersi l'equiparazione tra il regime dei due tipi di *redemptio*[339]. Tuttavia, ammesso e non concesso che Pomponio si riferisca alla liberazione di *captivi* – premessa indimostrata del ragionamento[340]–, il pagamento o l'atto obbligante, non invalidabili con la tutela pretorile in parola, andrebbero riferiti alla somma data o alla promessa fatta dal *captivus* al terzo, affinché questi lo riscatti dai *latrones*. Posto che, in tal caso, tra i due soggetti interverrebbe un rapporto di mandato (al quale sembra alludere anche l''*operae meae merces*' della parte finale del frammento), la sussistenza in capo al riscattato dell'obbligo di remunerare il riscattante per l'opera prestata in suo favore sarebbe fuori discussione.

Al testo segnalato dallo Ziegler può aggiungersi, sullo stesso tema, la seguente *sententia* paolina – per vero sfuggita all'attenzione dello studioso tedesco – pervenutaci in due differenti versioni:

Pauli Sententiae 5.11.6: *Ei, qui aliquem a latrunculis vel hostibus eripuit, in infinitum donare non prohibetur (si tamen donatio et non merces eximii laboris appellanda est), quia contemplationem salutis certo modo aestimari non placuit.*

Paulus 5 sententiarum D. 39.5.34.1: *Si quis aliquem a latrunculis vel hostibus eripuit et aliquid pro eo ab ipso accipiat, haec donatio inrevocabilis est: non merces eximii laboris appellanda est, quod contemplatione salutis certo modo aestimari non placuit.*

Nel testo conservato nelle *Pauli Sententiae* leggiamo che l'ostaggio liberato da briganti o il prigioniero da nemici possono donare *in infinitum* al proprio benefattore, ovverosia non soggiacciono ai limiti stabiliti dalla *lex Cincia* – sempre che sia corretto considerarla una donazione, e non la remunerazione per una prestazione eccezionale –, dal momento che ciò che si dà in vista della salvezza della propria vita non può costituire oggetto di stima pecuniaria; in quello conservato

---

338 Su cui vd., per tutti, E. STOLFI, *Studi sui 'libri ad edictum' di Pomponio*, II, *Contesti e pensiero*, Milano 2001, 245 e nt. 9.

339 K.-H. ZIEGLER, *Lösegeld-Probleme* cit., 384.

340 Ciò obietta A. MAFFI, *Ricerche* cit., 230 e nt. 2.

nel Digesto che la stessa donazione – tale è la natura della prestazione in parola, in quanto effettuata '*contemplatione salutis*' – non è soggetta a revoca.

Le due versioni presentano differenze non meramente formali[341]; inoltre, a rigore Paolo non contempla un caso di *redemptio*, poiché il verbo '*eripere*' addita a una liberazione avvenuta con l'impiego della forza, non grazie al pagamento di un riscatto[342]. Ad ogni modo, anche qui, come nel precedente testo di Ulpiano, il prigioniero di *hostes* e l'ostaggio di *latrones* sono posti sullo stesso piano ai fini della valutazione giuridica di quanto essi abbiano prestato ai propri liberatori.

Il medesimo accostamento si ripropone tra quanto Paolo e Ulpiano affermano in merito all'utilizzo della dote per *redimere* parenti della donna caduti prigionieri di *hostes* od ostaggi di *latrones*. Anche qui, però, non si dice alcunché di esplicito circa il rapporto tra il *redemptor* e il *redemptus*, se, cioè, il primo possa trattenere presso di sé (*retinere*) il secondo fino al rimborso del prezzo del riscatto.

> Paulus 7 *ad Sabinum* D. 24.3.20: *Quamvis mulier non in hoc accipiat constante matrimonio dotem, ut aes alienum solvat aut praedia idonea emat, sed ut liberis ex alio viro egentibus aut fratribus aut parentibus consuleret vel ut eos ex hostibus redimeret, quia iusta et honesta causa est, non videtur male accipere et ideo recte ei solvitur: idque et in filia familias observatur.*

> Ulpianus 3 *disputationum* D. 24.3.21: *Sed et si ideo maritus ex dote expendit, ut a latronibus redimeret necessarias mulieri personas vel ut mulier vinculis vindicet de necessariis suis aliquem, reputatur ei id quod expensum est, sive pars dotis sit, pro ea parte, sive tota dos sit, actio [dotis] evanescit rell.*

Per entrambi i giuristi severiani, le cui opinioni i compilatori congiungono nel titolo D. 24.3 *Soluto matrimonio dos quemadmodum petatur*, la *redemptio* di parenti della donna, vuoi *ab hostibus* (nel passo di Paolo) vuoi *a latronibus* (in quello di Ulpiano), è considerata una *iusta causa* di utilizzo della dote, che non espone il

341 In letteratura, sui due testi in esame vd. R. REGGI, *In tema di donazione remuneratoria*, in AA. VV., *Studi in onore di Pietro De Francisci*, III, Milano 1956, 246 s.; F. CASAVOLA, *Lex Cincia. Contributo alla storia delle origini della donazione romana*, Napoli 1960, 39 s.; O. KAHN, *Der Nothilfevertrag im römischen Recht. Der Vertrag zur Lebensrettung in den Volkserzählungen*, Botha's Hill/Natal, South Africa 1977, 4 ss., con la recensione di O. BEHRENDS, in *ZSS* 96 (1979), 355 s., che, nel testo paolino accolto nel Digesto, in luogo di '*non*' accoglie la lezione '*nam*' del manoscritto F^2; A. HIRATA, *Der sogenannte Lebensrettungsvertrag im klassischen römischen Recht*, in *Revista da Faculdade de Direito de São Paulo* 108 (2013), 145 ss. (=ID., *I contratti innominati e il cosiddetto Lebensrettungsvertrag nel diritto romano*, in *Studia Warmińskie* 51 [2014], 217 ss.); per la dottrina interpolazionistica vd. *Ind. itp.*, III, 107.

342 Cfr. H.G. HEUMANN – E. SECKEL, *Handlexikon* cit., s.v. *eripere*, 173 s.; diverso avviso esprime U. RATTI, *Studi* cit., I, 31 nt. 48, per il quale «*redimere* dalla prigionia equivale salvare dalla morte».

marito all'esercizio dell'azione dotale (o che la rende paralizzabile con l'*exceptio doli*)[343].

Ora, se è pur vero che, dal punto di vista del regime giuridico applicato ai mezzi patrimoniali impiegati per il riscatto, non si fa differenza alcuna fra *redemptio ab hostibus* e *redemptio a latronibus*, è altrettanto vero che Paolo e Ulpiano non si esprimono intorno al rapporto tra il *redemptor* e i *redempti*, anche perché, essendo questi parenti della donna, ricadremmo nell'ipotesi di *redemptio pietatis causa*[344]: con il che, anche qui, la deduzione, da parte dello Ziegler, di un'equiparazione tra i due tipi di *redemptio* appare alquanto forzata[345].

Un ulteriore riferimento alla *redemptio a praedonibus* in tema di dote ricorre in un secondo frammento tolto dal VII libro *ad Sabinum* di Paolo[346].

> Paulus 7 *ad Sabinum* D. 24.1.28.1: *Si quid in pueros ex ancillis dotalibus natos maritus inpenderit aut in doctrinam aut alimenta, non servatur marito, quia ipse ministeriis eorum utitur: sed illud servatur quod nutrici datum est ad educendum, quia pro capite quid dedisset, quemadmodum si a praedonibus redemisset servos dotales.*

Discutendo della rimborsabilità o meno di spese fatte in favore di schiavi dotali con somme attinte dal patrimonio personale del marito, Paolo distingue a seconda della destinazione loro impressa. Non sono rimborsabili le spese fatte per gli alimenti o per l'istruzione dei figli di serve dotali, poiché – motiva il giurista – anche il marito beneficia dei loro servizi; diversamente, egli ha diritto ad essere rimborsato di quanto abbia dato alla nutrice per allevarli, avendo dato qualcosa per salvare loro la vita, come se avesse riscattato da predoni servi dotali[347].

Ebbene, anche se qui si afferma espressamente il diritto al rimborso del marito *redemptor*, la testimonianza non è del tutto congrua, e quindi non risolutiva, poiché il riferimento alla *redemptio a praedonibus* si riferisce al riscatto di schiavi compresi nella dote, e non di uomini liberi.

---

343 Per la genuinità dei passi citati vd. già H.J. WOLFF, *Zur Stellung der Frau im klassischen römischen Dotalrecht*, in *ZSS* 53 (1933), 323 ss., oltre a M. KASER, *Das römische Privatrecht* cit., I, 337 nt. 4, 488 nt. 35, 522 nt. 10; *contra* L. AMIRANTE, *Appunti* cit., 20 nt. 38, con gli autori citati in *Ind. itp.*, II, 93 s. Sul passo di Paolo vd. anche, più recentemente, J.F. STAGL, *Favor dotis. Die Privilegierung der Mitgift im System des römischen Rechts*, Wien-Köln-Weimar 2009, 219 ss.

344 Per la condizione '*si ab hostibus patrem suum non redemerit*', quale esempio di clausola testamentaria *contra bonos mores*, vd. Paul. 45 *ad ed.* D. 28.7.9 (citato anche sopra, nt. 59).

345 K.-H. ZIEGLER, *Lösegeld-Probleme* cit., 384 s.; *contra* A. MAFFI, *Ricerche* cit., 230 e nt. 3.

346 Per la palingenesi del frammento vd. O. LENEL, *Palingenesia* cit., I, 1271; sul testo M. KASER, *Das römische Privatrecht* cit., I, 522 nt. 10

347 K.-H. ZIEGLER, *Lösegeld-Probleme* cit., 385; qui non vale l'obiezione (che si attaglia solo a Paul. 7 *ad Sab.* D. 24.3.20 e Ulp. 3 *disp.* D. 24.3.21) di A. MAFFI, *Ricerche* cit., 230, secondo il quale «si tratta ... di impegnare i beni dotali per riscattare direttamente dagli *hostes* o dai *latrones* parenti o schiavi della donna».

Veniamo finalmente al preannunciato brano di Livio, che, a mio avviso, risolve una volta per tutte la questione in esame. Il testo liviano è stato segnalato in una dissertazione del 1836 del classicista olandese Johan Cornelis Gerard Boot, per poi cadere (inspiegabilmente) in oblio nella successiva letteratura. Siamo nel 491 a.C., sotto il consolato di Minucio Augurino e Sempronio Atratino; a Roma è scoppiata una terribile carestia. Dalla Sicilia s'è fatta arrivare gran quantità di grano, e al senato si discute intorno a quale prezzo darlo alla plebe. Prende la parola Marcio Coriolano, ostilissimo alla potestà tribunizia da poco concessa ai plebei.

> Livius *Ab Urbe condita* 2.34.9-11: *In primis Marcius Coriolanus, hostis tribuniciae potestatis, 'si annonam', inquit, 'veterem volunt, ius pristinum reddant patribus. Cur ego plebeios magistratus, cur Sicinium potentem video, sub iugum missus, tamquam ab latronibus redemptus? Egone has indignitates diutius patiar quam necesse est? Tarquinium regem qui non tulerim, Sicinium feram? Secedat nunc; avocet plebem; patet via in Sacrum montem aliosque colles. Rapiant frumenta ex agris nostris, quemadmodum tertio anno rapuere; fruantur annona quam furore suo fecere. Audeo dicere hoc malo domitos ipsos potius cultores agrorum fore quam ut armati per secessionem coli prohibeant.'*

«Se – egli disse – vogliono [*scil.* i plebei] il grano come una volta, restituiscano ai patrizi i diritti che questi una volta avevano. Perché debbo io vedere magistrati plebei, perché un Sicinio fatto potente, ed essere costretto quasi al giogo, riscattato quasi dalle mani dei ladri [*latrones*]? Dovrò sopportare più a lungo di quanto è necessario codesta ignominia? Io che non avrei tollerato Tarquinio re tollererò Sicinio? Faccia ora la secessione, chiami fuori la plebe! La strada per il Monte Sacro e per altre montagne è aperta; depredino pure il frumento nei nostri campi come han fatto tre anni or sono! Si godano la carestia che con la loro follia si son procacciata! Oso affermare che, domati da questo malanno, diventeranno essi stessi coltivatori della terra invece di impedire con le armi agli altri di coltivarla, come han fatto durante la secessione»[348].

Ebbene, il passaggio '*sub iugum missus, tamquam ab latronibus redemptus?*' – che sorprendentemente anticipa l'espressione '*in servitutis iugo detineri*', che incontriamo (a quasi otto secoli di distanza!) nel sopra esaminato Diocl.-Max. C. 8.50.8 – ad altro non può alludere, che alla soggezione del riscattato alla *retentio* del riscattante[349]. Se il passo dalla *redemptio a latronibus* (cui si riferisce Coriolano)

348 La traduzione è di M. VITALI, in T. LIVIO, *Storia di Roma. Libri I-III*, I, Bologna 1974, 253, che mi sembra migliorabile traducendo *latrones* con 'briganti', anziché 'ladri'; tra le traduzioni in lingue straniere, quella francese di G. BAILLET, in TITE-LIVE, *Histoire Romaine*, II, *Livre II*, Paris 1954, 52, recita: «Faut-il que sous mes yeux des plébéiens soient magistrats, qu'un Sicinius soit tout-puissant et que moi je sois mis sous le joug, rançonné par ces espèces de brigands?».

349 Diversa interpretazione avanzava J.C.G. BOOT, *De captis* cit. 102, per il quale, perdurante il vincolo, i *redempti* avrebbero dovuto prestare le loro *operae* a favore dei *redemptores*: «facit autem Livii locus II.34, ut suspicier non omni illos [*scil.* redemptos] fuisse liberatos, sed redemptori debuisse operas praestare, donec pretium

alla *redemptio ab hostibus* è scontato, il fatto che siamo agli albori della Repubblica conferma l'antichissima risalenza della nostra figura[350].

§ 8. Conclusione

È giunto il momento di tirare le somme dell'indagine condotta. Nel corso dell'esposizione abbiamo constatato come le fonti in tema di *redemptio ab hostibus* del cittadino romano suscitino numerosi interrogativi, ai quali gli interpreti, nel corso di più di un secolo di studi, hanno fornito risposte diametralmente opposte.

In estrema sintesi, le questioni cardine, attorno alle quali ruota il dibattito dottrinale, sono le seguenti: se il *ius* (e il *vinculum*) *pignoris* – espressioni con le quali, in numerosi testi conservati nel *Corpus Iuris*, viene univocamente designato il legame che avvince il *redemptus* al *redemptor* – siano figure coniate dalla giurisprudenza romana, classica o preclassica, o si tratti invece di interpolazioni dei commissari giustinianei, in ciò influenzati, secondo non pochi autori, dai diritti greco-ellenistici; di seguito, se la *constitutio de redemptis*, citata senz'altra specificazione da Trifonino in D. 49.15.12.8, abbia disciplinato la *redemptio ab hostibus* del *civis*, oltre a quella del *servus*, alla quale è esplicitamente riferita nel contesto della citazione; infine, se il *civis redemptus*, una volta rientrato in patria, versi in condizione servile (o, per taluni, 'quasi-servile') prima del rimborso al *redemptor* del *pretium redemptionis*, ovverosia, posta la questione in altri termini, se egli subisca una sospensione (anche solo 'parziale') del postliminio.

La risposta data alla prima domanda, agli inizi del Novecento, dal Pampaloni – le espressioni *ius* (e *vinculum*) *pignoris* sarebbero emblemi tribonianei – ha durevolmente incanalato il successivo dibattito scientifico in una direzione lontana dal tenore letterale delle fonti, pure dopo che, mutato il quadro metodologico di riferimento, l'approccio interpolazionistico nella critica testuale era stato definitivamente abbandonato. La dottrina in materia, non trovando una spiegazione plausibile per un riferimento apparentemente tanto anomalo alla garanzia pignoratizia, ha formulato le ipotesi più disparate, che, a partire dal secondo dopoguerra, trovano un comune denominatore nell'ingegnoso *escamotage* interpretativo del Levy: la condizione del *civis redemptus ab hostibus* – che, ad onor del vero, anche per l'insigne studioso sarebbero stati i giustinianei a inquadrare all'interno della cornice della garanzia pignoratizia – sarebbe stata disciplinata dalla *constitutio de*

---

restituerint. Conficio hoc ex verbis Marcii Coriolani ... quibus ni fallor declaratur conditio talium hominum dura et ingenuo homine indigna. Sed unico eoque levi indicio non abutor, et lubenter aliorum arbitrio permitto; quatenus suspicio nostra justa est dicenda».

350 Peraltro già ipotizzata, pure in assenza di espliciti riscontri testuali, dal Mommsen e da numerosi altri autori (vd. sopra, nt. 258).

redemptis, la quale avrebbe attratto nell'orbita giuridica una fattispecie che, fino a quel momento, ne sarebbe totalmente vissuta fuori.

Del provvedimento imperiale citato da Trifonino in D. 49.15.12.8, del quale mi occuperò nel prossimo capitolo, gli autori successivi al Levy – tra i quali va senz'altro menzionato, per l'importanza del contributo apportato allo studio della materia, l'Amirante – hanno non solo, e non tanto, congetturato l'epoca di emanazione – generalmente fissata all'interno del lasso temporale compreso tra la dinastia degli Antonini e quella dei Severi – quanto, e soprattutto, il contenuto. Se, infatti, con riferimento al *servus redemptus*, Trifonino descrive esplicitamente il mutamento intervenuto rispetto al *ius vetus* per opera della *constitutio*, nulla dice in ordine alla (ipotetica) regolamentazione della condizione del *civis redemptus*. Di qui l'affastellarsi di supposizioni e congetture in una piramide rovesciata di argomenti: mentre per taluni la costituzione avrebbe sospeso (totalmente, o solo parzialmente) il *postliminium* (viceversa da talaltri ritenuto intatto), introdotta la *retentio* (oppure no), tutti (o quasi) sono d'accordo nell'affermare due cose.

La prima è che, in forza della *constitutio*, a carico del *civis redemptus* sarebbe stato introdotto un obbligo di rimborso precedentemente inesistente (fa eccezione il Maffi, per il quale tale obbligo sarebbe esistito da sempre). La seconda è che le espressioni *ius* (e *vinculum*) *pignoris* – che la generalità degli studiosi contemporanei ritiene autentiche (fa eccezione la Cursi, per la quale la matrice sarebbe giustinianea) – non rimanderebbero al diritto di pegno tecnicamente inteso: c'è chi ritiene siano espressioni prive di un significato preciso, e chi alludano – nonostante la totale assenza di basi testuali – allo sfruttamento lavorativo del *redemptus* da parte del *redemptor*.

Se cambiamo l'angolo visuale, e ci spostiamo sul versante degli studi dedicati al *pignus*, a metà Ottocento il Bachofen riservava non poco spazio al *ius pignoris* sul *redemptus ab hostibus*: libero, per così dire, dai pregiudizi dommatici dei quali sarebbe stata imbevuta la dottrina successiva, l'eclettico studioso basileese non trovava difficoltà alcuna nell'identificarne ed esaurirne il contenuto nella *retentio* del riscattante sulla persona del riscattato; di lì a poco, però, già un pandettista di vaglia come il Dernburg vi dedicava pochi cenni a piè di pagina nella sua ponderosa monografia sul 'Pfandrecht'; nel Novecento, la nostra figura addirittura scompare totalmente dal campo di indagine delle innumerevoli dissertazioni romanistiche in materia di garanzie reali. A mio modo di vedere, un simile sorprendente disinteresse da parte degli studiosi si spiega alla luce dell'adozione di un'identica impostazione esegetica, consistente nell'utilizzo retrospettivo di categorie proprie della moderna scienza civilistica per interpretare quelle medesime fonti di diritto romano sulla cui base la Pandettistica aveva elaborato le categorie utilizzate. Vale a dire: il nostro *ius pignoris*, non accessorio a un diritto di credito e privo del *ius distrahendi* in capo al titolare, non sarebbe un 'vero' diritto di pegno. È così accaduto che, uscito silenziosamente dalle trattazioni in tema di *pignus*, nondimeno esso è rimasto quale scomoda presenza per gli studiosi della *redemptio ab hostibus*, divenuta tanto più ingombrante con la fine dell'interpolazionismo.

Ora, il punto è che i testi – è banale ricordarlo – debbono essere interpretati secondo le logiche decisorie dei giuristi romani, senza calarvi sopra repertori concettuali loro estranei[351]; sovente il compito è assai arduo, per la nota ritrosia dei *prudentes* a motivare le proprie *sententiae*[352]. Posta questa premessa, a mio parere occorre riconoscere che le espressioni *ius* (e *vinculum*) *pignoris* sono senz'altro autentiche, sia perché la frequenza, con cui esse ricorrono nei testi conservati nel *Corpus Iuris*, ne rende di per sé inverosimile la sistematica interpolazione da parte dei compilatori, sia perché anche la terminologia utilizzata per indicare il rimborso del prezzo del riscatto (*luitio* e *luere*) è tipica del pegno. Del resto, già il Betti, muovendo da osservazioni relative all'utilizzo del termine '*obligari*', indifferentemente riferito dai giuristi romani tanto alle persone che alle cose, aveva respinto la congettura di interpolazione formulata dal Pampaloni, imperante all'epoca in cui egli trattava della nostra figura, scorgendo una (semplice) analogia di contenuto tra il potere del *redemptor* sul *redemptus* e il diritto di pegno. Il Maestro camerte si arrestava all'analogia, forse perché anch'egli prendeva a riferimento il modello di garanzia reale consegnatoci dalla Pandettistica, al quale sono coessenziali l'accessorietà a un diritto di credito e l'idoneità a soddisfare, previa conversione in un valore pecuniario, l'interesse del creditore[353].

Sempre nell'ottica del ragionamento analogico abbiamo altresì riscontrato come il riferimento alla posizione del creditore pignoratizio risponda a un peculiare modo di pensare dei giuristi classici, i quali utilizzano il medesimo schema concettuale in tema di tutela del venditore insoddisfatto nell'*emptio venditio*. Il riscattante e il venditore hanno il diritto di trattenere presso di sé il riscattato e, rispettivamente,

351 Ad esempio, la distanza tra il repertorio concettuale della giurisprudenza romana – che ragiona in termini di atto giuridico – e la moderna dommatica giuridica – che viceversa pensa in termini di rapporto giuridico – in tema di diritto delle obbligazioni è messa in luce con insuperabile chiarezza da W. FLUME, *Rechtsakt und Rechtsverhältnis. Römische Jurisprudenz und modernrechtliches Denken*, Paderborn-München-Wien-Zürich 1990. Con riferimento a una tematica più circoscritta, mi sia permesso rimandare al mio *Sul sinallagma genetico* cit., *passim*, nel quale provo a dimostrare che, in caso di dolo del venditore *sciens*, il quale tace l'inesistenza della cosa (Paul. 5 *ad Plaut.* D. 18.1.57.1) o l'extracommerciabilità della stessa (Mod. 5 *reg.* D. 18.1.62.1), si concede al compratore *ignorans* – non tenuto, da parte sua, al pagamento del prezzo – l'*actio empti* (e non l'*actio doli* o altre azioni pretorie, *in factum conceptae* o *ficticiae*) per il risarcimento dell'*id quod interest*: soluzione inconciliabile, stante l'assenza della reciproca *actio venditi* a favore del venditore, con il dogma del sinallagma genetico, elaborato da A. BECHMANN, *Der Kauf nach gemeinem Recht*, I, *Geschichte des Kaufs im römischen Recht*, Erlangen 1876, 540 ss., proprio sulla base dei testi romani in tema di *emptio venditio*.

352 Cfr. M. KASER, *Römische Rechtsgeschichte*, Göttingen 1967^2, 173 (=ID., *Storia del diritto romano*, trad. di R. Martini, Milano 1993, 185).

353 Cfr. B. WINDSCHEID, *Lehrbuch* cit., 1129, 1199 (vd. sopra, nt. 252).

la *res vendita*: il potere di *retentio* avvicina la condizione di entrambi a quella del creditore pignoratizio, il quale, in attesa dell'adempimento dell'obbligazione garantita, tiene nelle proprie mani la cosa oppignorata. Similmente, rimanendo sul piano della concreta disciplina delle fattispecie in parola, abbiamo anche constatato come l'offerta di pagamento del prezzo – anziché il pagamento effettivo – sia sufficiente a porre termine alla *retentio* del riscattante, del venditore e del creditore pignoratizio (avente a oggetto, rispettivamente, il *redemptus*, la *res vendita* e la *res obligata*), così come, per altro verso, al medesimo fine è necessario che il pagamento (o la sua offerta) comprendano la totalità della somma dovuta (nell'ordine dal riscattato, dal compratore e dal debitore oppignorante).

Tuttavia, la differenza fondamentale, rispetto all'*emptio venditio*, è rappresentata dal fatto che, per descrivere la prerogativa spettante al venditore di *ritenere* la *res vendita* in attesa di ricevere il corrispettivo pattuito, troviamo utilizzate espressioni alquanto sfumate ('*pignoris nomine*', '*pignoris loco*', '*quasi pignus*'), con le quali i *prudentes* consapevolmente evitano di assimilarla *in toto* a quella spettante al creditore pignoratizio sulla *res obligata*. Al contrario, il diritto del riscattante sul riscattato è qualificato come vero e proprio '*ius pignoris*', così come, per significare il rimborso del prezzo del riscatto, è utilizzato, altrettanto univocamente, il segno '*luitio*'. Ancora, sotto un profilo più strettamente contenutistico, il nostro *ius pignoris* si estingue alla morte del *redemptus*, allo stesso modo in cui il pegno viene meno, se la cosa oppignorata perisce; parimenti esso si estingue, se sia oggetto di legato da parte del *redemptor* a favore del *redemptus*, allo stesso modo in cui il pegno viene meno, se sia oggetto di legato da parte del creditore pignoratizio a favore del debitore oppignorante.

A mio giudizio è quindi possibile spingersi oltre il riscontro di una semplice analogia, nel senso che il potere del *redemptor* sul *redemptus* sarebbe stato effettivamente qualificato in termini di *ius pignoris*, e ciò in epoca assai risalente, tanto da rappresentare, agli occhi degli stessi Paolo e Ulpiano, a partire dai quali datano le testimonianze di cui disponiamo, una sorta di 'reperto archeologico' appartenente alla preistoria della nostra garanzia reale. Ho ritenuto così di identificare la nostra figura nel cd. 'Pressionspfand', privo del *ius distrahendi* e dell'accessorietà a un diritto di credito: il *redemptor* è infatti un perfetto esempio di 'puro' pignoratario, il cui potere si identifica ed esaurisce nel diritto di trattenere presso di sé la persona del *redemptus*. Nel nostro caso, inoltre, la 'Pressionwirkung', di norma consistente nel fatto che il pignoratario non può utilizzare la cosa né in altro modo avvantaggiarsene o trarne profitto, è tanto più efficace, in quanto la *retentio* si traduce in una limitazione alla stessa libertà di movimento del *retentus*, determinando così una potente pressione psicologica su di lui e sui suoi congiunti, affinché provvedano a eseguire senza indugio il pagamento.

Ho infine ritenuto di escludere che il potere del *redemptor* sulla persona del *redemptus* sia stato configurato in termini di pegno tramite un provvedimento autoritativo (la nota *constitutio de redemptis*) o da parte della giurisprudenza severiana (o, men che meno, dei maestri bizantini), quando il *ius pignoris* aveva già saldamente assunto le note caratteristiche di accessorietà a un diritto di credito e di mezzo di soddisfazione della pretesa creditoria per il caso di inadempimento. Dalla fondazione fino ad Augusto Roma è stata pressoché permanentemente impegnata in conflitti bellici: se la *redemptio ab hostibus* è pratica tanto antica quanto la *civitas*, è plausibile pensare che la condizione del *redemptus* sia stata definita *ab antiquo* nei termini a noi noti solo attraverso le più tarde testimonianze di Paolo e Ulpiano. Prove, in tal senso, sono fornite dal responso di Servio sulla vicenda dei *capti a Lusitanis*, nonché, tra le fonti letterarie, dal dilemma del prigioniero di Seneca, dal riscatto dei prigionieri di Annibale dopo la disfatta del Trasimeno narrato da Plutarco e, soprattutto, dal discorso di Coriolano al senato riferito da Livio, che a me sembra confermare, al di là di ogni ragionevole dubbio, l'antichissima risalenza della nostra figura.

In ultima analisi, posto che terminologia, regime e funzione sono quelli propri del diritto di pegno, il *ius pignoris* del *redemptor* sul *civis redemptus ab hostibus*, lungi dal rappresentare un emblema tribonianeo o dall'essere privo di uno suo specifico significato tecnico – questi sono, come sappiamo, i due opposti poli tra cui si muove la dottrina in materia –, rappresenta invece, a mio avviso, una tra le prime fattispecie (se non la prima) ad essere stata inquadrata all'interno del campo semantico del termine '*pignus*'[354].

La ricostruzione qui proposta a me sembra permetta anche di semplificare la comprensione degli svolgimenti storici del nostro istituto, rendendoli maggiormente intellegibili e consequenziali.

In primo luogo, non v'è più ragione di dilatare l'operatività della *constitutio de redemptis* – che Trifonino riferisce ai *servi* – anche ai *cives*. Chi sostiene tale opinione è costretto ad ammettere che la *constitutio* avrebbe avuto un contenuto davvero bizzarro: essa avrebbe infatti introdotto di punto in bianco un obbligo di rimborso a carico del *redemptus*, senza tuttavia specularmente concedere al *redemptor* un diritto azionabile in giudizio; inoltre, a quest'ultimo sarebbe stato riconosciuto un diritto di ritenzione, qualificato come *ius pignoris*, seppur privo del *ius distrahendi* e dell'accessorietà a un diritto di credito, oppure, altrettanto inverosimilmente, a scapito dei *redempti* – i quali, non bisogna dimenticare, il più delle volte erano soldati caduti prigionieri del nemico dopo aver combattuto sotto le insegne di Roma – sarebbe stato alterato il funzionamento di un principio inveterato come il postliminio.

---

354 Su un piano più generale, essa potrebbe anche annoverarsi come caso esemplare di una caratteristica distintiva del diritto romano, «la semplicità», icasticamente definita da F. SCHULZ, *I principi del diritto romano*, trad. di V. Arangio-Ruiz, Firenze 1946, 61 (=ID., *Prinzipien des römischen Rechts*, München 1934, 47) come la «energica, talvolta persino violenta parsimonia nella creazione e nell'impiego degli istituti giuridici. Un solo istituto giuridico deve servire a scopi disparatissimi; rapporti sociali disparatissimi sono soggetti allo stesso regime giuridico [spaziato dell'a.]».

Con riferimento a quest'ultimo punto, che la *redemptio* lasci intatto il funzionamento del *ius postliminii* troviamo espressamente affermato in un testo sul quale, per primo, aveva portato l'attenzione il Levy al fine di sostenere la tesi dell'immediato ripristino della *civitas libertasque* a favore del *civis redemptus ab hostibus*: limitatamente all'età repubblicana e alla prima età imperiale – fino, cioè, alla *constitutio de redemptis* – secondo l'insigne studioso; a mio modesto parere, lungo tutto l'arco storico del diritto romano, dai primordi fino a Giustiniano, che, difatti, accoglie nella compilazione il brano in questione. Trattasi di

> Pomponius 36 *ad Sabinum* D. 49.15.20.2: *Redemptio facultatem redeundi praebet, non ius postliminii mutat.*

Secondo Pomponio[355], il riscatto dal nemico offre (al riscattato) la facoltà di tornare in patria, senza alterare il diritto di postliminio, ovverosia la *redemptio* non influisce sul recupero di libertà e cittadinanza da parte del *civis redemptus*.

Posto che, come diceva uno che se ne intendeva, «non bisogna faticare sulle parole, se il senso concorda»[356], le letture 'neutralizzanti' del testo in commento, avanzate da alcuni sostenitori della tesi della sospensione del postliminio, non sembrano motivate da altro che dallo sforzo di difendere asserzioni inconciliabili col principio lì affermato *apertis verbis*[357].

---

355 O, forse, già per Sabino: il fatto che il commentario pomponiano non si articolasse parola per parola, bensì «per libera associazione dei casi» (così D. NÖRR, *Pomponio* cit., 205, sulla scia di E. SEIDL, *Die Methode der Kommentatoren in römischen Rechtsgeschichte*, in AA. VV., *Studi in onore di Emilio Betti*, IV, Milano 1962, 117 ss., 128 s., e D. LIEBS, *Variae Lectiones* cit., 73 nt. 92; *contra*, per il carattere lemmatico dell'opera, F. SCHULZ, *History* cit. 211 [=ID., *Storia* cit., 377]), non è infatti ragione sufficiente per escludere che la frase in commento risalisse già al giurista augusteo. Per la sospetta *inscriptio* del frammento vd. sopra, nt. 64.

356 ERASMO DA ROTTERDAM, *Affrettati lentamente (Festina lente)*, in L. BRAIDA (cur.), *'Opulentia sordida' e altri scritti attorno ad Aldo Manuzio*, Venezia 2014, 65.

357 Per H. KRÜGER, *Captivus redemptus* cit., 221 nt. 1, la frase, definita «rätselhaft», andrebbe intesa nel senso che il rientro del prigioniero non modificherebbe le situazioni giuridiche (favorevoli o sfavorevoli) consolidatesi prima della cattura; secondo G. FAIVELEY, *Redemptus ab hoste* cit., 26 s., Pomponio non preciserebbe quando il postliminio si verificherebbe, talché potrebbe ugualmente sostenersi che esso sia posticipato al momento della *luitio*, anziché del rientro in patria: interpretazione, questa, non a torto tacciata di essere «impacciata ed insostenibile» da L. AMIRANTE, *Appunti* cit., 18 e nt. 32, per il quale, viceversa, il testo sarebbe «logico, lineare, limpidissimo», sulla scia di E. LEVY, *'Captivus redemptus'* cit., 76, che vi pone a fianco Flor. 6 *inst.* D. 49.15.26; anche per B. ALBANESE, *Le persone* cit., 399 nt. 238, il brano proverebbe che, anteriormente all'introduzione del vincolo sul *redemptus* da parte della *constitutio*, «la *redemptio ab hostibus* non modificava il regime normale del *postliminium*», mentre successivamente sì, tanto che il passo pomponiano sarebbe stato trádito «per svista compilatoria»; di seguito, per A. MAFFI, *Ricerche* cit., 182

Vero è invece che l'immediato riacquisto della *civitas libertasque* da parte del *redemptus ab hostibus* rientrato in patria si conserva immutato – contrariamente a quanto sostenuto da taluni autori – anche sotto Diocleziano, le cui decisioni, in punto di diritto, sono saldamente ancorate alla tradizione della giurisprudenza classica. Semmai, come abbiamo visto commentando i rescritti dell'imperatore illirico, il problema che si affaccia in epoca tardo antica è un altro. La *retentio* del *redemptor* sul *redemptus*, in quanto potere meramente strumentale e interlocutorio, ha senso se e nella misura in cui essa trovi un termine 'naturale' con la *luitio*. Se il *redemptus* non è in grado di rimborsare il prezzo del riscatto, tornato in patria libero di diritto, di fatto è schiavo del *redemptor*. La *retentio* si trasforma così in un vincolo senza uscita, che finisce con l'esporre il *retentus* a ogni genere di vessazione e sopruso da parte del *retentor*: questa è la realtà che dipingono, alla fine di un secolo funestato da rivolte militari, invasioni e carestie, le fattispecie portate all'attenzione della cancelleria dioclezianea.

Agli inizi del V secolo, su una situazione oramai divenuta irreversibile, se non ulteriormente aggravatasi con il tracollo dell'esercito romano e l'inarrestabile declino socio-economico della *pars Occidentis*, interviene Onorio, il quale, al fine di porre un termine sicuro alla *retentio*, concede al *redemptus*, in alternativa al rimborso del prezzo del riscatto, la facoltà di liberarsi dal vincolo prestando per un quinquennio le proprie *operae* a favore del *redemptus*. Il vero punto di rottura nella storia del nostro istituto è quindi rappresentato dalla costituzione onoriana del 408, con la quale la posizione del *redemptus* viene ridisegnata anche sotto un altro importante profilo: egli può essere convenuto in giudizio dal *redemptor*, la cui pretesa restitutoria diventa finalmente 'enforceable'. Successivamente, gli imperatori bizantini torneranno a legiferare sulla *redemptio ab hostibus*, per favorirla e incentivarla, ma sulla condizione del *redemptus*, in quanto tale, non si registreranno più interventi. Il *ius pignoris* del *redemptor* oramai è diventato, come ho detto prima, una sorta di 'reliquia giuridica', che dice poco o niente ai funzionari delle

---

s., la testimonianza, che sarebbe «laconica», andrebbe interpretata nel senso che la *redemptio* offrirebbe la possibilità di tornare 'fisicamente' in patria, ma bisognerebbe poi verificare se sussistano i presupposti da cui dipenderebbe il verificarsi del *postliminium*; analogamente ritiene M.F. CURSI, *La struttura* cit., 219 s., la quale – pur dissentendo dalla distinzione che il Maffi opera tra aspetti «internazionali» e aspetti «interni» del postliminio – sostiene che Pomponio si riferirebbe a casi particolari, nei quali al rientro in patria del *redemptus* non seguirebbe il riacquisto degli *status libertatis* e *civitatis*, come accadrebbe per chi fosse stato deportato (perdendo così la cittadinanza), o condannato a una pena capitale (perdendo così la libertà), precedentemente alla cattura da parte del nemico (sul punto vd. sotto, cap. II, § 4); infine, ribadisce la lettura del frammento pomponiano proposta dal Levy anche M.V. SANNA, *Ricerche* cit., 26 ss.

cancellerie tardo imperiali, e difatti né Onorio né Giustiniano più vi accennano nei loro provvedimenti.

Terminato lo studio della condizione del *civis redemptus ab hostibus*, esaminiamo ora quella del *servus*, alla regolamentazione della quale è dedicata la 'misteriosa' – come alcuni autori l'hanno definita – *constitutio de redemptis*.

Capitolo Secondo. *Servus redemptus ab hostibus*

SOMMARIO: § 1. Introduzione. – § 2. La *constitutio de redemptis* e il *ius vetus*. – § 3. Il *postliminium* del *servus redemptus*. – § 4. Particolari situazioni *ante captivitatem*. – § 5. La datazione della *constitutio de redemptis*. – § 6. Conclusione.

§ 1. Introduzione

Sulla condizione del *servus redemptus ab hostibus*, come ripetuto più volte, siamo informati da un lungo frammento, tolto dalle *Disputationes* di Trifonino e conservato in D. 49.15.12, nel quale si fa cenno, senz'altra specificazione, alla '*constitutio, quae de redemptis lata est*'. In base ad essa lo schiavo riscattato dal nemico appartiene immediatamente al riscattante, anche se consapevole, al momento della *redemptio*, che precedentemente alla cattura quello apparteneva a un concittadino romano; l'antico padrone potrebbe però riappropriarsi dello schiavo, a condizione di rimborsare al riscattante il prezzo versato per acquistarlo dal nemico[1].

Quale sia l'innovazione introdotta dalla *constitutio*, rispetto a quello che Trifonino chiama indifferentemente *ius vetus* o *ius vetustissimum*, è facilmente intuibile. Com'è noto, il postliminio si applica anche alle cose, oltre che alle persone, talché, al rientro *intra fines*, lo schiavo riscattato, facente parte delle *res quae postliminio redeunt*[2], in linea di principio dovrebbe automaticamente tornare ad appartenere a chi ne era

1 A rigore i sostantivi 'riscatto', 'riscattante' e 'riscattato' alludono alla liberazione e al liberatore di un uomo libero, non anche di uno schiavo, che tale era prima di cadere prigioniero, come tale viene acquistato dal nemico e tale continua a essere anche dopo la *redemptio*; al riguardo, merita osservare che in D. 49.15.12.7-18 Trifonino, discutendo della *redemptio* del *servus*, utilizza indifferentemente i nomi '*redemptor*' (o il participio '*redimens*' o la perifrasi '*is qui redemit*') ed '*emptor*': termine, quest'ultimo, che viceversa non troviamo mai impiegato, né da Paolo e Ulpiano né dalle cancellerie imperiali, allorché si tratti della *redemptio* del *civis*. Ad ogni modo, per comodità espositiva nel prosieguo della trattazione discorrerò, anche a proposito del *servus*, di 'riscatto', 'riscattante' e 'riscattato'; sui molteplici significati di '*redimere*' e '*redemptor*' vd. sopra, cap. I, nt. 1; sulla *redemptio suis nummis*, che rappresenta invece un'autentica forma di riscatto, nel senso che lo schiavo compera la propria libertà dal padrone, vd. recentemente S. HEINEMEYER, *Der Freikauf des Sklaven mit eigenem Geld – Redemptio suis nummis*, Berlin 2013.

2 Il testo principale è rappresentato da Fest. s.v. *postliminium* (in LINDSAY, 244, da cui cito; HUSCHKE, 29): *postliminium receptum, Gallus Aelius in libro primo significationum, quae ad ius pertinent, ait esse eum, qui liber, ex qua civitate in aliam civitatem abierat, in eandem civitatem redit eo iure, quod constitutum est de postliminis: item qui servos a nobis in hostium potestatem pervenit, postea ad nos redit in eius potestatem, cuius antea fuit, iure postlimini. Equi et muli et navis eadem ratio est postliminium*

proprietario prima che cadesse prigioniero. Altrettanto evidente è che, a differenza della fattispecie analizzata nel precedente capitolo, in quella che ci apprestiamo ad esaminare il *thema disputandum* non è tanto rappresentato dal rapporto tra il *redemptor* e il *servus redemptus* – che, privo di capacità giuridica *ante captivitatem*, tale resta anche *post redemptionem* – quanto quello intercorrente tra il *redemptor* e il *prior dominus*, dal momento che l'acquisto dell'uno confligge col *dominium* reviviscente dell'altro. Qui non incontriamo più il *ius* (o *vinculum*) *pignoris* che, al fine di garantire al *redemptor* il rimborso del prezzo del riscatto, grava la persona del *civis redemptus*, poiché le due opzioni astrattamente possibili s'escludono a vicenda: o il *prior dominus* esercita il *ius offerendi*, e si riappropria dello schiavo; oppure non lo esercita, e la proprietà si consolida definitivamente in capo al *redemptor*.

Poste a confronto con le fonti attinenti al *civis redemptus*, quelle relative al *servus redemptus* sono affatto esigue – singolarmente non conserviamo rescritti sul tema – e le questioni, cui esse danno adito, sono essenzialmente circoscritte alla ricostruzione del regime previgente alla *constitutio de redemptis* e alla datazione di quest'ultima. Che, poi, il *ius novum* abbia intaccato il *postliminium* dello schiavo è verità lapalissiana; che, invece, ne abbia messo in luce una (presunta) duplicità di aspetti – come preteso da taluni autori, per i quali dal rientro dello schiavo nell'ordinamento romano dovrebbe concettualmente distinguersi il suo ritorno sotto la *potestas* del precedente proprietario – rappresenta un'opinione attorno alla quale s'è sviluppato un dibattito dottrinale, a mio avviso alquanto distante dal tenore letterale dei testi.

A queste tre questioni, che ora affronto *ex professo*, ho già accennato nel sunteggiare la tesi Levy-Amirante[3].

Nell'ordine, il *ius vetus* è stato ricostruito sulla base di un frammento di Giavoleno conservato in D. 49.15.27, nel quale il giurista traianeo, esponendo un caso relativo a uno schiavo prima rapito da predoni, poi caduto prigioniero dei Germani, infine riscattato e rientrato a Roma, riporta l'opinione già condivisa da Ofilio,

---

receptionis quae servi. Quae genera rerum ab hostibus ad nos postliminium redeunt, eadem genera rerum <a> nobis ad hostis redire possunt .... Elio Gallo colloca il *servus* dopo il *liber* ma prima delle altre *res* (cavallo, mulo e nave): in effetti, forse qui più che altrove, si manifesta l'ambigua condizione dello schiavo, che «la natura umana ... parifica ai liberi; la sua destinazione ... alle cose» (così S. PEROZZI, *Istituzioni* cit., I, 194; sul tema, recentemente, vd. le perspicaci osservazioni di C. PELLOSO, *Serviles Personae in Roman Law. 'Paradox' or 'Otherness'?*, in *Journal of Global Slavery* 3 [2018], 92 ss.); cfr. anche, tra le fonti giuridiche, Pomp. 3 *ad Sab.* D. 49.15.14 pr.; Paul. 16 *ad Sab.* D. 49.15.19.5-10; Pomp. 36 *ad Sab.* D. 49.15.20.1; Lab. 4 *pith. a Paulo epit.* D. 49.15.28; Lab. 8 *pith. a Paulo epit.* D. 49.15.30; tra le fonti letterarie, Cic. *Top.* 8.36. Su tutti questi testi vd. la letteratura citata sopra, cap. I, nt. 2; sull'opera di Elio Gallo, risalente alla prima metà del II secolo a.C., F. BONA, *Alla ricerca del 'De verborum, quae ad ius civile pertinent, significatione' di C. Elio Gallo*, in *BIDR* 99 (1987), 119 ss.; G. FALCONE, *Per una datazione del 'De verborum quae ad ius pertinent significatione' di Elio Gallo*, in *AUPA* 41 (1991), 223 ss.

3 Vd. sopra, cap. I, § 2.

Trebazio e Labeone, secondo i quali il riscattante non potrebbe usucapirlo: decisione, questa, dalla quale la (quasi) totalità degli autori ha desunto che, prima dell'emanazione della *constitutio*, l'antico padrone avrebbe potuto riappropriarsi dello schiavo con la *rei vindicatio*, senza sopportare onere alcuno nei confronti di chiunque, riscattante di buona fede compreso.

Per quanto riguarda, poi, la datazione della *constitutio*, se le *Disputationes* di Trifonino fungono implicitamente da *terminus ante quem*[4], il *terminus post quem* è stato ricavato, sulla base dell'assunto che essa disciplinasse anche la *redemptio* dei *liberi*, da due testi – sui quali mi sono precedentemente soffermato[5]– tolti da due differenti opere di Pomponio: nell'uno – del quale non tornerò a parlare – si tratta del rapporto tra *redemptio* e *postliminium* dei *liberi* (Pomp. 36 *ad Sab.* D. 49.15.20.2); nell'altro – che nel prosieguo dell'indagine esaminerò più approfonditamente[6]– si espone un caso, verosimilmente deciso *ex auctoritate principis*, relativo a una donna (forse *libera*, forse *serva poenae*, il testo, come già sappiamo, non specifica) riscattata non *ab hostibus*, bensì *a latrunculis exterae gentis* (Pomp. 1 *ex var. lect.* D. 49.15.6).

Sulla datazione della *constitutio de redemptis* le opinioni degli studiosi divergono grandemente: nella letteratura ottocentesca, Heinrich Eduard Dirksen la riconduce agli Antonini, Johannes Emil Kuntze e Moritz Voigt ai Severi; ribadiscono quest'ultima opinione, nella prima metà del Novecento, Édouard Cuq e William Warwick Buckland; Otto Karlowa l'identifica audacemente con l'altrettanto misteriosa *constitutio Rutiliana* di epoca repubblicana, mentre Hugo Krüger e Wilhelm Felgentraeger, esclusa la genuinità delle *Disputationes* di Trifonino, la riferiscono al Basso Impero, se non a Giustiniano stesso[7].

Nella seconda metà del secolo scorso la dottrina s'è coagulata – anche sotto questo aspetto – intorno alla tesi Levy-Amirante. La *constitutio* sarebbe stata emanata dopo Pomponio ma prima di Paolo e Ulpiano, e quindi tra gli Antonini e i Severi: Ernst Levy, fissato l'intervallo tra il 161 e il 198, propende per il principato di Marco Aurelio (161-180); Luigi Amirante per la correggenza di Settimio Severo e Caracalla (198-211)[8]. Più recentemente Maria Virginia Sanna, ritenendo di scorgere

---

4 Secondo K. FILDHAUT, *Die libri disputationum* cit., 14, 72, i primi dieci libri delle *Disputationes* di Trifonino (il nostro frammento è tolto dal quarto) sarebbero stati scritti dopo la morte di Settimio Severo (4 febbraio 211), sotto la breve corregenza di Caracalla e Geta dello stesso anno (vd. anche P. KRÜGER, *Geschichte* cit., 225; sulla datazione dell'assassinio di Geta, che le ricerche più recenti fissano al 19 o al 26 dicembre 211, cfr. S. STEPAN, *Scaevola noster* cit., 7 nt. 17); l'opera, composta di ventuno libri, sarebbe stata ultimata nel 213 (vd. anche V. SCIALOJA, *Sull'età degli ultimi libri delle Disputationes di Claudio Trifonino*, in *BIDR* 1 [1888], 228 s.; O. LENEL, *Palingenesia* cit., II, 351 nt. 1). Sul problema dell'autenticità vd. sopra, cap. I, nt. 50.

5 Vd. sopra, cap. I, §§ 7 e 8.

6 Vd. sotto, § 5.

7 Vd. sopra, cap. I, ntt. 44 e 50.

8 Vd. sopra, cap. I, ntt. 77, 93 e 107.

tracce sia del *ius vetus* che del *ius novum* nelle due succitate testimonianze pomponiane, ha anticipato la datazione della *constitutio* intorno alla metà del II secolo, precisamente all'interno del lasso temporale in cui Pomponio compose le opere da cui i frammenti in parola sono tolti, i *Libri ad Sabinum* e le *Variae lectiones*[9].

Per quanto concerne, infine, il *postliminium*, l'Amirante – a differenza del Levy – ritiene che la regola, introdotta dalla *constitutio*, dell'immediata appartenenza al *redemptor* del *servus redemptus*, avrebbe determinato un ripensamento dell'antico istituto da parte della giurisprudenza severiana, poiché dal ritorno dello schiavo nell'ordinamento romano sarebbe stato rescisso il riacquisto delle proprietà da parte del *prior dominus*. La tesi del Maestro napoletano è stata successivamente criticata, ma in direzioni non coincidenti, da Alberto Maffi e da Maria Floriana Cursi, cioè dai due studiosi che, da ultimi, hanno approfondito la problematica del postliminio dello schiavo nel pensiero della giurisprudenza romana.

Personalmente non condivido la tesi Levy-Amirante sotto nessuno dei tre indicati aspetti. Le ragioni del mio dissenso, in estrema sintesi, sono le seguenti.

Relativamente al problema della ricostruzione del *ius vetus*, Giavoleno descrive un caso nel quale il *servus redemptus*, già oggetto di rapina da parte di *latrones*, è *res vi possessa*, circostanza che indirizza la *ratio decidendi* della fattispecie in direzione totalmente estranea al nostro tema. Il giurista traianeo si limita a registrare come già i *veteres* si pronunciassero per l'inusucapibilità dello schiavo, opinione alla quale egli stesso aderisce; ma, nel silenzio del testo, all'interprete non è consentito di fondarvi sopra asserzioni circa il rapporto tra il *prior dominus* e il *redemptor*, intorno al quale nulla si dice.

Per quanto riguarda, poi, la questione della datazione della *constitutio de redemptis*, una volta escluso che essa disciplinasse anche la *redemptio* dei *liberi*, l'unica altra fonte diretta in tema di *redemptio ab hostibus* di uno schiavo – oltre a D. 49.15.12 – è rappresentata da D. 29.2.71 pr., dove si conserva un frammento tolto dal libro LX del commentario *ad edictum* di Ulpiano, opera successiva alle *Disputationes* di Trifonino[10], e quindi inutilizzabile ai fini della determinazione del termine *post quem*.

Di seguito, in entrambi i succitati passi di Pomponio si enunciano regole valevoli prima e anche dopo la *constitutio*. Il frammento conservato in D. 49.15.20.2 non può fungere da *terminus post quem* per due motivi: sia perché, disciplinando la *constitutio* la *redemptio* dei soli *servi*, il principio lì affermato – la *redemptio* non muta il postliminio dei *liberi* – è irrilevante ai fini del tema in discussione; sia perché, comunque, pure ammettendo che la *constitutio* disciplinasse anche la *redemptio*

9 Vd. sopra, cap. I, nt. 119.

10 Secondo T. HONORÉ, *Ulpian* cit., 158 ss., 180 s., i *Libri ad edictum* di Ulpiano sarebbero stati ultimati nel 217 sotto Macrino; il libro LX, dal quale il nostro frammento è tolto, farebbe parte dell'ultimo dei blocchi – formato dai libri LVI-LXXXI, scritti in quello stesso anno – in cui lo studioso inglese suddivide la composizione dell'opera da parte del giurista severiano.

dei *liberi*, il funzionamento del postliminio non ne sarebbe stato alterato, secondo quanto ho precedentemente ricavato dall'esame delle fonti di riferimento (e tra queste, in particolare, dei rescritti dioclezianei). Parimenti, la decisione sul caso descritto in D. 49.15.6 – ammesso e non concesso che si tratti della *redemptio a latronibus* di una *serva poenae* – è allineata a quanto dispone, in via generale, la *constitutio* citata da Trifonino per la *redemptio ab hostibus*: pertanto, questo secondo frammento pomponiano, più che fungere da *terminus ante quem*, potrebbe semmai contribuire alla ricostruzione del *ius vetus*.

In sostanza, in assenza di addentellati testuali che ci informino esplicitamente circa le condizioni alle quali, in base al diritto previgente alla *constitutio de redemptis*, al *prior dominus* spettasse *iure postliminii* la proprietà del *servus redemptus ab hostibus* – se, cioè, con o senza obbligo di rimborso verso il *redemptor* di buona o anche di mala fede – e, per altro verso, che fungano implicitamente da termini di riferimento per la datazione del nostro provvedimento imperiale, lo scopo della presente ricerca sarà essenzialmente quello di determinare il contenuto del *ius vetus* e, rispettivamente, l'imperatore o, quantomeno, la dinastia di imperatori ai quali sia ascrivibile l'introduzione del *ius novum*. Per quanto riguarda, infine, il postliminio del *servus redemptus*, trattasi a mio avviso di problema più nominalistico che sostanziale, al quale le fonti forniscono già una risposta sufficientemente chiara; in ogni caso, sia la tesi dell'Amirante che le critiche ad essa opposte necessitano di un vaglio ulteriore.

Il materiale da esaminare è rappresentato quasi esclusivamente dalla seconda parte del lungo frammento di Trifonino conservato in D. 49.15.12, che, a una a più attenta lettura, fornisce informazioni sufficienti per formulare fondate asserzioni in merito a tutt'e tre i problemi sul tappeto. Anticipando gli esiti dell'indagine, concordo con il Maffi nel ritenere che il *redemptor* di buona fede avesse diritto al rimborso del prezzo del riscatto anche in base al *ius vetus*, e nel riaffermare – sulla scia del Levy e della dottrina maggioritaria, da ultimo difesa dal Maffi e dalla Sanna – che la *constitutio de redemptis* sospendesse il *postliminium* del *servus redemptus*, anche se, forse, il lessico impiegato dalla giurisprudenza severiana suggerisce che, alla luce della regolamentazione introdotta *ex auctoritate principis*, non sarebbe neppure corretto parlare di postliminio *stricto sensu*; aderisco invece all'Amirante nel fissare il periodo di emanazione del nostro provvedimento imperiale sotto la correggenza di Settimio Severo e Caracalla (198-211). L'esegesi del frammento di Trifonino qui difesa, così come gli argomenti ricavati da questo e da altri testi, coincidono solo parzialmente con quelli formulati dagli studiosi testé citati; su singoli punti, poi, il disaccordo è totale: ad ogni modo, l'averne affinato le tesi, corroborate le dimostrazioni o scalfite le obiezioni, rappresenta, negli auspici di chi scrive, il risultato della presente indagine.

L'ordine dell'esposizione sarà il seguente: esaminati i §§ 7 e 8 di D. 49.15.12, nei quali Trifonino descrive la regola introdotta dalla *constitutio de redemptis*, proverò a determinare quale fosse il contenuto del *ius vetus*, che i più deducono – come ho anticipato – dal brano di Giavoleno conservato in D. 49.15.27 (§ 2); di seguito, affronterò il problema (o pseudo tale) del postliminio del *servus redemptus*, esaminando quanto Trifonino e Ulpiano rispettivamente affermano ai §§ 9 e 18 di D. 49.15.12 e nel principio di D. 29.2.71 (§ 3), per poi vagliare le fattispecie esposte dal § 10 al § 17 di D. 49.15.12, aventi come comune denominatore la presenza, *ante captivitatem*, di una qualche particolare condizione soggettiva in capo allo schiavo (§ 4); chiudono l'indagine la trattazione del problema della datazione della *constitutio de redemptis* (§ 5) e il riepilogo dei risultati raggiunti (§ 6). Passiamo quindi immediatamente allo studio dei testi.

§ 2. La *constitutio de redemptis* e il *ius vetus*

Il frammento conservato in D. 49.15.12 può idealmente essere suddiviso in due parti: nella prima, dal principio al § 6, premessa la distinzione tra *postliminium in bello* e *postliminium in pace*, Trifonino tratta di questioni attinenti alla sorte degli atti e dei rapporti, familiari e patrimoniali, facenti capo al *liber captus ab hostibus*[11];

---

11 Il testo recita: *In bello postliminium est, in pace autem his, qui bello capti erant, de quibus nihil in pactis erat comprehensum. quod ideo placuisse Servius scribit, quia spem revertendi civibus in virtute bellica magis quam in pace Romani esse voluerunt. verum in pace qui pervenerunt ad alteros, si bellum subito exarsisset, eorum servi efficiuntur, apud quos iam hostes suo facto deprehenduntur. quibus ius postliminii est tam in bello quam in pace, nisi foedere cautum fuerat, ne esset his ius postliminii. 1. Si quis capiatur ab hostibus, hi, quos in potestate habuit, in incerto sunt, utrum sui iuris facti an adhuc pro filiis familiarum computentur: nam defuncto illo apud hostes, ex quo captus est, patres familiarum, reverso numquam non in potestate eius fuisse credentur. ideo et de his, quae medio tempore adquirunt stipulatione traditione legato (nam hereditate non possunt), tractatum est, ubi non est reversus, si forte alii vel in totum (his exheredatis testamento) vel in partem instituti sunt heredes, utrum in hereditate captivi, quae lege Cornelia inducitur, an propria ipsorum sint. quod verius est: diversumque in his, quae per servos adquiruntur, merito: quia hi bonorum fuerunt et esse perseverant, hi sui iuris exinde sibique ideo adquisisse intelleguntur. 2. Facti autem causae infectae nulla constitutione fieri possunt. ideo eorum, quae usucapiebat per semet ipsum possidens qui postea captus est, interrumpitur usucapio, quia certum est eum possidere desisse. eorum vero, quae per subiectas iuri suo personas possidebat usuque capiebat, vel si qua postea peculiari nomine comprehenduntur, Iulianus scribit credi suo tempore impleri usucapionem remanentibus isdem personis in possessione. Marcellus nihil interesse, ipse possedisset an subiecta ei persona. sed Iuliani sententiam sequendum est. 3. Medio tempore filius, quem habuit in potestate captivus, uxorem ducere potest, quamvis consentire nuptiis pater eius non posset: nam utique nec dissentire. susceptus ergo nepos in reversi captivi potestate ut avi erit suusque heres ei quodammodo invito, cum nuptiis non consenserit. non mirum, quia illius temporis condicio necessitasque faciebat et publica nuptiarum utilitas exigebat. 4. Sed captivi uxor, tametsi maxime velit et in domo eius sit, non tamen in matrimonio est. 5. Codicilli, si quos in tempore captivitatis scripserit, non creduntur iure suptili confirmati testamento, quod in civitate fecerat. sed nec fideicommissum ex his peti potest, quia non sunt ab eo facti, qui testamenti factionem habuit. sed quia merum principium eorum in civitate constituto captivo factum est, id est in testamento confirmatio codicillorum, et is postea reversus est et postliminio ius*

nella seconda, dal § 7 in poi, il giurista espone la condizione in cui versa il *servus redemptus ab hostibus*, discutendo una dettagliata casistica, sulla quale mi soffermerò man mano nel corso dell'esposizione. Iniziamo coi §§ 7 e 8, nei quali si fa menzione sia della *constitutio de redemptis* che del *ius vetus*.

> Tryphoninus 4 *disputationum* D. 49.15.12.7-8: *Si quis servum captum ab hostibus redemerit, protinus est redimentis, quamvis scientis alienum fuisse: sed oblato ei pretio quod dedit postliminio redisse aut receptus esse servus credetur.* 8. *Et si ignorans captivum, existimans vendentis esse redemit, an quasi usucepisse videatur, scilicet ne post [legitimum tempus] <annum> offerendi pretii priori domino facultas sit, videamus. nam occurrit, quod constitutio, quae de redemptis lata est, eum redimentis servum facit, et quod meum iam usucapere me intellegi non potest. rursum cum constitutio non deteriorem causam redimentium, sed si quo meliorem effecerit, peremi ius bonae fidei emptori vetustissimum et iniquum et contra mentem constitutionis est: ideoque transacto tempore, quanto, nisi constitutio eum proprium fecisset, usucapi potuisset, nihil ex constitutione domino superesse recte dicetur.*

Al § 7 Trifonino afferma che lo schiavo riscattato appartiene immediatamente al riscattante (*protinus est redimentis*), anche se questi era a conoscenza, al momento della *redemptio*, della precedente appartenenza a un concittadino romano. Tuttavia, il *prior dominus*, se offre al riscattante il rimborso del prezzo del riscatto, può riappropriarsi dello schiavo, che si reputa essere tornato in patria e recuperato per diritto di postliminio (*sed oblato ei pretio quod dedit postliminio redisse aut receptus esse servus credetur*)[12].

Al § 8 il giurista si chiede cosa accada qualora il riscattante, pensando che lo schiavo appartenga effettivamente al venditore, ignori trattarsi di un prigioniero; in particolare, la domanda che viene posta, è se il riscattante possa acquistarne la proprietà per usucapione (*an quasi usucepisse videatur*), cosicché, una volta trascorso il *tempus legitimum* (*i.e.* un anno), il *ius offerendi* del *prior dominus* risulti estinto. La difficoltà nasce dal fatto che, in base alla '*constitutio, quae de redemptis lata est*', il riscattante diviene proprietario dello schiavo (*eum redimentis servum facit*), talché non gli è possibile usucapire ciò che già gli appartiene. D'altra parte, posto che lo scopo della *constitutio* era di migliorare la *causa redimentium*, non di peggiorarla, sarebbe iniquo e contrario alla *mens constitutionis* sopprimere il *ius vetustissimum*[13], del quale precedentemente beneficiava il *bonae fidei emptor*.

---

suum recepit, humanitatis rationi congruum est eos codicillos ita suum effectum habere, quasi in medio nulla captivitas intercessisset. 6. Cetera quae in iure sunt, posteaquam postliminio redit, pro eo habentur, ac si numquam iste hostium potitus fuisset.

12 Sulla frase finale '*sed oblato ... credetur*' vd. sotto, § 3.

13 Per W. FELGENTRAEGER, *Das Lösungsrecht* cit., 97 nt. 4, la locuzione, che rispecchierebbe la predilezione di Giustiniano per la *vetustas*, sarebbe un chiaro indizio d'interpolazione, unitamente a [*legitimum tempus*] in luogo di <*annum*> (per quest'ultima sostituzione vd. già O. LENEL, *Palingenesia* cit., II, 356 nt. 3); per la

Quest'ultimo, pertanto, qualora non sia divenuto proprietario dello schiavo riscattato in base alla *constitutio*, trascorso il tempo necessario potrebbe comunque avvantaggiarsi dell'usucapione, sì da ritenersi definitivamente estinto il diritto del precedente proprietario.

La regola introdotta dal provvedimento imperiale è meno chiara di quanto sembri a prima vista. All'attribuzione al riscattante dell'immediata proprietà dello schiavo riscattato, indipendentemente dalla di lui buona o mala fede, fa infatti riscontro il riconoscimento al precedente padrone del *ius offerendi*, che, unitamente all'immutata facoltà di usucapione e alla possibilità di successive alienazioni dello schiavo, moltiplica gli scenari possibili. Prima di analizzarli occorre però fissare alcuni punti.

In primo luogo, l'esercizio del *ius offerendi* da parte del *prior dominus* verso il *redemptor* di mala fede non è limitato a un anno, dal momento che quest'ultimo – a differenza del *redemptor* di buona fede – non può avvantaggiarsi dell'usucapione[14].

In secondo luogo, il *prior dominus* può esercitare il *ius offerendi* nei confronti non solo del *redemptor*, ma anche degli eventuali subacquirenti del *servus redemptus*. Invero, nel prosieguo del discorso Trifonino afferma espressamente che, già in base al *ius vetus*, lo schiavo avrebbe potuto essere usucapito (e manomesso) da chi lo comperasse in buona fede da un riscattante di mala fede[15]. Pertanto, dall'affermazione del giurista ricaviamo non solo e non tanto che, anche prima della *constitutio*, il *redemptor* avrebbe potuto vendere lo schiavo – il che è ovvio – ma anche e soprattutto che il subacquirente, conformemente al noto principio '*nemo plus iuris ad alium transferre potest, quam ipse haberet*' (Ulp. 46 *ad ed.* D. 50.17.54), non ne sarebbe divenuto proprietario per effetto dell'atto traslativo del possesso: diversamente opinando, il problema dell'acquisto della proprietà per usucapione – da cui consegue la validità del successivo atto di manomissione – non sarebbe entrato in gioco.

Se quello descritto era il regime vigente prima della *constitutio*, ricaviamo che, pure successivamente, il riscattante e gli eventuali subacquirenti di buona fede dello schiavo avrebbero continuato ad avvantaggiarsi dell'usucapione; specularmente, il

---

sostanziale genuinità del testo cfr. E. LEVY, *'Captivus redemptus'* cit., 82 s.; W. KUNKEL, *Herkunft* cit., 232 nt. 464; L. AMIRANTE, *Appunti* cit., 27.

14 Vd. già in questo senso W. FELGENTRAEGER, *Das Lösungsrecht* cit., 98; A. MAFFI, *Ricerche* cit., 213 nt. 12; M.V. SANNA, *Nuove ricerche* cit., 57; K. FILDHAUT, *Die libri disputationum* cit., 148, 192; *contra* L. AMIRANTE, *Appunti* cit., 27, 33 nt. 36; M.F. CURSI *La struttura* cit., 295, secondo i quali il termine di un anno varrebbe anche nei confronti del *redemptor* di mala fede: ma la durata del termine è legata alla maturazione dell'usucapione, talché non ha senso applicarlo a chi di essa non può avvalersi (sul punto tornerò anche sotto, § 3).

15 Al § 9 di D. 49.15.12 leggiamo infatti: ... *certe et veteri iure si ab hoc, qui sciens alienum esse redemisset, alius bona fide emisset, usucapere, ad libertatemque perducere potuit, et isto quoque modo prior dominus, qui ante captivitatem fuerat, ius suum amittebat* .... Sul punto vd. sotto, § 3.

prior dominus avrebbe potuto esercitare il *ius offerendi* nei confronti del primo e dei secondi, fintantoché lo schiavo non fosse stato usucapito da uno dei suoi possessori. Al riguardo, l'affermazione dell'Amirante, secondo cui l'immediata disponibilità dello schiavo, assicurata dalla *constitutio* al *redemptor*, lo avrebbe «messo al riparo da ogni responsabilità per gli atti di disposizione compiuti sul *redemptus*»[16], appare inesatta: se, infatti, come ho appena detto, il *prior dominus* avrebbe potuto esercitare il *ius offerendi* anche nei confronti dei subacquirenti dello schiavo, verosimilmente il *redemptor* sarebbe stato chiamato responsabile, qualora l'*oblatio* del *prior dominus* fosse inferiore al prezzo versato dal subacquirente per acquistare lo schiavo. Inoltre, è plausibile pensare che, indipendentemente dal prezzo al quale lo schiavo fosse eventualmente venduto dal riscattante a un terzo, l'importo dell'*oblatio* del *prior dominus* fosse il medesimo nei confronti dell'uno e dell'altro: pari, cioè, all'ammontare del corrispettivo versato per la *redemptio* dello schiavo dal nemico (*oblato ei pretio quod dedit*)[17].

Poste queste premesse, a mio avviso la regola introdotta dalla *constitutio* deve essere intesa come segue.

Riscattante sia di buona che di mala fede fanno (definitivamente) proprio lo schiavo, se il precedente padrone non si avvale del *ius offerendi* (entro il termine di un anno verso il riscattante di buona fede). I motivi possono essere i più vari: il *prior dominus* non viene a sapere del ritorno dello schiavo o viene a saperlo troppo tardi; oppure non è interessato a riappropriarsene o, seppur interessato, non dispone della somma necessaria a ristorare il riscattante.

Se, poi, lo schiavo sia fatto oggetto di successive alienazioni, occorre ulteriormente distinguere. Il subacquirente di buona fede fa proprio lo schiavo, se lo acquisti dal *redemptor* di buona fede dopo che questi lo abbia usucapito, oppure se, acquistatolo dal *redemptor* di mala fede (o anche dal *redemptor* di buona fede, ma prima che questi lo abbia usucapito), lo possegga almeno per un anno. Se nessuna di queste condizioni si verifica, il *prior dominus* può (ancora) esercitare il *ius offerendi* e riappropriarsi dello schiavo.

Veniamo ora al *ius vetus*. Tutti gli autori concordano nell'affermare che, prima e dopo la *constitutio*, il riscattante di buona fede avrebbe potuto usucapire lo schiavo. L'asserzione è dello stesso Trifonino e, quindi, *nulla quaestio*. Il punto controverso è stabilire se, già in base al *ius vetus*, sussistesse un obbligo di rimborso da parte del *prior dominus* a favore del *redemptor*. La dottrina maggioritaria, come ho anticipato in apertura, ritiene che tale obbligo non sussistesse: prima della *constitutio*, il *servus*

---

16 L. AMIRANTE, *Appunti* cit., 56.

17 Al riguardo H. KRÜGER *Captivus redemptus* cit., 219 nt. 3; A. MAFFI *Ricerche* cit., 199 s.; M.V. SANNA, *Nuove ricerche* cit., 102 s., richiamano – a mio modo di vedere inesattamente – la decisione riferita in Paul. 16 *ad Sab.* D. 49.15.19.9, in tema di cessione dal *redemptor* a un terzo del *ius pignoris* sul *civis redemptus*, il quale si libera dal vincolo restituendo al cessionario una somma pari al prezzo del riscatto, se quest'ultimo è inferiore a quello della cessione (vd. sopra, cap. I, § 3).

redemptus sarebbe automaticamente tornato ad appartenere *iure postliminii* all'antico padrone. Quest'ultimo avrebbe potuto rivendicarlo senza sopportare onere alcuno e presso chiunque, fatta salva l'ipotesi che il *redemptor* di buona fede lo avesse nel frattempo usucapito. Secondo la *communis opinio* dottrinale, insomma, la *constitutio* avrebbe introdotto *ex novo* a carico del *prior dominus* che volesse riappropriarsi del *servus redemptus* un obbligo di rimborso verso il *redemptor*, sia di buona che di mala fede, in precedenza del tutto inesistente[18].

Vi sono, però, due 'dissenting opinions': l'una è sostenuta dal Karlowa e da Hugo Krüger; l'altra dal Maffi. I primi due studiosi ritengono che, anche precedentemente alla *constitutio*, per riavere lo schiavo il *prior dominus* avrebbe dovuto ristorare il *redemptor*, sia di buona che di mala fede[19]; per il Maffi, invece, la *constitutio* avrebbe modificato, migliorandola, la posizione del solo *redemptor* di mala fede, attribuendo anche a lui il diritto al rimborso del prezzo del riscatto, già spettante, in base al *ius vetus*, al *redemptor* di buona fede[20].

A mio modo di vedere, la tesi del Karlowa e del Krüger non può essere accolta: non tanto perché – come obietta il Levy[21]– non sarebbe supportata dalle fonti – rilievo che, come subito vedremo, può ugualmente opporsi alla tesi sostenuta da quest'ultimo autore – quanto perché, se si ritiene che già in base al *ius vetus* il riscattante di mala fede avesse diritto al rimborso del prezzo del riscatto, non è dato comprendere sotto quale aspetto la *constitutio* avrebbe migliorato – ripetendo le parole di Trifonino – la *causa redimentium*. Prima, come dopo, il riscattante, se di buona o di mala fede non importa, avrebbe avuto diritto al rimborso del prezzo del riscatto, mentre l'attribuzione, in suo favore, dell'immediata proprietà dello schiavo (*constitutio ... eum redimentis servum facit*) avrebbe rappresentato un'innovazione meramente formale, tale da non giustificare l'emanazione di un provvedimento imperiale.

Più plausibile, a me sembra, è la tesi del Maffi. Da un lato, infatti, la *communis opinio* dottrinale non è corroborata da alcuna testimonianza utile, tale non potendo considerarsi Iav. 9 *ex post. Lab.* D. 49.15.27, appresso esaminato; dall'altro, a una più attenta lettura il testo di Trifonino porta a ritenere che, da sempre, al riscattante di buona fede sarebbe spettato il rimborso del prezzo del riscatto. V'è, poi, una testimonianza in tema di *redemptio a latronibus*, rappresentata da Pomp. 1 *ex var. lect.* D. 49.15.6, nella quale, se si assume che la condannata alle saline sia una *serva poenae*, troveremmo traccia del *ius vetus* e conferma della ricostruzione qui difesa; ad ogni modo, posto che il testo di Pomponio è stato invocato al fine di datare la *constitutio*, tornerò ad occuparmene più avanti. Al termine del presente paragrafo,

18 E. LEVY, *'Captivus redemptus'* cit., 85 s.; L. AMIRANTE, *Appunti* cit., 26 s.; M.F. CURSI *La struttura* cit., 295 s.; M.V. SANNA, *Ricerche* cit., 34 s.; ID., *Nuove ricerche* cit., 56 ss., 104 ss.

19 O. KARLOWA, *Römische Rechtsgeschichte* cit., II.1, 127 s.; H. KRÜGER, *Captivus redemptus* cit., 216 s.

20 A. MAFFI, *Ricerche* cit., 195 s., 233, 243.

21 E. LEVY, *'Captivus redemptus'* cit., 81 nt. 4.

mostrerò invece come il *ius vetus*, distinguendo il trattamento del *redemptor sciens* rispetto a quello del *redemptor ignorans*, riproducesse le regole valevoli, *mutatis mutandis*, in tema di garanzia per evizione nell'*emptio venditio*. Da quest'ultimo punto di vista, la *constitutio de redemptis*, togliendo rilevanza alla distinzione tra *scientia* ed *ignorantia* dell'*emptor* relativamente alle compravendite di schiavi concluse sui mercati esteri, introdusse un principio del tutto nuovo rispetto alla disciplina elaborata dalla giurisprudenza classica con riguardo alle compravendite di schiavi concluse *intra fines*.

Dapprima analizziamo la testimonianza di Giavoleno, invocata dalla dottrina maggioritaria.

> Iavolenus 9 *ex posterioribus Labeonis* D. 49.15.27: *Latrones tibi servum eripuerant: postea is servus ad Germanos pervenerat: inde in bello victis Germanis servus venierat. negant posse usucapi eum ab emptore Labeo Ofilius Trebatius, quia verum esset eum subreptum esse, nec quod hostium fuisset aut postliminio redisset, ei rei impedimento esse.*

Uno schiavo, sottratto con la forza (*eripuerant*) al suo padrone da una banda di briganti, successivamente cade in mano dei Germani. Sconfitti questi in battaglia, lo schiavo viene venduto a un cittadino romano e rientra *intra fines*. Giavoleno riporta l'opinione che accomuna Trebazio, Ofilio e Labeone, e alla quale egli stesso aderisce: l'*emptor* non può usucapire lo schiavo, poiché quest'ultimo, precedentemente alla prigionia, era stato sottratto con la forza al suo padrone, a nulla rilevando il fatto che successivamente sia caduto in mano nemica, né che, tornato in patria, gli si applichi il *ius postliminii*[22].

---

22 Questa è la lettura che al frammento dà la maggioranza degli autori: cfr. H. KRÜGER *Captivus redemptus* cit., 217; W. FELGENTRAEGER, *Antikes Lösungsrecht* cit., 99 e nt. 8, che pensa trattarsi di un brano conservatosi per disattenzione dei compilatori, dovuta forse anche al fatto che Tryph. 4 *disp.* D. 49.15.12 apparteneva alla massa papinianea, mentre Iav. 9 *ex post. Lab.* D. 49.15.27 a quella sabiniana; E. LEVY, *'Captivus redemptus'* cit., 81; L. AMIRANTE, *Appunti* cit., 17 s.; M. D'ORTA, *La giurisprudenza tra Repubblica e Principato. Primi studi su C. Trebazio Testa*, Napoli 1990, 192 ss.; M.F. CURSI *La struttura* cit., 297 ss.; M.V. SANNA, *Nuove ricerche* cit., 44 ss. Sul fronte della critica al testo P. HUVÉLIN, *Études sur le 'furtum' dans le très ancien droit romain*, I, *Le sources*, Lyon-Paris 1915, 531 nt. 2, osserva che il discorso indiretto con cui si chiude il frammento porterebbe a pensare a una trasposizione maldestra del responso di uno dei tre giuristi citati da Giavoleno; anche M. TALAMANCA, *Recensione* a M. D'ORTA, *La giurisprudenza* cit., in *BIDR* 94-95 (1991-1992, pubbl. 1994), 609 s., pensa a un raccorciamento del brano sulla base di due aspetti. L'uno, di carattere formale, è rappresentato dal fatto che, nel passaggio finale, si fonderebbe «in unico giro di frase la ragione del dubbio e quella della sua rimozione (*nec quod hostium fuisset* [*aut*] <*sed*> *postliminio redisset*)»; l'altro, di carattere sostanziale, è costituito dalla circostanza che i Germani sono stati vinti in battaglia (*in bello victis Germanis*), e potrebbe quindi pensarsi a una vendita *sub corona* (su cui vd., da ultimo, K.-W. WELVEI, *Sub corona vendere. Quellenkritische Studien zu Kriegsgefangenschaft und Sklaverei in Rom bis zum Ende des Hannibalkrieges*, Stuttgart 2000). Escludono trattarsi di *redemptio ab*

A me sembra chiaro che i giuristi citati da Giavoleno intendono togliere rilevanza, ai fini dell'usucapione, al fatto che, successivamente alla rapina, lo schiavo sia caduto in mano nemica e che, tornato a Roma, gli si applichi il postliminio. La decisione si basa sulla circostanza che lo schiavo è *res vi possessa*, ovverosia è uscito dal mondo dei traffici giuridici per farvi ritorno solo qualora avvenga la *reversio in potestatem domini*[23]. Dal frammento in esame potrebbe quindi al più desumersi che, se lo schiavo non fosse stato sottratto illecitamente al suo padrone, il riscattante potrebbe usucapirlo come una qualsiasi altra *res aliena* – cosa che, del resto, già sappiamo sulla base del testo di Trifonino – ma nulla di più. Segnatamente, il testo non dice, né consente di inferire, che il *redemptor* avrebbe comunque diritto al rimborso del prezzo del riscatto – come vuole il Krüger[24]– e neppure che, all'opposto, il *prior dominus* potrebbe rivendicare (anche) lo schiavo non sottratto

---

hostibus anche A. WATSON, *The Law of Persons in the later Roman Republic*, Oxford 1967, 254 nt. 6 («this is not a case of redemption – the slave is recovered from the Germans by force of arms»), e A. MAFFI, *Ricerche* cit., 230 ss., la cui interpretazione del frammento, certamente raffinata, appare alquanto cervellotica. Secondo lo studioso milanese l'inciso '*postliminio redisset*' alluderebbe al rientro dello schiavo non già a Roma, bensì presso i suoi connazionali, che sarebbero i Germani (*ad Germanos pervenerat*). I *veteres* terrebbero conto della potenziale obiezione dell'*emptor* al *prior dominus*: la sottrazione dello schiavo avrebbe salvaguardato il diritto di proprietà dell'antico padrone, se lo schiavo fosse stato recuperato direttamente dai *latrones*; invece, poiché è rientrato nella sua patria, riacquistando così libertà e cittadinanza '*iure postliminii*' (per esprimersi in termini romani), la sua precedente condizione non rileverebbe più. Catturato in guerra (non venduto da un nemico a un romano), lo schiavo sarebbe stato legittimamente venduto come *praeda* bellica: per questo nessuna rivendicazione potrebbe più essere avanzata dal *prior dominus*. Ebbene, i tre giuristi attribuirebbero invece valore dirimente all'originaria sottrazione violenta da parte dei *latrones*, riaffermando la preminenza del postliminio sul regime del bottino di guerra. Critici nei confronti di tale esegesi sono M. TALAMANCA, *loc cit.*; M.F. CURSI, *La struttura* cit., 300 nt. 64.

23 In base a una serie di rescritti, analizzati dettagliatamente da W. FELGENTRAEGER, *Antikes Lösungsrecht* cit., 13 ss., sappiamo che il recupero, da parte dei legittimi proprietari, delle cose rubate non è subordinato alla restituzione agli acquirenti del prezzo che questi hanno pagato per acquistarle; paradigmatico, al riguardo, è quanto leggiamo in Sev.-Ant. negotiatoribus C. 6.2.2: *Incivilem rem desideratis, ut agnitas res furtivas non prius reddatis, quam pretium fuerit solutum a dominis, curate igitur cautius negotiari, ne non tantum in damna huiusmodi, sed etiam in criminis suspicionem incidatis* (a. 204). Sull'inusucapibilità delle *res furtivae*, già sancita dalle XII Tavole e poi ribadita dalla *Lex Atinia de rebus subreptis* (197 a.C.), e delle *res vi possessae*, anch'essa forse già contemplata dalla legislazione decemvirale oltre che dalla *Lex Plautia de vi* (80-70 a.C.), vd., recentemente, M. FRUNZIO, *Res furtivae. Contributo allo studio della circolazione degli oggetti furtivi in diritto romano*, Torino 2017, 47 ss.

24 H. KRÜGER, *Captivus redemptus* cit., 216 s.

illecitamente al suo padrone senza essere tenuto a rimborsare il riscattante – come vuole il Levy e, con lui, la maggioranza degli autori[25].

In ultima analisi, se il passo di Giavoleno fuoriesce dal novero delle testimonianze utili per ricostruire il *ius vetus*, altro materiale non abbiamo a disposizione che il surriferito testo di Trifonino, il quale, a una più attenta lettura, fornisce una traccia percorribile per risolvere la questione in esame. In effetti, al § 8 il giurista argomenta a favore della conservazione della facoltà di usucapire il *servus redemptus* da parte del *redemptor* di buona fede sulla base della seguente affermazione: '*cum constitutio non deteriorem causam redimentium, sed si quo meliorem effecerit*'. Svolgendo il ragionamento, se la *constitutio* avesse escluso l'usucapione dello schiavo, la condizione del riscattante di buona fede sarebbe risultata peggiorata rispetto al regime previgente; tuttavia, posto che, per l'appunto, scopo della costituzione era di migliorare la *causa redimentium*, l'usucapione deve ritenersi conservata anche sotto il nuovo regime.

Ora, il rilievo dato da Trifonino alla conservazione, da parte del *bonae fidei emptor*, della facoltà di usucapire lo schiavo fa pensare – come osserva il Maffi – «che anche prima della *constitutio* questi avesse diritto al rimborso del riscatto qualora il *prior dominus* avesse rivendicato lo schiavo prima del decorso dell'anno; e ciò in virtù di un *ius offerendi* che doveva già essere in vigore nei confronti dell'acquirente di buona fede e che verrà esteso dalla *constitutio* a quello di mala fede. Diversamente opinando, a parità di condizioni, l'eliminazione dell'usucapione sarebbe stato l'unico elemento di differenziazione, a scapito del *redemptor* di buona fede, fra vecchio e nuovo regime»[26]. L'argomentazione mi sembra ineccepibile, tanto più che sarebbe illogico un sistema nel quale, dall'assenza verso chiunque, si passasse all'obbligo di rimborso verso chiunque[27].

---

25 E. LEVY, *'Captivus redemptus'* cit., 81, con gli autori citati sopra, cap. II, nt. 18.

26 A. MAFFI, *Ricerche* cit., 199. Del resto, lo stesso L. AMIRANTE, *Appunti* cit., 48, è costretto ad ammettere che, se si raffronta il regime precedente la *constitutio* con quello successivo, «può apparire a prima vista che l'innovazione avesse carattere piuttosto formale», dal momento che, sotto entrambi i regimi, solo dopo un anno il *redemptor* avrebbe potuto «essere sicuro del suo *dominium* sullo schiavo». Il punto è che l'innovazione introdotta dalla *constitutio* non riguarda la posizione del *redemptor* di buona fede, ma, per l'appunto, quella del *redemptor* di mala fede, al quale ultimo viene esteso il diritto al rimborso del prezzo del riscatto, già spettante a quello di buona fede.

27 A. MAFFI, *Ricerche* cit., 204. Ciò che resta poco chiaro, nel silenzio del testo, è il mezzo con cui, prima della *constitutio*, il riscattante di buona fede avrebbe potuto fare valere il diritto al rimborso del prezzo del riscatto contro l'antico padrone rivendicante lo schiavo. È ipotizzabile una *retentio*, analoga a quella riconosciuta a chi riscatti la cosa pignorata fino al rimborso del prezzo del riscatto (cfr. Pap. 2 *resp.* D. 6.1.65; Paul. 23 *ad ed.* D. 10.2.29; Iul. 11 *dig.* D. 13.7.28 pr.; Gai. 9 *ad ed. prov.* D. 20.6.2), oppure l'inserimento di un'*exceptio* nella formula della *rei vindicatio* (come ritiene H. KRÜGER, *Captivus redemptus* cit., 219 s.; *contra* W. FELGENTRAEGER, *Antikes Lösungsrecht* cit.,

Un'ultima notazione. Il Maffi rimarca come la regola introdotta dalla *constitutio* rispecchi quella stabilita dai succitati trattati conclusi nel III secolo a.C. tra Mileto e alcune città cretesi[28], per poi concludere che, per molto tempo, per l'appunto fino all'emanazione della *constitutio*, a Roma – distinguendosi il *redemptor sciens* da quello *ignorans*, il solo a essere tutelato – si sarebbe applicato un regime più rigoroso di quello vigente in Grecia[29]. A mio avviso, la notazione è condivisibile nella misura in cui l'interprete si limiti a riscontrare, retrospettivamente, una mera identità estrinseca di regime, che, del resto, varrebbe pure, risalendo ancora più indietro nel tempo, rispetto al Codice di Hammurabi della prima metà del XVIII secolo a.C.[30]; altro discorso è leggervi la derivazione, a distanza di secoli, della regola romana dai diritti greci o addirittura dal diritto babilonese, il che mi sembra ingiustificato o, comunque, non dimostrabile.

Semmai, a me sembra più pertinente osservare come la distinzione, che il *ius vetus* avrebbe operato, tra la posizione del riscattante di mala fede rispetto a quella del riscattante di buona fede, sia perfettamente sovrapponibile, rimanendo sul terreno del diritto romano, alla differente tutela accordata al compratore evitto nell'*emptio venditio* a seconda della sua consapevolezza o meno intorno all'altruità della cosa.

Più nel dettaglio, sotto il profilo oggettivo lo schiavo riscattato, che, rientrato a Roma, torna ad appartenere *iure postliminii* al precedente proprietario, è del

---

98, che, però, chiama in causa testi relativi all'ipotesi dell'acquisto di *res furtivae*:su cui vd. sopra, cap. II, nt. 23).

28 A. MAFFI, *Ricerche* cit., 204 s.; lo studioso, come già sappiamo, chiama in causa i trattati in parola anche a proposito della *redemptio* del *liber* (vd. sopra, cap. I, § 2).

29 A. MAFFI, *Ricerche* cit., 206, con la precisazione che la similitudine è valida nella misura in cui «si possa estendere a tutto il mondo greco il regime del trattato, e sempre che l'irrilevanza dell'elemento soggettivo valesse per il diritto delle città greche anche nel caso in cui il riscattante fosse un concittadino del padrone dello schiavo».

30 Invero, secondo W. FELGENTRAEGER, *Das Lösungsrecht* cit., 97 nt. 4, il 'Losüngsrecht' del *prior dominus* sul *servus redemptus* rappresenterebbe un «unrömischer Rechtsbehelf», riconducibile a influssi non tanto del mondo greco-ellenistico, quanto del diritto babilonese, intensificatisi in epoca postclassica in ragione dell'intimo contatto del diritto romano con il mondo orientale (*ibid.*, 53, 95, 100, 122). La tesi, già criticata dal Levy (vd. sopra, cap. I, nt. 88) e non più ripresa dalla dottrina successiva, si basa – anche qui – sull'identità, meramente estrinseca, tra la regola introdotta dalla *constitutio de redemptis* e una disposizione del Codice di Hammurabi (§ 281). A ragionare in questi termini, potrebbe ugualmente affermarsi che anche la succitata disposizione della *Lex Burgundionum*, redatta a cavallo tra il V e il VI secolo (vd. sopra, cap. I, nt. 87), là dove prescrive che il prigioniero riscattato debba rimborsare il riscattante, intervenuto in suo soccorso a fronte di un incarico (56), derivi dal trattato concluso tra Mileto e Cnosso nel III secolo a.C. (vd. sopra, cap. I, nt. 138), contenente un'identica disposizione (*IC*, I, viii, 6*): il che appare difficile sostenere.

tutto assimilabile – rispetto al riscattante – a una *res aliena*[31]. Di seguito, il titolo d'acquisto è rappresentato dalla *redemptio ab hostibus*, che altro non è che una compravendita, con l'unica differenza, rispetto all'*emptio venditio*, che la persona del venditore è rappresentata da un *hostis*. Infine, la rivendica da parte del *prior dominus* rappresenta un evento che priva il riscattante del possesso dello schiavo riscattato, ovverosia è un fatto evizionale identico a quello che egli subirebbe se, comperato uno schiavo altrui a Roma, anziché *ultra fines imperii*, fosse convenuto con la *rei vindicatio* da parte del legittimo proprietario.

Sotto il profilo soggettivo, poi, il presupposto per la distinzione tra la buona e la mala fede del riscattante e del compratore riposa, in entrambi i casi, sull'ignoranza o sulla conoscenza dell'altruità dello schiavo comperato.

Poste queste premesse, ipotizziamo che un proprietario rivendichi lo schiavo da altri posseduto, distinguendo a seconda dello stato soggettivo di mala fede (I) e di buona fede (II) del compratore (a) e del riscattante (b).

I) Analizziamo dapprima il caso della mala fede del compratore e del riscattante.

I.a) Al compratore di mala fede di uno schiavo altrui non spetta alcuna tutela. Egli perde lo schiavo e non recupera il prezzo versato, poiché la conoscenza dell'altruità della *res vendita* esclude che egli possa avvalersi della garanzia per evizione. Ciò perché ripugna alla buona fede che il compratore, pur essendo perfettamente consapevole, al momento della conclusione del contratto, dell'altruità della cosa, possa chiamare responsabile il venditore. Il principio si conserva immutato fino a Giustiniano[32].

---

31 Com'è noto, nulla si oppone alla validità della vendita di *res aliena*, come del resto attesta espressamente Ulp. 41 *ad Sab.* D. 18.1.28: *Rem alienam distrahere quem posse nulla dubitatio est: nam emptio est et venditio: sed res emptori auferri potest*; sulla fattispecie ben più complessa della vendita di *res furtiva* (Paul. 33 *ad ed.* D. 18.1.34.3) – nella quale, a mio giudizio, entra in gioco l'inusucapibilità della cosa, non l'illiceità del negozio, come comunemente si ritiene – mi sia permesso rimandare al mio *D. 18.1.34.3: vendita di res furtiva e principio di buona fede*, in *SDHI* 69 (2003), 321 ss. (anche in L. GAROFALO [cur.], *Il ruolo* cit., III, 246 ss.).

32 Ciò e quanto si ricava dai due seguenti rescritti dioclezianei, che certamente esprimono principi propri del diritto classico. Il primo è Diocl.-Max. Theophilo C. 8.44.27: *Si fundum sciens alienum vel obligatum comparavit Athenocles nec quicquam de evictione convenit, quod eo nomine dedit, contra iuris poscit rationem. nam si ignorans, desiderio tuo iuris forma negantis hoc reddi refragatur* (a. 294). Un tale Atenocle ha comperato uno fondo sapendo che era altrui (o pignorato), senza concordare alcunché col venditore per il caso di evizione; la cancelleria imperiale sancisce che è esclusa la ripetizione di quanto il compratore abbia pagato; se, invece, il compratore ignorava l'altruità della cosa, il venditore – tale Teofilo, destinatario del rescritto – è tenuto a restituire il prezzo ricevuto. Il secondo è Diocl.-Max. Hastio C. 8.44.30: *Non ex eo, quod duplam qui a matre tua mancipium comparavit evictionis nomine stipulatus est, alienae rei scientia convincitur, nec opinio eius ex hoc laeditur, ut malae fidei emptor existimetur. aliis itaque hoc indiciis, si vis, probare debes* (a. 294). Un certo Astio, figlio della venditrice di uno schiavo altrui e verosimilmente convenuto in qualità di

I.b) Del pari, se c'è un punto sul quale (quasi) tutti gli autori concordano, è ritenere che, in base al *ius vetus*, al riscattante di mala fede non spettasse alcun ristoro a fronte della perdita dello schiavo rivendicato dal *prior dominus*. Ebbene, la *constitutio de redemptis* interviene modificando questo (e, a mio avviso, solamente questo) punto: attribuendo, cioè, anche al riscattante di mala fede il diritto al rimborso del prezzo del riscatto.

II) Ipotizziamo ora che i convenuti dal nostro *dominus* siano un compratore e un riscattante di buona fede. Qui occorre effettuare un'ulteriore suddivisione, a seconda che la *rei vindicatio* sia esercitata dopo (1) o prima (2) che il convenuto

---

erede dal compratore evitto, si rivolge all'imperatore, sostenendo che la controparte della madre, essendosi premunita tramite la *stipulatio duplae* per il caso di evizione, sarebbe stata consapevole dell'altruità dello schiavo. La risposta della cancelleria imperiale è perentoria: la circostanza allegata non prova alcunché; cerchi piuttosto il destinatario del rescritto altri e più solidi argomenti al fine di dimostrare la *scientia alieni dominii* da parte del compratore (al fine, sottinteso, di andare esente da responsabilità). Da questo secondo rescritto si ricavano tre importanti dati. Il primo è che, com'è detto testualmente nel rescritto, l'*emptor sciens* è '*malae fidei emptor*' (vd. già in questo senso, benché non citi il rescritto in parola, G. IMPALLOMENI, *Il 'pactum de non praestanda evictione' nella dottrina di Giuliano e di Ulpiano e i riflessi nelle codificazioni moderne*, in AA. VV., *Atti del Seminario sulla problematica contrattuale in diritto romano (Milano, 7-9 aprile 1987)*, I, Milano 1988, 233 ss., anche in ID., *Scritti di diritto romano e tradizione romanistica*, Padova 1996, 561, da cui cito). Il secondo dato è che la consapevolezza, da parte del compratore, dell'altruità della cosa funge da circostanza escludente la responsabilità del venditore anche nell'ipotesi in cui il compratore *sciens* si premunisca tramite la conclusione di un'apposita stipulazione per il caso di evizione. Invero, se così non fosse, la cancelleria imperiale, lungi dal delibare la questione posta al suo vaglio, si sarebbe accontentata di osservare che, stante la conclusione della *stipulatio duplae*, la questione se il compratore sapesse o meno che lo schiavo apparteneva a un terzo non aveva alcun rilievo (pertanto è da respingere l'opinione di A. DE MEDIO, *Il patto di non prestare l'evizione e il dolo del venditore nel diritto romano classico*, in *BIDR* 16 [1904], 8, secondo il quale il compratore *sciens* perderebbe il diritto alla garanzia per evizione per rinuncia tacita). Il terzo e ultimo dato, che a me pare possa arguirsi dal rescritto in esame, è che è il venditore, al fine di andare esente da responsabilità, ad essere gravato dell'onere di provare la *scientia emptoris*, e non il compratore, al fine di far valere la responsabilità del primo, a essere gravato dell'onere di provare la propria *ignorantia*. In letteratura, sulla *scientia alieni dominii* da parte del compratore, quale circostanza escludente la responsabilità per evizione del venditore, vd. M. KASER, *Das römische Recht in Südafrika*, in *ZSS* 81 (1964) 22 ss.; A. CALONGE, *Evicción. Historia del concepto y análisis de su contenido en el Derecho romano clásico*, Salamanca 1968, 78; G. IMPALLOMENI, *Nota sulla limitazione della garanzia per l'evizione nelle legislazioni dalla romana derivate*, in W.G. BECKER – L. SCHNORR V. CAROLSFELD (hrsg.), *Sein und Werden im Recht. Festgabe für Ulrich von Lübtow zum 70. Geburtstag am 21. August 1970*, Berlin 1970, 595 ss., anche in ID., *Scritti* cit., 209 ss.; ID., *Il 'pactum de non praestanda evictione'* cit., 561 s.

abbia posseduto lo schiavo per il tempo necessario a usucapirlo (verosimilmente decorrente, per il *redemptor*, dal suo rientro *intra fines*).

II.a.1). Il *dominus* non recupera alcunché, se esercita la *rei vindicatio* dopo l'anno, poiché, nel frattempo, il compratore convenuto ha usucapito lo schiavo.

II.b.1) L'esito è il medesimo, prima e dopo la *constitutio*, nei confronti del riscattante di buona fede, il quale s'avvantaggia dell'usucapione.

II.a.2) Il *dominus* agisce in tempo utile e recupera lo schiavo (o la sua *aestimatio*, se il convenuto soccombente preferisce sottostare alla condanna pecuniaria). Il compratore evitto può attivare i rimedi a sua disposizione (*actio auctoritatis*, *actio ex stipulatu* o *actio ex empto*, a seconda dei casi) al fine di far valere la garanzia per evizione del venditore, sì da recuperare quanto meno il prezzo versato[33].

II.b.2) Sostanzialmente lo stesso accade, se si aderisce all'analisi precedentemente condotta, per il riscattante di buona fede, il quale, prima e dopo la *constitutio*, perde lo schiavo, ma recupera il prezzo versato al nemico.

Se così stanno le cose, uno potrebbe chiedersi: perché migliorare il trattamento del riscattante di mala fede, equiparandolo – salvo che per l'usucapione – a quello di buona fede?

La domanda si sovrappone a quella riguardante i destinatari della *constitutio*. La dottrina dominante ritiene che si trattasse dei mercanti di schiavi[34]; diverso avviso esprime il Maffi, secondo il quale il *redemptor*, cui pensa Trifonino, sarebbe un «normale cittadino romano»[35].

Ora, se, in base all'analisi sin qui condotta, abbiamo concluso che il miglioramento della *causa redimentium* introdotto dalla *constitutio* sarebbe stato limitato ai *redemptores* di mala fede, in effetti ciò porterebbe a pensare che i relativi destinatari fossero soggetti professionalmente impegnati nel commercio di schiavi. È pur vero che in loro favore si sarebbe stabilito – come obietta il Maffi – «un semplice

---

33 La questione è complessa ed esula dalla presente indagine; ad ogni modo, tra le fonti, cfr. Iul.-Ulp.-Paul. 5 *quaest.* D. 19.1.43; Iav. 2 *ex Plaut.* D. 21.2.60; Paul. 5 *quaest.* D. 21.2.70; in letteratura, D. MEDICUS, *Id quod interest* cit., 53 ss.; H. HONSELL, *Quod interest* cit., 32 ss.

34 Vd. già in questo senso W. FELGENTRAEGER, *Antikes Lösungsrecht* cit., 101, che parla di «unrömische Formen – eingeführt aus rechtspolitischen Gründen zugunsten des Sklavenhandels –, die mit dem römischen Schutz des Eigentümers brechen»; successivamente, nello stesso senso, E. LEVY, *'Captivus redemptus'* cit., 85; L. AMIRANTE, *Appunti* cit., 49, 55 s., sia pure sulla base della motivazione – che a me sembra essere inesatta – secondo cui essi sarebbero messi «al riparo da ogni responsabilità per gli atti di disposizione compiuti sul *redemptus*, in vista dei quali soltanto i mercanti di schiavi probabilmente si muovevano ad impiegare i loro capitali»; M.F. CURSI, *La struttura* cit., 296; M.V. SANNA, *Ricerche* cit., *passim*.

35 A. MAFFI, *Ricerche* cit., 197.

rimborso spese», ma è altrettanto vero che, in ogni caso, è meglio recuperare il prezzo versato al nemico, piuttosto che perderlo del tutto.

V'è poi forse una seconda motivazione, se si guarda all'onere probatorio, alla base del provvedimento imperiale. Se la prova della mala fede del compratore, risolvendosi nella dimostrazione del suo stato interiore di consapevolezza circa l'altruità della cosa, di per sé era assai difficile già per le compravendite concluse a Roma – dove, quanto meno, avrebbero potuto soccorrere indizi tratti da circostanze oggettive (quali, ad esempio, la cattiva fama del venditore, in ipotesi noto ricettatore) – per quelle concluse oltre confine avrebbe rappresentato un'autentica *probatio diabolica*. La *constitutio*, abolendo la distinzione tra buona e mala fede del riscattante, avrebbe semplificato il regime delle compravendite concluse sui mercati esteri, agevolando, anche da questo punto di vista, il commercio degli schiavi.

Che si sia trattato, in ultima analisi, di una *constitutio principis* emanata su pressione della 'lobby' dei *venaliciarii*?

§ 3. Il *postliminium* del *servus redemptus*

Riprendiamo ora l'esame del brano di Trifonino. Oltre al problema concernente la permanenza o meno della facoltà di usucapire lo schiavo da parte del *redemptor* di buona fede, il *ius novum* introdotto dalla *constitutio* apre una serie di ulteriori questioni. Cosa accade, ad esempio, se il *redemptor* manomette lo schiavo: questi sarà libero oppure tornerà in proprietà dell'antico padrone?

A questo riguardo, le soluzioni (divergenti sì, ma perché diverse sono le fattispecie di riferimento) enunciate da Trifonino in D. 49.15.12.9 – lo schiavo è libero – e da Ulpiano in D. 29.2.71 pr. – lo schiavo è libero, ma al *prior dominus* spetta il rimborso della relativa *aestimatio* – hanno dato adito alla controversia interpretativa, inaugurata dall'Amirante, concernente il *postliminium* del *servus redemptus*. In effetti, fino alla pubblicazione dell'importante contributo dello studioso napoletano, la *communis opinio* dottrinale era dell'avviso che la *constitutio* avrebbe (semplicemente) sospeso il funzionamento del diritto di postliminio[36]. Il principale addentellato di tale opinione era (ed è) rappresentato dall'inciso finale di D. 49.15.12.7, nel quale Trifonino, dopo aver affermato che, in base alla *constitutio*, lo schiavo riscattato appartiene immediatamente al riscattante, subordina al soddisfacimento di quest'ultimo il ripristinarsi del diritto dell'antico padrone con le seguenti parole: '*sed oblato ei* [*scil. redimenti*] *pretio quod dedit postliminio redisse aut receptus esse servus credetur*'.

Diversamente ritiene l'Amirante, secondo il quale la *constitutio de redemptis* avrebbe imposto alla giurisprudenza severiana «un ripensamento» dell'antico

---

36 Cfr. E. LEVY, *'Captivus redemptus'* cit., 85 s.; successivamente, sulla stessa linea, M. KASER, *Das römische Privatrecht*, cit., 291 nt. 22; B. ALBANESE, *Le persone* cit., 400 e nt. 242; A. MAFFI, *Ricerche* cit., 244; M.V. SANNA, *Nuove ricerche* cit., 30 ss.; K. FILDHAUT, *Die libri disputationum* cit., 153.

concetto del *postliminium*, «costringendola a rifiutare, sia pure a fatica, gli schemi tralatizi»[37]. Così egli precisa la propria asserzione: «la *constitutio de redemptis*, stabilendo che il servo riscattato divenisse proprietà del *redemptor*, ... veniva ad infrangere quella connessione fra i due aspetti del *postliminium* che fino allora, per secoli, era stata strettissima. Al ritorno dello schiavo *intra fines imperii nostri* non seguiva più infatti, come nell'antica definizione di Gallo[38], il ripristinarsi della

37 L. AMIRANTE, *Appunti* cit., 28 e nt. 26, il quale, pur dichiarando di non volersi servire di una critica formale all'inciso finale di D. 49.15.12.7, solleva dubbi sull'ablativo assoluto '*oblato ei pretio*', da cui sembrerebbe che l'offerta possa provenire dallo schiavo o da un terzo, mentre da tutto il contesto dell'esposizione di Trifonino è evidente che l'offerente debba essere il precedente proprietario.

38 L. AMIRANTE, *Appunti* cit., 28 nt. 29, aderisce all'interpretazione della succitata definizione di Elio Gallo (vd. sopra, cap. II, nt. 1) formulata da H. KORNHARDT, *«Postliminium» in republikanischer Zeit*, in *SDHI* 19 (1953), 1 ss. In sintesi, secondo la studiosa tedesca il ritorno del *servus* entro i confini romani sarebbe strettamente connesso al ritorno sotto la *potestas* del precedente proprietario, tanto che, in detta definizione, si utilizzerebbe indistintamente il verbo '*redire*' per indicare sia il ritorno '*ad nos*', sia il ritorno '*in eius potestatem cuius antea fuit*'. Dall'effetto centrale del *postliminium*, che sarebbe quello di far rientrare lo schiavo all'interno della sfera dell'ordinamento romano, dovrebbe quindi concettualmente distinguersi il ripristinarsi della *potestas* del precedente proprietario, anche se, storicamente, questo secondo aspetto del *postliminium* sarebbe stato intimamente connesso al primo. Al riguardo l'Amirante adduce due celebri testi, dai quali emergerebbe che di tale distinzione concettuale sarebbe stata perfettamente consapevole la stessa giurisprudenza romana: trattasi di Lab. 8 *pith. a Paulo epit.* D. 49.15.30 e Pomp. 3 *ad Sab.* D. 49.15.14 pr. Nel primo leggiamo: *Si id, quod nostrum hostes ceperunt, eius generis est, ut postliminio redire possit: simul atque ad nos redeundi causa profugit ab hostibus et intra fines imperii nostri esse coepit, postliminio redisse existimandum est.* PAULUS: *immo cum servus civis nostri ab hostibus captus inde aufugit et vel in urbe Roma ita est, ut neque in domini sui potestate sit neque ulli serviat, nondum postliminio redisse existimandum est.* Secondo Labeone, lo schiavo scappato dal nemico deve ritenersi tornato per postliminio non appena sia rientrato entro i confini dell'Impero; Paolo restringe la portata dell'affermazione labeoniana, precisando che lo schiavo non può ritenersi tornato per postliminio, se, pur trovandosi a Roma, non sia sotto la *potestas* del suo padrone né serva alcuno (*neque ulli serviat*). Secondo L. AMIRANTE, *Appunti* cit., 29 nt. 31, Paolo, scrivendo dopo la *constitutio*, avrebbe sentito il bisogno di precisare che lo schiavo potrebbe anche non essere *in potestate domini*, ma ciononondimeno essere tornato *iure postliminii*, intendendo con ciò affermare che il postliminio si verificherebbe anche se dello schiavo si sia impossessato persona diversa dal *prior dominus*. Di seguito, nel testo di Pomponio leggiamo: *Cum duae species postliminii sint, ut aut nos revertamur aut aliquid recipiamus: cum filius revertatur, duplicem in eo causam esse oportet postliminii, et quod pater eum reciperet et ipse ius suum.* Secondo L. AMIRANTE, *Appunti* cit., 30, quello che in questo testo si dice per il *filius* varrebbe anche per lo schiavo. Ritornato all'interno dei confini nazionali, egli recupererebbe la primitiva situazione giuridica, nel senso che, cessata la permanenza *apud hostes*, rientrerebbe nella sfera operativa del *ius civile*; benché meno chiaramente che nel passo di Paolo, anche

potestas del precedente proprietario, ma l'acquisto di esso al *redemptor*. A questo punto, quindi, alla giurisprudenza si aprivano due strade: o, mantenendo strettamente ferma la connessione fra i due aspetti del *postliminium*, negare che per il servo *redemptus* il *postliminium* potesse verificarsi prima del soddisfacimento del *redemptor*, o ammettere che l'uno aspetto del *postliminium*, ritorno dello schiavo nella sfera dell'ordinamento romano, potesse sussistere anche senza l'altro, riacquisto dello schiavo da parte del precedente *dominus*. Orbene, mentre la comune dottrina implicitamente ritiene che la giurisprudenza abbia seguito la prima strada, senza peraltro porsi esplicitamente il problema, io credo di poter mostrare che la giurisprudenza scelse la seconda, anche se, nella stessa impostazione del ragionamento fatto per imboccarla, è palesemente presente la suggestione della secolare connessione fra i due aspetti del *postliminium*»[39].

A quest'ultima conclusione – secondo l'Amirante – condurrebbe la lettura di

> Tryphoninus 4 *disputationum* D. 49.15.12.9: *Manumittendo autem utrum desinit tantum dominus esse et relictus ab eo servus in ius prioris domini redit? an et liberum eum facit, ne praestatio libertatis dominii fiat translatio? certe apud hostes manumissus liberatur, et tamen si eum nanctus dominus ipsius vetus intra praesidia nostra fuisset, quamvis non secutum res nostras, sed dum eo consilio venisset, ut ad illos reverteretur, servum retineret iure postliminii. quod in liberis aliter erat: non enim postliminio revertebatur, nisi qui hoc animo ad suos venisset, ut eorum res sequeretur illosque relinqueret, a quibus abisset: quia, ut Sabinus scribit, de sua qua civitate cuique constituendi facultas*

---

qui dovrebbe concettualmente distinguersi il rientro in patria (del *filius familias* e) dello schiavo dalla conseguenza, logicamente successiva, del ritorno *in potestate* del (*pater familias* e) dell'antico proprietario. Entrambe le esegesi dell'Amirante non mi sembrano reggere a fronte delle obiezioni che A. MAFFI, *Ricerche* cit., 209 ss., vi rivolge. Nel passo di Paolo, l'inciso '*neque ulli serviat*' allude al fatto che lo schiavo, sfuggito alla sorveglianza del nemico, sia rientrato in territorio romano – perfino (*vel*) nella stessa Roma – spacciandosi per libero. Rispetto alla (per vero alquanto contorta) lettura dell'Amirante, in quella (che a me sembra molto più lineare) del Maffi, Paolo richiederebbe che, affinché possa parlarsi di postliminio, qualcuno affermi il proprio diritto dominicale, sì da mettere in evidenza che abbiamo a che fare con uno schiavo. La precisazione '*neque ulli serviat*' non sarebbe quindi influenzata da un mutamento intervenuto in materia di postliminio dello schiavo per effetto della *constitutio* né, prima ancora, dimostrerebbe che per Paolo l'effetto principale del postliminio sarebbe quello di farlo rientrare nella sfera dell'ordinamento romano. Di seguito, nel passo di Pomponio – che, peraltro, è stato scritto molto prima del periodo al quale l'Amirante ascrive l'emanazione della *constitutio de redemptis* (198-211) – la *duplex causa* del *filius* non può essere identificata con una distinzione tra rientro all'interno dei confini e rientro sotto la *potestas* del *pater familias*; né la posizione dello schiavo riscattato, in seguito all'applicazione del postliminio, potrebbe definirsi come un '*recipere ius suum*', che presuppone una soggettività giuridica, della quale egli è privo.

39 L. AMIRANTE, *Appunti* cit., 30.

libera est, non de dominii iure. verum hoc non multum onerat praesentem inspectationem, quia hostium iure manumissio obesse civi nostro domino servi non potuit, at is de quo quaeritur lege nostra, quam constitutio fecit, civem Romanum dominum habuit, et an ab eo possit libertatem adsequi, tractamus. quid enim, si numquam ille pretium eius offerat? si nec conveniendi eius sit facultas? [liber] <is> erit servus, qui nullo merito suo poterit a domino libertatem consequi? quod est iniquum et contra institutum a maioribus libertatis favorem. certe et veteri iure si ab hoc, qui sciens alienum esse redemisset, alius bona fide emisset, usucapere ad libertatemque perducere potuit, et isto quoque modo prior dominus, qui ante captivitatem fuerat, ius suum amittebat. quare igitur iste non habet ius manumittendi?

Trifonino esordisce chiedendosi: se il *redemptor* manomette il *servus redemptus*, cessa semplicemente di esserne proprietario, talché quello ricade sotto il dominio del *prior dominus*? Oppure lo rende anche libero, in modo tale che l'atto con cui è stato affrancato non determina un cambiamento di proprietà?[40]

Per rispondere all'interrogativo il giurista muove dal caso in cui uno schiavo, già appartenente a un cittadino romano, venga manomesso presso il nemico dal quale è stato catturato. Ebbene, in tale ipotesi lo schiavo diventa sì libero, ma, se il precedente padrone lo trova all'interno dei confini dell'Impero (*intra presidia nostra*), potrà sicuramente trattenerlo *iure postliminii*, e questo anche se lo schiavo, non avendo abbracciato la causa romana (*non secutum res nostra*), abbia intenzione di tornare dal nemico. Ciò non accade agli uomini liberi, i quali non si considerano rientrati per postliminio, se non quando siano tornati con l'intenzione di sposare la causa nazionale, abbandonando definitivamente coloro dai quali sono venuti. Tutto ciò perché – come scrive Sabino – ciascuno può liberamente determinare la propria cittadinanza, ma non ha il diritto di stabilire a chi appartengano le cose[41].

---

40 Per P. DE FRANCISCI, *Translatio dominii. Note riassuntive*, Milano 1921, 25, la frase '*ne praestatio libertatis domini fiat translatio*' sarebbe «di mano bizantina, come numerose alterazioni contenute in questa l. 12» (opinione poi ribadita in ID., *Il trasferimento della proprietà. Storia e critica di una dottrina*, Padova 1924, 205 s.).

41 Poiché il *servus* è una *res*, il *dominus* riacquista *iure postliminii* la proprietà del *servus transfuga* riacciuffato all'interno dei confini, secondo quanto apprendiamo da Paul. 16 *ad Sab.* D. 49.15.19.5: *Si vero servus transfugerit ad hostes, quoniam, et cum casu captus est, dominus in eo postliminium habet, rectissime dicitur etiam ei postliminium esse, scilicet ut dominus in eo pristinum ius recipiat, ne contrarium ius non tam ipsi iniuriosum sit, qui servus semper permanet, quam domino damnosum constituatur*; su questo testo vd., recentemente, M.F. CURSI, *La struttura* cit., 276 s.; M.V. SANNA, *Nuove ricerche* cit., 35 nt. 41. Il punto è messo in chiaro anche nei Basilici: δοκεῖ γὰρ ὑποστρέφειν διὰ τοῦ δικαίου τῆς υποστροφῆς, κἂν γνώμην ἔσχεν ὑποστρέψαι προς τοὺς πολεμίους. καίτοι ἐπὶ τοῦ ὑποστρέφοντος ἐλευθέρου κεκανόνισται, μὴ ἔχειν αὐτὸν τὸ δίκαιον τῆς ὑποστροφῆς, εἰ μὴ γνώμης ἦν τοῦ παραμεῖναι (B. 34.1.8, in HEIMBACH, III, 535: *nam iure postliminii reverti videtur, quamvis animum ad hostes revertendi habuerit. At vero in homine libero revertente regulariter definitum est, ius eum postliminii non habere, nisi animum manendi habuerit*; B. 34.1.12, in SCHELTEMA,

Ad ogni modo – osserva Trifonino – quanto precede non influisce sulla soluzione del caso in discussione, poiché la manomissione compiuta mentre lo schiavo era in mano nemica non può certamente nuocere al cittadino romano padrone dello schiavo; nel caso in discussione, invece, lo schiavo ha come padrone, sulla base del diritto stabilito da una costituzione imperiale, un cittadino romano, trattandosi di stabilire se da questi (e non dal nemico) egli possa ottenere la libertà.

Ora – ed entriamo nel nocciolo dell'argomentazione – cosa accade se il precedente padrone non offre il rimborso del prezzo dello schiavo al riscattante, che per di più non può essere convenuto in giudizio? Ed ancora, rimarrà per sempre schiavo, chi non abbia la possibilità di conseguire per propri meriti la libertà dal padrone? Tutto ciò sarebbe iniquo e contraddirebbe il *favor libertatis* stabilito dagli antenati. È certo infatti che, in base al *ius vetus*, chi comperasse in buona fede uno schiavo da chi lo avesse riscattato in mala fede dal nemico avrebbe potuto usucapirlo e manometterlo, cosicché il precedente padrone avrebbe perso ogni diritto. Pertanto – conclude Trifonino – perché il riscattante non dovrebbe avere il diritto di manomettere lo schiavo riscattato?

Il passo non è esente da incongruenze, che hanno fornito il fianco agli attacchi della critica interpolazionistica[42]. La frase '*liber* – che il Mommsen corregge con

A.IV, 1553). Mette bene in luce la diversa incidenza dell'*animus remanendi* su chi ritorna dalla prigionia di guerra, a seconda che sia stato, prima della cattura, schiavo o libero, F. BONA, *Sull''animus remanendi' nel postliminio*, in *SDHI* 38 (1917), 191 ss., il quale plausibilmente sostiene che Trifonino, richiamandosi nella motivazione a Sabino, abbia presente l'ipotesi di *liberi captivi* affrancati presso il nemico prima del loro ritorno in patria: solo così ritenendo, infatti, si giustifica la scelta del *liber* (che il *servus* non ha) tra i due diversi *status civitatis* (romano o del nemico).

42 Tra gli autori citati in *Ind. itp.*, III, 562, in particolare, C. TUMEDEI, *Sui requisiti che deve avere il servo per essere istituito erede dal suo padrone*, in *RISG* 64 (1920), 112 ss., ritiene che, nella prima parte del brano, Trifonino si sarebbe riferito al *redemptor* di buona fede, il quale, avendo già usucapito lo schiavo, avrebbe potuto liberamente manometterlo; nella seconda parte del brano il giurista si sarebbe invece riferito al *redemptor* di mala fede, la cui manomissione sarebbe invece stata inefficace, talché lo schiavo sarebbe tornato in proprietà dell'antico padrone; più recentemente, anche M.F. CURSI, *La struttura* cit., 293, sembra ritenere che la manomissione in discussione avvenga dopo il decorso del termine utile per l'esercizio del *ius offerendi*; *contra* M.V. SANNA, *Nuove ricerche* cit., 60, la quale osserva correttamente che, trascorso il tempo necessario al consolidamento della proprietà per usucapione in capo al *redemptor* di buona fede, nessun ostacolo si frapporrebbe più alla validità della manomissione da lui compiuta, e tutto il ragionamento sarebbe privo di senso. La *quaestio* discussa da Trifonino riguarda infatti i casi in cui l'affrancazione dello schiavo vanificherebbe la possibilità del *prior dominus* di esercitare il *ius offerendi*, vale a dire: la manomissione effettuata dal *redemptor* di buona fede prima che sia trascorso l'anno e quella effettuata in un qualsiasi momento dal *redemptor* di mala fede, che, in quanto tale, non può giovarsi dell'usucapione (vd. sopra, cap. II, § 2); corretta, ma meno precisa, K. FILDHAUT, *Die libri disputationum* cit., 193, che riferisce il discorso di Trifonino al solo *redemptor* di mala fede.

'*is*' – *erit servus, qui nullo merito suo poterit a domino libertatem consequi?*' sembra esprimere il concetto opposto a quello voluto, e cioè che il *servus*, al quale si neghi la possibilità di essere manomesso da parte del *redemptor*, non potrà mai essere libero, anche se accumulasse grandi meriti nei confronti del proprio padrone. Ancora, procedendo a ritroso, il soggetto della frase '*si nec conveniendi eius sit facultas?*' sembra essere, insensatamente, l''*ille*' della proposizione immediatamente precedente, vale a dire l'antico padrone dello schiavo che non eserciti il *ius offerendi*, anziché – come logica vuole – il *redemptor*; di seguito, nella frase '*at is de quo quaeritur lege nostra, quam constitutio fecit, civem Romanum dominum habuit*', in luogo di '*habuit*' dovremmo trovare '*habet*', dal momento che, all'evidenza, ci si sta riferendo al *redemptor*, attuale proprietario dello schiavo; infine, sospetto potrebbe risultare anche il richiamo al *favor libertatis* dei *maiores*, con cui Trifonino motiva il riconoscimento della validità della manomissione del *redemptor*[43].

Ad ogni modo, il senso dell'argomentazione di Trifonino può essere ricostruito come segue. Se si ritiene che il *redemptor* di mala fede (o il *redemptor* di buona fede che abbia posseduto lo schiavo per meno di un anno) non possa validamente manomettere lo schiavo, e ciò al fine di non vanificare il *ius offerendi* del *prior dominus*, occorre anche accettare l'eventualità di privare definitivamente il *servus* della possibilità di essere manomesso, sia, per l'appunto, dal *redemptor* di mala fede, sia dal precedente proprietario, il quale potrebbe non esercitare mai il *ius offerendi*: cosicché il *servus* verrebbe a trovarsi in una sorta di limbo senza uscita. Tutto ciò – conclude Trifonino – sarebbe iniquo e contrario al *favor libertatis*, tanto più che, anche prima dell'emanazione della *constitutio*, il diritto del *prior dominus* poteva essere vanificato, qualora, ad esempio, il *redemptor* di mala fede avesse venduto lo schiavo a un *emptor* di buona fede e questi, usucapendolo, ne fosse divenuto proprietario.

Torniamo dunque all'Amirante, che così scrive: «qui Trifonino coglie molto bene, ed energicamente afferma, la diversità fra la posizione del servo *apud hostes* e quella del servo riscattato *apud redemptores. La manumissio apud hostes* è compiuta *hostium iure*, e quindi non può avere efficacia alcuna nell'ordinamento romano; la *manumissio* compiuta dal *redemptor* è l'atto di un cittadino romano *dominus* nell'ordinamento civilistico dello schiavo riscattato. Trifonino avverte perfettamente che a mezzo della *redemptio* lo schiavo non ha solo cambiato padrone, gli *hostes* con il *redemptor*; con il padrone ha cambiato anche l'ordinamento giuridico, dalla sfera del *ius hostium* egli è rientrato in quella del *ius civium Romanorum*. Può

43 Cfr. E. ALBERTARIO, *Schiavitù e favor libertatis*, in *BIDR* 33 (1923), 50 ss., anche in ID., *Studi di diritto romano*, I, Milano 1933, 74 s. (da cui cito), per il quale la matrice compilatoria della frase '*quod est iniquum et contra institutum a maioribus libertatis favorem*' sarebbe palese; più recentemente, K. FILDHAUT, *Die libri disputationum* cit., 191, oltre a espungere la frase in questione, sopprime – a parer mio altrettanto arbitrariamente – anche le due precedenti frasi interrogative '*quid enim ... facultas?*' e '*liber erit ... consequi?*'.

darsi, mi domando, prova più cristallina del verificarsi del *postliminium* all'atto del ritorno del servo *intra fines*, indipendentemente dal ritorno di lui al precedente proprietario? E pregno di significato è anche l'interrogativo che Trifonino stesso subito dopo si pone: '*quid enim si numquam ille pretium eius offerat?*' Cosa succede, si domanda Trifonino, se mai il precedente *dominus* dello schiavo offra al *redemptor* il prezzo del riscatto? È una domanda piena di buon senso, che da sola getta molta ombra sulla tesi che vuole il *postliminium* sospeso fino a quando lo schiavo riscattato non torni al precedente proprietario. L'esercizio del diritto di riscatto è limitato, infatti, ad un anno; cosa accade se egli lascia passare l'anno senza esercitarlo? Bisognerebbe dire che resta esclusa ogni possibilità di *postliminium* per il servo *redemptus*, con la conseguenza che la sua condizione giuridica sarà sempre ormai quella della *res apud hostes*. Conclusione palesemente aberrante che ancora una volta dimostra l'impossibilità di interpretare il nuovo principio posto dalla *constitutio* nel senso di una sospensione del *postliminium*. Non vi è dubbio, quindi, a mio modesto parere, che i primi interpreti della *constitutio* negarono la secolare connessione fra i due aspetti del *postliminium*, affermando che, perché questo si realizzasse, non era necessario che il servo *redemptus* ricadesse nella proprietà del *dominus* precedente»[44].

A mio avviso, l'interpretazione dell'Amirante – che per chiarezza espositiva ho preferito trascrivere integralmente – è viziata da due incongruenze.

La prima è di ritenere che il *ius offerendi* del *prior dominus* sia esercitabile entro l'anno anche nei confronti del *redemptor* di male fede; precedentemente, trattando della differenza tra *ius vetus* e *ius novum*, credo di aver già efficacemente dimostrato come tale termine, pari al tempo necessario a maturare l'usucapione dello schiavo, valga solo nei confronti del *redemptor* di buona fede. Quanto prima sostenuto riceve conferma dal brano ora al nostro esame. Invero, nella prima della serie di domande poste da Trifonino, '*quid enim, si numquam ille pretium eius offerat?*', l'avverbio '*numquam*' addita proprio alla possibilità del *prior dominus* di esercitare il *ius offerendi* nei confronti del *redemptor* di mala fede senza limiti temporali, con la conseguenza che la validità della manomissione compiuta da quest'ultimo rimarrebbe sempre incerta. Se – come afferma l'Amirante – il termine di un anno valesse invece nei confronti di entrambi, *redemptor* di buona e anche di mala fede, la domanda di Trifonino sarebbe priva di senso, poiché, comunque, trascorso l'anno senza che il *prior dominus* eserciti il *ius offerendi*, la proprietà dello schiavo si consoliderebbe in capo al *redemptor*, e alla validità della manomissione non osterebbe più alcuna circostanza. Viceversa, la manomissione crea un problema, perché il *redemptor* diventa sì proprietario del *servus*, ma il *prior dominus* conserva il diritto a riappropriarsene, esercitando il *ius offerendi*, finché, per l'appunto, non sia intervenuta l'usucapione. E ciò vale non solo nei confronti del *redemptor*, ma anche dei suoi successivi aventi causa, secondo quanto si ricava da quanto Trifonino afferma trattando del *ius vetus*.

---

44 L. AMIRANTE, *Appunti* cit., 32 s.

La seconda incongruenza in cui, a parer mio, incorre l'Amirante è di concepire il postliminio dello schiavo in modo sostanzialmente diverso da quello delle altre cose, ed è in certa misura ascrivibile alla peculiare natura dello schiavo, *res* oggetto di diritti ma, allo stesso tempo, *persona* dotata di volontà. Il punto è che il *thema disputandum* ruota attorno al ripristinarsi o meno della *potestas* dell'antico padrone, non al 'diritto' dello schiavo di avere un padrone piuttosto che un altro. Lo schiavo, in quanto tale, era e resta privo di soggettività giuridica, sia prima che dopo la *redemptio*, tanto fuori che all'interno dei confini dell'Impero romano, *apud hostes* come *in urbe Roma*. Se, ad esempio, si trattasse di un cavallo, anziché di uno schiavo, certamente avvertiremmo un certo disagio nel dire che 'il cavallo ha cambiato ordinamento giuridico', eppure, sostanzialmente, questo è ciò è che afferma l'Amirante, per il quale – come abbiamo appena letto – «a mezzo della *redemptio* lo schiavo non ha solo cambiato padrone, gli *hostes* con il *redemptor*; con il padrone ha cambiato anche l'ordinamento giuridico, dalla sfera del *ius hostium* egli è rientrato in quella del *ius civium Romanorum*». A seguire l'opinione qui avversata, si finisce con l'invertire tra loro il soggetto e l'oggetto del diritto di postliminio: non è lo schiavo a cambiare ordinamento giuridico, bensì è l'antico padrone a riappropriarsi di una cosa – sia essa, per ripetere l'elencazione di Elio Gallo, uno schiavo, un cavallo, un mulo, una nave – rientrata materialmente nello spazio territoriale in cui vige l'ordinamento giuridico che lo riconosce come legittimo *dominus*[45].

D'altra parte, sarebbe altrettanto contraddittorio affermare che sia il *redemptor* a diventare proprietario dello schiavo *iure postliminii*, poiché il *postliminium* comporta, per definizione, il ripristinarsi della situazione precedente alla cattura da parte del nemico. E, nel caso dello schiavo, non può certo dirsi che la situazione precedente alla cattura fosse la condizione di schiavo in astratto – come in ultima analisi sostiene l'Amirante – distinta dalla condizione di schiavo di qualcuno[46]. In effetti, Trifonino giustifica la validità della manomissione non già con l'argomento che si è verificato il postliminio a favore del *redemptor* – il che, per l'appunto, non può essere –, bensì invocando l'*aequitas* e il *favor libertatis*.

---

45 Benché senza effetti per l'ordinamento romano, dal riconoscimento (della legittimità) della manomissione compiuta *iure hostium*, quanto meno per l'ordinamento secondo cui essa è compiuta, CH. BALDUS, *Ius gentium und ‚Feindesrecht': Annäherungen an Tryphoninus D. 49.15.12.9 (4 disp.)*, in *Fundamina* 20.1 (2014), 61 ss., ricava il riconoscimento (della legittimità) del *ius hostium* in quanto tale: ciò rispecchierebbe il concetto di reciprocità sottostante al diritto internazionale pubblico romano, nel senso che il nemico è riconosciuto come soggetto di diritto e soggetto creatore di diritto, non già giudicato soggetto 'fuori del diritto'; lo studioso tedesco osserva anche, per inciso, che la locuzione '*ius hostium*' compare nel passo in commento e nelle seguenti fonti letterarie, peraltro citate senza pretesa di completezza: Tac. *Hist.* 4.58 e Oros. *Hist.* 5.6 (in MIGNE, *PL*, XXXI, 928 ss.), in entrambi i luoghi nel senso di 'Kriegsrecht' (*ibid.*, 65 nt. 30); sulla questione dell'esistenza o meno di un diritto internazionale privato romano vd., prudentemente, M. KASER, *Das römische Privatrecht* cit., I, 202 e nt. 4.

46 Vd già in questo senso A. MAFFI, *Ricerche* cit., 212 s., 215.

Muovendo da quest'ultima constatazione, a ben vedere, non è neppure corretto parlare – sulla scia della *communis opinio* dottrinale – di sospensione del postliminio dello schiavo. In precedenza, al § 7, Trifonino afferma: '*sed oblato ei* [*scil. redimenti*] *pretio quod dedit postliminio redisse aut receptus esse servus credetur*'. L'utilizzo del verbo '*crederi*', col quale si esprime una finzione, è chiaro indice di un'operazione interpretativa prettamente giurisprudenziale[47]: lo schiavo 'si reputa' tornato per postliminio, cosa che effettivamente non è, posto che il postliminio opera automaticamente, e non subordinatamente alla sopportazione di un esborso pecuniario da parte dell'antico padrone, com'è nel nostro caso. Il punto è che, al pari del diritto del *redemptor*, cui la *constitutio* attribuisce la proprietà dello schiavo, anche il *ius offerendi* del *prior dominus* non può che trovare la propria fonte nella *constitutio*, nella cui disciplina troviamo un bilanciamento tra i contrapporti interessi delle parti in gioco: al *redemptor* è attribuita la proprietà dello schiavo riscattato dal nemico, ma al *prior dominus* è riconosciuta la facoltà di riscattare a propria volta lo schiavo dal *redemptor*[48].

In definitiva, la questione della proprietà del *servus redemptus* risulta regolata *in toto* dalla *constitutio de redemptis*. Qualora il ritorno dello schiavo *intra fines* consegua dalla *redemptio*, per il postliminio, propriamente inteso, non v'è più spazio. Invero, delle due l'una: se il precedente proprietario esercita il *ius offerendi*, egli si riappropria dello schiavo in forza di un diritto riconosciutogli dalla *constitutio* stessa, e non in forza del diritto di postliminio; se, invece, non lo esercita, la proprietà dello schiavo si consolida in capo al *redemptor*, nuovamente non in forza del diritto di postliminio, bensì della '*constitutio, quae ... eum redimentis servum*

---

47 Cfr. P. VOCI, *Manuale di diritto romano. Parte generale*, I, Milano 1998², 117 e ntt. 11 e 12, a proposito di '*videri*', che, come subito vedremo, ricorre in D. 49.15.12.18.

48 Che il *ius offerendi* del *prior dominus* facesse parte della disciplina introdotta dalla *constitutio* riconoscono anche A. MAFFI, *Nuove ricerche* cit., 243; M.F. CURSI, *La struttura* cit., 334; M.V. SANNA, *Nuove ricerche* cit., 63 nt. 96. Ma, mentre il Maffi e la Sanna aderiscono alla tesi tradizionale della sospensione del postliminio del *servus redemptus*, la Cursi se ne distanzia. Segnatamente, la studiosa romana distingue – sulla scia dell'Amirante – il rientro dello schiavo nella sfera dell'ordinamento giuridico romano dal rientro sotto la *potestas* dell'antico padrone e – a differenza dello studioso napoletano – ritiene che entrambi gli aspetti si sarebbero conservati anche dopo la *constitutio de redemptis*. La valenza da attribuire al richiamo al postliminio al § 7 di D. 49.15.17 sarebbe infatti quella di «un ritorno del *servus* nella sfera di appartenenza dell'originario *dominus*» (*ibid.*, 283). La tesi della Cursi mi sembra insoddisfacente per due motivi. Da un lato, essa è in sé contraddittoria, dal momento che – come l'autrice stessa riconosce – il *ius offerendi* trova la propria fonte nella *constitutio*, e non, per l'appunto, nel diritto di postliminio. Dall'altro, il verificarsi o meno del postliminio diventerebbe aleatorio, poiché dipenderebbe dall'esercizio o meno dell'*oblatio* da parte del *prior dominus*. Ma, allora, non si vede come possa parlarsi di ritorno per postliminio dello schiavo, se, mancando l'*oblatio*, la proprietà rimanga definitivamente acquisita in capo al *redemptor*.

facit'. Il ripristinarsi *iure postliminii* della *potestas* dell'antico padrone è invece fuori discussione, qualora il ritorno dello schiavo *intra fines* consegua da eventi diversi dalla *redemptio* (ad esempio, in esito a una vittoria militare)[49].

Passiamo oltre, ed esaminiamo il passo di Ulpiano, nel quale si enuncia una soluzione apparentemente diversa da quella propugnata da Trifonino.

> Ulpianus 60 *ad edictum* D. 29.2.71 pr.: *Si servum quis alienum ab hostibus redemerit et heredem eum cum libertate instituerit, magis puto fore eum liberum et necessarium heredem: nam cum scribit ei libertatem, vinculo suo resolvit. et in hoc solum redit iure postliminii, ut non iterum servus eius fiat, cuius erat antequam caperetur,* [*hoc enim satis impium est,*] *sed ut pristino domino suam aestimationem omnimodo offerat vel maneat ei obligatus, donec pretium solvat: quod libertatis favore introductum est.*

Ulpiano, come Trifonino, ammette che il *redemptor* possa manomettere efficacemente il *servus redemptus* e contestualmente istituirlo erede; peraltro, il '*magis puto*', con cui il giurista introduce la propria opinione, sembra alludere a una controversia giurisprudenziale. Lo schiavo riscattato e manomesso non torna quindi in proprietà dell'erede di colui cui apparteneva prima di essere catturato dal nemico; a quello, però, lo schiavo (divenuto nel frattempo *libertus orcinus*) deve versare una somma pari alla sua stima, rimanendo obbligato finché non effettui la *solutio*; sotto tale aspetto – precisa Ulpiano – egli può ritenersi ritornato per postliminio (*in hoc solum redit iure postliminii*).

Numerosi autori giudicano il frammento fortemente interpolato[50]. A me sembra possa concordarsi con Hugo Krüger sulla matrice insiticia dell'inciso '*hoc enim*

---

49 Cfr. Diocl.-Max. Quintianae C. 8.50.12: *Ab hostibus capti et non commercio redempti, sed virtute militum nostrorum liberati ilico statum, quem captivitatem casu amiserant, recipiunt: servi autem dominis suis restituentur; receptos enim eos, non captos iudicare debemus, et militem nostrum defensorem eorum decet esse, non dominum.* (a. 293). I liberi, '*ab hostibus capti et non commercio redempti*' – nella specie, grazie all'abilità dei soldati – recuperano lo *status libertatis* perso per effetto della prigionia; gli schiavi non fanno parte della *praeda* bellica, ma debbono essere restituiti ai rispettivi padroni, trattandosi di *servi recepti* (sul testo vd. anche sopra, cap. I, nt. 183). Identico principio troviamo affermato in Diocl.-Max. Apollodorae C. 8.50.10: *Sicut liberis captis ab hostibus ac postliminio reversis status pristinus restituitur, sic servi domino. unde si haec, cuius meministi, ancilla patris tui fuit nec commercio redempta est, reversa dominium vel eius successorem sequitur, qui per captivitatem hanc amiserat.* (a. 293). Al pari dei liberi, che sono restituiti al *pristinus status*, i servi tornano per postliminio in proprietà dell'antico padrone. Pertanto, la schiava del padre della postulante (tale Apollodora), non essendo '*commercio redempta*' (sulle locuzioni '*commercio redemptus*' e '*non commercio redemptus*' vd. sopra, cap. I, nt. 11), una volta rientrata *intra fines* torna in proprietà dell'antico padrone o dei suoi eredi.

50 Cfr. G. BESELER, *Miscellanea critica*, in *ZSS* 43 (1922), 420, il quale, oltre da espungere da '*nam cum*' fino alla fine, inverte il significato del responso ulpianeo, inserendo '*non*' dopo '*magis puto*' (nello stesso senso anche W. FELGENTRAEGER, *Antikes Lösungsrecht* cit., 100, e, ma con una diversa ricostruzione del testo, H. KRÜGER, *Captivus*

satis impium est', che difficilmente avrebbe potuto pronunciare Ulpiano, mentre la giustificazione finale '*quod libertatis favore introductum est*' (che il medesimo studioso espunge)[51], pur se sospetta, nella sostanza coincide con la motivazione utilizzata da Trifonino, per il quale, negare la libertà allo schiavo manomesso, sarebbe '*iniquum et contra institutum a maioribus libertatis favorem*'.

Torniamo nuovamente all'Amirante, per il quale Ulpiano negherebbe che dal verificarsi del *postliminium* consegua il ritorno dello schiavo sotto la *potestas* del precedente proprietario, mentre proprio questo sarebbe il concetto affermato da Trifonino nella frase finale di D. 49.15.12.7: «la contraddizione è evidente, e di per sé è tale da gettar dubbi sulla classicità di questo concetto della sospensione del *postliminium* per il servo *redemptus*, che sarebbe intesa da Ulpiano e Trifonino in due modi diversi». «Vero è – conclude l'autore – che il principio stabilito dalla *constitutio*, per il quale il *servus* cadeva immediatamente in proprietà del *redemptor*, impose alla giurisprudenza di riflettere sull'antico concetto di *postliminium*. Essa avvertì che la connessione storicamente secolare fra il ritorno dello schiavo *in civitatem* ed il risorgere sopra di lui della *potestas* del precedente proprietario poteva negarsi, senza con questo negare l'effetto essenziale del *postliminium*: il rientro dello schiavo nella sfera dell'ordinamento giuridico romano»[52].

La tesi dello studioso napoletano non mi sembra uscire rafforzata dall'esegesi di D. 29.2.71 pr. Invero, coerenza vuole che la decisione di Ulpiano sia paragonata con quanto Trifonino afferma non al § 7, bensì al § 9 di D. 49.15.12: sotto tale profilo, la differenza tra le decisioni dei due giuristi severiani non è tanto rappresentata dalla valutazione della *manumissio*, efficace nel giudizio di entrambi, quanto dall'obbligo per lo schiavo manomesso di pagare agli eredi dell'antico padrone la propria *aestimatio*. Ma tale differenza, lungi dal rappresentare una contraddizione, trova una plausibile ragion d'essere nella circostanza che, nel caso deciso da Ulpiano, la manomissione ha forma testamentaria e lo schiavo, istituito erede, diviene titolare di un proprio patrimonio[53].

---

redemptus, in *ZSS* 52 [1932], 351); E. LEVY, *'Captivus redemptus'* cit., 83 nt. 6, il quale sospetta delle frasi '*vinculo suo resolvit*' e '*vel maneat ei obligatus, donec pretium solvat*', che richiamano Ulp. 1 *ad Sab.* D. 28.1.20.1; ulteriori riferimenti in *Ind. itp.*, II, 215 s.; più recentemente, anche M.V. SANNA, *Nuove ricerche* cit., 67, ritiene verosimile un ampio rimaneggiamento del frammento.

51 Cfr. H. KRÜGER, *Die humanitas und die pietas nach den Quellen des römischen Rechtes*, in *ZSS* 19 (1898), 54 (concorde U. RATTI, *Studi* cit., IV, 165).

52 L. AMIRANTE, *Appunti* cit., 34, il quale esclude la paternità ulpianea della seconda parte del frammento.

53 Vd. già nello stesso senso A. MAFFI, *Ricerche* cit., 215 (cui aderisce anche M.V. SANNA, *Nuove ricerche* cit., 67, come ipotesi subordinata alla ritenuta più probabile interpolazione del frammento); per M.F. CURSI, *La struttura* cit., 294, la diversa soluzione di Ulpiano, rispetto a quello di Trifonino, troverebbe giustificazione nella particolare forma di *manumissio* del *servus redemptus*. In realtà, il risultato della manomissione è il medesimo, la libertà dello schiavo; l'elemento differenziatore è rappresentato dall'istituzione ereditaria, presente nel solo passo di Ulpiano.

Infine, il riferimento testuale al postliminio del *servus redemptus* compare nel § 18 del lungo squarcio di Trifonino conservato in D. 49.15.12. Il brano è molto importante, nonostante lo scarso interesse riservatogli dalla letteratura in tema di *redemptio*[54].

> Tryphoninus 4 *disputationum* D. 49.15.12.18: *Si natum ex Pamphila legatum tibi fuerit tuque matrem redemeris et ea apud te pepererit, non videri te partum ex causa lucrativa habere, sed officio arbitrioque iudicis aestimandum constituto pretio partus, perinde atque si, quanto mater est empta, simul et partus venisset. quod si iam natum apud hostes, quod eo tempore quo capiebatur utero gerebat, cum matre redimatur ab eodem uno pretio: oblato tanto, quantum ex pretio, quod pro utroque unum datum est, aestimationem contingere partus: et <aestimationem partus contingeret,> videtur is postliminio reversus. [multo magis, si diversi emptores utriusque extiterint vel unius.] sed si suo quemque pretio redemerit, id offerri pro singulis oportebit redemptori, quod hosti pro quoque datum est, ut separatim quoque postliminio reverti possint.*

Trifonino prospetta tre ipotesi. Nella prima Tu è beneficiario di un legato (*per damnationem*) avente ad oggetto il figlio nascituro della schiava Panfila. Quest'ultima viene riscatta dal nemico e partorisce presso Tu (*et ea apud te pepererit*). Seguendo le orme dell'insegnamento di Giuliano, Trifonino esclude che Tu abbia acquistato il figlio per causa lucrativa[55]; egli potrà quindi agire con l'*actio ex testamento* contro l'erede, talché spetterà al giudice valutare quanta parte del prezzo pagato per la *redemptio* della madre sia stata corrisposta per il figlio nascituro: a tanto ammonterà la somma che dovrà essere versata al legatario-riscattante da parte dell'erede[56],

---

54 Per la critica interpolazionistica vd. *Ind. itp.*, III, 562, cui *adde* H. KRÜGER, *Captivus redemptus* cit., 218; successivamente, il Levy, l'Amirante e il Maffi neppure lo citano; ne fanno salva la sostanziale autenticità K.-H. ZIEGLER, *Lösegeld-Probleme* cit., 388 s.; M.F. CURSI, *La struttura* cit., 290 s. nt. 42; M.V. SANNA, *Nuove ricerche* cit., 111 ss., ma nessuno di questi autori ne trae particolari conclusioni sotto il profilo in discussione. Analizzano invece la decisione di Trifonino di cui al § 18 di D. 49.15.12 dal punto di vista della tematica del *concursus causarum* H. ANKUM, *Le concours des causes lucratives et onéreuses*, in M. HUMBERT – Y. THOMAS (éd.), *Mélanges de droit romain et d'histoire ancienne: hommage à la mémoires de André Magdelain*, Paris 1998, 35 ss.; S. PFEIL, *Der concusrsus duarum causarum im klassischen römischen Recht*, Frankfurt am Main 1998, 92 ss.; P. LAMBRINI, *Il problema del concursus causarum*, Padova 2000, 87 s.

55 La decisione di riferimento è rappresentata da Iul. 33 *dig.* D. 30.82.4: *Quod si legatum mihi est quod ex Pamphila natum erit, ego Pamphilam mercatus sum et ea apud me peperit, non possum videri partum ex causa lucrativa habere, quia matrem eius mercatus sum: argumentum rei est, quod evicto eo actio ex empto competit*; Tenuto conto della decisione giulianea, G. BESELER, *Beiträge* cit., IV, 328; F. SCHULZ, *Die Lehre* cit., 163 nt. 1; K. FILDHAUT, *Die libri disputationum* cit., 116, propongono di aggiungere il nome di Giuliano (o di Papiniano: vd. nota successiva) prima dell'infinito '*non videri*'.

56 La finzione di considerare l'intero prezzo pagato sia per la madre che per il figlio schiavi, e sottrarre poi da esso la parte versata per la madre, è già di Papiniano, secondo quanto leggiamo in Pap. 23 *quaest.* D. 31.73: *Si quod ex Pamphila nascetur*

il quale si appropria e della schiava Panfila, in virtù della *redemptio*, e del di lei figlio, a titolo di legato.

Nella seconda ipotesi il figlio della schiava Panfila è nato presso il nemico (*quod si iam natum apud hostes*). Verosimilmente nel testo qualcosa è caduto, poiché non troviamo più un legatario-riscattante – com'è fatto palese anche dai repentini mutamenti di soggetto e forma verbale, da '*tu redemeris*' a '*partus redimatur*' – bensì un 'comune' riscattante, che ha comperato dal nemico madre e figlio, pagando un unico prezzo (*uno pretio*)[57].

In tal caso dovrà stimarsi quanta parte della somma pagata per entrambi corrisponda al prezzo del solo figlio; rimborsato *pro parte* il riscattante, si ritiene che il figlio – concepito prima che la schiava fosse catturata dal nemico – sia tornato per postliminio (*videtur is postliminio reversus*). Ciò significa che il figlio non resta in mano al riscattante (che, quindi, non può essere al contempo legatario del medesimo), bensì torna al precedente proprietario della madre schiava[58], il quale esercita il *ius offerendi* messogli a disposizione dalla *constitutio*[59].

---

legatum mihi fuerit et ego Pamphilam emam eaque apud me sit enixa, ratione summa responsum est non ex causa lucrativa partum intellegi meum factum ideoque petendum ex testamento, tamquam iustum emissem, ut scilicet pretii contributione facta consequar tantum, quanti puerum deducta matris aestimatione constitisse mihi iudex in causa legati datus aestimaverit. A ragione, quindi, K.-H. ZIEGLER, *Lösegeld-Probleme* cit., 389, osserva che la difficoltà della stima non è ragione sufficiente per dubitare della classicità della decisione di Trifonino commentata nel testo.

57 M.F. CURSI, *La struttura* cit., 291 nt. 42 – peraltro sulla scia di autorevole dottrina, rappresentata da E. ALBERTARIO, *Conceptus pro iam nato habetur (Linee di una ricerca storico-dommatica)*, in *BIDR* 33 (1923), 1 ss., anche in ID., *Studi* cit., I, 10 s. nt. 1 (da cui cito); U. RATTI, *Studi* cit., II, *Patria potestà – Tutela – Matrimonio*, in *BIDR* 35 (1927), 165 ss.; L. AMIRANTE, *Captivitas e postliminium*, Napoli 1950, 154 – ritiene che nella seconda ipotesi discussa da Trifonino entrerebbe in gioco la problematica del *vulgo quaesitus*. Ma tale problematica in realtà qui non rileva – come obietta giustamente M.V. SANNA, *Nuove ricerche* cit., 116 s. –, dal momento che si tratta del figlio di una schiava, che tale era anche prima della cattura da parte del nemico.

58 Vd. già nello stesso senso A. MARET, *Du Postliminium* cit., 112; M.V. SANNA, *Nuove ricerche* cit., 115; *contra* H. ANKUM, *Le concours* cit., 36; K. FILDHAUT, *Die libri disputationum* cit., 117, per i quali in tutt'e tre le ipotesi Trifonino si riferirebbe a un *redemptor* che è anche legatario della schiava; si limita a registrare l'ambiguità della questione P. FERRETTI, *In rerum natura esse. In rebus humanis nondum esse. L'identità del concepito nel pensiero giurisprudenziale classico*, Milano 2008, 97 nt. 266.

59 La circostanza che il figlio della schiava fosse già concepito al momento della cattura (*eo tempore quo capiebatur utero gerebat*) sembra far sì che, benché nato *apud hostes*, egli appartenga al precedente proprietario della madre schiava in virtù del postliminio: avremmo così una peculiare applicazione del principio '*conceptus pro iam nato habetur*'. Del resto, neppure il compratore di buona fede fa proprio il figlio presso di lui partorito dalla '*ancilla praegnas subrepta*', secondo quanto apprendiamo da Iul. 69 *dig.* D. 1.5.26 (correttamente richiamato da M.V. SANNA, *Nuove ricerche* cit., 122, cui aderisce anche P. FERRETTI, *In rerum natura esse* cit., 100). Nella prima ipotesi, quella

Infine, nella terza e ultima ipotesi (*sed si suo quemque pretio redemerit*)[60], si contempla il caso in cui, in sede di *redemptio*, vengano pagati due prezzi distinti, uno per la madre, l'altro per il figlio da lei partorito *apud hostes*: l'offerta al riscattante dell'una e dell'altra somma comporta che madre e figlio possano tornare per postliminio al precedente proprietario (*ut separatim quoque postliminio reverti possint*).

In conclusione, dai brani di Trifonino e Ulpiano appena esaminati (§§ 7 e 18 di D. 49.15.12; D. 29.2.71 pr.), i soli in cui compaia il termine '*postliminium*' in connessione alla *redemptio* del *servus*, a me sembra possano ricavarsi due risultati.

Il primo è che la *constitutio de redemptis* avrebbe effettivamente imposto alla giurisprudenza severiana un ripensamento dell'antico concetto di postliminio; ma non nel senso indicato dall'Amirante, per il quale si sarebbe scisso l'aspetto del rientro dello schiavo nella sfera dell'ordinamento giuridico romano da quello dell'appartenenza all'antico padrone. Vero è, semmai, che negli unici tre luoghi in cui ricorre il termine '*postliminium*', sia Trifonino che Ulpiano lo impiegano proprio con riferimento al ripristinarsi della *potestas* del precedente proprietario: questo perché, trattandosi di *servi*, cioè di *res*, l'aspetto preminente nel pensiero giurisprudenziale tardoclassico (*rectius*, successivo alla *constitutio de redemptis*) è ancora rappresentato dal ripristinarsi della *potestas* del *prior dominus* sulla cosa rientrata *intra fines* (sia pure – nel caso deciso da Ulpiano – sotto forma del pagamento agli eredi della relativa *aestimatio*).

D'altra parte – e veniamo al secondo risultato ricavabile dall'indagine condotta – la *constitutio* regola la questione della proprietà sul *servus redemptus* in modo compiuto: il *redemptor* (se *sciens* o *ignorans* non ha più importanza) fa

---

in cui la schiava Panfila partorisce presso Tu, Trifonino non specifica se la schiava fosse già incinta al momento della cattura da parte del nemico; vero è anche, però, che in quel caso non viene in considerazione il riacquisto per postliminio del precedente proprietario, dal momento che il riscattante è anche legatario del figlio (e, legata *per damnationem*, può anche essere una *res futura*: cfr. Gai 2.203; Gai Ep. 2.5.3; I. 2.20.7, e le altre decisioni richiamate da M.V. SANNA, *Nuove ricerche* cit., 118 s. nt. 216).

60 Ho espunto dal testo il periodo immediatamente precedente, nel quale si dice che, a maggior ragione, ciò varrebbe se più sono i compratori di madre e figlio o di uno solo tra i due (*multo magis, si diversi emptores utriusque extiterint vel unius*). Sotto il profilo formale, il '*multo magis*' non si spiega (già A. FABER, *Iurisprudentia Papinianea* cit., 629, annotava: «cur vero multo magis hoc casu?»); sotto quello sostanziale, la frase, che poco o nulla aggiunge al resto della discussione – semmai la complica, prospettando il caso della *redemptio* della sola Panfila o del solo figlio (*unius*) –, ha tutta l'aria di una glossa malriuscita (vd. già in questo senso G. BESELER, *Beiträge* cit., IV, 329; F. SCHULZ, *Die Lehre* cit., 167; K. FILDHAUT, *Die libri disputationum* cit., 118 s., che, peraltro, espunge anche tutta la restante parte del paragrafo; riconosce l'illogicità del periodo in commento anche M.V. SANNA, *Nuove ricerche* cit., 113 ss., per la quale qui il passo sarebbe stato raccorciato; non sembrano invece metterne in dubbio l'autenticità K.-H. ZIEGLER, *Lösegeld-Probleme* cit., 388 s.; M.F. CURSI, *La struttura* cit., 291 nt. 42).

proprio lo schiavo, ma al *prior dominus* è attribuito un potere di riscatto, esercitabile tramite il *ius offerendi*. Esercitato tale potere, si ricorre al linguaggio della finzione per descrivere il ripristinarsi della di lui *potestas*: '*postliminio redisse aut receptus esse servus credetur*' al § 7 di D. 49.15.12; '*videtur is postliminio reversus*' al § 18; '*in hoc solum redit iure postliminii*', in D. 29.2.71 pr. Segno evidente che, per entrambi i giuristi, di vero e proprio postliminio non può più parlarsi.

§ 4. Particolari situazioni *ante captivitatem*

Completiamo l'analisi di D. 49.15.12, nel quale, ai §§ 10-17, Trifonino espone una serie di casi, il cui denominatore comune è rappresentato dalla circostanza che, prima di cadere prigioniero del nemico, il *servus redemptus* versava in una qualche particolare situazione. In via generale, il principio che ricaviamo è che lo schiavo ritorna nella condizione precedente alla cattura, fatto però salvo il diritto del *redemptor*. Benché comunemente la dottrina giustifichi le decisioni che ci apprestiamo ad analizzare invocando il postliminio, Trifonino non vi fa mai cenno: circostanza che mi sembra confermare quanto appena detto, che, cioè, il postliminio entra il gioco solo allorché si ponga il problema del ripristinarsi della *potestas* del precedente proprietario (e, difatti, solo per il caso del servo in comunione, compare la locuzione '*pristinum ius*'). Per comodità espositiva dividerò (o accorperò) il testo del frammento in uno o più paragrafi, a seconda dell'omogeneità delle questioni ivi trattate.

Ai §§ 10 e 11 è contemplato il caso dello schiavo che, *ante captivitatem*, versasse nella condizione di *statuliber*; al § 14 il caso, in un certo qual modo analogo al precedente, dello schiavo beneficiato della libertà fedecommissaria.

> Tryphoninus 4 *disputationum* D. 49.15.12.10-11: *Si statuliber fuerit, antequam ab hostibus caperetur, redemptus pendente condicione suam causam retinebit.* 11. *Quid ergo, si ita libertatem acceperat, si decem milia dederit? quaesitum est, unde dare debebit, quoniam etsi concessum est statulibero de peculio dare, hoc tamen, quod apud hunc qui redemit habet, numquid vice illius sit, quod apud hostes quaesisset? utique, si ex re illius aut ex operis suis quaesitum est <dare inde non potest>: ex alia autem causa parto peculio potest dare, ita ut condicioni benigne eum paruisse credamus.*

Chi era statulibero prima di essere catturato dal nemico conserva tale qualifica anche dopo la *redemptio* (*suam causam retinebit*); da ciò concludiamo che, se la condizione si avvera, egli otterrà la libertà. In pendenza della condizione egli non è però schiavo dell'erede del testatore – come suggerirebbe la qualifica di *statuliber*[61]–, bensì schiavo del *redemptor*: il punto deve essere sottolineato contro chi

61 Cfr. Tit. Ulp. 2.1-2: *Qui sub condicione testamento liber esse iussus est, statu liber appellatur.* 2. *Statu liber, quamdiu pendet condicio, servus heredis est.* Sullo statulibero vd., per tutti, G. DONATUTI, *Lo statulibero*, Milano 1940.

ritiene che la decisione sia ispirata da una piana applicazione del *ius postliminii*[62], così come deve rimarcarsi il fatto che l'ottenimento della libertà al verificarsi della condizione testamentaria non è subordinato alla restituzione al *redemptor* del prezzo del riscatto, il quale, quindi, sopporta il rischio dell'avveramento[63].

Quid iuris, invece, se l'ottenimento della libertà era stato condizionato al pagamento di una somma di denaro? Trifonino esclude che il *servus redemptus* possa prendere la somma dal peculio costituito *ex re redemptoris* o con il ricavato delle sue *operae*, ma ammette che egli possa utilizzare il denaro riveniente dal peculio costituito *ex alia causa*. Se, infatti, lo statulibero potesse utilizzare le somme facenti parte del peculio messogli a disposizione dal *redemptor*, questi finirebbe col perdere, in tutto o in parte, il denaro pagato per riscattarlo dal nemico. Da ciò consegue anche che colui al quale il *servus redemptus* dovrà versare la somma dedotta in condizione non è l'erede del testatore – col quale, a dispetto di chi sostiene la piana operatività del postliminio, è rescisso ogni legame – bensì il *redemptor*[64].

---

62 Così ritiene G. DONATUTI, *Lo statulibero* cit., 196, per il quale «in virtù del *postliminium* riacquista efficacia la *statulibertas*»; sulla stessa linea anche L. AMIRANTE, *Appunti* cit., 35 e nt. 39; M.F. CURSI, *La struttura* cit., 286. È rimasta senza seguito l'opinione – del resto priva di appigli testuali – di H. KRÜGER, *Captivus redemptus* cit., 220, per il quale il ritorno dello schiavo alla condizione di statulibero avverrebbe solo se, a riscattarlo dal nemico, fosse il *prior dominus* o se questi, soddisfatto il *redemptor*, ne fosse tornato in proprietà; se, invece, la condizione si avverasse mentre il *servus redemptus* è nelle mani del *redemptor*, non seguirebbe il riacquisto della libertà.

63 Ciò sembra contraddire l'impianto generale della casistica esposta da Trifonino, ma occorre anche tenere a mente che lo stesso accade nei confronti di chi comperi lo schiavo o ne acquisti la proprietà per usucapione, secondo quanto apprendiamo da Tit. Ulp. 2.3: *statu liber seu alienetur ab herede sive usucapiatur ab aliquo, libertatis condicionem secum trahit*. Tanto dico contro G. DONATUTI, *Lo statulibero* cit., 196, il quale, confondendo la *redemptio* del *servus* con quella del *liber*, afferma che, al verificarsi della condizione testamentaria, lo *statuliber* conseguirebbe la libertà, ma rimarrebbe sottoposto al *vinculum pignoris* a favore del *redemptor*; L. AMIRANTE, *Appunti* cit., 36 nt. 42, avvertita la singolarità della decisione in commento rispetto a quelle successivamente enunciate da Trifonino, nelle quali è fatto salvo il diritto al rimborso del *redemptor*, dichiara «più prudente esercitare l'*ars ignorandi*».

64 Vd. già in questo senso M.V. SANNA, *Nuove ricerche* cit., 72 s. e nt. 112, che a ragione chiama in causa Tit. Ulp. 2.4: *Sub hac condicione liber esse iussus, 'si decem milia heredi dederit', etsi ab herede abalienatus sit, emptori dando pecuniam ad libertatem perveniet: idque lex duodecim tabularum iubet*. Su quest'ultimo testo vd. P. VOCI, *Diritto ereditario romano* cit., I, 73; ID., *Tradizione, donazione, vendita da Costantino a Giustiniano*, in *Iura* 38 (1987), 72 ss., anche in R. ASTOLFI (cur.), *Ultimi studi* cit., 21 (da cui cito); sulla stessa linea anche le decisioni riferite in Mod. 9 *diff.* D. 40.7.25; Pomp. 18 *ad Q. M.* D. 40.7.29.1; Iul.-Ulp. 76 *ad ed.* D. 44.4.2.7. Non mi sembra possa invece concordarsi con la studiosa cagliaritana quando afferma che – escluso W.W. BUCKLAND, *The Law* cit., 316 – per la maggioranza degli studiosi il destinatario del pagamento sarebbe l'erede del testatore; vero è, piuttosto, che gli autori citati non si pronunciano espressamente sul punto (cfr. H. KRÜGER, *Captivus redemptus* cit., 220;

Proseguiamo con la lettura del testo di Trifonino.

Tryphoninus 4 *disputationum* D. 49.15.12.14: *Si fideicommissa libertas debita captivo fuerit, redemptus nondum eam petere poterit, nisi redemptori satisfecerit.*

Il servus redemptus, al quale era stata concessa prima della *captivitas* la *libertas fideicommissaria*, non potrà agire per ottenerla, se non dopo aver rimborsato il *redemptor*[65]. Se lo schiavo tornasse *sic et simpliciter* nella condizione in cui versava precedentemente alla cattura, egli sarebbe immediatamente libero. Così non è, perché questa, come le successive decisioni, sono tutte ispirate dal medesimo principio: restituire sì lo schiavo alla condizione precedente alla cattura, tenendo però indenne il riscattante dal possibile pregiudizio pecuniario[66].

Al § 12 Trifonino tratta il caso – forse tra tutti il più complesso – dello schiavo che, prima di cadere prigioniero del nemico, il *prior dominus* aveva dato a pegno.

Tryphoninus 4 *disputationum* D. 49.15.12.12: *Si pignori servus datus fuerat ante captivitatem, post dimissum redemptorem in veterem obligationem revertitur, et si creditor obtulerit ei qui redemit, quanto redemptus est, habet obligationem et in priorem debiti causam et in eam summam qua eum liberavit, quasi ea obligatione quadam constitutione inducta: ut cum posterior creditor priori satisfacit confirmandi sui pignoris causa: nisi quod in hoc conversa res est et posterior, quia eum servum, ut apud nos esset, efficit, ab eo, qui tempore prior fuit, ut infirmiore dimittendus est.*

Se era stato dato a pegno *ante captivitatem*, una volta soddisfatto il *redemptor* (*post dimissum redemptorem*) lo schiavo ricade '*in veterem obligationem*', ovverosia ritorna nella condizione di *res pignori data*; se, poi, al ristoro del *redemptor* abbia provveduto l'antico creditore, egli diventerà creditore anche di questo nuovo credito nei confronti dell'originario proprietario dello schiavo. Vale a dire: il creditore pignoratizio, dopo aver rimborsato il *redemptor*, potrà richiedere al *prior dominus* il

---

G. DONATUTI, *Lo statulibero* cit., 234 s.; L. AMIRANTE, *Appunti* cit., 35 s.; M.F. CURSI, *La struttura* cit., 286 nt. 34). Qualora, poi, la somma pagata per il riscatto sia superiore alla somma dedotta in condizione – il problema è posto da M.V. SANNA, *Nuove ricerche* cit., 73 nt. 113, ipotizza – non mi sembra esservi dubbio che la differenza debba essere sopportata dal *redemptor*, il quale, come ho detto nel testo, non ha comunque diritto alla restituzione del *pretium redemptionis* da parte dello *statuliber*.

65 Tale soluzione a me sembra ponga allo scoperto la debolezza della tesi di M.F. CURSI, *La struttura* cit., 288, per la quale, prima e dopo la *constitutio*, la *redemptio* sarebbe irrilevante ai fini del funzionamento del postliminio del *servus*. La difficoltà, del resto, è avvertita dalla stessa autrice, la quale la risolve affermando che «l'*oblatio* a cui è condizionata la richiesta della *libertas fideicommissaria* configura un impedimento di fatto alla pretesa del *servus*»: il punto è che il beneficiario del pagamento è il *redemptor*, e non il *prior dominus*, il quale vede definitivamente vanificato il suo diritto.

66 Vd. già in questo senso L. AMIRANTE, *Appunti* cit., 36 s.; M.V. SANNA, *Nuove ricerche* cit., 75.

pagamento sia del credito pregresso, a garanzia del quale era stato dato lo schiavo, sia del prezzo del riscatto rimborsato al *redemptor*. Fermiamoci qui.

Secondo la Mentxaka, nella frase '*habet obligationem et in priorem debiti causam et in eam summam qua eum liberavit*' il termine '*obligatio*' significherebbe diritto di pegno. Trifonino affermerebbe quindi che il creditore pignoratizio, soddisfatto il *redemptor*, assommerebbe al primo pegno un secondo, riconosciuto al *redemptor* dalla *constitutio de redemptis*: con quest'ultima dovrebbe infatti identificarsi la '*constitutio*' richiamata nella frase immediatamente successiva '*quasi ea obligatione quadam constitutione inducta*', nella quale il '*quasi*' assumerebbe significato causale[67]. Così argomentando, Trifonino avrebbe applicato al *ius pignoris* del *redemptor* il *ius offerendi et succedendi* caratteristico della disciplina del pegno. L'interpretazione della studiosa basca non tiene però in debito conto che, in base alla *constitutio de redemptis*, il *redemptor* è immediatamente proprietario dello schiavo ('*protinus est redimentis*' leggiamo al § 7), e non ha quindi bisogno di un diritto di pegno. A ciò si aggiunga la considerazione che il *ius pignoris* riguarda esclusivamente il *civis redemptus*, mentre qui versiamo nell'ipotesi del *servus redemptus*.

Ciò posto, più plausibile, a me sembra, è l'interpretazione avanzata dal Maffi, secondo il quale Trifonino argomenterebbe sulla base di una *fictio*, fatta palese dall'utilizzo della particella '*quasi*': «divenuto proprietario dello schiavo, il *redemptor* non è in realtà creditore dell'ammontare del riscatto nei confronti del *prior dominus*. Di conseguenza – prosegue l'autore – nemmeno l'acquirente dal *redemptor* può richiedere al *prior dominus* il rimborso della somma pagata per acquistare lo schiavo. È al *dominus* che spetta l'iniziativa di offrire il rimborso. Applicando rigorosamente i principi della *constitutio*, anche nel nostro caso il creditore pignoratizio è divenuto proprietario dello schiavo su cui grava il pegno; quindi in un certo senso si è già soddisfatto, anche se il debitore non dovesse pagare il debito assistito dal pegno. Ma lo schiavo lui lo ha acquistato dal *redemptor* evidentemente solo per non perdere la sua garanzia, dato che il debitore *dominus* non avrebbe alcun interesse a rimborsare il *redemptor* per vedere ricostituito il pegno sullo schiavo recuperato. Ecco quindi la soluzione prospettata da Trifonino: si finge che il *dominus* debba pagare al creditore pignoratizio l'equivalente del riscatto da questi versato al *redemptor*, come se fosse intervenuta una costituzione imperiale ad imporlo»[68].

---

67 R. MENTXAKA, *Sobre la existencia* cit., 281 ss. (concorde S. STEPAN, *Scaevola noster* cit., 134 s.). Si sbarazza sbrigativamente della decisione L. AMIRANTE, *Appunti* cit., 37, per il quale il testo da '*quasi*' in poi sarebbe interpolato, «dato il suo timbro pesante di spiegazione dottrinale, che complica, anziché facilitare, la lettura della fattispecie».

68 A. MAFFI, *Ricerche* cit., 201 s.; in precedenza, che nel testo in esame il '*quasi*' indicasse una finzione era già stato sostenuto da W. KERBER, *Die Quasi-Institute* cit., 132, per il quale esso introdurrebbe una «rückwirkend positive Rechtsfiktion» (sulla particella '*quasi*' e sull'utilizzo di '*obligatio*' come sinonimo di '*pigneratio*' vd. sopra, cap. I, ntt. 194 e 201). Non accolgono l'interpretazione della Mentxaka anche C. EMUNDS – J.D. HARKE, *Das ius offerendi et succedendi des nachrangigen Pfandgläubigers*, in J.D. HARKE

In definitiva, la costituzione cui accenna Trifonino non è rappresentata – come invece ritiene la Mentxaka – dalla *constitutio de redemptis*, bensì è una mera finzione, creata allo scopo di rendere lo schiavo oggetto di garanzia del pagamento di due diversi debiti. In tal modo è reso applicabile il *ius offerendi et succedendi* previsto in materia di pegno, fatta salva l'inversione di priorità dell'ultima parte del testo (*ut cum ... est*): al primo creditore (pignoratizio) viene anteposto quello posteriore (il riscattante), poiché è grazie a quest'ultimo – argomenta Trifonino – che lo schiavo è tornato a Roma (*apud nos esset*).

Di seguito, al § 13 Trifonino espone il caso del *servus communis*.

> Tryphoninus 4 *disputationum* D. 49.15.12.13: *Si plurium servus fuerat et omnium nomine ei qui redemit restitutum pretium erit, in communionem redibit: si unius tantum vel quorundam nec omnium, ad eum eosve qui solverunt pertinebit, ita ut in portione sua pristinum ius optineant et in parte ceterorum ei qui redemit succedant.*

Prima della prigionia il *servus redemptus* apparteneva a più condomini. Egli tornerà in condominio, se il rimborso al *redemptor* del prezzo del riscatto sia effettuato da tutti i precedenti proprietari. In caso contrario, lo schiavo tornerà in proprietà di colui o di coloro che rimborsino il *redemptor*, i quali riacquisteranno, oltre all'originaria quota di comproprietà (*pristinum ius*), anche quella degli altri condomini.

In sostanza, i condomini, originari proprietari dello schiavo, vengono posti in condizione, con il ritorno del *servus* a Roma, di pagare *pro quota* il prezzo del riscatto. L'Amirante sottolinea come Trifonino non chiami espressamente in causa il postliminio[69], ma la critica non mi sembra cogliere nel segno. Il giurista parla infatti di '*pristinum ius optinere*' a proposito del condomino o dei condomini che esercitino il *ius offerendi* nei confronti del *redemptor*: locuzione che, per l'appunto, univocamente indica il recupero della posizione giuridica preesistente rispetto alla cattura dello schiavo da parte del nemico.

Di seguito, ai §§ 15-17 Trifonino tratta della sorte di soggetti condannati a una pena pubblica anteriormente alla prigionia. Qui le ragioni del *redemptor* debbono contemperarsi con quelle del diritto criminale: pertanto, una volta rientrato a Roma, il *redemptus* è sì restituito alla pena originaria, ma il *redemptor* deve essere rimborsato.

> Tryphoninus 4 *disputationum* D. 49.15.12.15-17: *Si deportatum ab insula hostes ceperunt, redemptus quibus casibus redit, in eam causam veniet, in qua futurus esset, si*

(hrsg.), *Facetten des römischen Pfandrechts. Studien zur Geschichte und Dogmatik des Privatrechts*, Berlin-Heidelberg 2015, 25 ntt. 34 e 35.

69 L. AMIRANTE, *Appunti* cit., 37, il quale aggiunge: «se il soddisfacimento del *redemptor* avesse avuto come conseguenza il verificarsi del *postliminium*, il pagamento, anche da parte di un solo condomino, dovrebbe produrre il ripristinarsi della situazione condominiale anteriore alla cattura – salvo rimborso da parte degli altri condomini – e non già, come risulta dal testo, l'acquisto per il tutto al condomino che ha soddisfatto il *redemptor*».

captus non fuisset: deportabitur igitur. 16. *Sed si in captivo servo talis praecesserat causa, quae [eius] vel ad tempus vel in perpetuum libertatem impediret, nec redemptione ab hostibus mutabitur: veluti si in legem Fabiam commisisse eum constiterat, vel ita venierat, ne manumitteretur: habebit autem interim sine poena sua qui redemit.* 17. *Ergo de metallo captus redemptus in poenam suam revertetur, nec tamen ut transfuga metalli puniendus erit, sed redemptor a fisco pretium recipiet quod etiam constitutum est ab imperatore nostro et divo Severo.*

Al § 15 si contempla il caso del *deportatus ab insula*, che, tornato in patria, sarà nuovamente deportato. La *deportatio* è pena applicata ai soli *liberi*, circostanza dalla quale il Levy ha desunto che la *constitutio de redemptis* regolasse la *redemptio* dei *cives*, oltre che dei *servi*[70]. Tuttavia, com'è stato esattamente osservato, mentre nei casi discussi ai §§ 16 e 17 Trifonino tratta del rimborso dovuto al riscattante, nulla dice per il deportato, con il che l'argomento avanzato dal Levy finisce col ritorcersi proprio contro la tesi sostenuta dall'autore[71]. Vero è piuttosto che, se obbligo di rimborso c'è, esso non può che fare capo al deportato, in quanto uomo libero giuridicamente capace[72].

Al § 16 si contempla il caso dello schiavo soggetto a un (temporaneo o anche perpetuo) divieto di manomissione, perché resosi colpevole di *plagium* o perché venduto con la condizione '*ne manumitteretur*'[73]. La *redemptio* non muta la sua situazione (*nec redemptione ab hostibus mutabitur*): il *redemptor* lo terrà però '*sine*

70 E. LEVY, *'Captivus redemptus'* cit., 80. Sulla *deportatio* – comportante la perdita della cittadinanza e la confisca del patrimonio del deportato – vd. U. BRASIELLO, *La repressione penale* cit., 294 ss., 330 ss., e, più recentemente, B. ALBANESE, *Le persone* cit., 329 s.; B. SANTALUCIA, *La situazione patrimoniale dei 'deportati in insulam'*, in AA. VV., *Iuris vincula* cit., VII, 173 ss., anche in ID., *Altri studi di diritto penale romano*, Padova 2010, 407 ss.

71 M.F. CURSI, *La struttura* cit., 200 nt. 23; in precedenza già L. AMIRANTE, *Appunti* cit., 39 (seguito anche da U. ZILLETTI, *In tema di 'servitus poenae'* cit., 105 s. nt. 260) aveva rilevato l'insostenibilità dell'interpretazione di E. LEVY, *'Captivus redemptus'* cit., 84.

72 Vd. già in questo senso U. ZILLETTI, *In tema di 'servitus poenae'* cit., 107; esclude invece la sussistenza di un obbligo di rimborso, sia in capo al deportato che a carico del fisco, A. FABER, *Iurisprudentia Papinianea* cit., 616, 628; di seguito, L. AMIRANTE, *Appunti* cit., 39, sospende il giudizio, mentre ritiene che l'obbligo gravasse sul fisco M.V. SANNA, *Ricerche* cit., 15, per la quale il «*redemptus* difficilmente ... sarebbe stato disposto a pagarlo, dovendo essere nuovamente deportato»: vero è che, semmai, avendo subito la confisca del patrimonio, difficilmente sarebbe stato in grado di pagarlo.

73 Cfr. Paul. 50 *ad ed.* D. 40.1.12: *Lege Fabia prohibetur servus, qui plagium admisit, pro quo dominus poenam intulit, intra decem annos manumitti ....* Sul *plagium* vd. la letteratura citata sopra, cap. I, nt. 164; sulla vendita con la condizione '*ne manumitteretur*' A. WILINSKI, *Ricerche sull'alienazione degli schiavi nel diritto romano. Vendita dello schiavo con la clausola ne manumittatur*, in *Index* 5 (1975), 321 ss.

poena sua', cioè senza dover sopportare la pena pecuniaria stabilita dalla *Lex Fabia* a carico del padrone dello schiavo plagiario[74].

Infine, al § 17 si contempla il caso del condannato *ad metalla*, il quale versa nella condizione di *servus poenae*[75]. Una volta riscattato dal nemico, egli torna a scontare la pena (*in poenam suam revertetur*), senza tuttavia essere considerato un fuggiasco (*transfuga*). Il riscattante vanta però il diritto di essere rimborsato da parte del fisco: anche questo (*quod etiam*) è stato disposto da Caracalla e dal divo Severo. L''*ergo*' con cui Trifonino apre la discussione del caso del condannato *ad metalla* ha valore consequenziale: come per effetto della *redemptio* non muta la situazione dello schiavo di cui non è possibile (temporaneamente o per sempre) la manomissione, così, e a maggior ragione, non muta la situazione del *servus poenae*, soggetto cui perpetuamente inerisce la condizione di schiavo per effetto di una condanna capitale. Sul piano della composizione di principi contrastanti, quello della *constitutio*, in base alla quale il *servus* '*protinus est redimentis*', e quello della repressione criminale, che esige che le condanne siano eseguite, «il punto di equilibrio viene trovato attribuendo al fisco l'obbligo di rimborsare al *redemptor* il prezzo del riscatto»[76].

Il § 17 di D. 49.15.12 ha un'importanza tutta particolare, poiché menziona gli autori della disposizione imperiale con cui s'è introdotto il diritto del *redemptor* di essere rimborsato da parte del fisco: Settimio Severo e Caracalla. Tale precisazione permette di impostare e di risolvere – come hanno già visto il Levy e l'Amirante – il problema della datazione della *constitutio de redemptis*.

§ 5. La datazione della *constitutio de redemptis*

Il Levy parte dal presupposto che, dopo la *constitutio de redemptis*, il diritto del *redemptor* sarebbe stato tanto forte da prevalere sulle sanzioni del diritto criminale: per questo motivo il caso del condannato *ad metalla*, fatto prigioniero e poi riscattato, sarebbe stato sottoposto alla cancelleria imperiale. La decisione di Settimio Severo e Caracalla, ribadendo il diritto al rimborso del *pretium redemptionis*, rappresenterebbe un mero «restatement of the law of the *constitutio*». Di seguito,

---

74 Così interpreta L. AMIRANTE, *Appunti* cit., 38 s., che rileva anche l'insufficienza dell'esegesi di E. LEVY, *'Captivus redemptus'* cit., 84, secondo il quale il *servus redemptus* sarebbe al sicuro, finché soggetto al potere del *redemptor*; concorda con l'Amirante anche U. ZILLETTI, *In tema di 'servitus poenae'* cit., 106, il quale sottolinea però come l'interpretazione dello studioso napoletano sia parziale, perché adatta al solo caso dello schiavo plagiario: il punto è che «in realtà la caratterizzazione 'criminalistica' della fattispecie è nel § 16 piuttosto scolorita ... l'interesse pubblico all'attuazione della repressione penale sta qui sul medesimo piano dell'interesse alla perdurante osservanza della previsione pattizia».

75 Il condannato *ad metalla*, ridotto a *servus poenae*, subisce una *capitis deminutio maxima* (vd. sopra, cap. I, nt. 334).

76 U. ZILLETTI, *In tema di 'servitus poenae'* cit., 106.

posto che, prima della *constitutio*, il *prior dominus* avrebbe potuto rivendicare il *servus redemptus* senza sopportare onere alcuno, il provvedimento citato al § 17 dovrebbe necessariamente essere posteriore alla *constitutio*: diversamente opinando, esso avrebbe introdotto un *privilegium odiosum* a carico del fisco. D'altra parte, sarebbe improbabile che gli stessi due imperatori abbiano emanato entrambi i provvedimenti in parola, mentre sarebbe più plausibile il decorso di un intervallo di tempo abbastanza ampio tra l'uno e l'altro: il 198, anno di associazione all'Impero di Caracalla da parte del padre Settimio Severo, rappresenterebbe quindi il *terminus ante quem* per l'emanazione della *constitutio de redemptis*[77].

Benché ben argomentata, l'opinione del Levy non dà conto del motivo in base al quale Trifonino affermi '*quod etiam constitutum est*': vale a dire, perché rimarcare che anche (*etiam*) il caso del condannato alle miniere è stato deciso da Settimio Severo e Caracalla, se non presupponendo che agli stessi imperatori debba attribuirsi la paternità di un altro provvedimento, che nel contesto del discorso di Trifonino non può che essere la *constitutio de redemptis*?

Così ritiene l'Amirante, il quale converte il 198 da *terminus ante quem* a *terminus post quem*, circoscrivendo l'emanazione della *constitutio de redemptis* tra il 198 (anno di inizio della correggenza da parte di Caracalla) e il 211 (anno della morte di Settimio Severo). Ai due imperatori andrebbe quindi ascritta l'emanazione di entrambi i provvedimenti citati in D. 49.15.12: l'uno di carattere generale – la *constitutio de redemptis* menzionata al § 8 –, l'altro di carattere particolare – la *constitutio* menzionata al § 17. Questo secondo provvedimento – aggiunge l'Amirante – potrebbe indentificarsi con il rescritto «che qualche glossatore postclassico ha appiccicato al testo di Pomponio in D. 49.15.6»[78], nel quale si stabilisce che il fisco debba rimborsare al centurione Cocceio Firmo il prezzo da questi pagato per la *redemptio a latrunculis exterae gentis* di una donna condannata alle saline. Sulla testimonianza di Pomponio – già precedentemente incontrata[79]– la Sanna ha portato l'attenzione al fine di anticipare di circa un secolo e mezzo la datazione della nostra *constitutio*. Quindi rileggiamola.

Pomponius 1 *ex variis lectionibus* D. 49.15.6: *Mulier in opus salinarum ob maleficium data et deinde a latrunculis exterae gentis capta et iure commercii vendita ac redempta in causam suam reccidit. Cocceio autem Firmo centurioni pretium ex fisco reddendum est.*

---

77 E. LEVY, '*Captivus redemptus*' cit. 85 e nt. 2, che, quale termine *post quem*, fissa il 161 (vd. sopra, cap. I, nt. 77); cade qui in un equivoco L. AMIRANTE, *Appunti* cit., 40, che attribuisce al Levy il pensiero secondo cui la decisione di Settimio Severo e Caracalla non sarebbe conforme alla *constitutio de redemptis*.

78 L. AMIRANTE, *Appunti* cit., 40 s.; non distingue R. MENTXAKA, *Sobre la existencia* cit., 276 nt. 17, per la quale la *constitutio de redemptis* di cui al § 8 e la *constitutio* di cui al § 17 di D. 49.15.12 sarebbero il medesimo provvedimento.

79 Vd. sopra, cap. I, § 7.

Una donna, già condannata alle saline, viene rapita da alcuni banditi per poi essere riscattata: ella torna a scontare la precedente condanna (*in causam suam reccidit*). Al centurione Fermo Cocceio il fisco deve però restituire il prezzo del riscatto.

Tacendo il testo in ordine alla durata della condanna, se perpetua o temporanea, nulla esclude che la nostra *mulier in opus salinarum data* abbia conservato la *civitas libertasque*, là dove condannata *ad tempus*: per questo motivo precedentemente ho analizzato il frammento nell'ambito dell'esposizione dedicata al *civis redemptus a piratis aut latronibus*. Assumiamo ora che la condanna alle saline sia perpetua, e che pertanto la donna sia una *serva poenae*.

Ebbene, dal Fabro in poi in letteratura ha prevalso a lungo l'opinione – ribadita dall'Amirante nel passaggio testé citato – secondo cui la frase finale '*Cocceio autem Firmo centurioni pretium ex fisco reddendum est*' sarebbe un'aggiunta compilatoria, inserita per accordare il testo di Pomponio con quanto Trifonino afferma in D. 49.15.12.17 a proposito del condannato *ad metalla*: la *constitutio* – si afferma comunemente – sarebbe posteriore a Pomponio, il quale non potrebbe fare riferimento a un obbligo di rimborso a favore del *redemptor*, introdotto sulla base di un provvedimento a lui sconosciuto[80].

Il ragionamento è viziato da un'evidente petizione di principio, alla quale si sommano due ulteriori obiezioni: Detlef Liebs ha rimarcato come un rimaneggiamento operato tramite l'inserimento di un nome di persona rappresenterebbe un caso davvero singolare[81]; Andreas Wacke ha invece rispolverato uno studio del 1936 dell'archeologo inglese Eric Birley[82], nel quale si sostiene – alla luce delle iscrizioni contenute in tre steli votive del centurione Cocceio Firmo, rinvenute ad Auchindavy nei pressi del vallo di Antonino, e databili intorno alla metà del II secolo (*CIL*, VII, 1111-1114) – che il centurione citato nella frase finale di D. 49.15.6 (ammesso che si tratti della stessa persona) sarebbe stato inquadrato nella *legio II Augusta*, stanziata per l'appunto in Britannia. Pomponio, sfornito del *ius respondendi*[83], riferirebbe il contenuto di un rescritto indirizzato dalla cancelleria *a libellis* di Antonino Pio non al centurione, che è citato in terza persona, bensì all'amministrazione delle saline (forse localizzate lungo il litorale costiero dell'odierna contea

80 Cfr. A. FABER, *Iurisprudentia Papinianea* cit., 629; H. KRÜGER, *Captivus redemptus* cit., 221 nt. 4; W. FELGENTRAEGER, *Antikes Lösungrecht* cit., 100 nt. 14; E. LEVY, *'Captivus redemptus'* cit., 85 nt. 3; L. AMIRANTE, *Appunti* cit., 19; U. ZILLETTI, *In tema di 'servitus poenae'* cit., 105; K.-H. ZIEGLER, *Lösegeld-Probleme* cit., 388; A. MAFFI, *Ricerche* cit., 233 ss.

81 D. LIEBS, *Variae Lectiones* cit., 64 nt. 55.

82 E. BIRLEY, *Marcus Cocceius Firmus: An Epigraphic Study*, in *Proceedings of the Society of Antiquaries of Scotland* 70 (1936), 363 ss., anche in ID., *Roman Britain and the Roman Army. Collected Papers*, Kendal 1953, 87 ss.

83 Sul punto vd., da ultimo, E. STOLFI, *Studi* cit., II, 60 e nt. 59.

del Fife), relativo a una condannata rapita da un manipolo di banditelli caledoni (*latrunculi exterae gentis*)[84].

Se, quindi, la frase finale di D. 49.15.6 è ascrivibile a Pomponio, e non ai compilatori, potrebbe legittimamente inferirsi – così propone la Sanna – che il brano, enunciando il diritto al rimborso del prezzo del riscatto da parte del *redemptor*, sarebbe stato scritto dopo che la *constitutio* era stata emanata. Il *terminus ante quem* sarebbe quindi rappresentato dalla stesura delle *Variae lectiones*, completate da Pomponio sotto Marco Aurelio, mentre il *terminus post quem* sarebbe ricavabile dal frammento di Pomponio, conservato in D. 49.15.20.2 e tolto dai precedenti *Libri ad Sabinum*, scritti sotto Adriano, nel quale si afferma '*redemptio facultatem redeundi praebet, non ius postliminii mutat*'. Ora, posto che – sempre secondo la Sanna – la *constitutio de redemptis* avrebbe modificato il postliminio del libero, alla *redemptio* del quale essa si sarebbe parimenti applicata, la sua emanazione sarebbe avvenuta nel lasso temporale compreso tra la stesura delle due opere da parte di Pomponio[85].

A mio modo di vedere, tale interpretazione non è del tutto soddisfacente. Gli assunti di base sono troppi, e troppo incerti. Per quanto riguarda il *terminus post quem*, il principio affermato in D. 49.15.20.2 non entra in gioco per due motivi: sia perché la *constitutio* riguardava solo i *servi*; sia perché, comunque, pure ammettendo che essa disciplinasse la *redemptio ab hostibus* anche dei *liberi*, il funzionamento del postliminio non sarebbe stato alterato, secondo quanto ho precedentemente ricavato dall'esame delle fonti di riferimento (e tra queste, in particolare, dei rescritti dioclezianei). Per quanto riguarda, poi, il *terminus ante quem*, il rescritto citato in D. 49.15.6 a rigore contempla un caso non già di *redemptio ab hostibus*, bensì di *redemptio a latronibus*. A ciò si aggiunga la considerazione che il testo non specifica se la condanna sia o meno perpetua, sicché non sappiamo se la donna è una *serva poenae* o no; se si assume, poi, che si tratti di una *serva poenae*, comunque non risulterebbe scalfita l'efficacia dell'argomentazione basata sull'affermazione di Trifonino contenuta in D. 49.15.12.17, '*quod etiam constitutum est ab imperatore nostro et divo Severo*', dalla quale si desume che i due imperatori sono autori di un secondo provvedimento, per l'appunto la *constitutio de redemptis*. Infine, la Sanna muove dal presupposto che, prima di essa, il riscattante di buona fede avrebbe dovuto restituire lo schiavo al precedente proprietario senza poter pretendere

84 A. WACKE, *Pomponius Dig. 49.15.6* cit., 17 e nt. 60. Sull'interpretazione – dalla quale dissento – dell'inciso '*iure commercii vendita ac redempta*' siccome additante a una duplice vendita della donna vd. sopra, cap. I, nt. 333.

85 M.V. SANNA, *Ricerche* cit., 50 ss. (vd. anche ID., *I capti ab hostibus* cit., 282 nt. 4), che, come il Levy, chiama in causa le guerre marcomanniche, dopo le quali sarebbe stato impossibile recuperare per vie diplomatiche i molti soldati caduti prigionieri (sul punto vd. sopra, cap. I, ntt. 78 e 79; per l'epoca di stesura delle due opere pomponiane, cap. I, ntt. 63 e 119; su D. 49.15.20.2, cap. I, § 8).

alcun ristoro, tesi con la quale non concordo in base ai motivi precedentemente esposti[86].

Quest'ultimo rilievo mi suggerisce un'interpretazione alternativa della decisione riferita da Pomponio. Se si conviene che, anche precedentemente alla *constitutio de redemptis*, il riscattante di buona fede avesse diritto al rimborso del prezzo del riscatto da parte dell'antico padrone, la cancelleria imperiale potrebbe essere stata consultata perché, nel caso *de quo*, trattandosi di una *serva poenae*, si poneva il problema di determinare se la donna fosse o meno da restituire ai lavori forzati e, in caso di risposta affermativa, se e su quale soggetto sarebbe gravato l'obbligo di restituzione del prezzo del riscatto. Ebbene, la cancelleria imperiale statuisce che, alla luce delle esigenze della repressione criminale, la donna debba sì essere restituita alla sua pena, ma dispone pure che il fisco debba rimborsare al riscattante (di buona fede) il prezzo del riscatto. Più che anticipare la datazione della *constitutio de redemptis*, la testimonianza in parola sembrerebbe semmai confermare quanto precedentemente ho provato a dimostrare per altra via: che, cioè, già in base al *ius vetus* il riscattante di buona fede avesse diritto al rimborso del prezzo del riscatto.

In ultima analisi, la tesi dell'Amirante, che sulla base della citazione di Settimio Severo e Caracalla contenuta in D. 49.15.12.17 ascrive ai due imperatori l'emanazione della *constitutio de redemptis*, a me sembra essere tutt'oggi la più plausibile.

§ 6. Conclusione

Giunto al termine dell'indagine, riepilogo brevemente i risultati raggiunti. Rispetto alle numerose fonti, giuridiche e letterarie, concernenti la *redemptio ab hostibus* del *liber*, le nostre conoscenze su quella del *servus* si basano pressoché esclusivamente sul brano di Trifonino conservato in D. 49.15.12, la cui interpretazione – a prescindere dai rimaneggiamenti subiti (veri o presunti, più o meno intensi) – è tutto fuorché agevole. Se vogliamo trovare una similitudine tra le due fattispecie, la storia di entrambe è segnata in un 'prima' e in un 'dopo' da un provvedimento imperiale: la *redemptio* del *liber* dalla costituzione di Onorio del 408, pervenutaci integralmente, quella del *servus* dalla *constitutio de redemptis*, della quale non conserviamo il testo né conosciamo con sicurezza l'autore. Per il resto, la similitudine tra le due fattispecie si ferma qui, dal momento che i problemi sottesi all'una e all'altra sono radicalmente diversi.

Al rientro in patria il *civis redemptus* recupera *iure postliminii* libertà e cittadinanza, e questo – come precedentemente ho provato a dimostrare – non solo in epoca repubblicana, ma anche durante tutta l'età imperiale fino a Giustiniano. Il *redemptor* può però materialmente trattenerlo presso di sé, fino a che non gli sia stato rimborsato il prezzo del riscatto: potere, questo, che i giuristi romani riconducono al diritto di pegno (*ius pignoris*, *vinculum pignoris*). Agli inizi del V secolo interviene la costituzione di Onorio, che ridisegna il rapporto tra il *redemptor* e

86 Vd. sopra, cap. II, § 2.

il *redemptus* sotto due profili: la pretesa del primo è resa azionabile in giudizio; il debito restitutorio del secondo può essere estinto anche tramite prestazioni lavorative quinquennali.

Diversamente, al rientro in patria il *servus redemptus* torna automaticamente ad appartenere all'antico padrone, fatta salvo l'acquisto per usucapione da parte del riscattante (o di un successivo subacquirente) di buona fede. Verosimilmente a cavallo tra il II e il III secolo interviene la *constitutio de redemptis*: lo schiavo riscattato appartiene immediatamente al riscattante, sia di buona che di mala fede, salvo che l'antico padrone gli rimborsi il prezzo del riscatto, esercitando il *ius offerendi* riconosciutogli dalla stessa *constitutio*.

Il primo problema che si pone è di stabilire se, prima della *constitutio*, sulla base di quello che Trifonino chiama *ius vetus* (o *vetustissimum*), sussistesse un obbligo di rimborso a carico dell'antico padrone rivendicante *il servus redemptus*, tornato in sua proprietà *iure postliminii*: c'è chi (ed è la maggioranza degli autori) lo nega, chi lo afferma a prescindere dalla buona o mala fede del *redemptor*, chi nei confronti del solo *redemptor* di buona fede. Quest'ultima è la posizione – già sostenuta dal Maffi – che qui ho provato a difendere e corroborare con ulteriori argomenti. Il risultato cui mi ha condotto l'esegesi dei testi di riferimento (Iav. 9 *ex post. Lab.* D. 49.15.27 e Tryph. 4 *disp.* D. 49.15.12) è che, prima della *constitutio*, il trattamento della compravendita dello schiavo altrui conclusa sui mercati esteri non sarebbe stato differente da quello riservato alla compravendita dello schiavo altrui conclusa sui mercati interni: il riscattante (come il compratore) di buona fede avrebbe potuto usucapire lo schiavo; rivendicato lo schiavo da parte dell'antico padrone, egli avrebbe avuto diritto al rimborso del prezzo del riscatto (alla stessa stregua del compratore di buona fede evitto). Al riscattante (come al compratore) di mala fede non sarebbe invece spettata alcuna tutela. La *constitutio de redemptis* – attribuendo la proprietà dello schiavo al riscattante 'tout court', fatto salvo il *ius offerendi* in capo all'antico padrone – sarebbe intervenuta equiparando *in toto* la posizione del riscattante di mala fede a quella del riscattante di buona fede, fornendo così tutela ai professionisti del commercio di schiavi, i famigerati *venaliciarii*.

Il secondo problema è rappresentato dal postliminio dello schiavo. Il dibattito è stato sollevato dall'Amirante, per il quale dovrebbe distinguersi tra il rientro *intra fines* dello schiavo e l'automatico ripristinarsi della *potestas* del *prior dominus*, venuta meno, quest'ultima, successivamente alla *constitutio de redemptis*. La dottrina maggioritaria – recentemente difesa dal Maffi – ritiene che, fino all'*oblatio* dell'antico padrone, vi sarebbe stata una (semplice) sospensione del postliminio dello schiavo; anche la Cursi ha criticato l'Amirante, ma in direzione opposta, nel senso che, anche successivamente alla *constitutio de redemptis*, al rientro *intra fines* dello schiavo si sarebbe comunque ripristinata la *potestas* dell'antico padrone. Al riguardo ho provato a dimostrare come la questione risulti in certa misura mal posta, ed è il lessico utilizzato da Trifonino a metterci in guardia: rimborsato il *redemptor*, il ritorno per postliminio nelle mani del *prior dominus* è frutto di finzione ('*crederi*', '*videri*': §§ 7 e 18 di D. 49.15.12). In effetti, in linea di principio il postliminio dovrebbe operare automaticamente, non subordinatamente all'esercizio del *ius offerendi*, la cui fonte di attribuzione al *prior dominus* è rappresentata dalla *constitutio* stessa. A conferma di ciò, analizzando la casistica esposta ai §§ 10-17 di D. 49.15.12, abbiamo constatato come, se è bensì vero che lo schiavo rientrato a Roma torna nella situazione in cui si trovava precedentemente alla cattura da parte del nemico, ciononondimeno il postliminio non venga mai chiamato in causa, dal momento che, nelle questioni ivi discusse, non viene ricompresa quella attinente alla proprietà dello schiavo.

La datazione della *constitutio de redemptis* rappresenta il terzo e ultimo problema affrontato. Esclusa la rilevanza di altri testi (segnatamente, dei due frammenti di Pomponio conservati in D. 49.15.6 e D. 49.15.20.2), anche qui, a mio avviso, la risposta non può essere cercata che nel frammento di Trifonino: discorrendo della *redemptio* del condannato *ad metalla* (§ 17 di D. 49.15.12), egli cita Settimio Severo e Caracalla come autori di un provvedimento statuente il diritto al rimborso del *redemptor*. '*Quod etiam constitutum est ab imperatore nostro et divo Severo*', dice Trifonino, sottintendendo così – come aveva già visto l'Amirante – che gli stessi due imperatori (regnanti congiuntamente dal 198 al 211) siano autori di un secondo provvedimento, il quale, nel contesto dell'esposizione, non può che essere rappresentato dalla *constitutio de redemptis* (precedentemente menzionata al § 8 di D. 49.15.12).

Indice degli autori*

*L'asterisco indica il luogo in cui il contributo dell'autore è citato per esteso.

Indice delle fonti*

*Il corsivo indica il luogo in cui è trascritto anche il testo della fonte citata.

C) Fonti bizantine

D) Leggi germaniche

II) FONTI LETTERARIE

A) Autori di lingua greca

B) Autori di lingua latina

III) FONTI EPIGRAFICHE

A) Codice di Hammurabi

B) Iscrizioni greche

C) Iscrizioni latine

Salzburger Studien zum Europäischen Privatrecht

Herausgegeben von J. Michael Rainer

Band 1 Marc Herzog: Die Haftung des Gastwirts für eingebrachte Sachen des Gasts nach §§ 701 - 703 des Deutschen Bürgerlichen Gesetzbuchs. 1999.

Band 2 Andreas Reinhart: Familienplanungsschaden. Wrongful birth, wrongful life, wrongful conception, wrongful pregnancy. Eine rechtsvergleichende Untersuchung anhand des deutschen und des anglo-amerikanischen Rechts. 1999.

Band 3 Markus Frank: Untersuchungen zu den *Politika* des Aristoteles. 1999.

Band 4 Stefan Josef Schermaier: Der Gemeinschaftsrechtliche Staatshaftungsanspruch. Entwicklung, Perspektiven und Auswirkungen auf das österreichische Recht. 1999.

Band 5 Carmen Windhaber: Reiserecht in Österreich, Deutschland und Kanada. 2000.

Band 6 Korbinian Dietl: Unfallhaftung beim Expeditions- und Trekkingbergsteigen. Zugleich ein Beitrag zum Reiserecht für den Bereich der Bergreisen sowie zum Sporthaftungsrecht für den Bereich des Bergsports. 2000.

Band 7 Erich Jeroscheg: Eigentum an beweglichen Sachen. Französisches Recht und Rechtsvergleich. 2000.

Band 8 Thomas Tschaler: Das Moment der Gefahr als Element der Schadenszurechnung im System des Haftpflichtrechts. Eine rechtstheoretische Untersuchung der möglichen Schwächen gängiger Haftungsmodelle. 2000.

Band 9 Christian Hellenthal: Zulässigkeit einer supranationalen Fußball-Europaliga nach den Bestimmungen des europäischen Wettbewerbsrechts. 2000.

Band 10 Wolfgang Bengen: Die Systematik des § 823 I BGB im Deliktsrecht. Zugleich ein Beitrag zu den Verkehrspflichten. 2000.

Band 11 Gerhard Pöttler: Vergleichende Verbraucherschutzrichtlinienumsetzung in europäischen Mitgliedsstaaten. Anhand ausgewählter Beispiele der Pauschalreise-, Timesharing- und Produkthaftungsrichtlinie. 2001.

Band 12 Johannes Michael Rainer: Europäisches Privatrecht. Die Rechtsvergleichung. 2., überarbeitete und ergänzte Auflage. 2007.

Band 13 Erwin Schön: Allgemeines Vertragsrecht und Kaufvertragsrecht - ein Rechtsvergleich Österreich, USA, Spanien und UN-Kaufrecht. Unter Einbeziehung von PECL und UNIDROIT-Prinzipien. Gemeinsamkeiten, Unterschiede, Bewertungsversuche. 2003.

Band 14 Patrick Schenner: Skiunfall! Wer haftet? Schadenersatz im österreichischen Skirecht. 2003.

Band 15 Peter Unterkofler: Die rechtliche Stellung des Pflichtteilsberechtigten im Spannungsverhältnis zwischen Erbrecht und Privatstiftungsrecht. 2003.

Band 16 Susanne Spaun: Der Herausgabeanspruch bei Diebstahl oder illegalem Export von Kulturgütern. 2003.

Band 17 Josef Wolff: Trust, Fiducia und fiduziarische Treuhand. Historisch-rechtsvergleichende Untersuchung mit einer Darstellung des Trust in Schottland sowie des römischen und österreichischen Fideikommiss. 2005.

Band 18 Johannes Michael Rainer / Johanna Filip-Fröschl: Transfer of Title Concerning Movables Part I – Eigentumsübertragung an beweglichen Sachen in Europa Teil I. Introduction, Estonia, Italy, Poland, Portugal, Scotland, Slovenia, Spain. Einführung, Estland, Italien,

Polen, Portugal, Schottland, Slowenien, Spanien. Edited by Johannes Michael Rainer – Herausgegeben von Johannes Michael Rainer. 2006.

Band 19 Mary-Rose McGuire: Transfer of Title Concerning Movables Part II – Eigentumsübertragung an beweglichen Sachen in Europa Teil II. National Report: Germany. Edited by Johannes Michael Rainer – Herausgegeben von Johannes Michael Rainer. 2006.

Band 20 Claes Martinson: Transfer of Title Concerning Movables Part III – Eigentumsübertragung an beweglichen Sachen in Europa Teil III. National Report: Sweden. Edited by Johannes Michael Rainer – Herausgegeben von Johannes Michael Rainer. 2006.

Band 21 Arthur Salomons: Transfer of Title Concerning Movables Part IV – Eigentumsübertragung an beweglichen Sachen in Europa Teil IV. National Report: The Netherlands. Edited by Johannes Michael Rainer – Herausgegeben von Johannes Michael Rainer. 2006.

Band 22 Viola Heutger: Ein gemeineuropäisches Kaufrecht. Vision oder nahe Zukunft? 2007.

Band 23 Thomas Käferböck: Erleichterungen und Erschwernisse zur Realisierung des Erblasserwillens im internationalen Erbrecht. Das Haager Testamentsübereinkommen einerseits und die Problematik der Pflichtteilsermittlung bei Nachlassspaltung andererseits. 2008.

Band 24 Astrid Hauser: Der Europäische Gerichtshof und der U.S. Supreme Court. Eine vergleichende Analyse ausgewählter Aspekte. 2008.

Band 25 Philipp Riesenkampff: Die Beweisbarkeit der Übermittlung unverkörperter Willenserklärungen unter Abwesenden in Deutschland, Österreich und England. 2009.

Band 26 Daniele Mattiangeli: Vorteile der *Romanitas* im Bereich des Vertragsrechts aus einer historisch-vergleichenden Perspektive. 2009.

Band 27 Johannes Michael Rainer (Hrsg.): Vis a potestas legum. Liber amicorum Zoltán Végh. Herausgegeben von Michael Rainer. 2010.

Band 28 Lorenz Wolff: Pflichtteilsrecht – Forced Heirship – Family Provision. Österreich – Louisiana – Schweiz – England und Wales. Ein Rechtsvergleich. 2011.

Band 29 Karin Schwarz: Mediation und Collaborative Law unter besonderer Berücksichtigung relevanter Rechtsbereiche im österreichischen Zivilrecht. 2011.

Band 30 Daniele Mattiangeli: Die Anwendung des ABGB in Italien im 19. Jahrhundert und seine historischen Aspekte. 2012.

Band 31 Susanne Markmiller: Die Stellung des Ehegatten im nordischen Erbrecht. 2013.

Band 32 Antonio Merlino: Kelsen im Spiegel der italienischen Rechtslehre. 2013.

Band 33 Peter Kröll: Das Städelsche Testament sowie Mühlenbruchs Rechtsverständnis bei der Beurteilung des Beerbungsfalles. 2013.

Band 34 Martin Lilja: Transfer of Movable Property under U.S. Law. Discussed from a Functional Perspective. 2014.

Band 35 Daniele Mattiangeli (Hrsg.): Emptio-Venditio. Europäische Studien zur Geschichte des Kaufvertrags. 2014.

Band 36 Michal Stefan Krupa: Blutige Hand nimmt kein Erbe. Eine rechtshistorische und -vergleichende Studie zum Rezeptionsweg der römischen *indignitas* in den französischen, österreichischen und deutschen Privatrechtskodifikationen. 2019.

Band 37 Andrea Rodeghiero: *Redemptus ab hostibus*. 2022.

www.peterlang.com